Les voies de la création

Musique et littérature à l'épreuve de l'histoire

Collection *Histoire, Textes, Sociétés*
dirigée par Monique Clavel-Lévêque et Laure Lévêque

Pour questionner l'inscription du sujet social dans l'histoire, cette collection accueille des recherches très largement ouvertes tant dans la diachronie que dans les champs du savoir.
L'objet affiché est d'explorer comment un ensemble de référents a pu structurer dans sa dynamique un rapport au monde. Dans la variété des sources – écrites ou orales –, elle se veut le lieu d'une enquête sur la mémoire, ses fondements, ses opérations de construction, ses refoulements aussi, ses modalités concrètes d'expression dans l'imaginaire, singulier ou collectif.

Déjà parus

Laure Lévêque (éditeur), *Belfort et son territoire dans l'imaginaire républicain*, 2012.
Sidonie Marchal (dir.), *Belfort et son territoire dans l'imaginaire républicain*, 2012.
Lydie Bodiou, Florence Gherchanoc, Valérie Huet, Véronique Mehl, *Parures et artifices : le corps exposé dans l'Antiquité*, 2011.
Stève Sainlaude, *Le gouvernement impérial et la guerre de Sécession (1861-1863)*, 2011.
Laure Lévêque (éditeur), *Paysages de mémoire. Mémoire du paysage*, 2006.
Laure Lévêque (éditeur), *Liens de mémoire. Genres, repères, imaginaires*, 2006.
Monique Clavel-Lévêque, *Le paysage en partage. Mémoire des pratiques des arpenteurs*, 2006.

Laure Lévêque

(Éditeur)

Les voies de la création

Musique et littérature à l'épreuve de l'histoire

Préface de Monique Clavel-Lévêque

Du même auteur

Penser la nation. Mémoire et imaginaire en révolutions, L'Harmattan, 2011
Patrimoine, images, mémoire des paysages européens (dir.), L'Harmattan, 2010
Liens de mémoire. Genres, repères, imaginaires, L'Harmattan, 2006
Paysages de mémoire. Mémoire du paysage, (dir.), L'Harmattan, 2006
Le roman de l'histoire : 1780-1850, L'Harmattan, 2001

© L'Harmattan, 2013
5-7, rue de l'Ecole-Polytechnique, 75005 Paris

http://www.librairieharmattan.com
diffusion.harmattan@wanadoo.fr
harmattan1@wanadoo.fr

ISBN : 978-2-343-01292-6
EAN : 9782343012926

Préface

Prima la musica ? Prima la parola ? Cette question en forme de dilemme, qui a tant obsédé les débats autour du statut de la musique, n'est pas évitée ici, qui retient plusieurs des dix contributeurs qui ont participé à ce volume où se trouvent réunies les conférences prononcées dans le cadre du festival « Patrimoine en Domitienne », de 2010 à 2013. Et l'on sait combien, dressant les « Italiens » contre les « Français », elle a polarisé les affrontements, au prix d'une partition des productions en courants sur lesquels pèsent les appartenances nationales, voire les crispations nationalistes, quand les « Allemands » se mêleront à la partie, qui n'a pas peu contribué à figer – pour ne pas dire à scléroser – les genres.

Pour autant, s'il ne sera pas ici fait l'impasse sur les querelles – celle des Anciens et des Modernes, celle des Bouffons... – qui ont agité le champ esthétique, dépassant la stérile « guerre des coins » et au-delà de toute polémique, prévaut ici un examen dialectique des implications de cette alternative qui prenne également en compte la spécificité de la musique et celle du texte pour conclure à l'organicité de leur rapport et déboucher sur un rapprochement de ces positions antagonistes.

Également, car c'est bien la relation de subordination entre ces deux modes d'expression qui fait problème et qui a tant heurté, et que l'on suit ici, depuis Platon et Aristote, dans toute la complexité des élaborations philosophiques qui sont venues justifier l'une ou l'autre de ces options, chez Rousseau, Wagner ou Nietzsche. Un lien hiérarchisé que Salieri n'a pas craint de trancher dans un divertissement de 1786 : *Prima la musica e poi le parole.*

Mais ce jugement péremptoire – quand bien même il s'y mêle une large part d'humour – est loin d'avoir toujours été tout uniment partagé et si l'affaire a été si âprement discutée, c'est qu'il en va d'enjeux parmi les plus investis qui soient : ceux-là mêmes qui tiennent à la nature de l'homme. De fait, le conflit esthétique se charge, dès l'origine, d'implications ontologiques. Aussi l'affaire est-elle d'abord anthropologique, qui engage une réflexion sur le langage – musique et voix –, sur l'origine du langage, spéculations moins scientifiques que symboliques puisque des réponses apportées à ces interrogations dépend la conception que l'on se fait de l'homme. *Prima la parola*, et c'est le pôle rationnel, celui, apollinien, de la mesure qui l'emporte. Mais *Prima la musica*, et c'est l'*hybris* dionysiaque, furieuse, qui s'impose, balayant tout sur son passage. Et cela avec d'autant plus de facilité qu'elle s'appuie sur l'émotion quand la parole est, elle, du côté de la raison. C'est dire le danger inhérent à un mode de communication qui fait sortir l'homme de lui-même : gros de débordements et, potentiellement, de violence, on comprend dès lors qu'il ait fait l'objet de mécanismes de contrôle que l'on voit ici s'exercer contre les libertins, dans la réaction morale qui marque la fin du règne louisquatorzien ; contre les goguettes où, durant l'Empire autoritaire, on tire le vin nouveau de la révolte ; contre les esclaves, sur les plantations, où les maîtres tentent d'abord d'interdire des rythmes indigènes qui pourraient pousser à la rébellion avant d'en réguler la force pulsionnelle en les instrumentalisant au service de la productivité dans le travail.

On comprend que la question de l'harmonie déborde de beaucoup le champ musical.

Mais ce qui fait la primauté de la musique, dans cette même perspective anthropologique, c'est aussi l'immédiateté – au sens d'absence de médiation – de sa communication, qui en passe par un processus qui déjoue la formalisation conceptuelle. Ce qui explique que les musiciens, par temps de troubles, auront bien moins à pâtir de la censure que les écrivains. *De quel parti est une symphonie ?* dirait Stendhal. Sauf à intituler son concerto *Empereur*… Quitte, il est vrai à le débaptiser.

Préface

Mais cette valse des étiquettes, que pratiquera aussi Berlioz, ne peut cacher que reste... la musique, l'écoute sensible et sensuelle qui a pu accréditer l'idée que la musique réaliserait la communication « pure ».

Et ce, au-delà du genre retenu pour l'expression – tragédie attique, chanson de troubadours, ballet, opéra et ses dérivés, chansons des rues, *work songs*, jazz, et jusqu'aux formes d'expression les plus contemporaines de la culture hip-hop. Au-delà aussi de la maîtrise du savoir académique, et ce n'est assurément pas l'un des moindres mérites de la musique que d'avoir rapproché la mère et la grand-mère de George Sand, le côté de l'oiseleur du Châtelet et celui de Maurice de Saxe. Même, posséder un bagage technique est cause que la musique risque de s'épuiser dans de vaines formules, de rester prisonnière d'un registre savant qui exclue l'émotion et manque le récepteur, et d'autant plus que ces codes supposent un fonctionnement entre soi, savant lui aussi.

De là, de Rousseau à Sand, l'apologie de la musique populaire qui, merveilleuse de spontanéité, renoue avec un langage primitif et primordial. Alors, originelle, transcendantale, véritablement la musique est la vie. Et ils le savent bien, ces esclaves arrachés au sol d'Afrique pour cultiver le coton ou le tabac des plantations américaines d'où montent, comme autant de chants d'espoir, des *gospels* qui retrouvent les pulsations du terroir natal et libèrent tant les corps que les esprits, auxquels les maîtres, pas dupes de ce que ces morceaux recèlent de résistance, tentent d'imposer silence, avant de se résoudre à encadrer ces expressions pour mieux les contrôler, comme le feront aussi les nazis, à Terezin ou à Görlitz. Tant qu'il y aura la musique, la *fin des temps* ne sera pas pour demain, malgré Messiaen – qui l'emploie il est vrai au singulier pour mieux jouer des ambiguïtés – et quelque profonde que puisse être la désespérance.

Mais populaire, elle l'est aussi autrement, cette musique qui sort des circuits savants, largement élitistes, pour être appropriée directement, y compris par des interprètes non autorisés, qui puisent là à une source de vie. Qui sort des salles, aussi, si importantes dans la spécialisation générique et, partant, dans la diffusion, des œuvres bien sûr, mais aussi des codes et des canons qui décident des voies de la création. C'est l'occasion de revenir ici sur le positionnement respectif de l'Opéra, de l'Opéra-Comique et du Théâtre des Italiens, et de marquer le rôle capital et moins bien connu du

Cirque Olympique qui, sans être un salon des refusés, donne audience à des artistes peu reconnus, pas assez bien en cour ou, tout simplement, qui se sont fermé la porte des salles « officielles » par leurs audaces.

Reste que la création de cette quatrième salle où jouer de la musique lyrique à Paris est signe, au moment même où un public toujours plus large pousse la chanson, à boire ou engagée, dans les caveaux et les goguettes, ancêtres des cabarets et des caf' conc', d'une claire demande pour une musique qui soit à la fois populaire et de qualité. Et accessible, à tous les sens du terme, alors même que la musique, qui déjà a ses virtuoses et ses vedettes, est en passe de devenir une industrie qui aura bientôt son temple, avec le music-hall.

Si l'on sait ce que les concerts Pasdeloup ou Colonne ont fait pour la démocratisation de la musique, l'action ambitieuse que Fernand Castelbon de Bauxhostes, mécène éclairé et généreux, a menée à Béziers au tournant des XIXe et XXe siècles ne peut que retenir. Par son ampleur, bien sûr, avec le gigantisme qui a toujours présidé aux représentations qu'il a offertes dans l'écrin des Nouvelles Arènes. Mais plus encore par son esprit, sa démarche ayant toujours été marquée à la fois par une exigence de qualité non négociable, qui l'amène à travailler avec les plus grands et à toujours préférer les créations aux reprises, et par un idéal de justice sociale qui trouve sa traduction dans les prix pratiqués, qui mettent la culture à la portée de toutes les oreilles et de toutes les bourses.

Pour avoir les mêmes ambitions, le Festival *Patrimoine en Domitienne* et son cycle de conférences musicales *Les voies de la création* ont tenu le pari d'offrir à un public qui n'y était pas forcément préparé une programmation exigeante qui a joué, dans la diachronie, sur les rapports féconds entre tradition régionale et mouvement de la pensée universelle. Les participants, d'abord timides, sont venus fidèles et de plus en plus nombreux au fil des quatre ans qu'a duré le cycle, découvrir des œuvres, des conférenciers, des interprètes et des lieux dans une quatrième salle qui s'est trouvée, tour à tour, cour d'un beau domaine viticole, nef d'une église de village ou cave, recyclée et restaurée, à peine ouverte à la visite. La découverte vagabonde de textes et de musiques, sans tabou ni frontière, a été servie par des conférenciers et des musiciens qui ont su se souvenir que l'invention populaire était aux origines de l'art, indissociable de la création.

Préface

Que ce volume puisse recréer des moments de partage inoubliables, par la magie d'un duo reconstitué, Laure Lévêque ayant réuni et revu l'ensemble des textes et des illustrations, donnant sa forme ultime à notre création, Christopher Hainsworth en conservant un écho dans la mémoire harmonique des voix et des instruments.

Monique Clavel-Lévêque
Présidente du Parc Culturel du Biterrois

Tragédie grecque et musique :
réalités et interprétations

Cet intitulé exige, avant tout développement, d'être explicité. Un spécialiste ferait, en effet, une remarque fort juste, à savoir que les tragédies grecques parvenues jusqu'à nous, celles, donc, créées au Ve siècle avant notre ère, étaient, pour partie, des drames musicaux. J'ai pourtant des raisons de choisir ce titre. D'une part parce que trop d'hellénistes, une fois faite la remarque susdite, ne considèrent plus que le seul texte écrit, d'autre part parce que la tragédie grecque finit par rompre, semble-t-il, ses liens avec la musique[1], enfin parce que, si nous pouvons lire ou entendre déclamer un certain nombre de pièces, nous ne pouvons écouter, ceci est du domaine des faits, que quelques minutes de cette musique.

C'est pourtant, à mon avis, suffisant pour se rendre compte de son importance, pour s'imprégner de l'atmosphère qu'elle crée, au point qu'entendant pour la première fois « la plainte de Tecmessa »[2], que Salomon Reinach et Annie Bélis ont proposé d'attribuer à Eschyle, je me

---

[1] Sur l'évolution de la tragédie, cf. Jean Sirinelli, *Les Enfants d'Alexandre, la littérature et la pensée grecques (334 av. J.-C. – 519 ap. J.-C.)*, Paris, Fayard, 1993, pp. 37-38, 148-152, 182, 323.
[2] *Musiques et danses antiques*, Rencontre thématique du Groupe d'Étude sur les Cultures Anciennes (GRECA), Université de Nantes, 10 février 1996, *Revue Belge de Philologie et d'Histoire*, fasc. I : Antiquité, 80, 2002, pp. 103-238.

suis écrié : « ça ressemble à du Richard Strauss », pensant à *Elektra*, dont je reparlerai.

Il faudrait trouver une solution à ce dilemme, arriver à recréer l'atmosphère d'une tragédie grecque du Ve siècle. Plusieurs pistes peuvent être explorées. Celle d'une interprétation musicale des extraits, avec des ajouts « dans l'esprit ». C'est ce que voulut faire Gregorio Paniagua, en juin 1978, quand il utilisa tour à tour l'explosion sonore suivie d'un long silence (cette grande respiration musicale qui permet de pénétrer et de s'isoler dans une œuvre), la composition de phrases musicales pour combler des lacunes (ce qui est légitime quand les deux parties appartiennent à la même inspiration), des sons, des bruits et des « accords errants, douloureux et parfaitement dissonants »[1]. De leur côté, Annie Bélis et l'ensemble Kerylos exécutèrent dans le théâtre antique de Delphes, en septembre 1992, « des suppléments musicaux » aux *Hymnes à Apollon* « qui respectent de la façon la plus rigoureuse les lois contraignantes qui régissaient la composition musicale à cette époque et ses relations avec l'accentuation du texte »[2]. On peut aussi imaginer une adaptation libre d'une œuvre, par une recréation moderne, par un mélange de ces procédés. On pense aux *Perses*, superbe réalisation de l'ORTF en 1961 sous l'égide de Jean Prat, aux *Oresteia* de Iannis Xenákis, qui emploie le grec ancien (1965-66, 1992, 1997), au *Prométhée* de Gabriel Fauré donné dans les arènes de Béziers, exemple de ce que peuvent réaliser un grand compositeur, un peuple musicien et mélomane et un magnifique mécène (1901)[3]. À

---

[1] *Musique de la Grèce antique, Atrium musicæ de Madrid, Gregorio Paniagua, Harmonia mundi*, Saint-Michel de Provence, 1978 (disque vinyle), 2000 (CD). Le fait que le fragment ait été joué en premier lieu par les instruments seuls fait problème. Le morceau était vocal.

[2] Œuvres du chanteur Athénaios, fils d'Athénaios, pour le premier hymne, du citharise Liménios, fils de Thoinos pour le second, *Musiques de l'Antiquité grecque, de la pierre au son*, Ensemble Kerylos, avec la participation des chœurs de l'Alam, direction : Annie Bélis, 1993, pp. 16-17, 31-33. D'autres interprétations existent actuellement.

[3] Jean-Michel Nectoux, *Gabriel Fauré, les voix du clair-obscur*, Paris, Fayard, 2008, pp. 263-292, 305-307, 385-391, 667-670 ; Jean Gallois, *Camille Saint-Saëns*, Wavre, Mardaga, 2004, pp. 306, 308, 335, 370 ; et, dans le présent ouvrage, Béatrice Didier, « Splendeurs lyriques à Béziers autour de 1900 », *infra*, p. 305 *sq*.

Tragédie grecque et musique : réalités et interprétations

L'*Elektra* de Richard Strauss (1909) enfin. C'est à dessein que je cite des œuvres qui peuvent paraître très éloignées les unes des autres : exécution musicale sans mise en scène dans le premier cas, adaptation libre mais, à mon avis, proche des œuvres d'Eschyle et de Sophocle pour Xenákis et Strauss, réussite incontestable de Fauré, mais dans le contexte d'un opéra adapté aux goûts d'un public mélomane féru de Meyerbeer, de Verdi, de Gounod ou de Saint-Saëns.

Que l'on choisisse d'imiter la musique grecque antique, ce qui n'est pas en soi impossible, nous en savons assez à son sujet pour qu'un compositeur de talent le réalise – et l'on peut penser qu'un auditeur moderne arriverait à s'immerger dans un drame ainsi reconstitué –, ou qu'on recompose « dans l'esprit » une tragédie grecque, ce qui compte, c'est de retrouver l'atmosphère de l'émotion tragique. Les auteurs-compositeurs eux-mêmes, nous le verrons, nous ont laissé des références musicales dans le texte de la pièce.

Il faut retrouver l'atmosphère tragique, car la tragédie grecque, c'est une situation de tension extrême, souvent un choc d'une violence sans bornes. La démesure peut y être partout, dans l'expression de la haine et de la douleur, dans le désespoir, dans les passions qui submergent la raison, dans les vengeances et les jalousies des dieux envers des hommes à la fois orgueilleux, révoltés et faibles, dans l'inexorable Destin qui s'acharne sur des familles maudites de génération en génération et qui impose même sa loi aux dieux.

Il faut, quand on assiste à de telles pièces, se défaire des références chrétiennes, et s'interroger, ce qui n'est pas facile, sur le contexte religieux de ces drames qui se déroulent dans des sanctuaires et à l'occasion de cérémonies religieuses. Nous sommes, c'est certain, pleinement dans le sacré. Mais ce sacré, c'est celui de la pièce. Quel rapport entretient-il avec le théâtre, qui fait partie d'un sanctuaire ? Celui-ci « porte (...) en soi sa charge d'émotion, et il en est d'exceptionnelles, bouleversant toute puissance humaine sur leur passage »[1], mais l'émotion ressentie sur les

---
[1] Pierre Lévêque, *Dans les pas des dieux grecs*, Paris, Tallandier, 1993, pp. 11-12.

gradins est-elle en rapport avec l'émotion que provoque le sanctuaire et telle cérémonie qui s'y déroule ? Je serais enclin à penser que le lien entre la tragédie et l'espace consacré est, justement, la musique.

Cette difficulté provient de la nature de la religion grecque, plus proche de l'hindouisme que du christianisme, de l'exubérance foisonnante de la Nature que de la création *ex nihilo*. La tragédie se déroule sous l'égide d'une divinité très ancienne et complexe, Dionysos, qui a apporté aux Grecs à la fois « la civilisation (...) et les transes bachiques », ces dernières étant « homologues (...) des saintes orgies d'Eleusis »[1]. Ce sont des « syntagmes qui font sens »[2] et nous sommes bien loin du christianisme. Car ce qui caractérise la civilisation grecque, et en ceci elle est bien proche de la civilisation indienne, c'est la prise de conscience du fait que la civilisation n'est pas l'ordre, fût-il celui de Zeus vainqueur, qu'elle est exultation et exaltation d'une énergie torrentueuse et destructrice, et qu'il faut toujours laisser sa part à cette réalité. C'est cela que nous enseigne la tragédie grecque, bien loin aussi de la culture de Rome, du contrat passé entre les dieux et une humanité régie par un *imperium* délégué, où l'on représente bien des tragédies en latin, mais grecques néanmoins quant au sujet et aux références, comme la *Médée* de Sénèque, placée sous le signe du *scelus nefas*, ce crime contre la loi divine qui correspondrait, de nos jours, au « crime contre l'humanité »[3]. Nous avons affaire à une laïcisation moralisante où l'auteur met en scène une humanité brute[4] qui est l'exact contraire de celle que construisait le stoïcisme qu'il a proposé dans le reste de son œuvre. Une telle pièce se place dans le cadre de la morale, non dans celui du sacré puisé dans les forces obscures et violentes de l'Être et de la Nature et, *ipso facto*, de la musique qui anime et transcende le verbe.

---

[1] Pierre Lévêque, « Dionysos dans l'Inde », in Jean-Claude Carrière *et al.* (éds.), *Inde, Grèce ancienne. Regards croisés en anthropologie de l'espace*, Besançon, PUFC, 1995, p. 128.
[2] *Id. ibid.*
[3] Florence Dupont, *Le Théâtre latin*, Paris, Armand Colin, 1988, pp. 45-50.
[4] Paul Veyne, *Sénèque, Entretiens, Lettres à Lucilius*, Paris, Robert Laffont, « Bouquins », 1993, p. CXV, n. 1.

Tragédie grecque et musique : réalités et interprétations

Ici intervient le mythe. La tragédie, sauf quelques pièces historiques dont il ne nous reste que *Les Perses*, c'est le domaine du mythe, qu'on dit conçu comme l'histoire ancienne des Hellènes, mais qui est de toutes façons et, plus sûrement, la loi du Destin. Le mythe constitue une donnée brute. Il existe en tant que tel. Il exprime la *Nécessité*, tout comme le fait à la même époque Démocrite en physique. Il nie par là même la liberté et refuse à l'individu toute possibilité de libre-arbitre. Son analyse ne va pas sans problèmes, car s'il échappe à l'événementiel, à l'anecdote, à la contingence, et, en quelque sorte, au temps et à l'espace, ce qui explique qu'il ait été privilégié par l'analyse structuraliste dont il constitue, d'ailleurs, le fondement même, il n'est pas totalement fixé, même au Ve siècle, comme on le voit en comparant Eschyle, Sophocle et Euripide. Platon propose même de le modifier pour le rendre apte à une utilisation rationnelle dans la cité à construire. Quand Wagner voudra rompre avec l'opéra et créer le drame musical, il abandonnera l'histoire pour le mythe, se référant à la tragédie grecque, mais en cherchant, comme nous le verrons, une voie pour se libérer de la Nécessité.

Voici, brièvement exposé, ce que j'entends par « réalités », ce qu'il convient d'examiner : la tragédie, texte et musique, mythe et acte religieux. Il reste que les limites de l'analyse ne tiennent pas seulement aux limites de cet article, ni à mes compétences. Elles sont aussi en rapport avec les sources, lesquelles sont désormais bien réduites. Elles risquent aussi, si l'on n'y prend garde, de déformer les points de vue. Car les tragédies d'Eschyle, qui sont les premières que nous ayons, ont une forme des plus évoluées, avec leur chœur et plusieurs acteurs[1]. Les dernières, celles d'Euripide, ont été suivies de bien d'autres dont nous n'avons que des fragments.

De ce fait, nous nous trouvons à un certain moment de l'histoire grecque : la première tragédie, *Les Suppliantes*, fut certainement donnée aux lendemains de la seconde guerre médique (480-479), tandis que la dernière produite à Athènes, l'*Oreste* d'Euripide, le fut en 408, l'année où Alcibiade, après la reprise de la guerre du Péloponnèse en 412, remporta les victoires

---

[1] C'est toutefois Sophocle qui introduisit le premier un troisième acteur (Sophocle, I, *Ajax, Antigone, Œdipe-roi, Electre*, texte établi et traduit par Paul Masqueray, Paris, Les Belles Lettres, 1929, p. VIII).

d'Abydos et de Cyzique et où les Spartiates furent défaits aux îles Arginuses, l'année aussi où Platon rencontra Socrate. Nous sommes dans un contexte de guerre, à laquelle participent physiquement les citoyens des cités. Athènes, où les pièces qui nous restent furent représentées, fut particulièrement frappée par ces conflits. Elle avait perdu, lors du désastre de Sicile en 413, une part notable de son corps civique. Il faut dire tout cela, la tragédie du Ve siècle doit être replacée à l'intérieur d'un espace chronologique. Mais on voit bien qu'une exégèse qui s'en tiendrait à l'espace et au temps contemporains trouverait vite ses limites. Peut-être, finalement, la rencontre entre les deux philosophes eut-elle davantage de rapports avec la tragédie ? Ce fut le sentiment de Nietzsche, qui rappela l'amitié qui liait Euripide et Socrate et dénonça l'influence du rationalisme du second sur l'œuvre du premier, mais la lecture des *Bacchantes* fait douter du bien-fondé de cette opinion. Car il faut, ce n'est pas douteux, faire une place à part à cette dernière pièce, un drame religieux qui met en scène le dieu de la tragédie, œuvre posthume, créée, non en Attique, mais en Macédoine. Pour quelle raison ? Comment interpréter le texte de cette pièce pour laquelle la perte de la partie musicale, qui aurait certainement été éclairante, constitue un manque fort dommageable ?

L'analyse de cet ensemble constituera la première partie de l'exposé. Elle comprendra une étude de la musique et d'un choix d'œuvres, car aller plus loin demanderait d'écrire un livre ! Ces œuvres seront les suivantes : des tragédies d'Eschyle, *Electre* de Sophocle, indispensable du fait que nous envisagerons le drame musical de Richard Strauss, dont le livret est une réduction de la pièce de Hugo Von Hofmannsthal, *Oreste* et *Les Bacchantes* d'Euripide, la première parce que nous disposons d'exemples musicaux, la seconde parce que Dionysos est mis en cause dans une œuvre étrange pour bien des raisons qui concourent à la rendre hors norme : dernière tragédie des grands auteurs, pièce posthume, pièce représentée dans un État royal, hors du cadre d'une cité indépendante, pièce mettant en scène le dieu de la tragédie.

La seconde partie en viendra à l'étude des interprétations. Une remarque s'impose : il existe un décalage dans le temps entre la production

Tragédie grecque et musique : réalités et interprétations

des tragédies et les commentaires qu'elles ont suscités, du moins quand on considère les sources dont nous disposons. Les *Thesmophories* (411) et les *Grenouilles* (405) sont dirigées contre Euripide, la première comédie étant représentée dans les derniers temps de la carrière du tragédien, la seconde après sa mort. Platon acheva *La République* en 372 et *Les Lois* connurent une diffusion posthume (post 346). Quant à Aristote, sa *Poétique* est, probablement, de 334, en tous cas comprise entre 335 et 323[1], tout comme *Les Politiques*. Les ouvrages des deux philosophes livrent des analyses de la tragédie.

Laissant de côté toute la production moderne d'opéras et de thèses qui enrichissent notre culture grâce à l'imitation de la tragédie attique, j'étudierai une tradition qui a pris la question *terriblement au sérieux*, au point d'en faire un enjeu majeur du renouvellement de notre civilisation, de notre conception de l'existence, de la société et de l'individu, un enjeu, donc, métaphysique, esthétique, politique et social. Tout commence avec *Le Monde comme volonté et comme représentation* d'Arthur Schopenhauer, dont la première édition est de 1818, mais dont l'influence ne se fit sentir que vers 1851-1854[2] : philosophie d'un pessimisme[3] absolu qui emprunte beaucoup à l'hindouisme et qui est proche, sur bien des points, de la tragédie grecque en ce qui concerne la conception de l'homme enfermé dans son aliénation, philosophie dans laquelle la Volonté aveugle et ne visant que sa propre objectivation[4] développe un univers de souffrance que l'homme ne peut surmonter que par « le renoncement volontaire, la résignation, la véritable impassibilité et l'arrêt absolu du vouloir » (I, § 8)[5]. L'homme peut, en attendant, acquérir une rémission provisoire par la contemplation esthétique, dans laquelle, point majeur pour notre propos, la musique a un rôle particulier à jouer parce qu'elle « va au-delà des

---

[1] Aristote, *Poétique*, texte établi et traduit par Janet Hardy, Paris, Les Belles Lettres, 1985 (1ᵉ éd., 1932), p. 15.
[2] *Die Welt als Wille und Vorstellung*. Je me référerai à l'édition française traduite par Auguste Burdeau, revue et corrigée par Richard Roos, Paris, PUF, 1ᵉ éd. 1966, 2ᵉ éd. 2006.
[3] C'est le terme traditionnel. Je dirais plutôt : « lucidité ».
[4] Cf. l'introduction de Richard Roos, p. XIII.
[5] Tout le chapitre est à lire, pp. 475-499.

Idées », qu'« elle est complètement indépendante du monde phénoménal », qu'« elle l'ignore absolument », qu'elle « pourrait en quelque sorte continuer à exister, alors même que l'univers n'existerait pas », ce qu'« on ne peut (...) dire (...) des autres arts » (I, § 52)[1].

Richard Wagner, qui fut toujours passionné par la Grèce et la tragédie hellénique, analysa cette dernière dans plusieurs écrits théoriques destinés à faire comprendre son œuvre, les buts qu'il poursuivait, dans la ligne, certes, des œuvres de Schopenhauer qu'il étudia d'une manière approfondie, mais aussi dans le cadre de son propre univers, comme nous le verrons. Nous prendrons ici en compte surtout deux œuvres théoriques : *Opéra et Drame* (1851)[2] et *Religion et Art* (1880)[3]. Enfin, en 1871, Friedrich Nietzsche, professeur de philologie grecque à l'Université de Bâle, publia, au moment même où Wagner produisait son *Beethoven*, *La Naissance de la tragédie selon l'esprit de la musique*[4], titre complet dont on ne saurait supprimer « selon l'esprit de la musique » sans en dénaturer le message.

Car il s'agit d'un message, message d'un philosophe, d'un musicologue et musicien, d'un penseur avide de Vérité, qui poursuivait alors, et poursuivra toujours, une quête tragique. Contrairement à l'opinion courante, je considère que le sujet du livre correspond à son intitulé. Il y est question de tragédie grecque, dont Eschyle est, pour l'auteur, l'authentique représentant ; de son origine, dionysiaque d'abord – qui contestera ce fait ? –, apollinienne ensuite, ceci fait débat, et nous sommes ici dans un cadre non plus d'histoire, mais d'une dialectique qui relève peut-être de la philosophie, mais cela signifie-t-il pour autant que la thèse soit *ipso facto* à écarter ? Et, *last but not least*, d'une origine « suivant

---

[1] *Ibid.*, p. 329.
[2] *Oper und Drama*, 1851. J'utiliserai la traduction de W. Ashton Ellis (+ 1913), *Opera and Drama*, Lincoln and London, University of Nebraska Press, 1995.
[3] « Religion und Kunst », *Bayreuther Blätter*, octobre 1880. J'utiliserai la traduction de W. Ashton Ellis, *Religion and Art*, Lincoln and London, University of Nebraska Press, 1994, pp. 212-252.
[4] *Die Geburt der Tragödie aus dem Geiste der Musik*. Je suivrai la traduction de Geneviève Blanquis, *La Naissance de la tragédie*, Paris, Gallimard, 1949 et le texte publié à Frankfurt am Main und Leipzig, 2000, *mit einem Nachwort von* Peter Sloterdijk.

l'esprit de la musique » (j'aurais traduit plutôt *der Geist* par « l'âme », plus conforme au romantisme germanique qui est une des composantes de l'œuvre, ou par « principe qui donne vie » pour me rapprocher de la philosophie de Schopenhauer pour lequel le principe actif est cette *Volonté* qui crée cette vie foisonnante et irrationnelle). Pour Nietzsche, l'origine de la tragédie grecque, dithyrambe offert au dieu de la possession et de l'énergie sans limites, qui n'en est pas moins créateur de la civilisation, entendons celle des Hellènes[1], provient de la musique, non des mots : le chant est premier, sur lequel se modèlent les paroles, ou plutôt, peut-être, le poème est déjà conçu dans l'esprit du compositeur – c'est le cas de Wagner que Nietzsche avait alors à l'esprit –, sur l'idée musicale qui lui donne forme, *qui lui donne sa forme*, et non l'inverse ; les instruments, tout comme le chant, obéissent à un rythme particulier, qui varie suivant ce que l'on veut exprimer, et là aussi la musique précède les paroles, impose sa forme au langage.

Je ne contesterai pas pour autant que ce livre soit en phase avec son époque, il doit être replacé dans le contexte de l'Allemagne d'alors. Mais j'affirmerai aussi qu'il est en rapport avec des problèmes métaphysiques et esthétiques d'abord et avant tout, et que vouloir le réduire à des données politiques et sociales contingentes ouvrant la voie à la barbarie que l'on sait est un contre-sens. Une œuvre doit être analysée pour elle-même, elle constitue un monument unique qu'il faut envisager sans préjugés[2].

---

[1] René Girard (*La Violence et le sacré*, Paris, Grasset, 2010, 1ᵉ éd. 1972, pp. 196, 198-199) s'élève contre la thèse de Rudolf Otto (*Le Sacré*, 1917) « selon laquelle le dionysiaque grec constitue quelque chose d'absolument singulier ». C'était déjà l'idée de Nietzsche dans *La Naissance de la tragédie*. Les exemples que René Girard propose lui donnent raison si l'on admet le bien-fondé de la méthode comparatiste. En revanche, avancer que Nietzsche ne saisit pas « le caractère odieux de Dionysos » est, je crois, une erreur. Le philosophe exalte les forces que représente le dieu, métaphore de la Volonté de Schopenhauer, *par delà le Bien et le Mal*.

[2] Les principes qui me guident sont les suivants : 1) pour un écrit, j'ai recours au texte original, établi correctement, plutôt qu'à des interprétations (pour le présent article, j'ai parfois cité les textes dans leurs traductions pour des raisons pratiques, mais je me suis référé à l'original en cas de difficulté). La lecture de l'original permet de ne pas être influencé par les manipulations, récupérations et déformations (dans le cas qui nous

C'est dans ce cadre que j'aurai à examiner les œuvres musicales de l'époque, utilisant les clefs que Nietzsche nous fournit dans son livre quand il distingue, pour rendre compte de ce que fut la tragédie grecque, l'esprit socratique, c'est-à-dire la rationalisation, l'esprit esthétique, qui est en

---

intéresse ici, Nietzsche ne peut rien contre les manipulations de son œuvre auxquelles se livrèrent sa famille et les nazis) ; 2) pour une œuvre musicale qui s'appuie sur un texte (cas de la tragédie et de l'opéra), j'analyse séparément dans un premier temps l'écrit et la musique parce qu'ils appartiennent à deux univers différents, avant de les comprendre dans un même ensemble. L'émotion provoquée par la musique est, en effet, différente de celle qu'apporte le texte. La perception de l'univers musical aboutit, si les conditions d'exécution de l'œuvre sont réunies dans un cadre « phénoménologique », c'est-à-dire d'objectivité acoustique tenant compte de la réception du son musical dans les conditions particulières de l'« ici et maintenant » (Sergiu Celibidache, *La Musique n'est rien*, textes et entretiens pour une phénoménologie de la musique, réunis et traduits de l'allemand par H. France-Lanord et P. Lang, Aix-en-Provence, Actes-Sud, 2012, pp. 19-25, 35-76 et *passim*) à une intériorisation ineffable étrangère à la sphère du discours (*ibid*. et Wladimir Jankélévitch, *La Musique et l'ineffable*, Paris, Seuil, 1983, pp. 92-98). Je ne me range donc pas dans le camp des rationalistes. Pierre Boulez me paraît être le maître le plus célèbre de cette tendance. Gérard Chouquer en a fait un monisme intégral (« La Klee des champs. Structures mentales et histoire des paysages », in M.-M. Mactoux, E. Geny (éds.), *Mélanges Pierre Lévêque*, 2, Besançon, PUFC, 1989, pp. 95-136). 3) Quand un compositeur a par ailleurs écrit des textes sur la musique (c'est surtout, ici, Wagner qui est en cause), je prends en compte les deux genres, mais je ne les confonds pas. Sergiu Celibidache a écrit que « toutes ses vues sur la philosophie et l'art n'ont absolument aucune valeur » (*La Musique n'est rien, op. cit.*, p. 85). Je ne suis pas d'accord avec une opinion aussi tranchée parce que les essais en prose ont permis à Wagner de conceptualiser ce qu'il portait en lui et de l'expliquer aux autres. En revanche, il y a bien un hiatus entre ces textes et les chefs-d'œuvre, ces derniers étant portés par la musique et la poésie comme, aussi, par une pensée tout autre ; 4) ce qui conduit à un dernier point. Si, dans un discours, il faut lire le texte et non se laisser influencer par ce que peut être l'auteur en tant qu'individu, il est encore plus nécessaire d'écouter une œuvre où domine la musique sans se laisser détourner par les écrits ou les actes du compositeur. Comme l'a montré Boris de Schloezer (*Introduction à J.-S. Bach, essai d'esthétique musicale*, Paris, Gallimard, 1947, 4ᵉ éd., pp. 285-307, mais il faut en réalité lire toute la troisième partie, « Le mythe », qui montre de quelle manière se forge une œuvre musicale), « le Moi Mythique » du compositeur, du fait de l'univers spécifique que constitue la musique, du fait aussi du cadre technique tout à fait particulier qui donne sa forme à une œuvre musicale et qui en fait un objet irréductible à tout autre cadre mental (sur ce point le livre de Celibidache apporte aussi beaucoup d'éléments décisifs), est indépendant du Moi qui vit, qui discourt et qui agit.

rapport avec l'art, l'esprit tragique, qui est du domaine de la métaphysique. Cette distinction est essentielle. Nietzsche, à mon avis, s'il distingua avec lucidité les trois éléments constitutifs, n'envisagea véritablement que le deuxième, une fois écarté le premier comme incapable de rendre compte d'un drame musical d'Eschyle ou de Sophocle ; c'est-à-dire qu'il s'en tient au *Quietiv* de Schopenhauer, ce calmant de la souffrance qui ne saurait être qu'un abri provisoire, avant d'explorer d'autres voies qui l'éloignèrent du projet (mais était-ce pour lui un projet ?) qu'il avait pourtant si bien mis en évidence. Or, c'est bien l'esprit tragique qui est en cause dans la condition humaine, c'est lui qu'il faut surmonter, c'est cette dissonance qu'il faut résoudre, cette dissonance que la tragédie grecque laissa sans vraie solution.

*

L'on a généralement une certaine connaissance des tragédies, des mythes, du théâtre et de la religion, des acteurs et du public. Ce n'est généralement pas le cas de la musique grecque, raison pour laquelle je commencerai par elle. Essayons de nous appuyer sur ce que nous pensons savoir, quitte à effectuer quelques ajustements.

La musique des deux derniers siècles a mis en œuvre ce qu'on appelle couramment des « modes grecs ». C'est ainsi que Debussy utilisa le « mode lydien dominant » dans *La Mer*, mode prisé par Bela Bartok. Soit, pour une gamme d'ut, « do, ré, mi, fa#, sol, la, sib ». Les amateurs de jazz savent aussi que les compositeurs de la musique qu'ils aiment ont employé toutes sortes de modes grecs. On entend tout à fait couramment des conversations du genre suivant :

– Quel est l'accord de la deuxième mesure ?
– F Lydien[1].

Et nous pouvons, par exemple, nous essayer à harmoniser une mélodie et improviser sur le mode ionien et l'accord de 7e majeur, sur le mode dorien et l'accord de 7e mineur, ou encore sur le « mode

---

[1] Mark Levine, *Le Livre de la théorie du jazz*, trad. Patrick Barot, Paris, Advance Music, 1997, p. 15 (éd. originale 1995).

myxolydien »[1] et l'accord de 7ᵉ de dominante. Sachant par ailleurs que Gabriel Fauré publia en 1894 une harmonisation de l'hymne d'Apollon que Salomon Reinach avait découvert à Delphes en 1893 et que cette découverte archéologique ne fut pas sans influencer le désir d'une résurrection de la tragédie grecque à Béziers[2], on pourrait penser, ou bien qu'il n'y eut aucune solution de continuité entre la musique de la tragédie antique et certaines de nos musiques actuelles, ou bien que l'on redécouvrit au XIXᵉ siècle les « modes grecs ».

Il n'en est rien en réalité, pour deux raisons au moins : la première, c'est que nos « modes grecs » se réfèrent à un seul type sur trois, celui dans lequel l'intervalle le plus petit est le demi-ton. Il est nommé « diatonique », les deux autres étant appelés « chromatique » et « enharmonique », nous aurons l'occasion d'y revenir en analysant l'*Oreste* d'Euripide ; la seconde, plus délicate à expliquer (et presque impossible à corriger dans la pratique tant les habitudes sont ancrées), c'est que l'expression « mode grec » pour traduire *harmonía*, *trópos* ou *nómos* est impropre, comme l'a montré Jacques Chailley.

Il faut noter, tout d'abord, que « mode » est dérivé du latin *modus* et non du grec. Non que ce soit vraiment un problème de langue, car, contrairement à ce qu'on lit un peu partout, il existe une continuité entre la musique grecque et la musique romaine, entre les théoriciens et musiciens grecs et latins. Le courant néoplatonicien latin, dont je vais parler, emprunte à la musicologie et à la musique grecque, et c'est à partir d'une lecture erronée d'un des tenants de ce courant, Boèce, que la confusion sur les modes a été faite.

---

[1] Les jazzmen écrivent toujours « myxolydien », les musicologues classiques « mixolydiens », ce qui est préférable (du grec μιξολύδιος, « à moitié lydien »).
[2] Jean-Michel Nectoux, *Gabriel Fauré, op. cit.*, p. 264. Une publication révisée parut en 1914, tandis que Léon Boëllmann harmonisa le second hymne. Toutefois, si la mise en scène et la structure de *Prométhée* sont comparables à une tragédie grecque, un rapprochement sur le plan musical ne peut se faire qu'avec le chœur final, quand sopranos et ténors chantent à l'unisson la première strophe « sur un simple accompagnement de cordes ponctué d'accords de harpes » (*ibid.*, p. 285).

Tragédie grecque et musique : réalités et interprétations

Il existe trois significations possibles du substantif *modus* : « intervalle musical » (c'est celui qu'il revêt, suivant J.-B. Guillaumin, dans le livre IX de Martianus Capella) ; « modulation », dans le sens « d'enchaîner des intervalles pour former une mélodie » ; « trope ou ton de transposition », interprétation généralement retenue pour expliquer le passage de Martianus. Or, celle-ci est erronée. Elle a son origine chez les commentateurs carolingiens et chez Rémi d'Auxerre d'une part, chez les traducteurs modernes sous l'influence de la notion de « modes musicaux »[1].

Pour être le plus concret possible, il me paraît utile de présenter, en prenant un exemple, celui du mixolydien qu'Euripide, selon Plutarque, considérait comme le plus pathétique de tous les tons[2], le trope grec et le mode moderne.

Voici le trope antique diatonique transcrit en notation moderne[3] :

---

[1] Ce passage est un résumé de la note de J.-B. Guillaumin (Martianus Capella, *Les Noces de Philologie et de Mercure*, livre IX, *L'Harmonie*, Paris, Les Belles Lettres, 2011, pp. 108-109, n. 4) commentant le passage suivant : *Dextra autem quoddam gyris multiplicibus circulatum et miris ductibus intertextum uelut clipeum gestitabat, quod quidem suis inuicem complexis orbibus modulatum ex illis fidibus circulatis omnium modorum concinentiam personabat*, que l'auteur traduit ainsi : « À la main droite, elle portait, en guise de bouclier, une sorte d'objet circulaire parcouru de multiples cercles et entrecoupé d'étranges lignes : harmonieusement réglé par ses cercles concentriques, il produisait, à partir de ces cordes circulaires, une consonance de tous les intervalles » (*ibid*. 909, p. 16).
[2] *De audiendo*, § 15, 46 B, cité par Annie Bélis, « La musique grecque antique », *Ateliers, instruments, musiques et musiciens de l'Antiquité classique, Cahiers de la Maison de la Recherche*, Université Lille III, 1995, p. 15. Les indications proprement musicales sont courantes dans les tragédies : chants funèbres, triomphaux, sacrificiels, barbares, division du chœur en deux parties qui se répondent, rythmes.
[3] http://www.normalesup.org/~jguillau/tropes.html

et le mode « myxolidien » de la gamme diatonique en ut majeur[1] :

Les différences sont claires. En voici quelques-unes : le mode moderne est une transposition de la tonique sur la quinte de la gamme originelle ; il a pour base l'octave et son découpage en intervalles ; il a pour but l'harmonie, particulièrement l'accord de septième de dominante (tierce majeure et septième mineure) avec effacement de la quatrième note, ou bien l'« accord sus », qui évite l'effacement du do[2]. Le trope n'a pas les mêmes intervalles, son univers est monodique et est basé sur le tétracorde. Or, pour rejoindre notre octave, il faut séparer les tétracordes par un ton dit « disjonctif », ce qui conduit au « système disjoint »[3].

Et si l'on prend en compte le mode ionien de *La Mer*, cité plus haut, il s'agit cette fois d'une gamme originale qui diffère de la gamme majeure correspondante par le fa et le si, ainsi que de la gamme mineure diatonique d'ut telle qu'elle est couramment utilisée au XIXe siècle par le mi, le fa, le la et le si.

Le but que je poursuis étant de parler de la musique dans la tragédie, je n'irai pas plus loin que ces considérations pratiques et que chacun peut constater, renvoyant le lecteur aux travaux spécialisés, particulièrement à ceux de Jacques Chailley[4]. Je voudrais, en revanche, faire quelques remarques qui ne m'éloigneront pas de mon sujet :
- Les tropes grecs étaient très probablement perçus comme « naturels », ceux qui étaient utilisés dans la tragédie étant issus directement du dithyrambe exécuté en l'honneur de Dionysos. En revanche, il fallait

---

[1] D'après Mark Levine, *Le Livre de la théorie du jazz*, op. cit.
[2] *Ibid.*, pp. 33 et 38.
[3] Jacques Chailley, *L'Imbroglio des modes*, Paris, Alphonse Leduc, Éditions musicales, 1960, p. 11.
[4] *Ibid.*, pp. 10-28.

adapter l'oreille à une musique nouvelle, celle de « modes grecs » dans la musique française à la fin du XIXe siècle ou celle du jazz en cours d'évolution. En fait, un amateur courant (ou même un professionnel) étudie toujours ses gammes à partir de la tonique et sur des modes majeur et mineur, à moins qu'elles ne soient chromatiques. Et ce n'est pas sans raison que les jazzmen, quant à eux, font étudier les gammes en changeant sans arrêt de mode et en évitant de débuter par la tonique[1].

- Les modes « grecs » que les musicologues carolingiens ont plaqués sur la musique religieuse grégorienne satisfaisaient leur intellect, mais leur théorie était erronée, ce qui est désormais scientifiquement admis. Il faut souligner qu'ils étaient destinés à rendre compte d'une musique simplifiée[2], dans laquelle le demi-ton lui-même était suspect de sensualité. Si l'on s'en tient à l'Occident latin, les traditions religieuses qui ont subsisté et qui sont désormais à disposition du public, qu'il s'agisse des chants byzantins de l'Église de Rome[3] ou de ceux de Milan (qu'on écoute plus particulièrement l'extraordinaire « *Tecum principium* »[4] qui rappelle les chants byzantins de l'Église libanaise) révèlent une richesse dont la substance s'est conservée en Orient. Et la musique « romaine », méprisée sans raison, c'est toute la richesse d'un Empire présent tout entier dans la Ville, où la musique grecque est toujours vivante, mais aussi toutes les traditions musicales[5].

---

[1] Mark Levine, *Le Livre de la théorie du jazz*, *op. cit.*, pp. 89-95.
[2] Ce qui ne veut pas dire qu'elle n'ait pas conduit au développement d'une musique d'une grande beauté (jugement esthétique) ou d'une religiosité exceptionnelle, parce que d'essence religieuse (ce qui est le cas aussi des partitions polyphoniques du Moyen Âge et de la Renaissance, mais pas de toute la musique religieuse ultérieure).
[3] *Chants de l'Église de Rome, période byzantine (VIIe-VIIIe siècles)*, Harmonia Mundi, Ensemble Organum, direction Marcel Pérès, 1986, éd. 2003.
[4] *Chants de l'Église milanaise*, Ensemble Organum, direction Marcel Pérès, 1989, éd. 2003.
[5] Cette dernière est contestée parce qu'on croit que la musique romaine est inférieure à la musique grecque, sur des critères sociaux qui ont peu de rapport avec la composition et l'interprétation de la musique. Passée l'époque de l'amateurisme citoyen, les tragédies grecques et l'ensemble de cette musique furent le fait de professionnels, acteurs-chanteurs

— La croyance qu'il n'existe pas de relation entre la musique qui était exécutée et les traités dans lesquels s'affrontaient les Pythagoriciens et les Aristotéliciens[1], les premiers s'appuyant sur les mathématiques, les seconds sur l'acoustique, est-elle pertinente ? La lecture du livre

et instrumentistes, « technites » dionysiaques, tant d'ailleurs à l'époque des cités et royaumes grecs indépendants qu'à celle de la tutelle romaine ; les musiciens « romains » étaient mal considérés, mais les *tubicines* ne l'étaient pas. Ce déclassement social et juridique (qui existait tout autant dans notre monde occidental) ne signifie pas que la musique « romaine » ait été inférieure à la grecque. Il n'y a pas de « musique romaine », il y a de multiples musiques, latine, grecque, juive, égyptienne, gauloise, britannique et autres à l'époque romaine, qu'on entendait dans l'Empire et à Rome, bien sûr, dans cette ville cosmopolite où cohabitaient toutes les langues, et le grec tout autant que le latin dans tous les milieux. Et, pour parler de musique religieuse, les hymnes que Saint Ambroise fit chanter à Milan pour contrecarrer les projets impériaux de livrer des églises aux Ariens en 385 et 386, c'est de la musique grecque avec des paroles latines. Il en est de même de partitions religieuses vocales de l'Église de Rome. Quant aux théories musicales en langue latine, elles puisent entièrement dans les ouvrages des Grecs. C'est le cas du livre de Boèce dont il est si souvent question.

[1] Pythagore, certes, mais aussi et surtout Platon. La difficulté est la suivante. On déplore que la musique ait été soumise aux mathématiques à partir d'une expérience qu'aurait effectuée Pythagore et dont il aurait déduit faussement que celle-ci dépendait du Nombre, principe de l'Univers (cf. Jacques Chailley, *Expliquer l'harmonie ?*, Lausanne, Rencontre, 1967, pp. 6-18). Dans la recherche du Principe qui crée et/ou constitue l'Être de l'Univers, le Nombre pour Pythagore, les mathématiques pour Platon jouent un rôle essentiel, le premier parce qu'il y trouve le Principe, les secondes parce qu'elles permettent de se dégager du monde phénoménal illusoire, les Idées constituant la réalité (si l'on s'en tient aux *Dialogues*) ou des éléments du Principe (si l'on reconstruit les spéculations ésotériques de l'*Académie*, cf. Marie-Dominique Richard, *L'Enseignement oral de Platon*, Paris, Cerf, 1986, p. 232 pour la reconstruction de sa hiérarchie ontologique) vers laquelle nous devons tendre. Que la musique ait joué dans ce cadre un rôle particulier n'est pas un simple phantasme. C'est elle qui établit les relations universelles régies par le Nombre. « Oui, elle est vraiment supérieure aux grandes puissances des dieux, / Harmonie, qui rendit manifeste la gloire de ces héros, / qui sut dompter l'Erèbe, les flots, les pierres, les bêtes sauvages, / et, par ses intonations, donner la sensibilité au roc » (Martianus Capella, 908). Mais ce domaine spéculatif ne conduit pas à la légitimité de systèmes qui ont pour base les modèles mathématiques pour créer de la musique (Xenákis) ou pour diviser sur plusieurs octaves les intervalles en demi-tons (dodécaphonisme sériel). J'avancerai pour ma part que le son musical relève de la physique (acoustique), non de la mathématique. C'est Aristote et Aristoxène qui sont dans le vrai, non Pythagore et Platon.

IX des *Noces de Philologie et de Mercure* de Martianus Capella, datable du début du Ve siècle, ne laisse pas une telle impression. L'exposé de la théorie qui rend compte des tropes, des intervalles diatoniques, chromatiques et enharmoniques, des rythmes et des pieds est précédé d'une scène : accueil d'Harmonie, chant d'Hyménée, entrée musicale du cortège d'Harmonie, chant relatant la légende d'Orphée, d'Amphion et d'Arion, entrée d'Harmonie, chant de la mariée louant Jupiter et invocation des dieux, chant nuptial, évocation du rôle cosmique d'Harmonie et de ce qu'elle apporte à tous les êtres. Nous avons là une représentation théâtrale[1] réelle, musicale, faite de chants d'une grande poésie accompagnés par des instruments, flûtes, « boucliers » à cordes circulaires produisant une consonance de tous les intervalles, tandis que sont nommés d'autres instruments : lyres, barbitons, tétracordes, trompettes, chalumeaux, cithares, syrinx. Il y a pour le moins un lien entre pratique et théorie.

- L'idée suivant laquelle le théâtre aurait rompu avec la musique est directement remise en cause par la scène que je viens de citer.
- Enfin, des doutes apparaissent sur ce qui est perçu comme une vérité acquise à la lecture de plusieurs passages, dont celui-ci[2] :

« Nec mora et ecce quaedam suauitas intemptata aulicaeque dulcedinis cantus insonuit, ac melodiae ultra cuncta rerum oblectamina recinentes auditum mirantium compleuere diuum. Non enim simplex quidam et unius materiae tinnitibus modulatus, sed omnium organicarum uocum consociata permixtio quandam plenitudinem cuncticinae uoluptatis admisit ».

« Sans retard, voilà que retentit une suavité jamais éprouvée, un chant rempli de la douceur de l'aulos, et que des mélodies dont le son surpassait tous les divertissements du monde emplirent les oreilles des dieux émerveillés. Car ce n'était pas une musique simple, formée de sons d'un seul timbre, mais un mélange harmonieux des notes de tous les instruments, qui créa une sorte de plénitude du plaisir polyphonique ».

---

[1] Martianus Capella, 909, p. 16.
[2] Martianus Capella, 905, p. 12.

Ce qui conduit aussi à s'interroger sur la validité de l'affirmation suivant laquelle cette musique n'aurait connu que la monodie ou l'hétérophonie. Je noterai que la traduction de *cuncticinae* par « produite par un ensemble de chants » dans nos dictionnaires courants[1] n'est pas juste puisqu'il y a un chant accompagné par des instruments.

Faut-il prendre la traduction de Jean-Baptiste Guillaumin au pied de la lettre ? De quoi s'agit-il ? D'une aria accompagnée ? D'une polyphonie qui ferait appel à un certain type d'harmonie ? Je laisserai la question en suspens, me demandant si la première partition polyphonique dont nous disposons, qui est celle d'une messe du IXe siècle, n'est pas simplement la première qui nous soit connue. Qu'en était-il dans la musique populaire, beaucoup plus libre ? Et dans la musique savante de tradition grecque, particulièrement dans le courant néo-platonicien qui est ici illustré par Martianus et auquel appartiennent, à la même époque, Macrobe[2] et Boèce[3] ?

Les partitions dont nous disposons comprennent 13 titres sur le CD de l'ensemble Kerylos et 23 sur celui de l'Atrium Musicæ madrilène. Parmi elles, nous l'avons vu, trois concernent des fragments de tragédie.

J'envisagerai ici les vers 338 à 343 d'*Oreste*. La pièce fut jouée en 408 à Athènes. Le fragment portant la notation musicale « est postérieur de deux siècles »[4]. Le papyrus « provient d'Hermoupolis Magna, en Égypte. Il s'agit d'une partie de l'antistrophe chantée par le chœur des femmes d'Argos, ce qui autorise à reprendre la musique sur le passage

---

[1] Eugène Benoist, Henri Goelzer, *Nouveau dictionnaire latin-français*, Paris, 1922, 9e éd., p. 371 ; Felix Gaffiot, *Dictionnaire latin-français*, Paris, 1934, p. 453. Tous deux, *s.v. concticinus*, renvoient à la phrase de Martianus Capella.

[2] *Commentarii in Somnium Scipionis* (*Commentaires au Songe de Scipion*, 2, 1-4). On trouvera un tableau synoptique des œuvres sur la musique grecque et latine qu'il a analysées dans J.-B. Guillaumin, *Martianus Capella*, pp. LIX-LXII.

[3] *De institutione musica*. Boèce est un saint et martyr de l'Église catholique. Sa *Consolation de la philosophie* n'en est pas moins le livre d'un philosophe néo-platonicien qui se prépare à une mort violente.

[4] Ces renseignements proviennent de la notice d'Annie Bélis, *Musiques de l'Antiquité grecque, op. cit.*, p. 14.

précédent, construit à l'identique, mais sur d'autres paroles, appelé "strophe" »[1]. La notation est vocale[2].

Gregorio Paniagua fait intervenir des percussions : *kúmbala* (instruments constitués, pour chacun d'eux, de deux plateaux hémisphériques concaves et qui étaient utilisés dans les cultes orgiaques de Cybèle et de Dionysos), *kúmbalion* (petite cymbale), *discos* (gong frappé par un marteau), une clochette ; des flûtes : *aulós* et *plagíaulos* (flûte traversière), des instruments à cordes pincées : *mágadis* de vingt cordes, *kithára* (grande lyre), *epigóneion*, de quarante cordes. L'interprétation comprend d'abord une partie purement instrumentale, suivie du chant du chœur à l'unisson. La première partie est créée à partir de l'antistrophe vocale. Si le mètre est bien dochmiaque, l'accentuation se fait, me semble-t-il, sur la première syllabe du crétique, non la première syllabe du iambe, ce qui produit le rythme suivant, qui correspond à une des deux possibilités évoquées par David Monro[3] d'après la restauration proposée par Crusius.

Weil, quant à lui, affirmait que le rythme du *kôlon* est iambique et non dochmiaque sur la foi du papyrus musical et Fernand Chapouthier avait adopté ce point de vue[4].

Le dochmiaque, s'il s'agit bien de lui, est réputé être en rapport avec l'expression d'une détresse profonde ou d'une grande agitation. Ce n'est pas l'impression que j'ai en écoutant l'enregistrement. J'ai plutôt

---

[1] Ce qui constituait un *stásimon*, morceau que le chœur chantait sans changer de place.
[2] Il existe deux notations en musique grecque, vocale et instrumentale.
[3] David Monro, *The Modes of Ancient Greek Music*, Oxford, Clarendon Press, Kessinger Legacy Reprints, 1894, p. 132.
[4] Euripide, *Tragédies, Oreste*, texte établi et annoté par Fernand Chapouthier et traduit par Louis Méridier, Paris, 2002, 1ᵉ éd. 1959, p. 45, n. 2.

l'impression d'un certain découragement devant un fait qui s'impose, lequel est exprimé sans passion[1].

L'interprétation du passage par l'ensemble Kerylos est tout à fait différente. Annie Bélis a voulu être au plus près du texte. La recherche d'authenticité est allée jusqu'à l'élaboration d'instruments copiés par un luthier vosgien à partir des instruments antiques ou des monuments sur lesquels ils figurent. Une voix de mezzo-soprano[2] émet un message d'une douleur éperdue, d'abord contenue, plus intense à d'autres moments, la cithare prenant alors la place de la percussion qui scande les coups du destin pour égrener deux notes (croches fa et sib). Annie Bélis écrit que « la partition est construite sur d'admirables chromatismes »[3].

Il reste que la partition elle-même n'est pas sans problèmes : elle est très fragmentaire, ce qui rend difficile la détermination du trope ; si le texte est bien connu et qu'il ne présente que des difficultés mineures, les signes musicaux ne sont pas tous interprétés correctement, soit à cause de l'état du papyrus, soit parce qu'ils ne sont pas répertoriés dans les traités ; surtout, les spécialistes hésitent entre le système enharmonique et le système chromatique, bien que les tenants du premier soient plus nombreux. À la lecture, à l'écoute, à l'exécution personnelle sur des instruments à cordes, je dirai qu'il est possible de restituer l'atmosphère du morceau telle que nous la décrirons, quelles que soient les variations que l'on peut effectuer.

T. J. Mathiesen a fait un relevé du texte et des signes musicaux d'après le *Papyrus G 2315* de Vienne[4]. Voici, parmi les transcriptions qui ont été proposées[5], la restitution du Docteur Crosius[1] :

---

[1] Le dochmiaque n'a pas de caractère dramatique dans les drames satyriques et dans les comédies d'Aristophane (Martin L. West, *Greek Metre*, Oxford, Clarendon Press, 1982, pp. 128-129).
[2] La tessiture (sol-mi) me paraît être celle d'une mezzo-soprano dramatique.
[3] Annie Bélis, CD Kerylos, p. 15.
[4] David Monro, *The Modes of Ancient Greek Music, op. cit.*, p. 130.
[5] De David Monro et, en dernier lieu, cf. Egert Pohlmann et Martin L. West, *Documents of Ancient Greek Music : The Extant Melodies anf Fragments edited and transcribed with commentary*, Oxford, Clarendon Press, 2001, pp. 10-13.

Tragédie grecque et musique : réalités et interprétations

[1] *Ibid.*, pp. 130-133.

Rappelons tout d'abord le texte :

> Κατολοφύρομαι κατολοφύρομαι.
> ἀνὰ δὲ λαῖφος ὥς
> τις ἀκάτου θοᾶς τινάξας δαίμον
> κατέκλυσεν δεινῶν πόνων ὡς πόντου
> λάβροις ὀλεθρίοισιν ἐν κύμασιν.

Que Louis Mérindien traduisit ainsi :

> « Je me lamente, je me lamente.
> Telle la voile d'un esquif rapide, un dieu
> la secoue et l'engloutit dans de terribles douleurs,
> pareilles aux houles du large en leur impétuosité funeste »[1].

Le chœur s'est adressé d'abord aux Euménides pour les supplier de laisser « le fils d'Agamemnon oublier la rage de sa folie vagabonde » (v. 325-326), puis, invoquant Zeus, il déplore la frénésie qui agite Oreste, « proie d'un génie vengeur » et conclut : « la pleine félicité ne dure pas chez les mortels ».

Le message est bien celui qu'on lit dans la tragédie classique, mais aussi, bien plus tôt, dans l'épopée. L'homme est possédé par des forces qui lui font perdre toute raison, toute possibilité de se contrôler. Il agit sans intention, ce n'est pas sa volonté qui est en cause. Il peut être, comme Œdipe, un monstre sans que sa volonté ait eu la moindre part au sacrilège qui conduisait au châtiment de la cité tout entière. Et c'est là que la musique, de par sa nature, était à même d'exprimer cette toute-puissance qui fait du mortel un jouet de la Fatalité, du Destin, de la Nécessité. La musique permettait, au-delà des mots, d'exprimer cette Puissance qui bouleversait l'individu. Nous sommes bien dans un contexte comparable à celui du dionysisme, mais sur un mode tout opposé, celui du malheur, de la haine, de l'anéantissement de la personnalité. Le chœur exprime clairement cette parenté et cette opposition :

Αἰαῖ. Δρομάδες ὦ πτεροφόροι Ποτνιάδες θεαί, ἀβάκχευτον αἳ θίασον ἐλάχετ' ἐν δάκρυσι καὶ γόοις	« Ah ! Ah ! ô vous, les coureuses ailées, vous les déesses du délire, vous qui formez de par le sort une troupe étrangère aux plaisirs de Bacchos,

---

[1] *Oreste*, v. 339-343.

> Euménides à la peau noire,
> qui bondissez par le vaste éther pour faire payer le châtiment,
> pour faire payer le sang versé,
> je vous supplie, je vous supplie »[1].

Cette anthropologie est celle qui nous a été transmise par les textes les plus anciens. Elle est encore très présente chez Platon, qui cherche une voie que je qualifierai de « synthétique », conciliant le divin et la raison. La « vie théorétique » du Lycée s'en éloigne et, plus encore, sur des positions fort différentes, le stoïcisme qui affirme que la nature de l'homme est sa seule raison, et l'épicurisme qui libère totalement l'homme de toute sujétion. Mais ces philosophies de la liberté humaine s'ancrent dans la pensée discursive et les concepts, considèrent la musique avec méfiance[2]. Cette donnée est à prendre en compte quand on veut comprendre la raison pour laquelle la tragédie a pu rompre avec la musique à l'époque hellénistique.

Nous sommes intéressés par l'effet que la musique produisait. Le chant est accompagné ponctuellement par le coup de percussion pendant la respiration ménagée toutes les six notes, lesquelles constituent une séquence, ensuite par deux notes jouées par la cithare, au moment du changement de rythme marqué par des notes de durée plus brève, des déplacements d'accent et des silences vocaux, enfin par le retour de la percussion. La lamentation et la métaphore encadrent l'émotion que provoque la douleur transmise par la divinité. Ce qui compte ici, ce sont les

---

[1] *Oreste*, v. 316-324.
[2] Même si la conquête de la liberté individuelle prend la sensation comme point de départ. La sensation n'est, de toute manière, qu'un élément parmi d'autres de la perception musicale, pour deux raisons au moins si l'on s'en tient au phénomène musical : la musique est une construction qui passe par des normes techniques spécifiques ; son élaboration dépend au moins autant de sphères préformées du cerveau que du traitement par le cerveau d'impressions extérieures par le système nerveux (Oliver Sacks, *Musicophilia, la musique, le cerveau et nous*, trad. Ch. Cler, Paris, Seuil, 2009, pp. 5-25 et *passim*). Les épicuriens se méfiaient quelque peu de la musique, comme on le voit dans le traité Περὶ μουσικῆς de Philodème de Gadara. Cette méfiance est expliquée par l'idée que le plaisir maximal correspond à l'absence de douleur, mais il ne serait pas téméraire de proposer de voir dans cette attitude un refus de considérer comme important quelque chose que l'esprit ne contrôle pas toujours.

variations du rythme et les accents, bien plus que la détermination du système dans lequel le passage doit être joué, du moins pour nous, habitués que nous sommes à une musique qui privilégie l'harmonie et qui est bâtie sur l'intervalle minimal du demi-ton[1]. Nous sommes, en effet, peu capables de distinguer un « chromatisme » dans lequel l'intervalle minimal est le tiers de ton, ou une « enharmonie » dans laquelle cet intervalle est le quart de ton. Il s'agit, pour une oreille occidentale qui ne s'est pas initiée aux ragas indiens, aux musiques turques et arabes ou à quelques partitions de Bela Bartok, « d'admirables chromatismes », pour le dire avec Annie Bélis.

Le texte était écrit « dans l'esprit de la musique », pour reprendre l'expression de Nietzsche. Sur ce point, les commentateurs sont d'accord. Le double ΩΩ de ΩΩΣ montre que quand une syllabe portait sur deux notes, la voyelle (ou la diphtongue) était répétée[2]. Et même en l'absence d'autres passages musicaux, l'analyse de « la monodie du Phrygien (...) manifeste l'influence que le dithyrambe exerça sur l'art d'Euripide septuagénaire »[3] (ce qui est d'autant plus intéressant à constater que c'est pendant cette période qu'il créa *Les Bacchantes*, dont nous aurions vraiment aimé écouter la musique !). « Le solo de l'eunuque » est caractérisé comme le « chant du Chariot » (ἁρμάτειον μέλος) que Plutarque nous donne comme un chant vif et entraînant imaginé par Olympos le Phrygien avec accompagnement de flûte. Du début de la *parodos* nous possédons une analyse musicale faite par Denys d'Halicarnasse montrant que la mélodie ne s'y règle pas sur l'accentuation des mots, mais qu'au contraire « ce sont les mots qui sont subordonnés au chant », tandis qu'« une scholie antique ajoute que l'Invocation à la Nuit de cette même *parodos* était, comme en général les thrènes, chantée sur la plus haute note ». On conclut du passage musical conservé et des analyses antiques qu'« Euripide, rompant avec la tradition ancienne, avait nettement soumis le mètre à la musique, tantôt affectant plusieurs syllabes successives à une même note, tantôt décomposant une même syllabe en deux notes successives ; il avait en outre tiré parti de l'effet produit par l'enthousiasme et l'extravagance des modes

---

[1] Du moins en tant que système théorique et, en réalité, grâce à une tolérance auditive rendue obligatoire par l'existence d'instruments à notes fixes.
[2] David Monro, *The Modes of Ancient Greek Music, op. cit.*, p. 132.
[3] *Oreste*, p. 21.

barbares ; l'intérêt du rôle du Phrygien devait être avant tout d'ordre musical »[1].

Je ne puis m'étendre ici sur les deux autres extraits musicaux de tragédies. *Iphigénie à Aulis* fut jouée en 405 à Athènes lors des Grandes Dionysies, un an après la mort d'Euripide. Le passage conservé par le papyrus n° 510 de l'Université de Leyde est trop fragmentaire pour qu'on puisse se rendre vraiment compte de l'impression que donnait le chœur sur un texte poignant :

> « Puissions-nous ne jamais connaître, ni moi ni mes enfants, l'attente cruelle qu'endureront les riches Lydiennes et les femmes des Phrygiens, lorsqu'en tournant leurs fuseaux elles se diront les unes aux autres : "Qui donc me traînera, misérable captive, par les tresses de ma belle chevelure, pour m'arracher de ma patrie en ruine ?" »[2].

Les passages chantés sont trop courts, la scansion des vers dont la musique a disparu trop contraignante pour dégager une émotion d'un passage qui ne dure que 2'52 sur le disque de l'ensemble Kerylos.

En revanche, la plainte de Tecmessa, qui est un solo de soprano, quoique réduite à 1'32, laisse une impression profonde :

> « De ta propre main, avec cette épée, [tu t'es tué...]
> Oh ! fils de Télamon, Ajax ! [Pourquoi ?...]
> C'est Ulysse le criminel, [c'est lui qui est la cause de ta mort...]
> Ces blessures, [pourquoi] ce désir [de mort ?]
> .... Ce sang répandu sur le sol... »[3].

Tecmessa vient de découvrir le corps d'Ajax, qu'elle aimait et qui vient de se suicider. La voix qui se brise au sommet de l'aigu, la ligne mélodique qui précède cette montée, la plainte qui se termine « *mezzo forte*, dans une tessiture médiane » nous font saisir le désastre que constitue la perte de telles œuvres. C'est en écoutant ce passage pour la première fois que j'avais pensé à *Elektra*.

---

[1] *Ibid.*, p. 21-22. La bibliographie peut être lue dans les notes.
[2] Euripide, *Iphigénie à Aulis*, trad. Gustave Hinstin, Paris, CFL, 1962, pp. 461-462.
[3] Je restitue ainsi un texte très mutilé dans le but d'essayer de reconstituer l'atmosphère du drame.

Nous ne sommes donc pas totalement démunis pour nous faire une idée du rôle que jouait la musique dans la tragédie grecque classique, ni même de son évolution. Les indications ne manquent pas dans le texte écrit, comme nous venons de le voir à propos d'*Oreste*. Prenons quelques exemples.

Le chœur des Danaïdes chante dans *Les Suppliantes* d'Eschyle :

> « C'est ainsi qu'à mon tour je me plais à gémir sur les tons ioniens
> à déchirer ensemble ma tendre joue brunie au soleil du Nil et mon cœur novice aux larmes »[1].
>
> « Je ne cueille que des fleurs de deuil, en me demandant avec angoisse si je trouverai quelque ami pour veiller sur mon exil loin du pays au ciel serein »[2].

Le chœur s'adresse à Xerxès dans *Les Perses* :

> « Pour saluer ton retour, je t'adresserai le cri de sinistre augure,
> la plainte du pleureur mariandyne qui s'excite à gémir,
> le thrène noyé de larmes ».

Lequel répond :

> « Que votre voix éclate en gémissements lamentables, lugubres,
> car aujourd'hui le destin s'est tourné contre moi »[3].

Étéocle s'adresse au Coryphée dans *Les sept contre Thèbes* :

> « Entonne, comme un péan favorable
> le hurlement sacré, le cri rituel des Grecs lorsqu'ils offrent le sacrifice »[4],

tandis que le chœur chante :

> « Comme une thyade, j'entonne un chant funèbre,
> en apprenant qu'ils sont morts dégouttant de sang, les malheureux »[5]

---

[1] Eschyle, *Les Suppliantes*, texte établi et traduit par Paul Mazon, Paris, Les Belles Lettres, 2003, p. 7, v. 68-69.
[2] Eschyle, *Théâtre complet*, traduction, notices et notes par Émile Chambry, Paris, GF, 1964, p. 17. Le philologue traduit « sur le mode ionien ».
[3] *Ibid.*, p. 65.
[4] *Ibid.*, p. 79.
[5] *Ibid.*, p. 91.

et marque le rythme :

> « Mais, allons, amies,
> abandonnez-vous au vent des gémissements et,
> frappant vos têtes de vos mains,
> faites retentir ce battement de rames qui accompagne les morts
> et conduit toujours à travers l'Achéron la nef aux voiles noires »[1],

pour se diviser en deux demi-chœurs qui se répondent, en un balancement lugubre, rappelant les malheurs qui s'accomplissent suivant les vœux d'Œdipe, avant de surmonter la douleur par un péan :

> « Mais enfin les imprécations ont fait retentir le chant aigu du triomphe »[2].

Deux exemples encore dans l'œuvre d'Eschyle, cette fois dans *Prométhée enchaîné* :

> « Je m'en suis convaincu en considérant ta déplorable destinée, Prométhée. Mais voilà qu'un chant bien différent vient de voler vers moi : c'est le chant d'hyménée que j'entonnai autour du bain et de ton lit de noces, le jour où ma sœur Hésionè, sensible à tes présents, consentit à devenir ton épouse et à partager ta couche »[3].

« Derrière moi, le roseau sonore enduit de cire fait entendre l'assoupissante mélodie » se lamente Io en entendant la syrinx qui la poursuit dans son errance[4].

Mélodie et rythme. En lisant *Electre*, nous découvrons cette fois le « tempo » dans le chef-d'œuvre de Sophocle qui inspira *Elektra*. Paul Masqueray l'avait finement suggéré dans les triades du chœur et dans son dialogue avec Electre : « assez lent », « plus rapide », « passionné », « triste et lent », « heurté, agité, passionné », « très lent »[5].

La part de la musique semble s'être développée avec les tragédies d'Euripide, particulièrement dans les dernières. Dans *Oreste* (408), après une partie lyrique discrète (« *parodos*, conversation chantée entre le chœur et Electre, (...) *stasima* (...) brefs »), le chant prend toute son ampleur avec la

---

[1] *Id. ibid.*
[2] *Ibid.*, p. 93.
[3] *Ibid.*, p. 115.
[4] *Id. ibid.*
[5] Sophocle, I, *Ajax, Antigone, Œdipe-roi, Electre, op. cit.*, pp. 215-219.

longue monodie de six strophes d'Electre et d'autres passages. Pour la première fois dans le drame antique, le récit du meurtre d'Hélène « est exprimé par un chant de six strophes dont le poète a varié les rythmes avec beaucoup d'habileté »[1]. Il est difficile de faire des comparaisons avec l'art lyrique français, dans lequel la parole, toujours compréhensible et s'imposant à la musique au XVIIIe siècle, fit place au « grand opéra » où la musique dominait tout comme on le constate quand on écoute Meyerbeer ou Halévy, sans parler du ravissement que produit le bel canto de Bellini et de Spontini sur un public qui ignore l'italien. Il semble bien que ce soit le même glissement qui se produit dans l'œuvre d'Euripide, à ces différences près que c'est le même compositeur qui est en cause et qu'il n'y a pas eu de rupture culturelle aussi marquée à la fin du Ve siècle qu'au début du XIXe siècle. Ce changement est perceptible aussi par la suite, quand on constate que des chants ont été interpolés à divers moments. C'est certainement le cas des vers 861-873 du chœur des *Sept contre Thèbes* d'Eschyle, introduits par un poète-compositeur qui voulait amener le chant funèbre d'Antigone et d'Ismène[2].

Et que dire des *Bacchantes* ? Combien on aimerait pouvoir écouter la musique de cette pièce, qui se développait dès l'entrée du chœur, avec son rythme complexe de « l'ionique *a minore* (deux brèves suivies de deux longues) qui en forme la base. Essayons d'entendre les tambourins. C'est le mètre fondamental de notre tragédie »[3]. Elle exprime le bonheur, la communion avec Dionysos, l'oubli du temps, comme la « danse des montagnes » du troisième *stásimon* :

> « Ainsi dans nos danses, toute la nuit,
> nos pieds blancs marqueront la cadence
> dans la bacchanale... »[4].

Et elle exprime encore la joie dans l'horreur, quand le chœur chante et danse devant le corps démembré du roi :

---

[1] Euripide, *Tragédies*, VI, 1e partie, *Oreste*, texte établi par F. Chapouthier et traduit par L. Méridier, Paris, Les Belles Lettres, 2002, p. 13.
[2] Eschyle, *Les sept contre Thèbes*, in *Théâtre complet*, pp. 91-92, 239, n. 34.
[3] On lira sur ce point l'analyse de Jackie Pigeaud (Euripide, *Les Bacchantes*, texte établi par H. Grégoire et J. Meunier, Paris, Les Belles Lettres, 2011, pp. IX-XI).
[4] *Ibid.*, p. XXX.

Tragédie grecque et musique : réalités et interprétations

> « Ah ! Dansons pour Bakkhios,
> célébrons à grands cris la défaite,
> le malheur de Penthée, rejeton du serpent »[1].

Voici quelques éléments qui me paraissent éclairer les liens qui unissaient le texte et la musique dans la tragédie grecque classique. Issue du dithyrambe, la tragédie classique, proche encore de ses origines, était « habitée » par « l'esprit de la musique ». Ce sera ma conclusion sur les « réalités » que je me proposais de dégager des quelques documents qui nous restent.

Je dois maintenant, avant d'aborder les interprétations, dire rapidement ma pensée sur d'autres éléments constitutifs de la tragédie.

L'origine dionysiaque : que le fait soit vrai ou que l'on s'en réclame, cela signifie que la tragédie traduit un état émotionnel, l'exaltation, l'exubérance, les forces vitales de l'instinct et des passions. Or, une civilisation qui fait participer le corps civique en son entier à une telle manifestation assume nécessairement cet état. Certes, il s'agit avant tout d'Athènes mais, d'une part, celle-ci est une des deux ou trois principales cités, d'autre part, elle ne fut pas la seule ni la première à produire des tragédies.

Les mythes : il y a deux façons de les concevoir. Ou bien ils *signifient*, ils *sont les signes d'une culture*, ou bien ce sont des fables. Pour ma part, lisant les tragédies, je ne saurai les concevoir autrement que comme signifiants. Et je crois qu'ils sont structurants. À un point tel que, pour comprendre notre monde et la remise en cause du christianisme, il faut analyser les mythes helléniques. Ils sont constitutifs de notre civilisation, laquelle est la seule qui ait été construite sur une dualité non résolue, la pensée grecque et le christianisme : les autres cultures indo-européennes ou sémitiques ignorent cette dualité. Certes, ces mythes ont subi ce que Claude Lévi-Strauss appelait un « bricolage »[2], non seulement depuis les premières attestations écrites que nous en avons, l'*Iliade* et l'*Odyssée*, mais même au cours du Ve siècle.

---

[1] *Ibid.*, p. 87, v. 1154-1156.
[2] Claude Lévi-Strauss, *La Pensée sauvage*, Paris, Plon, 1962, pp. 30-36.

L'histoire, le politique : s'il y a beaucoup de renseignements à tirer de ces œuvres sur la conception du pouvoir et du rôle respectif des rois et du peuple, je pense sincèrement qu'on se détourne de la vraie signification des tragédies quand on veut les rattacher à des événements politiques précis. Même *Les Perses* constituent une réécriture philosophique et religieuse qui conduit à une lecture mythique. On a reproché à Eschyle de fausser le personnage de Darius et d'inventer les noms des généraux ennemis. Il faudrait pourtant avoir à l'esprit qu'Eschyle connaissait parfaitement tout cela, ayant participé physiquement aux combats. En fait, ce n'était pas un récit historique qu'il voulait faire. La tragédie s'enracine dans le mythe, non dans l'histoire.

Le mythe et le sacré : la tragédie se déroulant dans un sanctuaire, elle a un rapport avec la religion, celle de Dionysos en l'occurrence. Mais ce qui la caractérise, c'est le sacré et non la religion. Je veux dire par là qu'elle n'est pas un acte cultuel à proprement parler, mais qu'elle doit se concevoir dans un autre contexte, celui des forces troubles qui habitent l'homme, qui l'obligent à agir, qui constituent le destin auquel il est assujetti avant même qu'il naisse. Cette réalité est expliquée par le rôle des divinités, favorables ou hostiles. Mais l'homme demeure le jouet du Destin, par sa finitude, par l'aveuglement dont il est l'objet, aveuglement qui lui est nécessaire pour supporter sa vie. Prométhée le dit sans ambages au Coryphée :

> - Oui, j'ai mis fin aux terreurs que la vue de la mort cause aux mortels.
> - Quel remède as-tu trouvé à ce mal ?
> - J'ai logé en eux d'aveugles espérances[1].

Voici, exposé en quelques phrases, ce qui se dégage à mon avis de la tragédie du Ve siècle. On a voulu opposer Euripide à ses prédécesseurs. Je dirais que ce qui les rapproche me paraît plus important que ce qui les sépare. La musique a certes évolué, mais nous manquons de passages musicaux pour nous rendre compte des différences. Euripide a été considéré comme un « tragédien philosophe » et l'on a souligné son amitié avec Socrate. Il reste que dans son « chant du cygne », qui est un retour au point de départ, celui de la révélation de Dionysos, dans le cadre même de son sanctuaire et du genre littéraire et musical qui lui est propre, le sacré est

---

[1] Eschyle, *Prométhée enchaîné*, p. 108.

présent, terriblement présent. Et le poids de la divinité, de la divinité la plus écrasante, celle qui exprime les forces illimitées de la Nature, est bien plus prégnant, en fin de compte, que les desseins limités de l'ordre de Zeus ou des projets de Prométhée, qui concernent l'ordre du monde et la place respective des dieux et des hommes.

La tragédie exprime la finitude de l'homme, mortel, englué dans ses passions, dépendant de forces qu'il ne peut pas maîtriser, guetté par le doute d'une éternité de souffrances. Le langage peut exprimer tout cela, le langage poétique l'amplifie, la musique crée une atmosphère émotionnelle qui peut avoir deux effets : une amplification de ce sentiment ou une « transcendance » radicale créatrice d'un « tout autre » qui ne peut être le fait que de la musique.

*

Les écrivains-compositeurs des tragédies n'ont pas commenté leurs œuvres. Le premier auteur qui ait fait œuvre critique est Aristophane. Il l'a fait d'une manière particulière, présentant au public athénien des comédies musicales qui mettaient en scène Eschyle, Sophocle et Euripide. Ces pièces sont à prendre au sérieux parce qu'elles sont en rapport avec la vie de la cité dans une période de guerres et de dissensions intestines. Elles sont beaucoup plus en phase avec les événements que les tragédies. Si *Les Thesmophories*, présentées vers 411, semblent être un simple divertissement qui se moque de la misogynie d'Euripide, *Les Grenouilles*, jouées en 405, me semblent fort sérieuses[1]. Aristophane affirme que le succès d'Euripide provient du fait qu'il a composé pour des gens de rien, non pour les gens de bien, qu'il n'est qu'un « faiseur de ciselures » face à Eschyle, « homme à l'esprit inventif, au langage élevé », qu'il ne met en scène que « des réalités domestiques auxquelles nous sommes habitués ». Surtout, il l'accuse de camper « des citoyens cherchant à échapper à leurs devoirs, (...) des habitués de l'Agora, (...) des fourbes, (...) des meneurs », fait déclarer par le

---

[1] Marc-Jean Alfonsi (Aristophane, *Théâtre complet*, 2, Paris, GF, 1966, *Les Grenouilles*, pp. 227-228) met bien en relief la gravité de la situation (exécution de huit des stratèges vainqueurs aux Arginuses, refus des offres de paix des Lacédémoniens, gouvernement des démagogues bellicistes, dangers maritimes dus à l'activité de Lysandre et à l'exil d'Alcibiade). Mais il croit que l'auteur fait montre de « modération », « prêche l'union au nom de l'intérêt général et travaille à l'apaisement des esprits ».

chœur que « c'est une bonne chose de ne pas s'installer aux côtés de Socrate pour bavarder, négligeant les Muses, délaissant les parties fondamentales de l'art tragique ». Plus grave encore, quand Dionysos dit à Euripide : « Tu as des dieux à toi ? Une monnaie nouvelle ! », Euripide répond : « Précisément ». Dionysos : « Invoque donc tes dieux particuliers ». Nous sommes en 405. C'est là ce qui, six ans plus tard, constituera l'un des deux chefs d'accusation qui devaient conduire à l'exécution de Socrate[1].

Un long passage de la seconde partie des *Grenouilles* est consacré à l'art lyrique dans la tragédie. Le chœur affirme qu'Eschyle composa « les chants les plus nombreux et les plus beaux qu'on ait vus jusqu'à présent », ajoutant, dans une phrase peut-être interpolée, mais néanmoins significative de la relation du compositeur avec Dionysos : « Je suis curieux de savoir ce qu'il [Euripide] reprochera à ce champion de Bacchos ». Euripide se moque des répétitions de locutions par Eschyle, telles que « coups du sort » et « pourquoi ne voles-tu pas à mon secours ? », ou encore d'une stance composée sur un air de cithare dont les césures sont marquées par le « mot » *tophlattothrat*. Eschyle se défend à la fois en se rattachant à son grand prédécesseur, Phrynichos, et en montrant son originalité, mais toujours dans l'idée de transformer « une belle chose en une belle chose », alors qu'Euripide « pille tout, les chansons des prostituées, les scolies de Mélétos, les airs de flûte des Cariens, les lamentations, les chants des chœurs ». Et de se moquer d'un passage que peut suffire à accompagner « la joueuse de castagnettes » : « Et vous, qui dans les recoins des maisons en-en-en-en-enroulez avec vos pattes, vos trames tendues, œuvre de la navette qui chante », interpellant finalement Dionysos, qui arbitre, pour lui faire observer que le vers est faux : « Tu vois ce pied ? ». Eschyle attaque ensuite les monodies de son adversaire, constituant un pot-pourri comique qui se termine ainsi : « Hécate, éclaire-

---

[1] Le philosophe Leo Strauss a remarquablement analysé, décortiqué faudrait-il dire, les éléments à charge portés contre Socrate en étudiant *Les mémorables* et *L'Apologie de Socrate* (*Le discours socratique de Xénophon suivi de Le Socrate de Xénophon*, traduit de l'anglais et présenté par Olivier Sedeyn, Paris, Allia, 1992, pp. 89-183). Il en ressort que l'accusation d'introduire de nouveaux dieux joua un rôle déterminant dans sa condamnation.

moi jusque chez Glycé, où je veux faire une perquisition ». Dionysos, excédé, s'interpose : « En voilà assez avec vos chants ».

On retrouve dans le débat sur la musique les même points de vue que pour les autres éléments de la tragédie parce qu'il s'agit du contenu verbal des chants et non de la musique à proprement parler, sauf dans le passage d'Euripide où la répétition de la première syllabe du verbe rappelle que celui-ci avait rompu avec la tradition en modulant une syllabe sur plusieurs notes. Il n'y a rien, finalement, qui commente la musique pour elle-même.

Nous abordons, avec la *République* de Platon, la première étude critique de la tragédie. Un quart de siècle s'est écoulé depuis la dernière pièce d'Euripide. Il faut replacer le texte dans son contexte. Le philosophe veut construire une cité idéale et envisage tout à partir de ce projet. La nature de la tragédie est donc ce qu'elle est, mais ce qui compte, c'est de savoir quelle part de l'homme elle touche, quels effets elle produit et, à partir de là, de décider de son sort.

> « Il y a une première sorte de poésie et de fiction entièrement imitative qui comprend (...) la tragédie et la comédie ; une deuxième où les faits sont rapportés par le poète lui-même – tu la trouveras surtout dans les dithyrambes – et une troisième, formée de la combinaison des deux précédentes, en usage dans l'épopée et dans beaucoup d'autres genres »[1].

Les définitions ne sont pas fondées sur la chronologie, qui donnerait, pour nous, du moins d'après les sources dont nous disposons, successivement l'épopée, le dithyrambe et les pièces de théâtre. L'imitation dont il est question ici est issue de la poésie, qui est, comme tout art, un genre d'imitation reconnu comme tel depuis longtemps par les Grecs. Or, c'est le théâtre qui relève le plus de la *mímêsis*, nous dit Socrate[2]. L'on voit immédiatement la conséquence d'une telle conception. Sur le plan de la *Vérité*, telle qu'elle est conçue au livre VII à partir du « mythe de la caverne », le monde phénoménal que le commun des mortels considère comme réel n'est que le reflet erroné du monde des Idées. Si, en plus, on

---

[1] Platon, *La République*, III, 394b-395b, introduction, traduction et notes par R. Baccou, Paris, GF, 1966, p. 146.
[2] En fait, Platon.

imite des situations du monde phénoménal, on prend le risque d'accroître la part des erreurs. La *mímêsis* n'est donc acceptable que si elle intervient pour former une personne dans le cadre de la fonction qu'elle aura à assumer dans la cité : c'est le cas de la musique et de la danse pour former les « gardiens » et les futurs dirigeants. Notons que ces disciplines ne sont que des instruments temporaires et adaptés à telle ou telle catégorie : il n'est pas question de les appliquer à la troisième classe, celle des producteurs, ni à la première dans la seconde partie du cursus qui la conduit à la capacité de diriger par une éducation fondée sur une rationalité abstraite qui s'acquiert par les mathématiques et la dialectique. Si la musique et la danse sont utiles parce que permettant de progresser, en revanche la tragédie est nuisible pour ce qu'elle met en scène des fictions fausses et sacrilèges et propose en modèles des divinités et des héros passionnés, irrationnels, haineux. Elle n'a pas sa place dans la cité[1].

Il faut souligner à quel point la position de Platon tranche à la fois sur l'impression que nous donne une tragédie grecque et sur les études des érudits modernes[2]. Qu'on ait affaire à des commentaires classiques,

---

[1] La tragédie est un genre qui repose sur l'imitation, comme tout art : c'est un principe admis en Grèce avant Platon. L'imitation est un style, celui-ci étant « l'expression de l'âme », expression qui « exerce une influence réflexe sur elle » (400d). Elle touche (donc) le caractère et la conduite (394e, 395c, 401b-404c) et prend une signification ontologique ou métaphysique au livre X (Platon, *La République*, p. 401, n. 154). Il est logique que le philosophe bannisse la tragédie si elle introduit des erreurs dans l'âme.

[2] Sur ces études, je ferai les remarques suivantes, qui seraient susceptibles d'être approfondies : 1) le mot « oriental » est utilisé d'une manière ambiguë. Or, nous avons affaire, quand on parle de la culture hellénique, à deux éléments fort différents qui peuvent être qualifiés d'« orientaux » : le fonds indo-européen, le fonds chamito-sémitique (il peut y en avoir d'autres, plus anciens et donc plus « autochtones », mais nos connaissances linguistiques sont insuffisantes pour les appréhender). Mélanger les deux éléments, comme on le voit très souvent, est une erreur : l'anthropologie indo-européenne est profondément différente de l'anthropologie sémitique, pour s'en tenir à celle-ci ; 2) L'opposition entre *Mûthos* et *Lógos* peut être un enjeu majeur, qui va au-delà des oppositions dont les deux termes ont fait l'objet : en effet, ou bien je prends comme référence un livre, Homère, la Bible ou la Baghavad-Gîtâ et je construis ma vie à partir du message qu'il me livre, ou bien je construis moi-même ma propre philosophie, ce qui fut la démarche d'Épicure (cela ne veut pas dire qu'on arrive à se libérer totalement de sa culture, pas plus qu'on ne se libère de sa nature, mentale ou corporelle) ; 3) les mythes de la tragédie attique posent problème

Tragédie grecque et musique : réalités et interprétations

historicistes, structuralistes, fonctionnalistes, psychanalytiques ou autres[1], nous lisons des analyses critiques qui accordent une grande importance à la tragédie, aux mythes, au sacré. C'est d'ailleurs ce que j'ai exposé brièvement dans la première partie. Mais étais-je dans le vrai en parlant de « réalités de la tragédie » ? Car Platon balaie tout cela sans hésitation. Comment, au IVe siècle, dans une cité qui a ses dieux et une histoire qui prend racine dans ses mythes, qui a condamné à mort Socrate pour impiété et corruption de la jeunesse, un philosophe a-t-il pu prendre le risque de condamner tout ce qui semble constituer le socle de l'existence civique ? Quant aux mythes si abondamment et profondément analysés par les savants modernes, il n'en a cure. Il s'agit de fictions, de fables, qu'il faut interdire ou modifier. Pour ce qui est des mythes qu'il nous propose, il s'agit d'allégories, de métaphores et d'analogies permettant de faire comprendre sa pensée quand le discours ou le dialogue bute sur une difficulté. Le « mythe de la caverne » constitue un cas exemplaire d'un « mythe » qui, créé par le philosophe, ne s'enracine pas dans la mythologie.

Que devient la musique dans un tel contexte ? La réponse ne fait pas problème. La musique de la tragédie n'a même pas à être envisagée. Comprise dans un genre corrupteur, elle disparaîtra avec lui. Qu'en est-il de la musique dans les autres genres ? Elle est utile pour former les militaires et dans le premier cycle de formation des dirigeants. Et à un niveau plus élevé ? Elle tient aux mathématiques, qui l'expliquent. Mais

---

quant à leur validité politique, culturelle, historique et même linguistique quand on constate qu'ils empruntent à des lieux étrangers, Argos et Thèbes tout particulièrement. On peut certes parler de mythes grecs, mais la leçon qu'on peut tirer pour une cité démocratique de ces faits et gestes de rois étrangers ne saurait être directe ; la synchronie est insuffisante parce qu'il y a eu trop de modifications des mythes (en linguistique aussi, elle est insuffisante, mais il apparaît que cela soit mieux admis aujourd'hui pour l'étude des mythes que pour celle des langues).

[1] Une remarquable réflexion sur les interprétations modernes du mythe grec a été menée par Colette Jourdain-Annequin dans sa thèse sur *Héraclès aux portes du soir* (Besançon, ALUB, 1980) sous l'intitulé « Le mythe, mode d'emploi », pp. 25-36, à « l'époque » qui « était celle des beaux jours du structuralisme ». Elle insistait en particulier sur la nécessité de ne pas rejeter telle ou telle approche, sur l'obligation d'analyser chaque document pour lui-même et d'éviter les généralisations globales faites sur un ensemble de textes grecs ou à partir de cultures différentes.

celles-ci sont liées à la part rationnelle de l'homme, la plus élevée, tandis que la musique est en rapport avec sa nature irrationnelle et passionnée.

Il faut, certes, étudier de près les conceptions musicales de Platon[1], mais il reste que les modes sont envisagés par le philosophe par rapport à l'éthique, que la musique disparaît si elle apparaît dans un genre nuisible, qu'elle est préconisée au service d'une bonne éducation. En bref, la musique est une servante, elle n'a pas d'autonomie. Elle n'appartient pas au monde des Idées et n'intéresse pas le philosophe accompli.

Est-il possible d'apporter quelques nuances à ces points de vue tranchants en consultant *Les Lois*, postérieures de plus d'un quart de siècle à *La République* ? Platon, quand il rédigea cet ouvrage, ne croyait plus à la possibilité de créer la cité idéale, cet espoir ayant disparu à la suite de son deuxième voyage en Sicile. Le philosophe se place toujours sur le plan de l'éthique et déclare faire confiance aux « chanteurs sexagénaires du chœur de Dionysos » qui :

> « doivent avoir acquis un goût d'une exceptionnelle sûreté eu égard tant aux rythmes qu'à la composition des harmonies, afin d'être capables, lorsque l'âme vient à être émue sous l'action de l'imitation mélodique, de distinguer entre celle qui est de bonne qualité et celle qui est malsaine ; capables par conséquent d'avoir opéré une sélection entre celles qui sont à la ressemblance d'une âme dont l'état est contraire ; de rejeter ces dernières, tandis qu'ils produiront les premières en public, en les chantant dans leurs hymnes et en soumettant les âmes de la jeunesse à cette incantation, invitant cette dernière au moyen de telles imitations, à suivre individuellement en leur compagnie le chemin qui mène à l'acquisition de la vertu ».

Mais les sons de la voix doivent être à l'unisson de ceux de l'instrument, ce qui le conduit à condamner l'accompagnement par la lyre qui introduit « une variété de son cru ». L'instrument trouble, qui plus est, inutilement, l'élève qui doit acquérir sa formation musicale en trois ans[2]. Chants et accompagnement doivent être adaptées à leur fonction

---

[1] *Philèbe* (*harmonía* en tant que système), *Lachès*, 188d 3 (tropes), *Théétète*, 144e 3, *Sophiste*, 253b, *Phèdre* 237a 9, *Phédon*, 105d 9.
[2] Platon, *Œuvres complètes*, VII, *Les Lois*, traduction nouvelle et notes par L. Robin avec la collaboration de M.-J. Moreau, Paris, Vrin, 1954, 812-813, pp. 898-900.

religieuse[1]. Quant aux poètes tragiques qui veulent introduire leurs œuvres dans la cité, leurs offres seront repoussées parce qu'ils développent des idées qui ne sont pas conformes à la création du vrai poème tragique, lequel est « notre organisation politique tout entière ». Elle « consiste en une imitation de la vie la plus belle et la plus excellente » :

> « Et c'est justement là ce que nous affirmons, nous, être réellement une tragédie, la tragédie la plus authentique ! »[2].

Le propos est-il plus nuancé ? Il faudrait analyser de très près la totalité de ces deux ouvrages. Je dirai simplement ici que *Les Lois* prennent davantage en compte que *La République* ce que Dodds a appelé « le conglomérat hérité »[3]. Il ne saurait être question, par exemple, de condamner le culte dionysiaque. Or, celui-ci comprend des chants, un accompagnement instrumental et des danses. Et l'âme est constituée aussi d'une part irrationnelle. C'est ainsi.

Il faut souligner que les positions de Platon, éthiques, politiques, ontologiques, métaphysiques, ont leurs racines dans l'idée d'*imitation*. La *mímêsis* est au cœur de son raisonnement, au cœur de ses raisons. Elle ne lui est pas personnelle, elle s'enracine dans la culture hellénique. Cela constitue, pour ce qui me concerne, un problème pour comprendre sa pensée. Je suis prêt à le suivre quand il écrit que la tragédie, les arts plastiques ou picturaux, la sculpture, disons ce qui relève de l'espace, est une imitation de la vie et d'artefacts. Mais je m'y refuse quand il écrit que la musique imite.

Qu'imite la musique ? Elle n'imite rien, elle est indépendante, dans une sphère qui ne relève pas de la vie personnelle et sociale ou des arts visuels. Je sais bien qu'il existe des poèmes symphoniques à programme, des pièces de piano intitulées « Images », des morceaux empruntant leurs rythmes à des danses ou des oratorios décrivant la Passion. Tout cela prouve tout au plus que la musique entre alors dans un cadre mental spécifique. Pas plus, car si je compare les *Requiem* de Fauré, de Mozart et de

---

[1] *Lois*, 799 ab, cf. aussi, plus généralement, 798d-802d, 813.
[2] *Lois*, VII, 816a-d, pp. 906-907.
[3] Eric R. Dodds, *Les Grecs et l'irrationnel*, Paris, Flammarion, 1977, VII : « Platon, l'âme irrationnelle et le conglomérat hérité », pp. 205-264 (éd. originale 1959).

Verdi, je me trouve devant trois œuvres qui n'ont de rapport entre elles que le titre et, globalement, les paroles. En revanche, ce que j'entends ne permet aucune comparaison. La création musicale est indépendante des intitulés sous laquelle elle se dissimule et des commentaires qui sont censés en rendre compte, ceux-ci n'ayant chance d'être pertinents que pour une analyse technique. Écoutons l'adagio de la 8ᵉ symphonie de Bruckner sous la direction de Sergiu Celibidache. Il y a la musique, son tempo hors du temps, le son qui se développe et enveloppe un espace idéal, l'unité d'un mouvement inscrit dans l'unité de l'œuvre[1]. La musique produit un effet qui lui est propre, effet qui est d'ailleurs indépendant des paroles : Isolde mourante prononce des paroles d'une grande élévation philosophique, mais la transmission de l'état d'extase qui la conduit de l'amour à la dissolution dans le Néant universel est réalisée par son chant et par l'orchestre, non par le texte dont nombre d'auditeurs ne saisissent pas les paroles ; et la participation à l'explosion de la Joie du 5ᵉ mouvement de la 9ᵉ symphonie de Beethoven ne provient pas de la connaissance du poème de Schiller[2].

Platon n'a pas pensé cela. Il convoque la *mímēsis*, peut-être pour être suivi par ses lecteurs, peut-être parce qu'il ne peut pas admettre qu'à côté de l'univers de la rationalité pure, qui est celui des Idées, il y ait, à égalité, un autre univers, celui de l'irrationnel, des sentiments, des sensations, qui relèverait de la musique et de Dionysos.

Le rapport d'Aristote à la musique et à la tragédie relève aussi de l'idée d'« imitation ». Lui aussi se préoccupe d'« éthique », qui accorde une fonction éducative importante à la musique. Aussi a-t-il consacré trois chapitres du livre VIII des *Politeía* (5-7) à cette question[3]. La musique est apte à apporter une détente, c'est un fait. En revanche, peut-on admettre, se demande-t-il, qu'elle permette de tendre à la vertu, qu'elle « donne au caractère une certaine qualité en habituant à être capable de jouir de <plaisirs> droits », qu'elle « contribue à une existence <bonne> à la

---

[1] Anton Bruckner (1824-1896), CD 6 et 7, Deutsche Grammophon, 2000.
[2] Sur le rapport entre le poème et la musique, cf. Richard Wagner, *Beethoven*, traduction, introduction et notes par Jean Boyer, Paris, Aubier, 1948, pp. 214-127.
[3] Aristote, *Les Politiques*, traduction inédite, introduction, bibliographie, notes et index par P. Pellegrin, Paris, GF, 1990, 1339a-1340b, pp. 528-535.

Tragédie grecque et musique : réalités et interprétations

sagesse » ? Le philosophe répond qu'il faut l'inclure dans les trois rubriques, l'éducation, le jeu, la vie <de loisir> (1339b, 3). Il ne serait pas nécessaire d'apprendre à l'exécuter, écouter suffirait pour un homme libre (1339a-b, 5-9) si, pour en juger, il ne fallait pas avoir appris à en jouer (6, 3). On doit donc l'apprendre aux jeunes gens libres, mais en évitant de les initier à certains instruments réservés à ceux qui en font une profession, laquelle est en soi méprisable, comme l'*aulós* ou la cithare, en refusant la virtuosité et en restreignant l'étude à une formation qui autorise un jugement pertinent (6, 3-16). Il faut tenir compte des harmonies et des rythmes dans l'éducation parce qu'il n'y a pas que le plaisir que procure la musique qui compte, mais les effets qu'elle produit. De ce fait, le dithyrambe doit être phrygien (1342a, 10), le courage est en rapport avec l'harmonie dorienne (1342a, 12) et l'emploi de l'*aulós* est normal dans le culte dionysiaque, mais déplacé quand un choreute, homme libre et socialement haut placé, conduit le chœur en en jouant (6, 1341a, 12).

La musique ne procure pas seulement du plaisir, elle peut plus. Par exemple, les mélodies d'Olympos « rendent les âmes enthousiastes » (1340a, 16) ; or, ὁ ἐνθουσιασμός est une possession divine qui « est une affection de la <partie> éthique de l'âme » (1340a, 16-19), donc positive. Les <sons> imitatifs produisent dans l'âme les sentiments qu'ils imitent et jouent donc un rôle dans l'acquisition de la vertu. Alors que les autres objets sensibles n'ont aucune ressemblance avec des dispositions morales, ou en ont peu, ce n'est pas le cas des choses audibles. Et « dans les mélodies, (…) on rencontre des imitations des dispositions éthiques » (1340a, 21). Il en est de même pour les harmonies et les rythmes (1340a, 22). Aristote en conclut qu' « il est manifeste (…) que la musique a le pouvoir de doter l'âme d'un certain caractère » et que « si elle a ce pouvoir il est évident qu'il faut diriger les jeunes gens vers elle et les y éduquer » (1340a, 24).

Qu'en est-il de la musique dans la tragédie ? Le philosophe a abordé cette question dans *La Poétique*. Loin de condamner la tragédie, Aristote la juge supérieure à l'épopée :

> « La tragédie est l'imitation d'une action d'un caractère élevé et complète, d'une certaine étendue, dans un langage relevé d'assaisonnements d'une espèce particulière suivant les diverses parties, imitation qui est faite par des personnages en action et non

au moyen d'un récit, et qui, suscitant pitié et crainte, opère la purgation propre à pareilles émotions ».

δι' ἐλέου καὶ φόβου περαίνουσα τὴν τῶν τοιούτων παθημάτων κάθαρσιν.

Je cite la dernière proposition de cette définition célèbre qui a suscité d'innombrables commentaires sur « la purgation des passions », laquelle pourrait se réduire à surmonter les sentiments de pitié et de crainte[1]. Le second terme demanderait un examen approfondi, car que signifie « éliminer la pitié » ? Quoi qu'il en soit, la tragédie s'inscrit dans la conception d'un homme dont la partie irrationnelle nécessite un certain type de traitement. Il s'agit bien de la tragédie telle qu'elle existe, particulièrement chez Sophocle et Euripide. Dans ce contexte, elle joue un rôle important. Aristote a donc une position qui diffère sur ce point de celle de Platon. Aussi examine-t-il méticuleusement les types, les buts, les caractéristiques, les espèces, l'objet de l'imitation et les manières d'imiter, l'origine de la tragédie, qu'il lie au dithyrambe, l'évolution du mètre quand elle « prit de la majesté » (1449a), les six parties qui la composent, l'étendue et l'unité de l'action, le rapport à la philosophie et toutes sortes de règles concernant la composition, les caractères des personnages et le dénouement. En revanche, tout comme Platon, il ne considère pas les mythes et le sacré comme l'ont fait les érudits modernes et, ajouterai-je, comme l'avait fait Eschyle. Hardy rend constamment μῦθος par « fable »[2]. A-t-il raison de le faire, alors même qu'Aristote affirme que « ὁ μῦθος est donc le principe et comme l'âme de la tragédie » (1450a, 38) ? Nous penchons vers l'affirmative parce que le livre en son entier ne nous livre en aucun endroit l'atmosphère d'une pièce grecque, le sublime de la démesure, de la violence et des forces surnaturelles qui caractérisent le mythe et le sacré dans les tragédies grecques[3].

---

[1] *Ibid.*, pp. 16-22.
[2] *Ibid.*, 1450a, 12, 20, 29, 33, 38.
[3] Il y a bien le « sublime » que produit la grandeur, conforme à la définition du *Traité du sublime* (ch. II) de Longin. En revanche, il y manque le sublime si bien étudié par Edmund Burke dans *A philosophical Enquiry into the Origin of Our Ideas of the Sublime and Beautiful*, 1757, edited by David Womersley, London, 1998, Part I : VII, pp. 86, XV-XVI, pp. 93-95 ; Part II, II-III, pp. 101-104. Ce sublime-là comprend la grandeur de la démesure, de l'horreur et de la violence.

Tragédie grecque et musique : réalités et interprétations

Qu'en est-il de la musique dans ce contexte ? Le chant fait partie de l'imitation (1449b, 31). Il « est le principal des assaisonnements » (ἡ μελοποιία τῶν ἡδυσμάτων), terme de cuisine qui rappelle une comparaison de *La Politique* entre l'apprentissage de la musique et celui de la cuisine (VIII, 5, 1339a, 6). En fait, le chant est un élément du « langage relevé d'assaisonnements », celui-ci étant défini ainsi par Aristote quand il « a rythme, mélodie et chant » (VIII, 1449b, 28). Disons que la musique est la sauce (ἥδυμα) qui relève ce qui serait sans goût ou moins goûteux s'il n'y avait que les paroles. D'autres passages font de la musique dans la tragédie des éléments autonomes et, finalement, secondaires, voire de mauvais goût : l'usage de « chants intercalés » qui n'ont pas de rapport avec une tragédie donnée (1456a, 35), les gesticulations des « mauvais flûtistes qui se contorsionnent quand il faut imiter le lancement du disque » (1461b, 26), le jeu forcé de certains chanteurs comme Mnatitheos d'Oponie (1462a, 4). Il reste que, comme le spectacle, la musique « est un moyen très sûr de produire le plaisir » (1462a, a, 14).

Il est temps de conclure sur ce point. L'insuffisance de nos sources musicales n'empêche pas que nous ayons l'impression que la musique jouait un rôle important dans la tragédie. J'utilise à dessein cet adjectif à sens général parce que je ne puis savoir quelle impression une pièce musicale produisait sur l'individu. Les commentaires ne me semblent pas suffisamment explicites, je vais revenir sur ce point. Et je ne me sens pas le droit de considérer que la réaction spontanée que j'ai eue en écoutant pour la première fois la « plainte de Tecmessa » soit transposable dans la sensibilité d'un Grec d'il y a deux millénaires et demi. Pour ce dernier, le « chromatisme », la métrique et le rythme, l'harmonie et le trope pouvaient être naturels et ne pas provoquer l'impression qu'un homme du XXe siècle ressent en écoutant pour la première fois *Elektra* ou *Vingt regards sur l'enfant Jésus*[1] quand il a joué tout jeune Kreutzer, Spohr, Vieuxtemps et Viotti, assisté à des opéras de Verdi, de Gounod et de Bizet et découvert plus tard Bach, Mozart et Wagner. Il y a, dans un drame musical, trois composantes : la mise en scène, le texte et la musique. Pour ces deux derniers, il y a deux possibilités : ou la musique transcende le texte, c'est le cas de la plupart des opéras et c'est aussi le cas pour les drames de

---

[1] D'Olivier Messiaen, 1944.

Wagner et de Strauss, malgré l'importance du texte ; ou bien le texte est plus important que la musique, et c'est ce que nous disent Platon et Aristote.

La difficulté, c'est que nous avons affaire à des critiques chronologiquement décalées par rapport aux œuvres. Le goût de Socrate pour les pièces d'Euripide montre déjà que le Socrate réel n'est pas celui qui a condamné la tragédie dans *La République*. Chez Platon, trois éléments sont en cause : le rejet de la tragédie en tant que genre dangereux pour la cohésion du corps civique et pour l'éducation de la jeunesse ; la conception d'une musique au service de la parole, musique acceptable pour un chant dont l'intérêt est celui d'un message parlé, réduite par ailleurs à l'accompagnement d'un instrument simple ; la croyance que la musique n'est rien s'il n'y a pas de paroles, que la musique instrumentale est dénuée de signification[1]. Or, Platon est un intellectuel qui, bien qu'admettant que la nature humaine n'est pas seulement rationnelle, construit un système tendant à la rationalité pure. La musique n'a pas sa place dans les Idées. Et la tragédie n'a pas sa place dans la cité parce qu'elle est immorale. Partant, il n'est pas besoin de parler de musique dans la tragédie quand cette dernière est rejetée.

Le point de vue d'Aristote peut paraître plus nuancé, mais nous avons affaire au même intellectualisme, à un même souci éthique, à une même dépréciation de la musique[2]. Pour l'auteur de *La Poétique* et de *La Politique*, la musique donne du plaisir. Quel plaisir ? Elle est « agréable ». Elle relève le texte qui, lui, compte, à la manière d'une sauce. À transposer ses propos pour l'opéra classique, elle est du domaine du récitatif et non de l'aria, et sa conception est celle d'auteurs comme Rousseau, qui faisaient de la musique la servante du texte.

---

[1] Platon, *Lois*, 669e.
[2] Le traité qu'Aristote consacra à la musique ne nous est pas parvenu. Il est très probable qu'il s'agisse d'un ouvrage de théorie musicale (laquelle était encore plus éloignée de la musique exécutée que ne le sont de nos jours nos solfèges par rapport aux partitions contemporaines). Un disciple du Stagirite, Aristoxène de Tarente, nous a laissé des *Éléments harmoniques*, *Éléments de rythmique*, référence incontournable de la musique antique dès le IVe siècle avant J.-C. Ces œuvres sont des traités savants de musicologie, non des ouvrages de mélomanes.

Était-ce réellement le cas au Ve siècle, quand on voit le chant prendre le pas sur le mètre dans Euripide, quand on écoute des solos d'héroïnes frappées par le destin dont l'émotion ne pouvait que se transmettre ou des chœurs qui étaient la transposition sur scène des chœurs orgiaques ?

Il y a là un problème majeur. J'ai l'impression, quand je lis d'une part les extraits musicaux qui nous restent, d'autre part les textes de Platon et d'Aristote qui en parlent, de deux mondes différents. Je l'ai dit au sujet de la musique et de l'éthique. Mais il y a aussi le contenu, car le mythe est devenu une fable, les divinités et les héros qui mettent en scène le drame de la condition humaine ne sont plus que des fictions que l'on peut déformer, adapter et transposer suivant ses goûts ou ceux du public. La tragédie peut tout au plus permettre de purger certaines passions pour le Stagirite. Ce n'est d'ailleurs pas une impression, car toute l'historiographie moderne suit cette pente avec, d'un côté, une théorie de savants de toutes tendances, littéraires, historiens, structuralistes, anthropologues, ethnologues, philosophes, psychanalystes qui étudient le *mûthos* comme constituant un élément essentiel de l'histoire et de l'individu grecs, et une cohorte d'érudits, philologues, philosophes et littéraires qui, analysant les œuvres de Platon et d'Aristote, réduisent le *mûthos* de la tragédie et de l'épopée à une fable.

Cela pourrait provenir d'une formation différente et d'une tendance, somme toute courante, à ne pas confronter ces points de vue. Je pense pourtant qu'il y a une raison plus profonde : la rupture entre la pensée du Ve siècle et celle du IVe, rupture en rapport avec la crise de la *pólis*, l'évolution de la conception de la personne, la tendance à réduire l'homme à sa partie rationnelle, une autonomie plus grande de l'individu par rapport aux forces auxquelles il est confronté. La grandeur des deux philosophes et la figure exceptionnelle de Socrate masquent une autre grandeur, celle qui permit la création des tragédies, des épopées, des philosophies présocratiques et de la musique.

*

C'est cette dernière grandeur que Friedrich Nietzsche s'attacha à décrire dans *La Naissance de la tragédie selon l'esprit de la Musique*. J'ai dit plus haut mon désaccord avec tous ceux qui considéraient le livre seulement comme l'essai d'un disciple de Schopenhauer au service de Wagner, sans valeur pour comprendre la tragédie grecque. Je suis peu impressionné par les critiques des philologues contemporains de l'auteur, particulièrement parce qu'ils oubliaient que les pièces étaient des drames musicaux, et encore moins par ceux qui condamnent Nietzsche parce que le nazisme essaya de récupérer sa pensée. Quand on a une œuvre à lire, à écouter ou à voir, c'est elle qui doit être prise en compte. C'est ce que je ferai dans les pages qui suivent, en me penchant plus particulièrement, comme je l'ai fait pour les textes antiques, sur la tragédie et la musique, le mythe et le sacré, la signification du drame musical antique, avant d'examiner les trois niveaux d'analyse de Nietzsche que nous avons notés dans l'introduction.

« *Aus dem Geiste der Musik* », c'est-à-dire « L'esprit (ou l'âme) de la musique » peut, certes, se rattacher à la conception qu'avait Schopenhauer de la musique, à savoir la manifestation de la Volonté sans l'intermédiaire des Idées. Résumant ainsi, mais sans déformer la pensée du philosophe, j'entre de plain-pied dans l'univers nietzschéen qui, d'une part privilégiait la philosophie présocratique, d'autre part repoussait le rationalisme platonicien oublieux de la réalité du monde et, en amont, celui de Socrate, enfermé dans les concepts[1]. Concernant la musique, un passage du second chapitre recoupe l'impression que donne l'analyse de Platon et d'Aristote quand Nietzsche oppose « la musique d'Apollon, architecture dorique en sons, mais en sons à peine indiqués, comme ceux de la cithare », et « la musique dionysiaque » qui « éveillait la terreur et l'effroi », « le flot continu de la mélodie et le monde absolument incomparable de l'harmonie »[2]. Il n'y a rien de cette musique dionysiaque chez les deux philosophes du IVe siècle, alors que c'était un moyen d'obtenir l'extase

---

[1] Notons la critique remarquable que fit Nietzsche du concept et du langage dans « Vérité et mensonge au sens extra-moral », Friedrich Nietzsche, *La Philosophie à l'époque tragique des Grecs*, Paris, 1975, pp. 207-220 : masque des métaphores, oubli de l'expérience singulière et recours aux généralités, postulation de l'identité du non identique, généralisation abusive de l'Idée pour déterminer un objet réel, mise de côté de l'originalité pour faire entrer un objet dans le classement collectif...
[2] Friedrich Nietzsche, *La Naissance de la tragédie*, II, *op. cit.*, p. 28.

Tragédie grecque et musique : réalités et interprétations

dans le dithyrambe, les orgies bachiques et que cela ressort des *Bacchantes* d'Euripide. Sur ce point, l'analyse me paraît pertinente.

Que penser, en revanche, du rapport qu'il établit entre « l'état préliminaire à l'acte poétique » et « l'émotion musicale » ? Nietzsche emprunte à Schiller l'idée que l'acte poétique est lié, non à « une suite d'images ordonnées selon une causalité intellectuelle », mais à « une certaine émotion musicale » qui précède « l'idée poétique »[1]. Nous savons qu'il en était ainsi pour Wagner, chez qui le poème était préformé dans le flot mélodique et harmonique. Aussi pourrions-nous être enclin à penser que le philosophe avait à l'esprit le cas de son ami. Mais il affirme immédiatement que c'est « le phénomène le plus important de tout le lyrisme antique, l'union partout considérée comme naturelle, et même l'identité du *poète lyrique* et du *musicien*, auprès de quoi notre lyrisme moderne semble une statue divine qui n'aurait point de tête »[2]. Ceci appelle deux remarques : ce n'est donc pas à Wagner qu'il pense ; il se réfère aux poèmes lyriques grecs, à Archiloque en particulier qu'il vient d'opposer à Homère comme un inspiré de Dionysos face à un artiste apollinien[3]. Nietzsche connaît intimement l'effet de l'inspiration musicale. Nous savons, en effet, que des improvisations au piano étaient la seule chose qui lui permettait de surmonter ses crises d'angoisse[4]. Nous avons quelque idée de ce qu'elles étaient par ses compositions musicales, indubitablement plus dionysiaques qu'apolliniennes[5]. Transpose-t-il ce qu'il ressent sur la composition poétique des Hellènes ? C'est possible, mais cela ne signifie pas que la démarche soit moins pertinente que celle qui consiste en une froide analyse philologique ou à la réduction du lyrisme en concepts au service d'un certain type d'éducation.

La chanson populaire introduite dans le lyrisme par Archiloque et les rites orgiaques ont mis en avant « *la mélodie* », qui « *est le fait premier et général* », qui « peut s'objectiver de différentes façons, dans différents

---

[1] *Ibid.*, V, p. 39.
[2] *Ibid.*, V, p. 40. Les italiques sont dans l'original.
[3] *Ibid.*, V, pp. 38-39.
[4] Georges Liébert, *Nietzsche et la musique*, Paris, Gallimard, 2000, (1ᵉ éd. 1995), pp. 15-35.
[5] Par exemple, *Intégrale de l'œuvre pour piano* (Michael Krucker), 2008.

textes ». C'est elle qui « enfante le poème et l'enfante plusieurs fois à nouveau », ce qui explique « *la forme strophique de la chanson populaire* »[1]. C'est donc la langue qui tend « de toutes ses forces à *imiter* la musique ». Nous sommes loin, certes, de Platon et d'Aristote, mais quand Nietzsche écrit que « dans l'histoire de la langue grecque », il y a « deux courants principaux selon que le langage imite le monde des phénomènes et des images, ou le monde de la musique », n'avons-nous pas la description d'une réalité applicable à la poésie hellénique et à sa métrique ? Le seul point qui permette une contestation, c'est le refus de la référence explicite à la théorie de Schopenhauer sur la Volonté, qui correspond au dionysisme, et à la représentation, qui est en rapport avec l'apollinisme. En revanche, l'exposé du philosophe est exhaustif, tandis que celui des philosophes du IVe siècle ne l'est pas. Personnellement, je ne crois pas que, suivant le cas, la musique imite ou ne soit rien. Je pense, comme Nietzsche, que les « Scènes pastorales, champêtres ou villageoises », « ne sont que des représentations symboliques, nées de la musique, et non des objets que la musique se propose d'imiter »[2].

Nietzsche, ces prémisses établies, en vient à l'origine de la tragédie. Il observe que la tradition affirme que « la tragédie est née du chœur tragique, qu'elle était à l'origine le chœur et rien que le chœur »[3], et que celui-ci provient du dithyrambe. Tragédie et chœur ont une origine religieuse. Selon Schiller, le chœur « est une muraille vivante que la tragédie édifie autour d'elle pour s'isoler du monde réel et préserver son lieu idéal et sa liberté poétique ». Mais il ne s'agit pas d'une fiction. « Le satyre, qui fait partie du chœur dionysiaque, vit dans une réalité autorisée par la sanction du mythe et du culte ». Nous avons vu que c'était dans ce cadre-là qu'Aristote admettait ce qu'il rejetait quand il envisageait le cadre civique. Renversant la perspective du Stagirite (et celle de Platon), le philosophe allemand écrit que « le satyre (...) est à l'homme civilisé ce que la musique dionysiaque est à la civilisation » dont « Richard Wagner affirme qu'elle est abolie par la musique, comme la lumière des lampes par

---

[1] Friedrich Nietzsche, *La Naissance de la tragédie*, VI, *op. cit.*, p. 45.
[2] *Ibid.*, VI, p. 47.
[3] *Ibid.*, VII, pp. 51-55.

Tragédie grecque et musique : réalités et interprétations

la lueur du jour ». Par la musique et le chœur tragique, par la tragédie, la Nature et le sentiment d'Unité remplaçaient la civilisation de la cité, rendant acceptable le tragique de la condition humaine.

> « Le chœur satyrique est en premier lieu une vision de la foule dionysiaque, ce qui se passe sur la scène est une vision de ce chœur satyrique (...). La forme du théâtre grec rappelle un vallon solitaire de montagne ; l'architecture de la scène apparaît comme un brillant château de nuées que les bacchants errant dans la montagne aperçoivent d'en haut, comme un décor magnifique au centre duquel se révélera à eux l'image de Dionysos »[1].

Dionysos dont les souffrances furent l'unique objet de « la tragédie grecque dans sa forme la plus ancienne », Dionysos qui fut le vrai héros, masqué sous d'autres noms tels que Prométhée et Œdipe, Dionysos grâce auquel la tragédie rejoint la *doctrine des mystères*. Voici résumé le sujet et le but de la tragédie, transcendée par la musique qui lui permet à la fois d'être saisie dans son unité et sa signification réelle et qui la place dans une réalité qui met en scène d'abord les forces de la Nature. L'intervention ultérieure des acteurs conduit, certes, à la mise en scène d'un processus d'individuation « apollinien », mais celui-ci ne constitue pas une rupture avec l'univers tragique. Il n'est pas réductible à une analyse historique ou à une rationalité philosophique. En revanche, la tragédie perdra ses caractéristiques originelles avec les œuvres d'Euripide et les idées de son ami Socrate.

Voici, résumée brièvement[2], la thèse de Nietzsche sur la tragédie et sur la musique dans la tragédie. Si « l'œuvre d'art tragique des Grecs est vraiment née de l'esprit de la musique »[3], « la musique (...) prête au mythe tragique la signification métaphysique insistante et persuasive à laquelle la parole et le spectacle (...) ne parviendraient jamais », ajoutant une phrase qui constitue une rupture avec les commentaires antiques et qui ne pouvait que lui attirer la suspicion de nos contemporains :

---

[1] *Ibid.*, VIII, p. 58.
[2] J'ai conscience du caractère réducteur de mon propos. Ne pouvant entreprendre ici une étude approfondie du livre, j'ai voulu mettre en évidence ce que le philosophe pensait au sujet de la musique dans la tragédie et préparer la confrontation de ses idées avec les textes de Schopenhauer et de Wagner, avec les œuvres musicales de Richard Strauss et de Wagner.
[3] Friedrich Nietzsche, *La Naissance de la tragédie*, XVII, *op. cit.*, p. 112.

> « Surtout, c'est la musique qui transmet au spectateur de la tragédie le pressentiment sûr d'un plaisir supérieur où l'on accède par la mort et par la négation de la vie, il lui semble reconnaître dans cette voix l'appel qui monte à lui du tréfonds même des choses »[1].

Deux remarques doivent être faites à ce stade de l'étude : la première est que Nietzsche est le seul à avoir pris en compte la musique dans la tragédie. Nous avons dit plus haut combien cette musique pouvait être bouleversante. Comment peut-on se contenter d'examiner le livret comme si la tragédie était une pièce de théâtre et considérer sans examen que Nietzsche a écrit un livre sans valeur scientifique ? *La Traviata* équivaut-elle à *La Dame aux camélias* ? Aucun amateur d'opéra ne le pense et l'émotion ressentie n'est pas de même nature qu'on entende le chef-d'œuvre de Verdi ou assiste à la pièce d'Alexandre Dumas fils. Je voudrais ensuite souligner combien sont pertinentes les analyses du philosophe allemand. Elles le sont quand il remarque que la tragédie est issue du chœur, lequel provient du cortège dionysiaque et du dithyrambe ; elles le sont aussi quand il souligne le rôle de la musique, tout à fait essentiel, et d'ailleurs reconnu par Aristote, dans les rites bachiques.

Venons-en aux mythes et au sacré. Pour ne pas offusquer ceux qui repoussent ce qu'il écrit parce que la formulation est adaptée de Schopenhauer, remplaçons « dionysisme » (qui représente la Volonté qui se manifeste directement) par « forces de la Nature qui provoquent les états extatiques des Bacchants » et « apollinisme » (qui est la représentation de cette Volonté dans l'individu social et la société) par « organisation rationnelle de l'univers sous la direction des dieux olympiens ». Qui contestera que nous soyons bien devant la conception grecque du monde, laquelle comprend, d'une part la mesure et le sens de la limite qu'on se plaît à souligner, d'autre part l'irrationalité et l'exaltation que Pierre Lévêque et Eric Robertson Dodds ont mises en exergue ?

---

[1] *Ibid.*, XXI, p. 140. Les commentateurs sortent la phrase de son contexte, qui est le suivant : la philosophie brahmanique, le troisième acte de *Tristan et Isolde* et, ajouterai-je, la condition humaine, laquelle n'a rien à voir avec telle contingence historique que Nietzsche n'a pas connue et qu'il n'a nullement préparée.

Tragédie grecque et musique : réalités et interprétations

Nous avons affaire à un mauvais procès dans lequel les juges mettent de côté certaines pièces du dossier (la musique) et accusent le prévenu de dépendre d'idéologues (Schopenhauer et Wagner) qui le conduisent à raisonner faussement (en oubliant que le Professeur Ordinaire de Philologie Classique à l'Université de Bâle était fort compétent – il n'y a d'ailleurs qu'à lire les textes spécialisés qu'il a produits[1] –, et sans prendre connaissance du dossier qui se réduit surtout à deux libelles d'Enno Friedrich von Wilamowitz, qui devait reconnaître dans ses mémoires qu'il s'agissait d'un malentendu). Tout aussi inconsidéré est l'argument d'une dépendance. L'influence de Schopenhauer est indéniable, mais elle n'explique pas tout. Pour nous en tenir à la musique, la conception de la tragédie en tant que genre musical est fort éloignée de celle du philosophe de Francfort-sur-le-Main, qui se réfère plutôt à l'opéra de son époque ; il en est de même pour le lied. Nous allons voir, dans le passage-clé dont j'ai fait état dans l'introduction, que les positions de Nietzsche sont originales. Quant à l'influence de Wagner, elle est réelle, mais il ne faut pas non plus en exagérer l'importance. *Opéra et drame* propose une esthétique dans laquelle la tragédie grecque joue, dans le premier livre, un rôle historique important, mais qui n'est pas ce que Wagner veut réaliser[2]. *Beethoven*, écrit la même année que *La Naissance de la tragédie*, insiste sur la chaîne qui unit Palestrina à Beethoven (et à Wagner),

---

[1] En particulier la remarquable introduction aux philosophes présocratiques (Friedrich Nietzsche, *La Philosophie à l'époque tragique des Grecs*, trad. Michel Haar et Marc de Launay, Paris, Gallimard, 1975, pp. 9-73) et son *Introduction à l'étude des dialogues de Platon*, trad. Olivier Sedeyn, Paris, Allia, 2005, 3ᵉ éd.

[2] Dès cette époque (1851), où il n'avait produit que trois drames, *Die Fliegende Holländer (Le Vaisseau Fantôme)*, *Tannhäuser* et *Lohengrin*, Wagner avait conscience que seule l'utilisation du mythe permettait de mettre en scène la condition humaine et le couple qu'il aurait voulu libéré de toute contrainte sociale, ce qui explique sa condamnation de l'opéra historique *Rienzi*. Mais le mythe grec, qu'il analyse dans son livre (dans lequel il intègre en particulier son étude sur *Œdipe-Roi*, pp. 180-191), ne concorde pas avec son projet, parce que l'univers tragique hellénique ne conduit ni à la dissolution dans le Néant, ni à la libération personnelle, ni à l'exaltation du couple. Pour une approche de l'imaginaire wagnérien et de sa conception du mythe, il suffit de comparer *Tristan et Isolde* (1865) et *Les Maîtres-Chanteurs de Nuremberg* (1868), la solution mythique de l'Amour et du Néant dans la première œuvre, la solution bourgeoise et socialement acceptable dans la seconde.

à la musique instrumentale, au rôle de l'orchestre en tant que chœur, idée que l'on retrouve dans l'ouvrage du philosophe.

Il est temps d'en venir à un passage décisif pour notre enquête. Nietzche écrit, au début du chapitre XVIII :

> « Il y a là un phénomène éternel : le vouloir avide trouve toujours moyen, grâce à l'illusion qu'il répand sur les choses, de retenir dans la vie ses créatures et de les contraindre à continuer à vivre. L'un est retenu par le plaisir socratique de connaître et l'illusion de pouvoir guérir par la connaissance la blessure éternelle de l'existence, l'autre s'empêtre dans les plis flottants du voile charmeur de la beauté, un troisième est sensible à la consolation métaphysique qui veut que la vie éternelle coule indestructible sous le tourbillon des phénomènes ; pour ne rien dire des illusions vulgaires et presque plus puissantes encore, que le vouloir tient prêtes à chaque instant. Ces trois degrés de l'illusion ne valent que pour les natures nobles qui ressentent plus douloureusement le poids et la difficulté de l'existence, et qu'on peut tromper sur cette douleur en usant des stimulants choisis. Ce que nous appelons une civilisation se réduit à cet ensemble de stimulants ; selon le dosage du mélange nous avons une civilisation soit socratique, soit artiste, soit tragique ; ou, si l'on veut nous permettre des comparaisons historiques, on obtient une civilisation soit alexandrine, soit hellénique, soit hindoue (brahmanique) »[1].

Nous avons toujours affaire à une « illusion ». La nature profonde des choses n'est pas accessible à l'homme, suivant le modèle kantien, lequel a été repris par Schopenhauer avec des modifications portant sur les particularités que présentent la musique et le corps, tous deux en relation directe avec le Vouloir, tout le reste passant par l'intermédiaire des Idées. Je reviendrai à cette question de l'« illusion » quand il sera question des divergences entre Nietzsche et Wagner.

Je laisserai de côté la connaissance socratique ou culture alexandrine. Je l'ai envisagée pour l'Antiquité à propos des points de vue de Platon et d'Aristote. Elle est dominante dans notre monde moderne que Nietzsche décrit comme « enfermé »[2]. C'était la position de Wilamowitz,

---

[1] Friedrich Nietzsche, *La Naissance de la tragédie*, VIII, *op. cit.*, pp. 57-58.
[2] *Ibid.*, VIII, p. 58.

Tragédie grecque et musique : réalités et interprétations

soucieux de conserver à la pensée grecque sa réputation d'ordre rationnel (point de vue *a priori*) et de considérer la tragédie comme un texte fiable au point de vue scientifique (point de vue d'un philologue)[1]. Je ne saurais pourtant manquer de mentionner une démarche de même nature, celle de Georg Wilhelm Hegel qui, totalement à l'opposé de Nietzsche, comprend la tragédie grecque comme une manifestation du processus de la genèse, de la transition et de l'organisation de la cité[2]. C'est, au fond, la position des deux penseurs du IVe siècle et, surtout, la même base de raisonnement.

J'en viens à « la civilisation artiste », « aux plis flottants du voile charmeur de la beauté ». Ce n'est pas une vision de l'esthétique, qui serait du domaine du rationnel, mais de l'art créatif. C'est un point important quand on envisage ce qu'écrit Wagner dans ses œuvres en prose et ce qu'il présente dans ses drames musicaux. Les premières sont des recherches esthétiques (et philosophiques), les seconds des œuvres d'art. Je reviendrai sur cette question. Mais examinons d'abord ce qu'écrit Nietzsche.

La civilisation hellénique est une civilisation artiste. C'est ce que nous dit l'auteur tout au long de son livre, qu'il soit question de la musique et de la danse dionysiaque, de l'art plastique apollinien ou encore de la confrontation et du mélange du dionysisme et de l'apollinisme dans la tragédie, des sensations et des sentiments qu'elle produit, douleur et plaisir mêlés, parfaite définition, remarquons-le, du drame musical. La tragédie, étant pleinement hellénique, est donc du domaine de l'art.

Cette conception est compatible avec l'analyse de Schopenhauer et avec la place qu'il donne à la tragédie, qui est une forme d'art, laquelle, pour lui, est du domaine du visuel et du construit. Elle est, comme les autres arts, un moment de répit (*Quietiv*) sur la longue et dure route qui conduit à la résignation et à la libération. Nietzsche, tout en acceptant les idées fondamentales de Schopenhauer, refuse de voir dans la tragédie un répit provisoire et une étape vers la libération personnelle. Pour lui, la tragédie, celle d'Eschyle et de Sophocle du moins, est un art qui donne la clé de la culture hellénique, du sens qu'elle a du tragique de la condition humaine, tragique dont on ne saurait se libérer mais qui donne un sens à la vie, *ici et*

---

[1] Wilamowitz fut un philologue remarquable, qui est toujours présent dans nos apparats critiques et dont beaucoup de conjectures sont retenues.
[2] Voir Martin Thibodeau, *Hegel et la tragédie grecque*, Rennes, PUR, 2011.

maintenant, par l'acceptation d'une situation que le Grec doit assumer sans restriction, dans une joie totale quelle que soit la souffrance qui lui est infligée. En fin de compte, les Grecs ont créé la tragédie, mais non une « civilisation tragique ». De ce fait, ils assument leur condition au moyen de l'art, mais n'essaient pas de résoudre définitivement le problème de la condition humaine comme le ferait une « civilisation tragique ».

C'est *Elektra* qui me paraît correspondre le mieux à cette définition de Nietzsche. On respire, dans la pièce de Hugo von Hofmannsthal, l'atmosphère de souffrance démesurée qui est celle de l'*Electre* de Sophocle. Richard Strauss, après en avoir écrit le livret, a composé un opéra où « la musique », comme l'a écrit Alain Poirier, « est à l'état sauvage »[1]. Ayant assisté sans préparation et sans l'avoir jamais écoutée à sa représentation à l'opéra de Marseille, le souvenir du choc subi illustre parfaitement « l'esprit de la musique » qui submerge l'auditeur ignorant du texte et explique probablement ma réaction quand j'entendis « La plainte de Tecmessa ».

Prenons un seul exemple, l'expression de la souffrance indicible et hallucinée d'Electre appelant son père :

> « Seule, hélas toute seule ! Mon père est loin,
> Chassé là-bas, dans les sombres abîmes …
> Agamemnon ! Agamemnon !
> Où es-tu, père ? N'as-tu pas la force
> De traîner ton visage jusqu'à moi ?
> Voici l'heure, notre heure,
> l'heure où ils t'ont égorgé,
> ta femme et celui qui partage son lit,
> ton lit royal ».

Electre décrit, hallucinée, le meurtre qu'elle imagine dans tous ses détails. Épuisée de souffrance, elle murmure : « Je veux te voir, ne me laisse pas seule aujourd'hui ». Elle prophétise la vengeance, l'égorgement des coupables enchaînés, le sacrifice des chevaux et des chiens sur la tombe du roi, la danse de ses trois enfants autour de la sépulture, « une royale danse

---

[1] Dans Strauss, *Elektra, L'Avant-Scène Opéra*, Paris, novembre 1986, n° 92, pp. 16-21.

de victoire »¹. Quel texte ! Mais quelle musique, qui peut faire comprendre ce qu'écrivait Nietzsche : succédant au prélude qui « annonce la tonalité principale de si bémol » dont Strauss « brouille les repères tonaux d'une façon exacerbée et éminemment dramatique »² :

L'utilisation d'appogiatures longuement maintenues, les agrégats harmoniques qui se résolvent à un accord de septième sur le premier degré rendent, « par des moyens purement musicaux », le personnage tragique et inquiétant et lui donnent une impressionnante présence au moment de l'appel, qui survient sur un mouvement ralenti et la venue de la résolution tonale³. L'appel d'Elektra retentit, annonçant l'exposé du drame. L'orchestre développe un thème ternaire ascendant sur un « C barré », motif de type wagnérien qui, indépendant de la voix, rappelle qu'au-delà du destin personnel, existe une réalité éternelle, infinie et idéale dont la transmission incombe à l'orchestre⁴.

---

[1] *Ibid.*, pp. 33-34.
[2] *Ibid.*, p. 33.
[3] Pour l'analyse proprement musicale, lire le commentaire de Fernand Leclercq dans *Elektra, L'Avant-Scène Opéra*, n°92, *op. cit.*, pp. 33-36.
[4] *Ibid.*, p. 31, 6.

Mais le chant et la musique instrumentale se rejoignent quand Elektra rappelle le crime, l'orchestre jouant une marche funèbre. C'est ensuite le si pianissimo des cordes pour l'évocation :

« Voici l'heure, notre heure,
l'heure où ils t'ont égorgé ».

C'est l'explosion de la douleur quand l'héroïne est plongée dans la vision hallucinée de l'assassinat. La voix se brise, les mots se disloquent, se perdent dans le crescendo de l'orchestre qu'elle surmonte par moments. La première partie du monologue s'achève sur le terrible :

« *Wunde* » : « *ein königlicher Reif von Purpur ist um deine Stirn, der speist sich aus des Hauptes offner Wunde* ».

« une couronne pourpre autour de ta tête qu'alimente la plaie béante de ton front »[1].

Effondrée, brisée, dans un état d'indicible souffrance, Elektra gît, prise de convulsions. Les cuivres, tout au contraire, embrasent l'espace de leurs rythmes imprécatoires. Elektra sort de sa prostration. Elle appelle son père, et lui confie doucement : « Ne me laisse pas seule aujourd'hui ». Mais la proclamation de la nécessaire vengeance suit immédiatement dans une nouvelle vision, celle de l'exécution des tueurs, du sacrifice des animaux familiers du roi, de la réunion de ses trois enfants dans une danse funèbre. Le chant passe de l'éclat guerrier au ruminement morbide d'un esprit totalement habité par le désir de l'expiation. L'orchestre reflète l'exaltation dans le rythme de danse qui s'affirmit peu à peu quand Elektra passe de la prostration à des mouvements désordonnés et de ces mouvements désordonnés à la danse : « Et par-dessus les corps, je lèverai les genoux / bien haut à chaque pas », dans une fabuleuse exultation qui culmine sur un si bémol, « *Grab* » (« Tombe ») avant le contre-ut de l'acmé : « *Königliche Sieges tänze* » (« Une danse royale de victoire »). Elektra, c'est ceci, pendant deux heures d'un seul acte.

Quel rapport Elektra entretient-elle avec la tragédie grecque ? Ici, la musique – voix et orchestre – est tellement prégnante qu'on ne peut l'analyser qu'en rappelant la thèse de Nietzsche. L'esprit de la musique ?

---

[1] *Ibid.*, pp. 32 et 34, 8.

Certainement, car malgré la beauté du texte, c'est la musique qui fait de l'œuvre un univers qui constitue une parenthèse d'éternité dans le temps linéaire de notre existence.

Mais, à un niveau plus terre à terre, il faut souligner la conformité de ce drame musical avec le deuxième type proposé par le philosophe. Car *Elektra* est l'œuvre d'un compositeur qui n'est pas habité par des considérations métaphysiques. Richard Strauss a simplement lu et admiré la pièce de théâtre d'Hofmannsthal. Il a noté à la lecture, en marge, les motifs musicaux que les divers passages lui inspiraient. Il a longtemps hésité pour composer le livret et la musique, malgré les pressions de l'écrivain, ne voulant pas entrer dans l'atmosphère de *Salomé*, qu'il venait de produire. Il connut une panne d'inspiration, ce qui le conduisit à orchestrer ce qu'il avait réalisé jusque-là en attendant le retour de l'inspiration. Strauss était alors un homme calme, sûr de lui, ouvert aux autres, capable de composer des œuvres appartenant à des genres différents avec facilité. Il est hors de question de chercher une biographie derrière ses œuvres. Strauss est l'homme d' « une civilisation artiste », apte, de ce fait, à créer une tragédie grecque, mais, ô merveille, avec toute la musique qu'elle recelait et que nous avions perdue, et « selon l'esprit de la musique ».

Quant au texte, il entre dans l'univers culturel d'une tragédie grecque, marqué qu'il est par l'analyse de Nietzsche et, croit-on, par l'*Interprétation des rêves* de Sigmund Freud[1], mais il se peut tout autant que le monde onirique de la pièce de théâtre provienne aussi de *La Naissance de la tragédie*, le rêve y constituant un élément essentiel de l'apollinisme[2]. L'*Elektra* d'Hofmannsthal a beaucoup de ressemblances avec la pièce et l'héroïne de Sophocle, mais l'aliénation de l'esprit d'Electre et la violence sont exacerbées dans l'œuvre moderne. Pour reprendre l'exemple du même monologue, chez Sophocle, Electre déplore l'assassinat de son père, mais elle ne le vit pas comme une présence hallucinatoire. Elle appelle à son secours les puissances infernales pour la vengeance et pour qu'Oreste vienne la secourir car elle ne peut plus supporter sa douleur. On n'y trouve

---

[1] Michael Kennedy, *Richard Strauss, Man, Musician, Enigma*, Cambridge, Cambridge University Press, 1999, p. 217 (sur *Elektra*, pp. 217-230). Le rêve est aussi très présent dans l'univers hellénique antique.
[2] Friedrich Nietzsche, *La Naissance de la tragédie*, I, *op. cit.*, p. 21.

ni la description de l'exécution des coupables, ni le sacrifice barbare des chevaux et des chiens, ni la danse funèbre autour de la tombe. D'autre part, la tension est exacerbée par la musique de Strauss. Nous n'avons pas celle de Sophocle. Celle-ci était une monodie accompagnée, tandis que l'aria de Strauss et la polyphonie orchestrale se mêlaient ou s'opposaient. Mais nous savons que la musique grecque provoquait des sensations et des sentiments forts. C'est une question de culture et, après tout, les opéras de Mozart ou du bel canto ne sont-ils pas de la monodie accompagnée ? Enfin, suivant le principe wagnérien, l'orchestre est, dans le drame moderne, le chœur antique. Cela conduit à opposer immédiatement l'individu et la collectivité, l'apollinisme et le dionysisme pour parler comme Nietzsche, dans un cadre de verticalité harmonique sur le plan musical, tandis que, dans l'œuvre antique, le héros et l'assemblée s'expriment chacun à leur tour dans une situation d'horizontalité mélodique. Et pourtant l'atmosphère est la même, les personnages ont, malgré les siècles qui les séparent, un air de parenté, le lien est très fort qui lie l'*Elektra* de Sophocle et l'*Elektra* d'Hofmannsthal. Nous sommes bien dans la même culture, qui puise dans le même univers mythique.

Il reste que, si l'on se réfère aux catégories de Nietzsche, la tragédie grecque entre dans le domaine d'une civilisation artiste. Or, c'est le modèle qu'il propose à la culture germanique et c'est dans ce cadre qu'il place le drame musical wagnérien. Ami du compositeur au moment où il rédigeait *La Naissance de la tragédie*, il pouvait se sentir conforté dans son analyse par les œuvres théoriques de Wagner qui présentaient une philosophie qui pouvait s'analyser comme une libération personnelle et sociale grâce à l'art, un art total fait de musique certes, mais aussi de poésie et de mise en scène. À condition de faire abstraction, notons-le, de l'univers existentiel du compositeur, qui ne pouvait pas trouver d'écho chez Nietzsche[1].

---

[1] Il faut, c'est certain, lire les textes que Nietzsche a produits contre Wagner (ils ont été commodément réunis dans *Le Cas Wagner suivi de Nietzsche contre Wagner*, Paris, Gallimard, 1980). Son point de vue peut aussi être éclairé par la mise en scène de « L'enchanteur », qui n'est autre que Wagner, dans *Ainsi parlait Zarathoustra* (trad. Maurice Betz, Paris, Gallimard, 1947, pp. 287-294). Il faut toutefois conserver son esprit critique, tous les reproches ne sont pas justifiés (cf. Georges Liébert, *Nietzsche et la musique, op. cit.*, pp. 63-184). Mais je pense que Nietzsche a toujours cru être à la recherche

Tragédie grecque et musique : réalités et interprétations

Mais il y avait une contradiction fondamentale entre les conceptions du philosophe, pour lequel, finalement, l'existence est tragique, il faut y faire face en l'assumant dans la joie, y compris si la souffrance est extrême, et la tragédie n'est alors qu'un exemple parmi d'autres de cette souffrance qu'auraient assumée les Grecs avec cette même joie, et celle de Schopenhauer (je reviendrai ensuite à Wagner). Le *Monde comme Volonté et comme Représentation* n'a rien à voir avec le projet nietzschéen, avec l'exultation de Zarathoustra qui est déjà à l'œuvre dans *La Naissance de la tragédie*. Nietzsche s'arrête définitivement pour en faire la base existentielle d'une vie individuelle limitée qu'il faut vivre pleinement en ce lieu, celui de l'art, que Schopenhauer proposait comme un abri provisoire, un répit avant d'avancer vers le but. Ce but, c'est l'extinction du désir, la modification totale de « la Représentation », le détachement du monde. Nous sommes dans la troisième catégorie judicieusement proposée par Nietzsche, celle de la « civilisation tragique », de « la consolation métaphysique », de la culture « hindoue » ou « brahmanique », celle-là même que préconisait Schopenhauer qui avait fondé sa philosophie sur l'hindouisme. Mais Nietzsche s'est détourné de cette voie et n'a pas vu que c'était celle qu'empruntait Wagner.

Il y a, chez ce dernier, une distorsion entre son œuvre théorique et ses drames. La première est celle d'un intellectuel qui a besoin de réfléchir en écrivant, qui doit nécessairement établir fermement pour lui-même ce qu'il propose de faire, et éclairer les autres qui n'ont jamais été confrontés à une œuvre aussi totalement originale et déroutante. Il prend appui sur l'œuvre d'art, sur la tragédie grecque en particulier qu'il place bien plus haut que l'opéra, sur une révolution sociale et culturelle dans laquelle le drame musical qu'il construit jouera un rôle majeur. Il élabore peu à peu cet univers nouveau, de l'opéra à sujet historique (*Rienzi*) au drame (*La Tétralogie*) et à l'initiation (*Parsifal*). Pour cela, il recourt au mythe, mais contrairement à l'espoir de Nietzsche, aux mythes nordiques, germaniques et celtiques. Seuls *L'Anneau du Nibelung* et *Parsifal* obéissent totalement aux concepts de « drame musical » et de « la mélodie continue ». Le mythe permet de se libérer de la contingence historique. Mais le mythe grec

---

de la vérité et qu'il n'y eut aucune mauvaise foi de sa part (mais parfois beaucoup d'émotion, laquelle prenait le pas sur la raison).

n'est pas compatible avec les conceptions profondes de Wagner. Les divinités dominent toujours chez les Hellènes. Les hommes ne se libèrent jamais, ils se soumettent. Même Prométhée se soumet, qui avait menacé Zeus de le faire tomber de son trône[1]. Et l'homme, jouet entre les mains des dieux, est aussi prisonnier de la société dans laquelle il vit. C'est cela la leçon de la tragédie grecque.

Ce n'est pas le cas chez Wagner. Que nous dit Isolde dans ce drame et, *in fine*, dans son extase mortelle? Qu'elle-même n'appartient qu'au souffle de l'univers, que sa réalité était celle du couple qu'elle formait avec Tristan, que l'Amour était la Vérité, les contraintes sociales du monde civilisé un mensonge et une erreur. Que sont les dieux face à l'union de Siegfried, l'être naturel, l'enfant de l'amour incestueux et de Brünnhilde, que peut la lance de l'ordre divin face à l'épée du héros qu'il s'est lui-même forgée? La Nature est supérieure à l'ordre, fût-il voulu par Wotan. Le Vouloir domine la Représentation. Si Wagner avait choisi le mythe, plus apte à mettre en scène la Nature, en elle-même ou personnifiée dans des êtres, Siegfried et Parsifal, qui n'ont pas été limités par la civilisation, il ne pouvait pas utiliser les mythes grecs, dans lesquels les divinités et leur maître, Zeus, imposaient leurs lois. L'illustration la meilleure de la troisième catégorie est fournie par *Parsifal*. Ce chef-d'œuvre ultime n'est ni un opéra ni un drame musical. Il est explicitement un rite d'initiation : « *ein Bühnenweihfestspiel* »[2]. Il aurait dû, si l'on avait suivi le vœu du compositeur dont il constitue le testament, n'être représenté qu'à Bayreuth et ne pas faire l'objet d'applaudissements. On a bien vu que

---

[1] Eschyle, *Prométhée enchaîné* : « Rien ne l'empêchera de tomber ignominieusement d'une chute intolérable », trad. Jean Guillon, Paris, Hatier, 1962, p. 50. Mais le Titan et Zeus arrivèrent à s'entendre dans *Prométhée délivré* (la pièce ne nous est pas parvenue, mais le contenu en est succinctement connu, et la religion et les mythes grecs ne relatent pas la chute du roi des dieux et des hommes, garant de l'ordre universel).

[2] Jacques Chailley (*Parsifal de Richard Wagner, Opéra initiatique*, Paris, Buchet/Chastel, 1979, pp. 190-204) l'a lié aux rituels maçonniques. C'est fort plausible, mais cela ne nous livre pas la clé qui permettrait de comprendre l'œuvre. La franc-maçonnerie germanique se réfère à des conceptions d'une extrême complication qu'on surmonte par de multiples degrés (variables suivant les obédiences). Elles ont des racines ésotériques qui traversent les millénaires. La forme de l'initiation est maçonnique dans ce texte qui emprunte au christianisme du Graal, lui-même ésotérique dès l'origine.

Tragédie grecque et musique : réalités et interprétations

l'œuvre relevait plutôt d'une analyse hindouiste et bouddhiste que du christianisme[1]. Mais il semble que son fondement même n'ait pas été relevé. La fin du second acte donne pourtant la clef de l'initiation, la réalisation du projet de libération de Schopenhauer de la manière la plus catégorique, l'annihilation de l'illusion. Après avoir vaincu les chevaliers du royaume de Klingsor, résisté aux filles-fleurs et à Kundry, Parsifal perçoit immédiatement, physiquement, par un choc d'une violence extrême qui l'ébranle, souffle coupé, comprimant son cœur dans un geste dicté par une douleur insurmontable (le corps, il faut le rappeler, reçoit sans intermédiaire le message de la Volonté), la Vérité, celle de l'origine du mal. Il condamne ce qui l'a tenté : la « Folle nuit du monde » (*Oh, Weltenwahns Umnachten*)[2] :

> « Avec ce signe, Moi je romps tes charmes :
> Si la plaie doit guérir
> Par ce fer qui l'a faite,
> Qu'en deuil et ruine
> Tombent tes fausses splendeurs ! »[3].

« Le voile de Maya », pour reprendre l'expression de Nietzsche empruntée à l'hindouisme, est détruit. À la place du château, des jardins et des filles, ces illusions, apparaît la réalité : un désert et des fleurs fanées.

---

[1] Les commentateurs se réfèrent plutôt au bouddhisme qu'à l'hindouisme parce que le premier paraît plus accessible que le second. L'hindouisme est très complexe avec ses douze tendances qui se groupent chacune par deux pour donner un système original. Essayer de savoir avec quel système les idées de Wagner concordent n'est pas possible ici. On sait que Wagner préparant *Parsifal* relisait « lentement, soigneusement » Schopenhauer et des livres sur l'hindouisme, y compris en français. Ce qui ressort de *Parsifal*, c'est la toute-puissance de la Nature opposée à une société qui s'attache à des illusions. Il y est question du Rédempteur, mais le Rédempteur, c'est aussi Parsifal, comme le dit la dernière phrase de la pièce.
[2] *Parsifal, drame sacré de Richard Wagner*, version française de Alfred Ernst, Paris, Librairie théâtrale, (s.d.), p. 40.
[3] *Ibid.*, p. 42. Wagner, *Parsifal, Bühnenweihfestspiel in drei Aufzügen, WWV 111, Klavierauszug von Otto Singer, Motivangaben von Carl Waack*, Wiesbaden, Edition Breitkopf und Härtel,, n° 4511, s.d. (1ère éd., 1914), pp. 226-227. Mit diesem Zeichen bann' ich deinen Zauber. / Wie die Wunde er schließe, die mit ihm du schlugest,/ in Trauer und Trümmer stürz' er die trügende Pracht !

Ce testament, offert aux initiés par Wagner, quelques mois avant sa mort, a été diversement commenté. Saint-Saëns ne s'était pas trompé sur la nature de la pièce, tout en refusant « la prétention inadmissible de s'offrir sur scène un service sacré » :

> « J'ai lu quelque part que l'apparition de *Parsifal* était un événement non seulement esthétique, mais éthique, marquant une ère nouvelle dans le développement moral de l'humanité. C'est bien possible et je suis tout à fait disposé à l'admettre quand on me l'aura péremptoirement démontré. Jusque-là, je me bornerai à considérer les œuvres de Wagner au point de vue esthétique, bien suffisant pour des œuvres d'art »[1].

Tout est dit en ces quelques mots. Si l'on reprend le classement proposé par Nietzsche, nous retrouvons la deuxième catégorie. Je laisse de côté d'autres analyses, que je qualifierais de malveillantes ou de haineuses, qui consistent à transposer la pièce dans la vulgarité et l'odieux[2], pour ne prendre en compte que deux données : la compréhension du texte, le rôle et la qualité de la musique. La compréhension du texte est faussée par le fait, justement, qu'on l'interprète suivant des considérations esthétiques. C'est ainsi que Marcel Beaufils[3] critique la conception que le compositeur a du christianisme à partir de l'opuscule *Religion et art*. Wagner aurait considéré que cette religion ne pouvait plus délivrer un message authentique qu'à partir des formes d'art qu'elle a produites. En réalité, c'est Wagner qui a constamment brouillé les pistes. Il y a un hiatus entre ses œuvres en prose, qui relèvent de l'esthétique et de la philosophie, et ses œuvres poétiques et musicales. Ce sont ces dernières qu'il faut considérer. Cela relève de l'analyse du texte original et de l'écoute. De l'écoute, non de déclarations péremptoires empruntant à l'idée de progrès et d'originalité opposant *Tristan* à *Parsifal*. Le premier drame aurait préparé l'avènement du

---

[1] Jean Gallois, *Camille Saint-Saëns, op. cit.*, p. 235.
[2] Quelques exemples en sont donnés dans l'intéressant essai de Slavoj Zizek, *Variations Wagner*, trad. Isabelle Vodoz et Christine Vivier, Caen, Nous, 2010.
[3] Richard Wagner, *Parsifal, édition bilingue* trad. Marcel Beaufils, Paris, Aubier, 1944. L'introduction est d'un grand intérêt philosophique et esthétique. Mais je ne pense pas que *Religion und Kunst,* malgré sa date (1880), livre le secret de *Parsifal,* lequel réside dans l'écoute de l'œuvre d'abord, dans le texte ensuite.

Tragédie grecque et musique : réalités et interprétations

dodécaphonisme[1], le second serait un compendium constitué par une personne âgée[2] ! Écoutons plutôt le Prélude dans le tempo qui lui convient, celui qui permet de saisir la pièce dans son unité ; écoutons l'écroulement du monde illusoire dans lequel se vautrent ceux qui s'y complaisent et jugent sans savoir ; « l'enchantement du Vendredi Saint » et l'indicible et ineffable panthéisme qu'il recèle ; et la phrase finale : « Et le rideau tombe, lentement et solennellement, comme en un acte liturgique lui aussi, sans que rien bouge en cette impressionnante fin étale. Une fin qui semble se prolonger pour l'éternité, bien au-delà du temps de la scène, bien au-delà de l'accord de la bémol, qui met un point final à l'œuvre de Wilhelm Richard Wagner, compositeur allemand, mort à Venise le 13 février 1883, et l'un des plus étonnants musiciens que la terre ait portés … »[3] ; « avec l'ultime accord de la bémol majeur, qui laisse les spectateurs sous l'emprise d'un extraordinaire halo émotionnel, se clôt l'œuvre terrestre de Richard Wagner »[4].

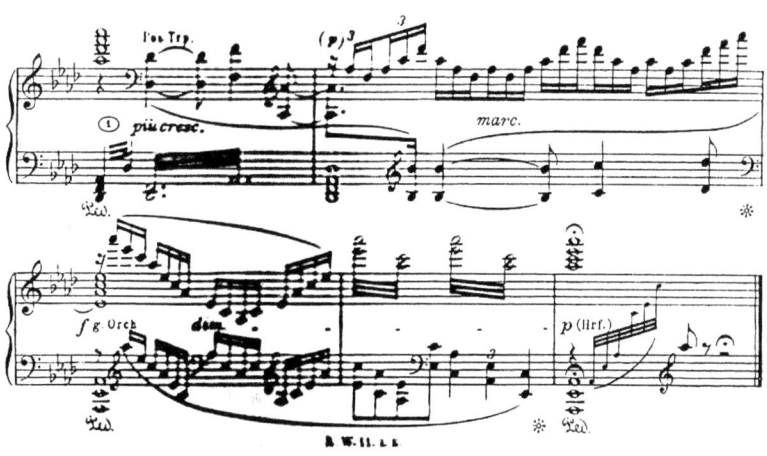

---

[1] Arnold Schönberg, *Le Signe et l'idée*, 1951, (Paris, Buchet/Chastel, 1977, p. 140).
[2] Jean Gallois, *Camille Saint-Saëns, op. cit.*, p. 235. Pourquoi faudrait-il qu'il y ait un « renouvellement harmonique » ? On regrette les « chœurs à l'unisson », mais cela fait pourtant très grec quand il s'agit de *Prométhée* de Fauré ! Le personnage de Kundry serait trop compliqué, « voilà qui est laborieux et nous éloigne prodigieusement du drame populaire ! » (ceci est de Saint-Saëns, il a raison : *Parsifal* n'est pas un drame populaire, *Tristan* non plus d'ailleurs, qu'il loue).
[3] Jacques Chailley, *Parsifal de Richard Wagner, Opéra initiatique, op. cit.*, p. 125.
[4] *Ibid.*, p. 165. Ci-après *Parsifal*, édition Breitkopf, p. 297.

*

La tragédie grecque était un drame musical. La restitution des partitions, aussi fragmentaires soient-elles, permet de se rendre compte de l'effet que produisait la musique. En traduisant les faits suivant les normes qui sont les nôtres, la tragédie était un opéra ou un drame musical, non une pièce de théâtre. Cela signifie que l'émotion qu'elle produisait doit être conçue suivant des catégories qui dépendent du sentiment musical, lequel est lié à un chant et à un accompagnement d'instruments. C'était bien le cas de la tragédie hellénique, dont la partie musicale s'analyse comme une monodie accompagnée. L'écoute des bribes qui nous restent donne une impression forte, provoquée par le rapport étroit liant un discours et une musique tragiques.

Cette impression est rarement exposée pour plusieurs raisons : la reconstitution de la partie musicale est récente et fragmentaire ; les spécialistes des tragédies sont des philologues, des mythologues, des philosophes, rarement des musicologues ; les commentaires antiques sont tardifs et envisagent la tragédie d'abord sous l'angle du politique et/ou du rationalisme discursif. Platon n'a aucune raison d'aborder l'élément musical de la tragédie parce qu'il condamne cette dernière comme immorale et incompatible avec la cité qu'il se propose de construire (*La République*) ou qu'il veut améliorer (*Les Lois*) ; Aristote, qui met la tragédie au-dessus de l'épopée, donne à la pièce une valeur cathartique. La musique, en tant qu'élément constitutif, joue un rôle, mais secondaire. Elle est « agréable », elle relève ce qui se dit comme une sauce les aliments.

Prenant les choses à leur origine, Nietzsche, philologue et philosophe, mais aussi musicologue, affirme l'enracinement de la tragédie dans le dithyrambe dionysiaque, suivant en cela la tradition, souligne son caractère de sacralité et le cadre religieux qui est le sien pour la mettre en scène, « l'esprit de la musique » qui l'anime, non seulement par la présence de parties musicales, mais par le fait que le chœur dionysiaque s'exalte pour une large part grâce à la musique et que le chant des héros et héroïnes est la réponse d'interlocuteurs ou d'interlocutrices qui se sont introduits dans le genre théâtral (ceci, dit de cette façon, me paraît peu contestable. Nietzsche dit la même chose en parlant d'individuation apollinienne).

Son classement des « civilisations » en trois groupes : « socratique-alexandrin », « artiste-hellénique », « tragique-hindouiste » est-il pertinent ? Le premier relève bien d'un rationalisme discursif qui caractérise Platon et Aristote, dont l'origine est le dialogue socratique. La tragédie entre dans le cadre de la cité et du citoyen. C'est aussi la position de Hegel. Le second groupe s'appuie sur l'idée que l'art est un moyen privilégié pour exprimer ce que la condition humaine a de tragique, la musique approfondissant cette expression du fait de son originalité. L'opéra de Richard Strauss, *Elektra*, me paraît être une illustration réussie de l'univers tragique grec. Le troisième pose que l'hindouisme est la civilisation tragique par excellence, mais le philosophe devait s'en tenir là, ceci n'entrant ni dans son propos ni dans son projet.

Nietzsche était-il aussi dépendant de Schopenhauer qu'on le croit ? Les commentateurs écrivent que c'est plusieurs années après *La Naissance de la tragédie* qu'il s'en serait éloigné. Rien n'est moins sûr. Le cadre hellénique dans lequel il se place et, qu'en fait, il propose à Wagner, n'est pas celui de Schopenhauer. Ce dernier ne concevait l'art que comme une étape vers la libération et comme un asile provisoire. Nietzsche assume le tragique comme *nécessaire*, comme la réalité fondamentale de la vie. Il l'assume dans la joie, ou du moins tend sa volonté au maximum pour l'assumer dans la joie. Il refuse donc la résignation et l'indifférence que Schopenhauer assigne comme but ultime de l'existence. Un tel point de vue donne à la musique un rôle essentiel. Elle transcende en effet tout discours, elle exalte des forces profondes qu'une démarche rationnelle ne saurait atteindre.

Quelle place Wagner a-t-il dans la catégorisation nietzschéenne ? Le malentendu est en germe dès 1871. Wagner écrit des textes qui ne peuvent que plaire au philosophe. Il produit des œuvres tout autres. La condition humaine relève de l'Amour, du couple étranger à la société, et son drame musical est de plus en plus éloigné de l'opéra de son époque. Loin de se résigner comme le propose Schopenhauer, il veut imposer sa vision du monde, son art et sa philosophie. L'aboutissement d'une telle démarche est l'initiation. Nous y retrouvons la troisième catégorie proposée par Nietzsche. *Parsifal* relève bien de la culture hindouiste. Mais ici la tragédie grecque ne constitue plus un modèle. Le tragique de la condition humaine est dépassé. La dissonance est résolue, elle se résout dans l'unité de l'œuvre, du prélude à la phrase qui aboutit à l'accord de la bémol, un accord majeur d'accomplissement, de plénitude et de libération de toute contingence.

Retrobar lo trobar, retrouver le Trobar

« Trouver » : la traduction même du mot *trobar* en français paraît aujourd'hui bien réductrice du concept médiéval qu'il représente. Chez les troubadours, le mot « trouver », au sens littéral du terme, *trobar*, désigne à lui tout seul cet art poético-musical qui est à la fois un concept artistique, un concept amoureux, un concept culturel et politique, et représente un art de vivre. C'est l'invention lyrique qui positionne le « maître »[1] en poésie dans la société médiévale, et qui définit une manière d'être, d'aimer, de se cultiver et de créer. *Art de trobar* et *art d'amar*[2], c'est là toute la Maestria[3] des troubadours. Un art qui autorise ses initiés et praticiens passionnés de poésie et de musique, pétris de savoir et de connaissance hérités à la fois des grands textes des Anciens et de la Bible, à vouloir s'élever au-dessus de la médiocrité ambiante de la société médiévale occitane, prospère mais gangrénée par des luttes incessantes entre seigneurs sûrs de leur pouvoir mais indécis devant les enjeux politiques de ces XIIe et XIIIe siècles sanglants.

---

[1] *Maistre certa*, maître infaillible (Guilhem de Peiteus) ; *Maestre dels trobadors* (Giraut de Bornelh).
[2] *Obre e lim motz de valor ab art d'amor,* « Je forge et je lime des mots de valeur avec art d'amour » (Arnaut Daniel).
[3] *Amors que⋅m datz la maestria* (Aimeric de Peguilhan) ; *Trobar de maestria* (Guiraut Riquier).

Gérard Zuchetto

En pratiquant le *trobar* en *romans*[1] et avec la liberté de parole qui caractérise leur engagement artistique, les troubadours regardent cette société s'empêtrer dans ses contradictions tout en participant activement à son émancipation en faisant fi des médisants *lauzengiers* et des jaloux qui sévissent dans les cours et en dehors.

À partir de la poésie chantée, le *trobar* devient une idée artistique révolutionnaire des plus intelligentes et pertinentes dans les domaines de la littérature et annonce tous les courants de la pensée moderne. Le troubadour se situe aux antipodes des images folkloriques colportées par les historiographes. Et ce n'est pas à tort que leurs lointains héritiers, poètes chanteurs d'expression libre, reprennent à leur compte l'appellation « troubadours ». C'est le cas pour la *protest song*[2] américaine, pour Woody Guthrie[3] et la chanson engagée en général, loin des clichés dont le trouveur médiéval est affublé depuis des siècles.

À la lecture des textes des troubadours, les plus importants restant les *cansos* et les *sirventes*, un voile se lève sur un monde qui affirme d'emblée sa différence, justifiée par des choix décisifs, tels l'usage de la langue occitane, propulsée de fait langue de la poésie, qui est rimée de Poitiers à Venise, de l'Auvergne à la Sicile, de la Provence à Tolède, de Toulouse à Tripoli, et jusque dans la lointaine Hongrie... pour chanter le plaisir

---

[1] C'est le nom donné à la langue parlée, l'occitan, dès le XIIe siècle par Guilhem de Poitiers – « *et eu prec en Jesus del tron et en romans et en lati...* » – et Jaufré Rudel : « *plana lenga romana* ».

[2] *Popular music and social movements have always gone hand in hand, ever since the American Civil Rights Movement of the 60s - activists and protestors for change have found troubadours and artists to spread their social message. From folk to funk, rap to rock, incendiary to imaginary, we take a look at some of the most recognisable - and effective - protest songs of the modern era* : « Musique populaire et mouvements sociaux allaient toujours de pair, depuis le Mouvement américain pour les droits civils des années 60, activistes et protestataires pour le changement ont trouvé des troubadours et des artistes pour étendre leur message social. Du *folk* au *funk*, du rap au rock, de l'incendiaire à imaginaire, nous nous intéressons aux chansons de protestation les plus connues et significatives de l'ère moderne » (Nevermind the 90's- collaborated by NMIT'S Northern Melbourne Institute of TAFE- awesome team of Music Business Students 2012).

[3] « *The last of the great European troubadours and first singer-songwriter punk rocker* », Nora Guthrie.

amoureux, la jeunesse et la convivialité, participer au débat politique et promouvoir des valeurs laïques et humanistes.

Durant deux siècles, on écouta ces poètes qui chantaient « de maintes couleurs »[1], sans vergogne, inventant et posant les bases de la littérature moderne de l'Europe.

Trobadors, joglars, chantadors

Si *trobar* signifie « trouver », *trobaire* ou *trobador* désignent le « trouveur », d'après le latin *tropare*, faire des *tropes* (syllabes correspondant à une mélodie de *l'Alleluia*) ; *tropos*, en grec, indiquant plutôt « la manière d'être ».

Le « trouveur » est à la fois créateur, compositeur, jongleur et chanteur de poésie et musique : le *trobar*. Moine, seigneur ou roturier, professionnel ou amateur, il est *trobador* par talent ou par métier, connaisseur de belles lettres et inventeur de poésie, chercheur, sculpteur ou peintre des mots. Il défend son art en public, devant les confrères, les initiés et les dames, et il tend à se dépasser et à s'élever. Cercamon, l'un des premiers, emploie le terme en l'associant à une notion de trouble-fête dans les relations amoureuses entre mari, épouse et amant :

Ist trobador entre ver e mentir	Ces troubadours, entre vérité et mensonge
afolon drutz e molhers et espos	affolent les amants, les femmes et les époux
e van dizen qu'amors vai en biais	et vont disant qu'amour va de travers
per que·l marit esdevenon gilos	c'est pourquoi les maris deviennent jaloux
e domnas son intradas en pantais	et les dames sont dans l'angoisse
cui mout vol om escoutar et auzir.	pour qui veut trop les écouter et les entendre.

Car les chansons des poètes courtois sont de véritables discours qui dérangent parce qu'ils posent aux amants des questions de morale amoureuse en prônant des comportements nouveaux.

---

[1] *Chantarai d'aquestz trobadors que chantan de manhtas colors* (Peire d'Alvernha).

Gérard Zuchetto

À la cour de son protecteur, le *trobaire* jouit d'un certain statut. Fût-il le serviteur d'un grand roi, le poète ne saurait accepter d'être détourné de son art par le roi lui-même, ainsi que l'écrit Cerverí de Girona :

E tenria lo rei per enoios
si·m sonava quan faz tan dous jornal
ne·m tocava qu'eu no n'ai plazer d'al
ans fora mortz si·l pensamen no fos.
E dic a cels qui·m dizon que·us pessatz
en Cerverí ajam qualque solatz
lassatz m'estar senher que coblas fatz.

Et je tiendrais le roi pour ennuyeux, s'il m'appelait quand je fais une si belle journée [de travail], ou s'il me faisait demander alors que je n'ai pas plaisir de le voir, car je mourrais si je n'avais pas la méditation (concentration intellectuelle). Et je dis à ceux qui m'interrogent : « Qu'en pensez-vous Cerverí ? avons-nous quelque divertissement ? » – « Laissez-moi donc en paix, messire, je compose des couplets ! ».

Le *trobar* est un art élaboré, une composition musicale et poétique recherchée qui s'exprime dans le *chantar*. C'est une *maestria* qui tient de la subtile alchimie d'enchevêtrer mots et mélodies, *entrebescar motz e sos*, sur un bon thème, une bonne *razo*. Cette *maestria* est ainsi louée par les auteurs eux-mêmes :

De far sos novels e fres
so es bela maestria
e qui bels motz lass'e lia
de bel'art s'es entremes.

Faire des mélodies nouvelles et fraîches
c'est une belle maîtrise
et celui qui sait lacer et lier de belles paroles
s'occupe d'un bel art.

    Bernart Marti

Sur cet air gracieux et léger, je fais des paroles et je les rabote et les dole, et elles seront exactes et sûres quand j'y aurai passé la lime...

    Arnaut Daniel

Je sais si aisément ajuster et lacer mots et mélodies, qu'en fait de riche et noble *trobar*, personne ne m'arrive au talon...

    Peire Vidal

C'est en dormant que j'ai commencé ce chant, aussi il n'est pas écrit avec des mots neufs ou complexes et je n'ai corrigé ni la mélodie ni les expressions.

    Cerverí de Girona

Retrobar lo trobar, retrouver le Trobar

L'invention commence bien avant l'écriture qui fixera, par la main d'un clerc, la *canso* de manière définitive avec une recherche calligraphique soignée : « Bon est le *vers*, et aussi le chanteur ! et il méritera un bon auditeur ! Par Dieu, joli clerc, tu dois me le mettre en écriture ! », s'exclame Arnaut de Titinhac. Le troubadour est si fier de sa composition que sa mise en écriture lui semble indispensable.

Le rythme de création de chansons devait varier d'un auteur à l'autre sans atteindre une production importante. Pour Bernart Marti :

E si fatz vers tota via	Je fais sans cesse des *vers* (chansons)
en l'an un o dos o très.	dans l'année, un, deux ou trois.

Plaire aux dames et les conquérir avec des mots : c'est dans ce but plus ou moins avoué que le poète s'emploie à inventer les vers de la séduction avec les sous-entendus les plus imagés. Séduire, aimer et « trouver », tout semble écrit pour qui sait lire entre les lignes et comprendre entre les mots. Ainsi chante Bernart Marti pour Na Dezirada :

Qu'aissi vauc entrebescan	Ainsi je vais enchevêtrant
os motz e·l so afinan	les mots et affinant les mélodies
leng'entrebescada	comme la langue est enlacée
es en la baizada.	dans le baiser.

Le secret du pouvoir des mots, Raimbaut d'Orange le dévoile aux amoureux : « Aussi j'enseignerai à aimer aux autres bons amoureux ; et s'ils en croient mon enseignement, je leur ferai faire rapidement toutes les conquêtes qu'ils voudront ».

La *domna* est l'inspiratrice et le cœur battant du *trobar*, mais si le poète semble jouer l'homme lige et se soumettre à ses désirs, l'artiste recherche la perfection. Ainsi Peire Cardenal, qui accorde l'amour au jeu de mots :

Non volh voler volatge	Je ne veux pas une volonté volage
que·m volv e·m vir mas volontatz	qui puisse incliner et détourner mes vils désirs
mas lai on mos vols es volatz...	sauf celle vers qui mes désirs se sont envolés...

« Accueillez jongleurs et poètes qui bavardent sur amour et chantent *vers* et mélodies. Au moins montrez-leur bon visage car même si vous ne leur donnez rien ils feront connaître votre nom au loin... », déclare Garin lo Brun, dans son *ensenhamen*.

Les *joglars* ont rôle d'interprètes. Ils apprennent de mémoire paroles et musique (ou peut-être s'aident-ils de bouts de parchemin, de *breu de pergamin*) et vont dans les cours porter, par leur voix, les poèmes inventés par les troubadours.

Les *joglars* (du bas latin *jocularis*, dérivé de *jocus* : jeu) sont danseurs, bateleurs, montreurs d'animaux... Ceux qui côtoient les *trobaires* sont plutôt musiciens, interprètes et mélodistes eux-mêmes. De basse condition dans la société nobiliaire, le *joglar* a la double ambition de se faire connaître et reconnaître, à la fois par ses confrères poètes et par la noblesse des cours où il chante. Aux XIe et XIIe siècles, les noms de *joglar* et *trobaire* ont pour référence unique le chanteur et « trouveur ».

Gaucelm Faidit se fait *joglar* après un mauvais coup du sort au jeu et part sur les routes chercher fortune avec ses chansons. Guilhem Magret, le jongleur du Viennois, partage sa vie entre le jeu de dés dans les tavernes et l'art de la poésie dans les cours. Papiol reste au service du même seigneur et troubadour renommé, Bertran de Born. Raimbaut d'Aurenga revendique ce statut de musicien marginal lettré et s'enorgueillit du nom de *joglaresc* de *Linhaure*.

Il semble que tout homme, qu'il soit de basse extrace ou de haut lignage, qu'il soit doué ou non pour le chant et les instruments, peut devenir *joglar* et chanter, pour peu qu'il sache les belles lettres, qu'on lui donne des chansons ou qu'on les lui mette en écriture.

Les biographies témoignent de divers degrés dans cet art. Celui qui compose, qu'il soit enseigné par l'intermédiaire d'une école, d'un maître ou en fréquentant une cour en vogue, n'en sera que plus respecté pour l'originalité de son *trobar*. S'il n'est pas prince, il recevra présents et chevaux de son protectorat et deviendra peut-être un célèbre troubadour et fréquentera les cours royales, à l'exemple de Peire Vidal.

Si, dans la première époque de la poésie courtoise, la question de la corporation ne se pose pas, troubadours et jongleurs partageant un même statut, il n'en va pas de même par la suite où l'on trouve des poètes pour reléguer les *joglars* en dernière classe. Au XIIIe siècle, Aimeric de Pegulhan et Gausbert de Poicibot, tous deux anciens jongleurs devenus célèbres par la grâce de leurs protecteurs, traitent leurs confrères et concurrents avec condescendance et grossièreté. Guiraut Riquier, avec un peu plus de tact, revendiquera un statut particulier de *don doctor de trobar* pour les troubadours qui ne doivent surtout pas être assimilés à des jongleurs. Quant au troubadour catalan, Raimon Vidal de Besalú, il diffuse dans son *ensenhamen de joglar* une argumentation morale qui doit être à la base de *joglar*. Mais qui faisait encore la différence entre *joglar* et *trobar* à la fin du XIIIe siècle, alors que la poésie courtoise était en pleine décadence et que les *doctors de proensa*, comme les nommait Cerverí de Girona, n'intéressaient plus grand monde ?

Trobar, c'est également *chantar* et *violar*[1]. C'est faire preuve de qualités vocales – savoir filer des sons hauts et bas, bien exprimer une mélodie – et de virtuosité instrumentale à la manière de Perdigon ou de Pons de Capdolh. Mais si l'instrumentiste occupe une place de choix dans le métier de jongleur, l'art suprême c'est *chantar*. *Chantar* signifie à la fois *trouver* et *interpréter* et pourrait aussi désigner la capacité d'improviser spontanément en public des couplets rimés sur des thèmes originaux.

Les poèmes sont écrits pour être à la fois entendus et compris, et la voix joue le premier rôle. *E saup ben trobar e cantar*, lit-on dans la très courte *vida* de Guilhem de Peiteus. L'art de « trouver » est associé à celui de chanter. C'est une constante dans les biographies, le chant porte la poésie de son auteur. Quand Gui d'Ussel doit abandonner son métier sur ordre du légat du pape : *Adoncs lasset lo chantar e·l trobar*, il doit se censurer : ne plus chanter ni écrire !

Giraut de Bornelh, *maestre dels trobadors*, chante le plaisir de *trobar e chantar* : *E m'acompanh ab chantadors / e m'a dat solatz en trobar*, « et je vais (je suis) accompagné de chanteurs et ça me donne du plaisir en *trobar* ». Peire Vidal représente l'exemple parfait du troubadour accompli, en pleine possession de son métier d'artiste :

---

[1] Sur tous ces termes riches de nuances, on se reportera au lexique annexé au présent article.

Gérard Zuchetto

E cantava melhs qu'ome del mon. E plus leu li avenia trobars que a nul ome del mon e fo aquels que plus rics sons fetz...	Il chantait mieux que personne au monde. Il trouvait plus facilement qu'aucun autre et c'est lui qui composa les plus belles mélodies.

Un poème peut être écrit et composé avec *motz e sons* subtils, mais ne pas valoir grand chose s'il n'est pas bien chanté. Au contraire, le chanteur-acteur sait faire oublier la médiocrité ou la complexité d'un texte par le talent de son interprétation, ainsi que l'exprime Raimon Vidal de Besalú (v. 1200-v. 1252) dans son traité de poétique et de grammaire, *Razos de trobar* :

> « Les auditeurs qui ne comprennent rien, quand ils écoutent un bon chant, feront semblant de bien le comprendre, alors qu'ils n'y comprendront rien... ».

Mais dans la société courtoise le public est bien élevé : *Quant auziran un malvais trobador, per ensenhamen li lauzaran son chantar*, « Quand ils écouteront un mauvais troubadour, par éducation ils loueront son chant », témoigne Raimon, qui précise aussi dans son livre :

Per so car eu Raimons Vidals, ai vist e conegut que pauc d'omes sabon ni an saubuda la drecha maniera de trobar, volh eu far aquest libre per far coneisser e saber quals dels trobadors an melhs trobat et melhs ensenhat, ad aquels que·l volran aprenre com devon segre la drecha maniera de trobar. (...) Totas gens cristianas, juzeuvas e sarazinas, emperador, princeps, rei, duc, comte, vescomte, comtor, valvassor, clergue, borgues, vilans, paucs et grans, meton totz jorns lor entendimen en trobar et en chantar, o qu'en volon trobar o qu'en volon entendre o qu'en volon dire qu'en volon auzir. (...) Et tot li mal e·l ben del mon son mes en remembransa per trobadors. Et ja non trobares mot (ben) ni mal dig, poi[s] trobaires l'a mes en rima, que tot jorns [non sia] en remembransa, car	Parce que moi, Raimon Vidal, j'ai vu et connu que peu d'hommes savent et ont su la droite (vraie) manière de trouver, et moi je veux faire ce livre pour faire connaître et savoir lesquels parmi les troubadours ont mieux trouvé et mieux enseigné, et pour ceux qui voudront apprendre comment on doit suivre la bonne façon de trouver. (...) Tout le monde, chrétiens, juifs et Sarrasins, empereurs, princes, rois, ducs, comtes, vicomtes, contors, vavasseurs, clercs, bourgeois, vilains, petits et grands, mettent toujours leur entendement en trouver et chanter, soit qu'ils veuillent trouver, qu'ils veuillent comprendre, ou s'exprimer ou écouter. (...) Et tout le mal et le bien du monde sont mis en notre mémoire par les troubadours. Et vous ne trouverez pas un bon mot ni une belle parole qu'un

Retrobar lo trobar, retrouver le Trobar

trobars et chantars son movemens de totas galhardias.	troubadour n'ait mis en rime, que jamais on ne l'oublie, car trouver et chanter sont mouvements de toutes gaillardises.

Art de *joglar*

Avec Perdigon, *violar* recouvre tout l'art de l'instrumentiste virtuose. La viéle à arc est, avec la voix, l'instrument de musique le plus prisé. Évoquée par Peirol, Peire Raimon de Tolosa ou Bertran de Born, elle est souvent représentée dans les enluminures. Mais l'art de *joglar* englobe d'autres pratiques aussi élaborées, ainsi qu'en témoignent le dit de Raimon d'Avinhon et l'évocation du *Roman de Flamenca*.

Pour Raimon d'Avinhon (v. 1230), le métier de *joglar* est une somme de pratiques et de talents divers qui ne confère qu'un statut de *sirven*s à ceux qui l'exercent. Le poète dresse une liste éloquente de tous ceux que l'on peut compter dans cette « corporation ». Son long dit est aussi un inventaire des professions. Le *joglar* aux mille métiers dont nous connaissons cette seule pièce fut peut-être médecin et non le « *trobaire* beau et doué et le *joglar* déplaisant et croyant des sept ordres » qu'il se vante d'avoir été.

Sirvens sui avol et arlotz	Servant je suis, misérable et ribaud
e contarai totz mos mestiers	et je conterai tous mes métiers :
e sui estatz arbalestiers	j'ai été arbalétrier
e portacarn e galiotz	porte-viande et roublard
e rofians e baratiers	rufian et dévergondé
e pescaires et escudiers	pêcheur et écuyer
e sai ben de peira murar	et je sais bien monter un mur de pierres
pero de cozir non trop par	mais pour cuisiner, pas aussi bien
e mauta portei manhtas ves	et j'ai sonné les cloches maintes fois
et ai mais de cent auzels pres	et pris plus de cent oiseaux
e sui trobaires bels e bos	et je suis trouveur beau et doué
qu'eu fas sirventes e tensos	car moi je fais *sirventes* et *tensos*
e sui joglars dezavinens	et je suis jongleur déplaisant
e de set ordes sui crezens.	et croyant des sept ordres.
E fui mazeliers e fis datz	Et je fus boucher et fin joueur de dés
e corregiers fui lonjamens	et bourrelier, longtemps
e sai far anels bels e gens	et je sais faire des anneaux beaux et plaisants
e rateiras per penre ratz	et des ratières pour prendre les rats

e far ausbercs e garnizos	et faire des haubertes et des équipements
e sai far putas e lairos	et je sais être prostitué et larron
e sancnei bras, e fui boviers	et pratiquer la saignée, et je fus bouvier
e mais d'un mes mercadaniers	et plus d'un mois marchand
e sai far arcas e vaissels	et je sais fabriquer coffres et cercueils
penches e fus e cascavels	peignes, fuseaux et grelots
e sai far galeas e naus	et galères et bateaux
coutels et espazas e faus	couteaux, épées et faux
e sai esser pestres e cocs	et je sais être boulanger et cuisinier
e sui bos meges, quant es locs...	et je suis bon médecin en toutes occasions...

Le Roman de Flamenca raconte l'amour d'une dame, Flamenca, épouse d'Archambaud, seigneur de Bourbon, et fille du comte Guy de Nemours, pour un chevalier nommé Guillaume. Ce *castia gilos*, « châtiment du jaloux », hommage à *l'amor leial*, garde intact dans ses mots le reflet de l'écriture des troubadours, ce qui contribue largement à la beauté de l'œuvre. Les 8.095 vers du *Roman de Flamenca* constituent une mine de renseignements sur la société médiévale en déroulant avec suspense tous les ingrédients d'une intrigue amoureuse.

Apres si levon li joglar	Après se lèvent les jongleurs
cascus se volc faire auzir	chacun voulant se faire entendre !
adonc auziras retentir	Alors tu aurais entendu retentir
cordas de manhta tempradura	cordes [montées dans] plusieurs tempéraments
qui saup novela violadura	celui qui connaissait nouvelle façon de vièler
ni canso ni descort ni lais	*canso*, *descort* et lai
al plus que poc avan si trais	se poussait le plus avant qu'il pouvait.
l'uns viola·l lais del cabrefolh	L'un vièle le lai du chèvrefeuille
e l'autre cel de tintagolh	l'autre celui de tintagel
l'us cantet cel dels fins amans	l'un a chanté celui des amants fidèles
e l'autre cel que fes Ivans	et l'autre celui que fit Ivain
l'us menet arpa l'autre viola	l'un a joué la harpe, l'autre la vièle
l'us flautelha l'autre sibla	l'un joue de la flûte, l'autre siffle
l'us mena giga l'autre rota	l'un de la gigue, l'autre de la rote
l'us ditz los motz e l'autre·ls nota	l'un dit les paroles, l'autre les note
l'us estiva l'autre flestela	l'un joue de l'estive, l'autre du galoubet
l'us muza l'autre caramela	l'un de la cornemuse, l'autre du chalumeau
l'us mandura e l'autr'acorda	l'un joue de la mandore et autre accorde
lo sauteri ab manicorda	le psaltérion avec le manicorde
l'us fai lo joc dels bavastels	l'un fait le jeu des marionnettes

Retrobar lo trobar, retrouver le Trobar

l'autre jugava de coutels	l'autre jouait des couteaux
l'us vai per sol e l'autre tomba	l'un se roule par terre et l'autre fait des cabrioles
l'autre balet ab sa retomba	l'autre a dansé avec sa coupe de verre
l'us passet cercle l'autre salh	l'un passait dans un cerceau, l'autre en sortait
neguns a son mestier non falh.	aucun ne faillit à son métier.

Le jongleur-poète et joueur de dés, Guilhem Magret (v. 1196-v. 1204), fréquenta en Espagne les prestigieuses cours d'Alfonso IX de Leon et de Peire II d'Aragon.

Guilhem Magret si fo uns joglars de Vianes, jogaire e taverniers. E fetz bonas cansos e bons sirventes e bonas coblas. E ben volgutz et onratz; mas anc mais non anet en arnes que tot quant gazaignava el jogava e despendia malamen en taverna.	Guilhem Magret fut un jongleur du Viennois, joueur et pilier de taverne. Et il fit de bonnes *cansos*, de bons *sirventes* et de bonnes *coblas*. Et il fut bien apprécié et honoré mais il n'allait jamais avec un équipement, car tout ce qu'il gagnait, il le jouait et le dépensait dans les tavernes.

Dans une *cobla*[1], Guilhem Magret évalue ce que pourrait lui rapporter une de ses *cansos* et il fait allusion à une chanson célèbre de Marcabru, le *Vers del lavador*, que nombre de jongleurs de son temps devaient connaître :

Non valon re coblas ni arazos	Ne valent rien couplets, inspirations
ni sirventes tan es lo mon deliz	ni *sirventes* ; le monde est si délictueux
que per dos sols serai melhs acolhitz	que pour deux sols j'en serai mieux accueilli
si·ls port liatz en un de mos giros	si je leur apporte un cadeau dans mes poches
que per cent vers ni per dos cens cansos	que si je leur offre cent *vers* ou deux cents *cansos*.
dels doze aurai a beure et a manjar	Pour douze [sols] j'aurai à boire et à manger
e·ls oit darai a foc et a colgar	j'en donnerai huit pour le feu et le coucher
e dels quatre tenrai l'osta en amor	et avec les quatre autres j'aurai l'amour de l'hôtelière
melhs non fera pel vers del lavador.	mieux que je pourrais l'avoir avec le *Vers del lavador*.

Les genres de *trobar*

Trobar c'est tout l'art des troubadours. Il contient à la fois l'écriture des mots et des mélodies, le chanter et le dire, la technique et l'habileté de celui qui sait faire apprécier sa création quand il a trouvé un

---

[1] Couplet. Voir page suivante.

bon sujet. Trouver au sens de créer, inventer et surprendre. L'art de trouver et d'interpréter *motz e sons*, paroles et mélodies, repose à la fois sur une parfaite maîtrise de la langue et de l'écriture et sur une virtuosité vocale et musicale exceptionnelle. C'est le thème du poème, la *razo*, qui constitue le point de départ de *trobar* et qui illustre le mieux le talent du *chantador*.

Dans l'invention poétique des troubadours, il n'y a pas un modèle unique, mais plutôt des *trobar*. Les connaisseurs, mécènes, dames, et surtout les poètes, savent apprécier le style (*clus, car, plan, leu*), les genres (*cansos, tensos, sirventes, descorts, planhs, albas, dansas, pastorelas, devinhals, saluts, ensenhamens*) et l'organisation du poème en *coblas*[1], les couplets. Joseph Anglade en compte plus de 70 catégories avec, pour chacune, un nom spécifique : *coblas* dérivatives (à rimes dérivatives) : *atur, s'atura, dura, dur, pas, passa, las, enlassa* ; *coblas* unissonantes, sur la même mesure et sur les mêmes rimes ; *coblas* multiplicatives, interrogatives, enchaînées, serpentines, etc.

Stylistiquement, les poètes essaient d'exceller en employant tant des rimes recherchées, rares, difficiles, subtiles, *rims rars, cars, prims*... que des rimes faciles et légères, *rims plans* et *leu*. En général, les premières appartiennent au *trobar clus* et au *trobar car*, les secondes illustrant plutôt le *trobar leu, plan*.

Le *trobar leu* représente la poésie facile et aisée à comprendre. Elle est incarnée par des troubadours comme Peire Rogier, la Comtesse de Die ou Bernart de Ventadorn. Au contraire, le *trobar clus* désigne la poésie fermée et obscure ; une composition cachant un message et qui nécessite une *clau*, clef, et même une *clau segonda*. Cette manière d'écrire porte aussi le nom de *trobar car, prim, sotil, cobert, escur*... riche, nouveau, subtil, couvert, obscur.

---

[1] La *cobla* comprend au moins cinq vers présentant un sens complet, au maximum elle en compte seize.

Retrobar lo trobar, retrouver le Trobar

Marcabru, Peire d'Alvernha, Raimbaut d'Aurenga, Giraut de Bornelh ou Arnaut Daniel, en sont les initiateurs. Leur style d'écriture repose sur un nombre impressionnant d'artifices qui tendent à rendre le poème incompréhensible à la première écoute. Langues, sonorités et mots en désaccord, constructions complexes, surabondance de *rims estramps* ou d'accidents phonologiques, forment un enchevêtrement dont le sens reste caché aux *fatz* ou aux *neçis*, les sots, mais n'échappe ni aux *entendens*, les initiés, ni aux confrères attentifs aux citations professionnelles.

Au service du *trobar clus* ou *car*, le métier de *joglar* recouvre toute sa dimension : on peut imaginer la performance accomplie par Arnaut Daniel ou par son jongleur pour interpréter le poème fermé : *Lo ferm voler qu'el cor m'intra*. À l'inverse, la chanson de Bernart de Ventadorn *Non es meravelha s'ieu chans...* pouvait recevoir l'approbation immédiate du public.

Le troubadour Arnaut Daniel,
Ms fr 12473 bNF Paris.

Vers e cansos

Selon Dante, ceux qui ont chanté les vers en langue vulgaire ont utilisé plusieurs façons pour composer leurs poèmes : chansons, ballades, sonnets, et d'autres formes irrégulières et non conventionnelles. De toutes ces formes, nous croyons que c'est la chanson qui en est l'excellentissime, elle vaut à celui qui y excelle les plus grands honneurs et comprend à elle seule l'art tout entier.

La *canso* désigne la composition poétique la plus appréciée des auteurs et du public. C'est une chanson d'amour et de courtoisie, *canso d'amor e cortezia*. Ce chant reflète savoir et connaissance, l'art et la science du poète-musicien, tant dans le fond que dans la forme. C'est *amor* qui anime la *canso*, la *fina amor*, l'amour subtil, raffiné, à l'image de ce que doit être le chant. Ainsi l'exprime Jofre de Foixà dans sa *Doctrina de compondre dictats* :

E primerament deus saber que canso deu parlar d'amor plazenment e potz metre en ton parlar exempli d'autra razo, e ses mal dir e ses lauzor de re sino d'amor...	Tu dois savoir que la chanson doit parler d'amour avec plaisir (à volonté), et tu peux ajouter dans ton parler des exemples d'autres sujets, sans mal dire et sans louange de rien sinon d'amour.

La *canso* est un « grand chant » de *cortezia*, noble, recherché, plein de *sens* et à caractère unique. Les autres genres dérivent de cet art. En général, la *canso* comprend cinq à sept *coblas* de sept à huit vers, et deux ou trois *tornadas*[1].

Les premiers troubadours désignaient cette composition sous le nom de *vers*. Question de terminologie selon le troubadour Aimeric de Pegulhan qui s'en expliqua dans un poème :

> « Ce sont des chansons ou bien des *vers* que je chante ? À ceux qui le demandent je répondrais que seul diffère le nom donné à *vers* et à *canso* ».

Jofre de Foixà est plus précis :

Si vols far vers, deus parlar de veritatz, de exemples e de proverbis o de lauzor, no pas en semblan d'amor ; e que en aissi com comensaras, o prossegues quez e, u fins, ab so novel tota vegada. E aquesta es la diferencia que es entre canso e vers...	Si tu veux faire (composer) des *vers*, tu dois parler de vérités, d'exemples, de proverbes ou de louanges, non pas en faisant semblant d'amour ; et ainsi que tu commenceras, tu poursuivras jusqu'à la fin avec une mélodie nouvelle à chaque fois. Et c'est là la différence entre chanson et *vers*.

Jofre semble laisser entendre que le *vers* devait être orné d'une nouvelle phrase mélodique pour chaque vers. Suivant le sens qu'ils souhaitent lui donner, les poètes attribuent d'autres noms à la *canso* : *chans, chantars, chansoneta, chantaret...* La *canso* peut être une *mala canso* pour une *mala domna* (Marcabru, Gui d'Ussel), un *chantaret de digz escurs* (Giraut de Bornelh), un *salutz d'amor* (Arnaut de Marolh), un *enoi* (Monge de Montaudon) ou une *canso tensonada* (Peire Rogier).

---

[1] On appelle *tornada* la strophe qui est placée en fin de composition. Elle équivaut à la moitié d'une *cobla* et reprend les dernières rimes. Ces demi-couplets qui terminent un chant révèlent le nom ou le *senhal* d'un jongleur, d'une dame ou de la personne dédicataire du *vers*. C'est en général un envoi, un hommage amical ou amoureux, une demande précise, un ordre, ou bien encore une critique.

Retrobar lo trobar, retrouver le Trobar

Suivant sa *razo*, sujet, argument et thème, elle peut être une *canso de crosada*, chanson de croisade, une *alba*, un *ensenhamen*... Mais, au-delà de sa forme et de son contenu, la *canso* doit être toujours, selon Peire Vidal, *novela ab novel so*, « nouvelle avec une mélodie nouvelle », c'est-à-dire, originale.

Motz d'amor

Amor

Au contraire des auteurs latins qui conféraient à l'amour une distinction de genres : *amor carnalis*, amour charnel ; *amor socialis*, amour social ; *amor spiritualis*, amour spirituel... les troubadours lui ont attribué des épithètes de qualité : *fina amor*, amour fine, subtile ; *bona amor*, bonne amour ; *rica amor*, riche amour ; *falsa amor*, fausse amour. Amour, toujours au féminin ! Dans le vocabulaire des chanteurs, l'amour joue un rôle actif. C'est l'amour qui conquiert, qui enseigne à faire des chansons, qui allume et nourrit le désir, qui enchaîne les amants et les lie par serment, qui fait souffrir, qui pardonne... L'amour est un guide qui incite et inspire les actes : « C'est d'amour quoi qu'on dise que provient ce qui a le plus de vertu dans la folie comme dans la sagesse... », écrit Raimon de Miraval. *D'amor es tots mos consiriers...*

Pour Guiraut de Calanson, l'amour est divisé en trois parties : le « tiers inférieur » (l'amour qu'il chante !), le « second tiers » (l'amour naturel pour les parents) et le « tiers supérieur » (l'amour de Dieu) :

Celeis cui am de cor e de saber	À celle que j'aime de cœur et d'esprit (de savoir)
domn'e senhor et amic volria dir	dame et seigneur et ami, je voudrais dire
en ma chanso si·l platz qu'o denh'auzir	dans ma chanson s'il lui plaît de l'entendre
del menor tertz d'amor son gran poder	du tiers inférieur d'amour son grand pouvoir
per so car vens princes, ducs e marques	car il soumet princes, ducs et marquis
comtes e reis e lai on sa cortz es	comtes et rois, et là où il tient sa cour
non sec razo mas plana volontat	il ne suit pas la raison, mais sa seule volonté
ni ja nul temps no·i aura dreg jutjat.	et jamais on n'y jugera selon le droit.

Ce même poète imagine que l'amour réside dans un palais à cinq portes où l'on peut vivre dans le bonheur à la condition de monter quatre degrés : « Dans son palais où l'amour va se reposer il y a cinq portes, celui qui peut en ouvrir deux passe facilement les trois autres, mais il ne peut sortir facilement ; et c'est dans la joie qu'il vit celui qui peut y rester ; on y parvient en montant quatre degrés très glissants ; mais n'y entrent pas vilains et malappris, ils demeurent avec les fourbes logés dans le faubourg où il y a déjà plus de la moitié du monde... ».

S'élever en aimant, Guiraut Riquier, qui fera le commentaire de cette *canso* quelque quatre-vingts ans plus tard, en définit ainsi les degrés évoqués : honneur, discrétion, service et patience.

Dans un manuscrit unique ayant appartenu à Andrea di Mantova (milieu du XIVe siècle) et qui fut copié en Italie du Nord au XIIIe siècle, l'artiste anonyme a exécuté 77 dessins à l'encre, annotés de signes qui renvoient au texte. Dans la *canso* de Folquet de Marselha, *Ben an mort mi en lor mei olhs galiador*, « Bien ont causé ma mort et la leur mes yeux trompeurs », on peut voir la représentation d'Amour ; c'est là le seul exemple dans l'iconographie médiévale. Huit fois, l'enlumineur dessine Amour et le met en scène entre le poète malheureux et songeur et la dame qui le tient à distance. Amour est représenté sous la forme d'un buste, avec des armoiries, surmonté d'une tête couronnée à trois visages et flanqué de trois paires d'ailes.

Amans, amic, amador

Domneiaire, amateur de dames et tricheur, l'ami-amoureux-amant courtois doit passer par plusieurs degrés avant d'être l'amant élu ; ces étapes sont ainsi définies par un poète anonyme :

Quatr'escalas a en amor :	Il y a quatre échelons en amour :
lo premiers es de fenhedor	le premier est celui de tricheur (celui qui fait semblant)
e·l segons es de preiador	le deuxième est celui de solliciteur (soupirant qui implore)
e lo ters es d'entendedor	le troisième est celui de connaisseur (celui qui s'y entend, l'initié)
et el quart es drutz apelatz	et le quatrième est appelé jouisseur (galant, gaillard, amant charnel).
cel qu'a bon cor de domna amar	Celui qui prend à cœur d'aimer une dame
e la vai sovens cortejar	et qui va souvent la courtiser
e si non l'auza razonar	s'il n'ose lui faire des raisonnements (la distraire, l'étonner...)
fenheres es espaventatz.	est un débutant timoré.

Retrobar lo trobar, retrouver le Trobar

L'amant-ami-amoureux possède, dans ce contexte, quelques qualités prisées des dames et, suivant les circonstances, il est *fizel*, fidèle, *leial*, loyal, *certan*, constant, *verai*, vrai, *coral*, cordial, *umil*, humble, *aclin*, soumis, *obedien*, obéissant... ou du moins il s'efforce de l'être. À tous les amoureux, Marcabru conseillait :

Qu'ieu dic als domneiadors	Et moi je dis aux galants
que van d'amor consiros	qui veulent rêver d'amour
no s'en fasson cobeitos	de ne point laisser paraître leurs désirs
e poiri'esser lor pros	et je le dis dans leur intérêt
qu'assatz es ben abduros	il est bien assez malheureux
qui d'amar es talantos	celui qui est désireux d'amour
que qui trop es amoros	car qui trop est amoureux
ben torna del caul au tros.	retourne du chou au trognon.

Joi

Ce mot, tout en désignant la *joie*, signifie jouissance, extase, allégresse, bonheur, agrément, bienfait... Dans la langue des troubadours, *joi* s'emploie au masculin pour désigner le plaisir et le jouir. *Joi* symbolise à lui tout seul le vocabulaire du bonheur qui provient de *cortezia*. Pour Marcabru, le *joi* est une aventure hardie qui doit être partagée, un *joi partit* à l'exemple du *joc partit* en poésie :

Mon ardimen non dei laissar	Ma hardiesse je ne dois ni l'abandonner
ni creire de tot mon afar	ni la croire en tout ce qui me concerne
ni nul autre no m'a desdit	nul autre n'a pu me démentir
que leu de mon privat disnar	car de ma propre initiative provient
qu'aventura de joi partit.	aventure (occasion) de *joi* partagé.

Le poète place *joi* au centre de l'amour, il garantit la qualité de celui-ci :

Qu'aitals amors es segura	Car ainsi l'amour est sûre
que de fin joi es empreza.	qui de subtil *joi* est empreinte.

Pour Raimon de Miraval, le *joi* a valeur de recherche spirituelle :

E volhatz qu'a mi s'estenda	Et veuillez que sur moi s'étende
del vostre joi l'esperitz	l'esprit de votre *joi*

don mos gaugz si·acomplitz...	pour que ma joie soit accomplie.

Joi est associé à *jauzimen*, le bonheur réalisé, *plazer*, plaisir, *alegransa*, allégresse, *joia, gaug, jauzir, jai,* joie, satisfaction... Et pour le comte de Poitiers :

Ben deu quascus lo joi jauzir	Chacun doit bien se réjouir
don es jauzens.	du *joi* dont il est heureux (joyeux ; jouisseur).

Cortezia

Marcabru évoque ainsi les prédispositions à courtoisie :

Qui ses bauzia	Qui sans tromperie
vol amor albergar	veut héberger l'amour
de cortezia	de courtoisie
deu sa maizon jonchar	doit joncher sa maison
get fors feunia	qu'il jette dehors colère
e fol sobreparlar	et folles paroles superflues !
Pretz e donar	Mérite et largesse
deu aver en bailia	il doit avoir à offrir
ses ocaizo.	sans attendre que l'occasion se présente.

Courtiser, c'est honorer, bien parler, se montrer aimable, gracieux et avenant en société. L'amant courtois loue en la dame les qualités de *corteza, genta, ensenhada et avinen de sa persona,* courtoise, agréable, instruite et avenante de sa personne, à l'image de Maria de Ventadorn. Les vertus les plus chantées par les poètes sont celles qui embellissent la personnalité de la dame et qui s'ajoutent à ses nobles origines : *bon aire, linhatge, paratge...* de bonne famille, lignage et noblesse... *bontatz, beutatz, gensor, doussor...* bonté, beauté, gentillesse, douceur... *pretz, valor, jovens...* prix, mérite, valeur et jeunesse... La dame idéale pour Bernart de Ventadorn rayonne du fait qu'elle est *benestans,* bien en elle-même, et de *bela paria,* de belle allure.

Cortejar, domneiar, lauzar, onrar, blandir, servir, chantar...

Courtiser, séduire les dames, faire des éloges, honorer, flatter, servir et chanter sont parmi les moyens les plus sûrs d'être heureux en *trobar* et en amour. Pour Raimont Rigaut, *cortezia* se chante avec les mots crus de l'amour charnel, mais ici il fait la différence entre plaisir immédiat et désir :

Retrobar lo trobar, retrouver le Trobar

Tota domna que·m don s'amor	Toute dame qui me donne son amour
volh m'o lais far premeiramen	je veux que tout d'abord elle me le laisse faire
e que·m don son entendemen	qu'elle me donne son accord
son acolhir e son onrar	son bel accueil et son honneur
son gent tener e son baizar	sa douce étreinte et ses baisers
qu'eu non sui ges dels pecs cortes	car je ne suis pas de ces stupides courtois
que non sabon d'amar que s'es	qui ne savent ce qu'est aimer
qui·s volha me·n tenha per fatz	me tienne fou qui voudra
qu'eu tenc l'afar per melhs triatz.	car pour l'affaire on ne saurait mieux choisir.
Anc per amor del con	Jamais par amour du con
a midons non quis s'amor	je n'ai demandé son amour à ma dame
mas per sa fresca color	mais bien pour sa fraîche couleur
e per sa boca rien	et sa bouche souriante
qu'eu pron cons trobaria	car je trouverais assez de cons
ab manhtas s'eu lo lor queria	auprès de bien des femmes si je leur demandais
per qu'eu am mais baizar soven	ce pourquoi je préfère la bouche que je baise souvent
que·l con qu'amorta lo talen.	au conin qui tue le désir.
Manhtas domnas donon s'amor	Bien des dames donnent leur amour
a joven ome per nien,	à de jeunes hommes pour rien
car lo conoisson convinen	car elles savent qu'ils en sont aptes
e car ben las sap com ronzar	et qu'ils savent comment les renverser
et estrenher quan leis non par	et les étreindre, quand il leur semble
que·l maritz fos d'aital perpres	que leur mari n'a pas le même souci.
e car lo tosetz non a ges	Et parce que ces gamins ne savent rien
d'amor volh que sia amatz	je souhaite qu'elle soit aimée d'amour
la domna en cui son bontatz.	la dame en qui résident toutes bontés.

Tensos, partimens e jocs partits

Ce sont des chansons à deux ou trois poètes, des débats, des échanges de point de vue ou des querelles sur des sujets professionnels ou d'ordre général : courtisement amoureux, questions politiques, mode et styles d'écriture… Quand le troubadour veut débattre d'un sujet avec un interlocuteur exceptionnel, il peut avoir recours à une *tenso* fictive et être son propre interlocuteur : Peirol débat avec *amor* et le Moine de Montaudon avec Dieu. Dans le *partimen* ou *joc partit*, c'est le premier des

Gérard Zuchetto

protagonistes qui donne le sujet du débat et défend son opinion ou son contraire.

Les débats célèbres entre Giraut de Bornelh et Raimbaut d'Aurenga, entre Peire d'Alvernha et Bernart de Ventadorn, portent sur des sujets « sérieux » du temps. Cette *tenso* entre deux poètes du Carcassès, Sifre et Mir Bernat, est une joute poétique plutôt triviale, dont le sujet est le partage du corps féminin :

Mir Bernat mas vos ai trobat	Mir Bernat, puisque je vous ai trouvé
a Carcassona la ciutat	à la cité de Carcassonne
d'una re·m tenc per issarat	sur une question qui me préoccupe
e volh vostre sen m'en aon :	je veux que votre jugement me vienne en aide :
en una domn'ai la mitat	d'une dame j'ai la moitié
e no·m sui ges ben acordat	mais je n'ai pas bien su décider
si·m val mais d'aval o d'amon.	s'il me vaut mieux le bas ou le haut.
Sifre be·us tene per arribat	Sifre, je vous tiens pour bien arrivé
car conselh m'avetz demandat	puisque vous m'avez demandé conseil :
e eu donar lo·us ai onrat	je vous le donnerai précieux
car fort en consir de prion :	car j'y ai réfléchi profondément
so sapchatz ben en veritat	sachez bien, en vérité
que si·m creziatz d'est mercat	si m'en croyez, que dans cette affaire
per ver penriatz devers lo con.	vous devriez prendre le côté du con.
Mir Bernat ben es enportus	Mir Bernat, vous êtes bien déplaisant
car no·m respondetz ab motz clus	de ne pas me répondre à mots couverts
la domna prezatz mai dejus	vous prisez davantage la dame du côté du bas
et ai vos auzit dire don	et je vous ai même entendu dire où.
ja no·m volha lo rei Jesus	Que le roi Jésus cesse de m'aimer
s'eu enans non la prenc dessus	si je ne la prends pas plutôt du côté du haut
de lai on sos cabelhs se ton.	là où elle coupe ses cheveux !
Sifre lo melhs laissatz e·l plus	Sifre, vous laissez le meilleur et le plus important
e so que mais ama cascus	et ce que chacun aime le mieux
segon la natura e l'us	selon la nature et selon la coutume
que fan l'autre bon drut pel mon	que suivent les autres bons amants de par le monde
val mai so d'aval no fa·l mus	mieux vaut ce qui est en bas que le visage
e ja trobares no·m n'escus	veuillez trouver, point ne m'en excuse
qu'om genser de mi no·i respon.	que personne ne répond mieux que moi sur ce point.

Retrobar lo trobar, retrouver le Trobar

Mir Bernat per pauc no·an n'irais	Mir Bernat, peu s'en faut que je ne me mette en colère
car mi respondetz motz savais	car vous me répondez avec des mots grossiers
e cela part prezatz trop mais	vous prisez beaucoup trop cette partie
que los drutz e·ls maritz cofon	aussi fatale aux amants qu'aux maris
que mai en val us gens assais	mieux vaut un aimable essai
qu'om embratz e manei e bais	où l'on se borne à embrasser, câliner, baiser
boca e olh e cara e fron.	la bouche, les yeux, le visage et le front.
Sifre no·us cugetz qu'eu·m biais	Sifre, ne croyez pas que je suive une autre route
ni·l melhs per lo sordeior lais	ni que je laisse le meilleur pour le pire
que tot dia abras e bais	car tous les jours j'embrasse et je baise
fraire cozi e segon	mes frères, mes cousins germains ou seconds
mas d'aisso dic que sui verais	mais sur ce propos, je dis que je suis dans le vrai
que tota drudaria nais	que tout amour d'amant naît
d'aquel cap d'on plus se rescon.	de cet endroit où tant mieux il se cache.
Mir Bernat est joc ai partit	Mir Bernat, je vous ai proposé ce jeu-parti
e tenc vos tot per escarnit	et je vous tiens pour complètement abusé
car eu ab conselh del marit	car moi-même, avec l'autorisation du mari
m'en mostre bel semblan volon	pour qu'il me fasse en retour bon visage
del cap de sus que ai chauzit	j'ai choisi le côté du haut
e ai vos cel estrem gequit	vous laissant le côté
que no·m pogra far jauzion.	qui ne pourrait me rendre heureux.
Sifre vos avetz falhit	Sifre, vous avez failli
a for de cavalier marrit	tel un mauvais chevalier
greu comensaretz gran ardit	vous aurez du mal à faire grande prouesse
car per paor si gilos gron	si par crainte des grognements du jaloux
avetz cel laissat e gurpit	vous abandonnez le côté
per que·l bon drut son esbait	qui ravit les bons amants
e quascus n'a·l cor jauzion.	et réjouit le cœur de chacun.

Sirventes

Le *sirventes* se distingue de la *canso* par le ton satirique qui anime ses vers. Amour et courtoisie en sont le plus souvent exclus. Ce genre, très prisé des poètes et des auditeurs, serait, à l'origine, l'œuvre de *sirvens*, servants, de *joglars* de basse condition.

Il comporte plusieurs catégories et d'illustres représentants : les *sirventes* moraux, contre la décadence des mœurs (Marcabru, Peire Cardenal…) ; les *sirventes* personnels, dont la cible est un concurrent, un puissant (Guilhem de Berguedan, Aimeric de Pegulhan, Guilhem de la Tor...) ; les *sirventes* politiques, qui relatent les événements seigneuriaux, guerres de conquête, croisades, Inquisition, Rome, le clergé... (Bertran de Born, Guilhem Figueira, Guilhem de Montanhagol...) ; les *sirventes* littéraires, qui sont des polémiques sur le métier de troubadour et des critiques de confrères (Peire d'Alvernha, Monge de Montaudon, Lanfranc Cigala...).

D'autres compositions peuvent être apparentées à ce genre : les *sirventes-cansos*, qui mêlent le sarcasme aux thèmes courtois (Peire Vidal) ; les *sirventes joglarescs*, échanges grossiers dans le ton exagéré des jongleurs (Peire de la Mula) ; les *gaps*, vantardises (Guilhem de Peiteus) ; les *ensenhamens* (Guiraut de Cabreira).

Descorts

L'originalité même du *descort* est d'exprimer le désaccord. C'est en quelque sorte le contre-pied de la *canso* ; un contre-chant discordant des *motz e sos e lengatges*, ainsi que le définit Raimbaut de Vaqueiras. Le troubadour veut désaccorder ce qui fait l'essentiel de la souveraine *canso*, les paroles, les mélodies et la langue, en y introduisant différents effets : désordre dans la structure métrique, rimes irrégulières ou emploi du plurilinguisme. Les *descorts* sont de toutes sortes, chants « désaccordables » et variables autant qu'il se peut au service d'un sujet qui ne l'est pas moins.

Planhs

Ce sont des complaintes funèbres, des chants de lamentation à la mémoire de l'être aimé disparu, une dame, un protecteur, un confrère... Le *planh* (du latin *planctus*) est composé suivant un canevas conventionnel : introduction de la complainte et rappel des origines du défunt, énumération des conséquences de sa mort, éloge de ses qualités et de ses vertus, prière à Dieu pour le salut de son âme et constat de douleur que provoque sa mort. Le *planh* de Giraut de Bornelh, pour la mort de Raimbaut d'Aurenga, celui de Gaucelm Faidit pour celle de Richard Cœur de Lion, celui d'Aimeric de Pegulhan pour Beatritz d'Este, ou encore le *planh* de Sordel pour la mort de Blacatz, sont parmi les plus émouvants.

Retrobar lo trobar, retrouver le Trobar

Albas

Les chansons d'*alba* mettent en scène l'amour, un guetteur et deux amoureux qui passent la nuit ensemble jusqu'à l'aube. C'est le lever du soleil et l'appel du guetteur, la *gaita*, qui annoncent la séparation des amants. Les amoureux doivent alors se quitter au risque d'encourir la colère du mari jaloux ou les médisances des *lauzengiers*. Dans ces chansons d'inspiration populaire, chaque couplet est ponctué d'un refrain qui contient le mot *alba*. Nous connaissons neuf *cansos d'alba* (Giraut de Bornelh, Uc de la Bacalaria, Falquet de Romans...). Celle-ci est attribuée au troubadour de Provence Bertran d'Alamanon :

Us cavaliers si jazia	Un chevalier s'était couché
ab la re que plus volia	avec celle qu'il désirait le plus
soven baizan li dizia :	en la baisant souvent il lui disait :
Doussa res, eu que farai ?	– Douce amie, qu'est-ce que je ferai, moi ?
que·l jorns ven e la nog vai.	Voilà que le jour arrive et la nuit s'en va.
Ai !	Ah !
qu'eu aug que li gaita cria :	J'entends le guetteur crier :
via	Allez !
sus ! qu'eu vei lo jorn venir	car je vois le jour venir
apres l'alba.	après l'aube.
Doussa res, s'esser podia	Douce amie, s'il était possible
que ja mais alba ni dia	que jamais aube ni jour
no fos grans merces seria	ne soient, ce serait grande grâce
al mens al loc on estai	au moins là où sont
fis amics ab so que·l plai. Ai !	l'ami courtois et celle qui lui plaît. Ah !...
Doussa res que qu'om vos dia	Douce amie, quoi qu'on vous dise
no cre que tals dolors sia	je ne crois pas qu'il existe une douleur aussi grande
com qui part amic d'amia	que quand l'amant se sépare de son amie
qu'eu per me mezeis o sai.	car je le sais par expérience.
Ai las ! quan pauca nog fai ! Ai !...	Hélas ! quand la nuit est brève. Ah !...
Doussa res eu tenc ma via	Douce amie, moi je suis mon chemin
vostres sui on que eu sia	je suis à vous où que je sois.
per Deu no m'oblidetz mia	Par Dieu, ne m'oubliez jamais
que·l cor del cors reman sai	car du corps, le cœur reste ici
ni de vos mais no·m partrai. Ai !...	et jamais je ne me séparerai de vous. Ah !...

Doussa res s'eu no·us vezia	Douce amie, si je ne vous voyais pas
breumens crezatz que morria	croyez bien que je mourrais vite
que·l grans dezirs m'auciria	car un aussi grand désir me tuerait
per qu'eu tost retornarai	aussi reviendrai-je bientôt
que ses vos vida non ai. Ai !...	car sans vous je suis sans vie. Ah ! ...

Dansas, baladas, estampidas...

Dansas, baladas, estampidas sont, comme leurs noms l'indiquent, des danses chantées. Nous connaissons neuf *baladas*, dont trois de Cerverí de Girona, qui sont des chansons populaires ponctuées de refrains entre les couplets, l'*estampida* de Raimbaut de Vaqueiras, et une trentaine de *dansas*. Ce type de composition est ainsi défini dans les *Leis d'amors* :

> « La *dansa* est une composition gracieuse qui compte un refrain seulement, c'est un *respos,* et trois *coblas* identiques, à la fin, au *respos*, en longueur et en accord. Et la *tornada* doit être comme le *respos*. (...) Les vers qui sont dans la *dansa* ne doivent pas dépasser huit syllabes, la *dansa* serait ainsi irrégulière, anormale et en dehors de son propre concept. (...) Elle doit traiter d'amour et doit avoir une mélodie joyeuse et enthousiaste pour danser, mais pas aussi longue que celles des *vers* ou des *cansos*, mais un peu plus allègre pour danser, suivant ce qui est chanté. Hélas ! de nos jours on utilise mal ces mélodies, car les chantres d'aujourd'hui savent à peine arriver à faire une simple mélodie de *dansa*, et parce qu'ils ne peuvent y arriver, ils ont transformé la mélodie de *dansa* en une mélodie de *redondel* (rondeau) avec les brèves et les semi-brèves de leurs motets ».

Guiraut d'Espanha composa treize *dansas* sur ce modèle :

Sa gaia semblansa	L'allure gaie
de Na Saisa m'agensa	de dame Saisa me plaît
car gaiamen m'enansa	car gaiement me réjouit
sa gaia captenensa.	sa gaie contenance.
E qui Na Saisa vol vezer	Et qui dame Saisa veut voir
a Montaigon destolha	à Montaigon se dirige
pero non s'i pot destoler	car il ne s'y peut dérober
om que vezer la volha	celui qui la veut admirer
qu'ab un esgart lansa	car au regard qu'elle lance
qu'es gardatz de falhensa	gardez-vous de faillir

Retrobar lo trobar, retrouver le Trobar

a pauc no n'a semblansa	d'un peu elle ressemblerait
Na Tibortz de Proensa.	à dame Tibors de Provence.
Be·m plai quant aug matin e ser	Il me plaît bien quand j'entends matin et soir
l'auzelet per la brolha	l'oiselet dans la brande
e vei per las brancas parer	et que je vois sur les branches apparaître
la flor entre la folha	les fleurs au milieu du feuillage
lai on mi plai dansa	auprès d'elle me plaît la danse
el dous temps que comensa	le doux temps qui commence
e·m dona degransa	et me donne allégresse
car a l'amad'agensa.	car à l'aimée il plaît.
Comtessa Beatritz, per ver	Comtesse Beatritz en vérité
vostre fis pretz capdolha	votre fin mérite s'élève
sobre totas sabetz valer	au-dessus de toutes vous savez valoir
e no·us pensetz que·m tolha	et n'allez pas penser qu'il m'en coûte
de dir vostr'onransa	de chanter votre honneur
frug d'onrada semensa	fruit d'une graine honorée
e ges non ai doptansa	et je n'ai aucun doute
qu'autra lauzors me vensa.	qu'il ne m'en vienne des louanges.

Pastorelas

La première *pastorela* occitane est l'œuvre de Marcabru. C'est une poésie dialoguée sur un thème populaire. Un seigneur rencontre une pétillante paysanne, une *vilana*, et lui fait la cour.

C'est un divertissement poétique dont le genre est cultivé avec plus ou moins de talent par les troubadours durant deux siècles. De Marcabru jusqu'à Guilhem d'Autpol, le contenu, dont l'humour ne doit pas échapper à l'auditeur, reste le même, avec toujours les mêmes mots : *L'autrier*, « L'autre jour », pour préluder la chanson, et *Toza, fi·m eu*, « Jouvencelle, lui dis-je… », pour entamer le dialogue.

Seuls varient le lieu où se déroule la scène : une haie, un chemin, un bois épais…, le moment de la rencontre : un matin, un jour d'avril, d'août… et la condition de la *vilana*, qui est bergère, vachère ou gardienne de porcs.

L'autrier jost'una sebissa	L'autre jour, près d'une haie
trobei pastora mestissa…	je trouvai une bergère de basse condition…
Marcabru	

Gérard Zuchetto

L'autrier lo primier jorn d'Aost *vinc en Proensa part Alest...*	L'autre jour, le premier jour d'Août je vins en Provence au-delà d'Alès...
Giraut de Bornelh	
L'autrier dia per un mati *trespassava per un simelh...*	L'autre jour, au matin je passais sur une crête...
Gavaudan	
L'autre jorn cost'un via *auzi cantar un pastor...*	L'autre jour au bord d'un chemin j'entendis chanter un berger...
Gui d'Ussel	
L'autrier trobei la bergeira d'antan *saludei la e respos mi la bela...*	L'autre jour, je rencontrai la bergère d'antan je la saluais et la belle me répondit...
Guiraut Riquier	
L'autrier el gai temps de Pascor *quant auzi·ls auzelets chantar...*	L'autre jour à la gaie saison de Pâques quand j'entendis chanter les oisillons...
Johan Esteve	
Entre Lerida e Belvis *pres d'un riu entre dos jardis...*	Entre Lérida et Belvis près d'un ruisseau entre deux jardins...
Cerverí de Girona	
L'autrier a l'intrada d'abril *per la doussor del temps novel...*	L'autre jour au début d'Avril dans la douceur tu temps nouveau...
Guilhem d'Autpolh	

Retroenchas

C'est un genre de *canso*, composé de cinq à dix *coblas retronchadas*. Suivant les *Leis d'amors*, « une strophe est dite *retronchada* quand à la fin de chaque vers ou de deux en deux, ou de trois en trois, ou davantage, suivant ce que voudra celui qui composera, ou à la fin de chaque couplet, on revient au même thème ».

Cette *retroencha*, rotrouenge, fut composée en français et en occitan par le Reis Richart (Cœur de Lion) qui, à son retour de croisade, fut capturé et retenu prisonnier par le duc Léopold d'Autriche et l'empereur d'Allemagne. Le roi Richard implore ses amis de payer la rançon exigée et adresse sa chanson au roi Philippe Auguste, son suzerain, à

Retrobar lo trobar, retrouver le Trobar

ses deux sœurs, les filles d'Aliénor, Marie de Champagne et Aelis, comtesse de Chartres. Cette *retroencha* du Reis Richart, composée d'abord en français, trouvera un large écho à Poitiers, sa cour de résidence, et auprès de l'enthousiaste Bertran de Born. Pour la version française, deux couplets supplémentaires sont destinés aux barons d'Anjou et de Touraine, de Caen et du Perche.

En langue d'oc

Ja nuls om pres non dira sa razo

adrechament si com om dolens non
mas per conort deu om faire canso
pro n'ai d'amis, mas paure son li don
ancta lor es si per ma rezenson
soi sai dos ivers pres.

Or sapchon ben mei om e mei baro
angles norman, peitavin e gascon
qu'eu non ai ja si paure companho
qu'eu laissasse per aver en preizo :
non o dic mia per nula retraizo
mas anquar soi ie pres.

Car sai eu ben per ver certanament
qu'om mort ni pres n'a amic ni parent
e si·m laissan per aur ni per argent
mal m'es per mi mas pieg m'es per ma gent
qu'apres ma mort n'auran reprochament
si sai mi laisson pres.

No·m meravilh s'eu ai lo cor dolent
que mos senher met ma terra en torment
no li membra del nostre sagrament
que nos feimes els sans cominalment
ben sai de ver que gaire longament
non serai en sai pres.

En langue d'oil

Ja nus homs pris ne dira sa reson

adroitement, s'ensi com dolans non
mes par confort puet il fere chançon
mult ai d'amis, mes povre sont li don
honte en avront, se por ma rëençon
Sui ces deus yvers pris.

Ce sevent bien mi honme et mi baron
Englois, Normant, Poitevin et Gascon
que je n'avoie si povre conpaignon
que je lessasse pour avoir en prison
je nel di pas por nule retraçon
mais encor sui je pris.

Or sai je bien de voir certainement
que mors ne pris n'a ami ne parent.
Quant on me lait pour or ne pour argent
mult m'est de moi, mes plus m'est de ma gent
qu'apres ma mort avront reprochier grant
se longuement sui pris.

N'est pas merveille se j'ai le cuer dolent
quant mes sires tient ma terre en torment.
S'or li menbroit de nostre serement
que nos fëismes andui conmunaument
bien sai de voir que ceans longuement
ne seroie pas pris.

Ce sevent bien Angevin et Torain
cil bacheler qui or sont riche et sain
qu'encombriez sui loing d'aus en autrui main.
forment m'amoient, mes or ne m'aiment grain.
De beles armes sont ores vuit li plain

Gérard Zuchetto

>por tant que je sui pris.
>
>Mes compaignons cui j'amoie et cui j'ain :
>ceus de Caheu et ceus de Percherain
>me di, chançon, qu'il ne sont pas certain
>qu'onques vers aus n'en oi cuer faus ne vain
>s'il me guerroient, il font mult que vilain
>tant con je serai pris.

Suer comtessa vostre pretz sobeiran   Contesse suer, vostre pris souverain
sal Deus e gard la bela qu'eu am tan   vos saut et gart cil a cui je me clain
ni per cui soi ja pres.   et par cui je suis pris.

>Je ne di pas de celi de Chartrain
>la mere Lööys.

Devinalhs

Les *devinalhs* sont des poèmes énigmatiques qui semblent relever du plaisir personnel d'une recherche poussée sur l'écriture. Le *nien*, le rien, le néant, et le *no sai que s'es*, le je-ne-sais-quoi, posent la question d'une démarche esthétique, et cachent, bien souvent avec humour et sous des apparences de poésie amoureuse, certaines interrogations sur les écarts du langage et de la pensée. Le *devinhal* est une sorte de double *intrebescamen* formel et psychologique, une recherche, en langage codé, d'un art de l'équilibre entre raison et folie.

Nous possédons quelques pièces remarquables de ce genre, à commencer par cette fière pétition de principe de Guilhem de Peiteus : « Je ferai un *vers* sur le droit néant... et je vais l'envoyer à un autre à qui je demande de me faire parvenir la contre-clé ». Avec aussi Marcabru, autoproclamé « sermonneur de folie et censeur du néant ». Un néant – au moins définitionnel – pourvoyeur d'une poétique que revendique Raimbaut d'Orange : « Écoutez! mais je ne sais ce que c'est, seigneurs, ce que je veux commencer, ni *vers*, ni *estribot* ni *sirventes* ; et je ne sais quel nom lui trouver ».

Un sonet fatz malvatz e bo   J'ai fait une chansonnette mauvaise et bonne
e re no sai de qual razo   et je n'en connais pas la raison
ni de cui ni com ni per que   ni pour qui, ni comment, ni pourquoi
ni re no sai don me sove   ni ne sais rien dont je me souvienne

Retrobar lo trobar, retrouver le Trobar

e farai lo pos no·l sai far	et je la ferai puisque je ne sais pas la faire
e chan lo qui no·l sap chantar	et que celui qui ne sait pas chanter la chante !
No sai de que m'ai fag chanso	Je ne sais de quoi j'ai fait ma chanson
ni com s'altre no m'o despo	ni comment, si quelqu'un d'autre ne me l'explique
que tan fol a saber m'ave	car vous me voyez si fou de savoir
re non conosc que m'aperte	alors que je ne reconnais rien qui m'appartienne
cela m'a fag oltracuidar	celle-là m'a fait perdre l'esprit
que no·m vol amic apelar.	qui ne veut plus m'appeler ami.

Giraut de Bornelh

Aimeric de Pegulhan et Albertet de Sestero disputent la *tenso du non re* sur le même thème :

N'Aimeric nul essernimen	Aimeric je vous entends discourir sans nul discernement et vous parlez avec erreur, doit-on répondre avec folie à folie et avec sagesse à chose sensée, moi je réponds à un je-ne-sais-quoi... Sage et fou, humble et orgueilleux...
no·us aug dir anz parlatz error	
folia om deu a folor	
respondre e saber a sen	
eu respon a no sai que s'es...	
Savis e fols, umils et orgolhos...	

Raimbaut de Vaqueiras

Si ai perdut mon saber...	Si j'ai perdu mon savoir...

Pons d'Ortafa

Ensenhamens de joglars

Les *ensenhamens*, enseignements aux jongleurs, du seigneur catalan Guiraut de Cabrera, vicomte de Girona, qui vécut vers 1150, et du troubadour gascon Guiraut de Calanson (v. 1200) sont des poèmes didactiques de direction morale et professionnelle, qui nous renseignent de façon éloquente sur la manière dont le jongleur devait exercer son art et se comporter en société.

L'*ensenhamen* de Guiraut de Cabrera, en 216 vers, fait étalage de tout le savoir du poète depuis les premiers troubadours Jaufré Rudel et Marcabru, jusqu'au roman de Girart de Rossilhon, citant pêle-mêle la légende de Tristan, le roi Arthur, Gauvain, Charlemagne, Arumalec, Mareut, Arselots... des personnages de contes ou de fabliaux anciens. Ces deux poèmes témoignent de l'importance de la chanson de geste comme

Gérard Zuchetto

référence culturelle et viennent s'ajouter aux multiples recommandations que les troubadours adressaient à leurs jongleurs dans leurs chansons. Ainsi Guiraut de Cabrera pour le jongleur Cabra :

Cabra joglar	**Jongleur Cabra**
non posc mudar	je ne peux m'empêcher
qu'eu non chan pois a mi sap bon	de chanter puisque cela me semble bon
e volrai dir	et je voudrais dire
senes mentir	sans mentir
e comtarai de ta faisson.	et conterai ta façon de faire.
Mal saps violar	Tu sais mal jouer de la vièle
e peitz chantar	et encore plus mal chanter
del cap tro en la fenizon	du début jusqu'à la fin
non sabs fenir	tu ne sais pas terminer
al meu albir	à mon avis
a tempradura de breton.	avec la modulation d'un Breton.
Mal t'ensenhet	Il t'enseigna mal
cel que·t mostret	celui qui te montra
los detz amenar ni l'arson	comment placer les doigts et l'archet
non sabs balar	tu ne sais pas danser
ni trasgitar	ni bateler
a guiza de joglar gascon.	à la manière des jongleurs gascons.
Ni sirventesc	Ni *sirventes*
ni balaresc	ni ballade
non t'aug dir e nula fazon	je ne t'entends chanter en aucune façon
bons estribotz	ni bon *estribot*
non t'eis pels potz	ne te sort des lèvres
retroencha ni contenson.	ni retrouenge, ni *tenso*.
Ja vers novel	Aucun *vers* nouveau
bon d'En Rudel	et bon du sire Rudel
non cug que·t pas sotz lo guinhon	ne te passe, je crois, sous la moustache
de Marcabrun	ni de Marcabru
ni de negun	ni de personne
ni de N'Anfos ni de N'Eblon.	ni de sire Alfons, ni de sire Ebles.
Ges gran saber	Aucun grand savoir
non potz aver	tu ne peux avoir
si fors non eis de ta reion :	si tu ne sors pas de ta région
pauc as apres	tu as peu appris
que non sabs ges	car tu ne sais rien
de la gran gesta de Carlon.	de la grande geste de Charlemagne.

Retrobar lo trobar, retrouver le Trobar

Com el tras portz	Ni comment à travers les ports (défilés)
per son esfortz	par son effort
intret en Espanha a bandon	il entra en Espagne sans restriction
de Ronsasvals	de Roncevaux
los colps mortals	les coups mortels
que fero·l dotze companhon.	que frappèrent les douze compagnons.
Quan foron mort	Quand ils furent tués
e pres a tort	et pris à tort
traït pel trachor Guanelon	livrés par le traître Ganelon
al amirat	à l'émir,
per gran peccat	par grand péché
et al bon rei Marselion.	et au noble roi Marsile.
Del Saine cut	[De la chanson] des Saisnes je crois
qu'aias perdut	que tu as perdu
et oblidat los motz e·l son :	et oublié les paroles et la mélodie :
ren non dizetz	vous n'en dites rien
ni no·n sabetz	vous n'en savez rien
pero n·i a melhor chanson.	pourtant il n'y a pas de meilleure chanson.
E de Rolan	Et de Roland
sabs atretan	tu en sais autant
coma d'aisso que anc non fon.	que de ce qui n'a jamais existé.
Conte d'Artus	Du conte d'Artus
non sabes plus	tu n'en sais pas davantage
ni del reproier de Marcon.	ni de la colère de Marcon.
Ni sabs d'Aiols	Tu ne sais rien d'Aiol
com anec sols	comment il alla seul,
ni de Machari lo felon	ni de Macaire le félon
ni d'Anfelis	ni d'Anfelis
ni d'Anseis	ni d'Anseïs (de Carthage)
ni de Guilhemes lo baron.	ni de Guilhem le baron [d'Orange]
(…)	(…)
Non saps upar	Tu ne sais pas pousser des cris joyeux
ni organar	ni chanter
en gleiza ni dedins maizon.	à l'église ou à l'intérieur d'une maison.
Va Cabra boc	Va Cabra, bouc
que be·t conoc	car je te connais bien
qu'eu te vi urtar al molton.	puisque je t'ai vu cosser au mouton.

Gérard Zuchetto

La langue de *trobar* et le rayonnement de l'œuvre des troubadours

Pour le catalan Raimon Vidal de Besalú (v. 1200-v. 1252), le *Lemozi* est la langue du *trobar* et il en précise ainsi l'étendue géographique dans son traité de poétique et de grammaire, *Razos de trobar* :

Totz om que vol trobar ni entendre deu primerament saber que neguna parladura non es naturals ni drecha del nostre lengatge, mais aicela de fransa e de lemozi e de proensa e d'alvernha e de caersi, per que eu vos dic que, quant eu parlarai de lemozi, que totas estas terras entendas e totas lor vezinas e totas celas que son entre elas.	Tout homme qui veut trouver et comprendre doit premièrement savoir qu'aucune expression parlée de notre langue n'est plus naturelle et droite (juste) que celle de France et de Limousin, de Provence, d'Auvergne et de Quercy, car moi je vous dis que, quand je parlerai de *Lemosi*, il s'agit de toutes ces terres et de toutes leurs voisines et de toutes celles qu'il y a entre elles.

La langue occitane écrite par les troubadours fut longtemps appelée *lemosi* ou *proensal*, mais l'auteur anonyme du *planh* sur la mort du roi Robert dit le Sage, roi de Naples et comte de Provence (1278-mort en 1343 à Naples), la désigne sous le nom de langue d'oc :

La lenga d'oc en deura sospirar	La langue d'oc devra en souffrir
e proensals planher e gaimentar.	et les Provençaux se plaindre et se lamenter.

Dans l'introduction de son chansonnier, Bernart Amoros (début XIIIe siècle) explique sa méthode pour restituer les œuvres des troubadours, laissant au « langage correct » de *trobar* toute sa subtilité sans trahir les auteurs, quand bien même il a « beaucoup corrigé » :

> « Moi Bernart Amoros, clerc rédacteur de ce livre, je fus d'Auvergne d'où furent maints bons troubadours, d'une ville qui a nom Saint-Flour de Planeza. Et j'ai séjourné longtemps en Provence, dans les contrées où demeurent de nombreux troubadours fameux, et j'ai vu et entendu maintes bonnes chansons. Et j'ai appris tant dans l'art de *trobar* que je sais reconnaître et distinguer dans leurs rimes (leur manière de trouver, en langue vulgaire et en latin les cas et selon les verbes, le vrai *trobar* du faux. Car je dis, de bonne foi, que j'ai écrit dans ce livre avec droiture, du mieux que j'ai su et que j'ai pu. Et j'ai beaucoup corrigé de ce que j'ai trouvé dans le modèle, par quoi je tiens

ce qui suit pour parfait et légitime selon le langage correct. C'est pourquoi je prie chacun de ne pas se mêler de corriger, je l'en prie instamment ; car bien qu'il y trouvât rapidité fautive de plume en quelque lettre, chacun, s'il en savait trop peu, ne pourrait aisément connaître la signification correcte [du passage]. Et je ne crois pas qu'il y ait vraiment d'autre faute car c'est une grande erreur celle d'un homme qui se fait correcteur bien qu'il n'ait pas toujours la perspicacité, car maintes fois, par manque d'entendement se trouvent corrompues maintes bonnes expressions œuvrées avec subtilité et d'inspiration agréable ainsi que l'a dit un connaisseur :

> "Maintes fois vient blâmée par manque
> d'intelligence une œuvre pure de forme
> et de sujet subtil
> par maints fous qui tiennent la lime".

Mais moi, je m'en suis bien gardé car il y a maints endroits où je n'ai pas bien compris, c'est pourquoi je n'ai voulu rien changer de peur de rendre l'œuvre pire : il devrait être homme fin et subtil celui qui pourrait comprendre tout, spécialement les chansons de Giraut de Bornelh, le maître. Et il y a dans ce livre des *chansos, sirventes, descorts* et *tensos* : deux cent cinq »[1].

Plus tard, dans les *Leis d'amors* édictées par la *Sobregaia Companhia dels VII trobadors de Tolosa* fondée en 1323 (« lois d'amour » rédigées par le juriste toulousain Guilhem Molinier et soumises à la censure inquisitoriale), on note cette précision géographique concernant les candidats poètes : *E tramezeron lor letra per diversas partidas de la lenga d'oc*, « Et ils envoyèrent leurs écrits depuis diverses régions de la langue d'oc ». Ainsi, au XIVᵉ siècle, l'on désignait sous le nom de *lenga d'oc* cette langue que les premiers troubadours Guilhem de Peiteus ou Jaufré Rudel avait nommée *romans* ou *plana lenga romana*.

En Italie, le *trobar* conquiert les cours de Montferrat, Este, Gênes ou Mantoue dès le XIIᵉ siècle. Le rustre jongleur Peire de la Mula, le distingué Albert, marquis de Malaspina, ou bien le grand aristocrate Ramberti

---

[1] (...) *Mas eu m'en sui ben gardatz, que manht loc son qu'eu non ai ben aut l'entendimen, per qu'eu no·i ai ren volgut mudar per paor qu'eu non peiures l'obra, que trop volgra esser prims e sotils om qui o pogues tot entendre, specialmen de las chansos d'En Giraut de Bornelh, lo maestre. E son en aquest libre chanso e sirventes e descort e tenson DCCV.*

Buvalelli en sont les premiers représentants « italiens ». Puis viendront Sordello de Goito (v. 1220-v. 1269), Lanfranc Cigala (v. 1235-1257), Galega Panzan (v. 1252-v. 1313), Bonifaci Calvo (v. 1253-v. 1266) et Perseval Doria (v. 1228-1264), Paolo Lanfranchi Da Pistoia (v. 1282-v. 1295), Bertolome Zorzi (v. 1266-v. 1273), Ferrari, de Ferrara (v. 1300-v. 1330) et en Sicile, même l'empereur Frederic III, roi de Sicile (1272-1337), va se mettre à composer des chansons en langue d'oc.

De langue et de style à la fois proches et éloignés, le *trobar* brave l'émergence du *dolce stil nuovo* triomphant sous la plume de Dante Alighieri et dans les sonnets de Francesco Petrarca. Redevables à leurs aïeux de tant de prouesse littéraire, ces deux *trovatori* auront la générosité de les saluer à plusieurs reprises dans leurs œuvres... et dans leur langue originale ! Pour Dante Alighieri, la langue d'oc est une langue vivante des plus parfaites :

Pro se vero argumentatur alia, scilicet oc, quod vulgares eloquentes in ea primitus poetati sunt tanquam in perfectiori dulciorique loquela...	L'autre, c'est bien entendu la langue d'oc dans laquelle les usagers de la langue vivante se sont exercés les premiers à la poésie, comme en une langue des plus parfaites et aux sonorités des plus douces...

Francesco Petrarca est du même avis lorsqu'il évoque Arnaut Daniel :

(...) e poi v'era un drapello di portamenti e di volgari strani fra tutti il primo Arnaldo Daniello gran maestro d'amor ch'a la sua terra ancor fa onor col suo dir strano e bello.	Et puis il y avait un groupe d'étranges (étrangères) allures et de parlers vulgaires entre tous le premier Arnaut Daniel grand maître d'amour qui à sa terre fait encore honneur avec son parler étrange et beau.

Le *dir strano e bello* porté aux nues par Pétrarque, c'est la maîtrise de la *cara rima* (rime difficile) entre mots-rimes, extrêmement rares, des *rims derivatz* (rimes dérivées).

Retrobar lo trobar, retrouver le Trobar

En Espagne

Marcabru et les premiers troubadours, ont parcouru l'Espagne, du Nord au Sud et séjourné dans les cours d'Aragon, depuis Alfons II le roi troubadour (1164 à 1196) jusqu'à Pedro III *el Grande* (1239-1285), dans celles de Castille et de Leon depuis Alfonso VII (1126-1157) jusqu'à Alfonso X *el Sabio* (1221-1284), à celles de Tolède ou de Séville et dans les cours de Navarre depuis Sancho VII (1194-1234) jusqu'à Thibaut de Champagne (1234-1253).

Dans les cours amies et voisines du Languedoc, celles des rois d'Aragon, s'épanouissait le chant courtois. Les troubadours, abolissant d'un trait de plume la seule frontière qu'ils connaissaient, les Pyrénées, s'installèrent dès le XIIe siècle en ce « port d'alegratge » chanté par Peire Vidal, la Catalogne, destination rêvée du dernier troubadour Guiraut Riquier :

Entre-ls catalans valens	En Catalogne la bienheureuse
e las domnas avinens...	parmi les valeureux catalans
	et les dames avenantes...

Un siècle après l'extravagant seigneur et troubadour catalan Guilhem de Berguedan (v. 1138-v. 1192), Cerverí de Girona, contemporain de Guiraut Riquier de Narbonne, qu'il a peut-être connu au hasard de rencontres dans les cours d'Espagne, impose son Trobar chez les puissants. Comme ce dernier, il fréquente quelques cercles aristocrates coupés du monde où l'on chante encore *trobar et cortezia*. À la cour de Castille, Cerverí offre au roi-musicien Alfonso une chanson nommée expressément « *canso de Madona Santa Maria* », en hommage à l'œuvre musicale du roi savant, « *Les Cantigas de Santa Maria* ». À la cour de Rodez, il salue d'un « *francs joglars e doctors de Proensa* » le comte Henri II qui rêve de *domnei* et *paratge* en ces temps bien troublés : « Cerverí compose le vers en l'honneur des nobles jongleurs et docteurs de Provence ».

Cerverí de Girona manie l'art de *trobar* avec facilité. Dans ses compositions, il intègre science et connaissance des troubadours des générations précédentes. Son œuvre, importante et variée, puise dans tous les thèmes de la poésie lyrique, humoristique, religieuse ou populaire : *espingadura*, *viadeira* et *gelosesca*, danse, chanson « de route » et chanson de mal-mariée, inspirées de la tradition ; *cobla* en six langues ; *peguesca*, sottise ; *canso* d'amour et *canso* de croisade ; *alba*, chanson d'aube ; *poème narratif* sur la vie à la cour de Jaime I ; *Testament* en 187 alexandrins ; *planhs* sur la mort de ses protecteurs ; *sermo*, sermon religieux en 203 vers alexandrins à la manière de son contemporain Ramon Llul ; un *taflamart faflama*, jeu d'enfant dont la langue serait du « javanais » ; *sirventes-dansa*, *descort*, *retroencha*, ou encore, sous le nom de Guilhem Cervera, des *proverbis*, proverbes moraux destinés à l'éducation de ses fils.

Cerverí de Girona renoue à sa façon avec l'ancienne tradition du *trobar car* en composant des *cansos* dans lesquelles il reprend les thèmes de *cortezia* mais avec la subtilité d'un style aisé où s'entrechoquent jeux de mots, sonorités et rimes répétitives avec une recherche d'originalité qui rappelle la poésie de Raimbaut d'Aurenga ou celle d'Arnaut Daniel :

Tans affans pesans e dans tan grans d'amor	Tant de mauvaises pensées et de soucis si graves me proviennent d'amour que de
ai ses jai, qu'esmai e glai me fai don plor	peur et d'angoisse j'en pleure et je suis triste pour le beau et cher corps qu'il me fait
car del clar cors car no-m par m'enpar c'amar me fai ses dar douçor	aimer sans m'en donner de douceur. Hélas ! je suis dans une si mauvaise passe
Las! tan pas mal pas c'al vas anas atras no-m trairai per temor.	que si j'allais vers la mort on ne pourrait me retenir par peur que j'aurais de revenir.

Son œuvre comporte 119 pièces dont 114 poésies lyriques, elle témoigne de la maîtrise absolue du chant troubadouresque. Avec Guiraut Riquier, Cerverí est l'un des derniers représentants du Trobar et il annonce en cette fin du XIIIe siècle l'émergence d'une nouvelle littérature, catalane, qui va voir s'épanouir quelque vingt ans plus tard les poètes Jordi de Sant Jordi et Ausiàs March.

En Allemagne,

C'est dans la deuxième moitié du XIIe siècle que le chant d'amour, le chant consacré à la *Minne* apparaît dans la poésie allemande. Quelques strophes dans les *Carmina Burana*, des hommages courtois à la dame, chez

Retrobar lo trobar, retrouver le Trobar

Henri de Melk, et les chansons de Kürenberg illustrent les débuts du *Minnesang*. Entre 1150 et 1340, le *Minnesang* va s'épanouir en Autriche, Bavière, Hainaut, Brabant et Flandres, dans une langue poétique commune, le *Mittelhochdeutsch*.

On retrouve dans le chant de la *Minne* tous les thèmes et les codes des *cansos* des troubadours, mais cette poésie raffinée, calquée sur le modèle de *cortezia* du *trobar*, est en décalage avec les mœurs sociales et culturelles des cours allemandes. « Nulle part on n'observe pareil divorce entre la théorie et la pratique, entre l'art et la vie », écrit André Moret.

Si, à l'origine, la poésie des troubadours participa à l'éclosion du chant courtois en Allemagne par l'intermédiaire des jongleurs et des clercs qui y séjournaient fréquemment, c'est surtout à partir de la fin du XIIe siècle que le *trobar* influença le *Minnesang* dans son développement et son organisation interne. Le *Minnesang*, comme le *trobar*, a ses genres : le *lied*, à l'exemple de la *canso*, est l'art de la chanson, une « composition lyrique » ; le *spruch* est une chanson didactique qui se rapproche du *sirventes*, le *tagelied* une chanson d'aube et le *geteiltzspil* un débat à l'exemple de la *tenso*.

Le sire de Kürenberg (v. 1150), le plus ancien poète de la *Minne*, Friedrich von Hausen (v. 1150-1190) ou Dietmar von Ast (v. 1160) élèvent le *Minnesang* au rang d'une poésie courtoise et aristocratique. Le *Minnesang* voit son apogée avec Walther von der Vogelweide (v. 1170-1230). Walther apprit « à chanter et à dire » à Vienne, à la cour de Léopold V d'Autriche, auprès du poète Reinmar von Haguenau (v. 1150-1210), originaire d'Alsace, qui chantait la Dame, élevée sur le piédestal des valeurs courtoises. Mais l'élève doué allait prendre l'initiative de changer le cours des traditions. Walther, qui fréquenta les grandes cours seigneuriales d'Europe et dont les prises de position étaient ancrées dans les événements politiques de son temps (en tant que partisan d'Othon IV de Brunswick, il fut excommunié par le pape Innocent III), ne partageait pas le goût de ses prédécesseurs pour le chant courtois et préféra chanter l'amour et ses amours sur un mode popularisant. Son protégé, Wolfram von Eschenbach (v. 1170-1220), auteur du célèbre *Parzifal*, et Neidhart von Reuenthal (v. 1219-1246), chantre de la nature, le suivirent dans cette voie.

Walther, dont l'œuvre compte près de 270 pièces, marque la fin de l'époque classique du *Minnesang*. Initiateur et modèle de cette poésie nouvelle, il écrit : « Hélas ! chants courtois, fallait-il vous voir supplantés par des accents grossiers ! ».

Peire Vidal, son contemporain, se garde de le contredire. Dans sa *canso* : *Bon'aventura don Dieus als Pisans*, il chante :

> « Je trouve les Allemands peu distingués et grossiers
> et quand l'un d'eux feint d'être courtois
> c'est d'un ennui mortel et d'une cuisante tristesse
> et leurs parlers ressemblent à des aboiements de chiens
> aussi, je ne veux pas être le seigneur de Frise
> qui entend le glapissement de cette gent importune
> j'aime mieux rester parmi les Lombards joyeux
> près de ma dame gaie à la peau blanche et douce... ».

À l'exemple des troubadours, Walther von der Vogelweide positionne ainsi son art :

Ir reinen wîp, ir werden man
ez stêt alsô, daz n an mir muoz
êr unde minneclîhen gruoz
noch vollecliher bieten an.
Des habet ir von schulden groezer reht dan ê:
welt ir vernemen, ih sage iu wes.
wol vierzec jâr hab ih gesungen oder mê
von minnen und als iemen sol.
Dô was ih's mit den andern geil :
nu enwirt mir's niht, ez wirt iu gar.
mîn minnesanc der diene iu dar
und iuwer hulde sî mîn teil.

Toi, femme pure, toi homme noble, vous me donnez plus et sur-plus salut d'amour et me faites honneur. Il vous sied bien à tous. Bien plus que ne le justifie mon désir. Écoutez, il est doux le temps : la *Minne* je chantais quarante ans et plus et je la louais bien en honnêteté, aussi jadis je me réjouissais de mon art, maintenant il se réjouit seul et il doit être en plein service. Ma part ce sont votre faveur et vos bonnes grâces.

Friedrich von Hausen (v. 1150-1190), issu de le haute noblesse de Worms et conseiller de Frederic II Barberousse, séjourna souvent en Italie où il découvrit le *trobar*. Dans sa poésie inspirée de Folquet de Marselha, Bernart de Ventadorn ou Conon de Béthune, le poète se fait le porte-parole du courtisement amoureux provençal et chante le service des dames :

Mîn herze und mîn lîp diu wellent scheiden
diu mit ein ander varnt nu manige zît.
der lîp wil gerne vehten an die heiden :

Mon cœur et mon corps doivent se séparer, ils avaient été joints si longtemps. Le corps désire lutter avec les infidèles mais le cœur a

Retrobar lo trobar, retrouver le Trobar

sô hât iedoch daz herze erwelt ein wîp
vor al der werlt. daz müet mich iemer sît
daz si ein ander niene volgent beide.
mir habent diu ougen vil getân ze leide.
got eine müeze scheiden noch den strît.

choisi une femme supérieure à tout au monde, pour cela il ne me plaît pas que tous deux ne veuillent se mettre d'accord. Mes yeux m'ont causé une grande douleur, seul Dieu peut mettre fin à ce désaccord.

En Angleterre

L'influence des troubadours en Angleterre commença peut-être avec Marcabru, habitué de la cour du roi, ainsi que le raconte le *Roman de Joufroy* : *Uns dancheus qui l'alait querant est vevuz a Londres errant, Marchabruns ot non li messages...*

Parmi les premiers troubadours qui étaient sous la protection du roi Henri ou dans le sillage d'Aliénor, si Bernart de Ventadorn rêva de se rendre « au-delà de la terre normande et de l'autre côté de la mer sauvage et profonde », certains ont fréquenté la cour d'Angleterre dès le XIIe siècle. D'autres suivirent, tel Savaric de Mauléon et des familiers du roi Richard Cœur de Lion : Bertran de Born, Gaucelm Faidit, Peire Vidal, Giraut de Bornelh... Poitou et Angleterre partageaient les mêmes divertissements courtois dans cette même langue d'oc, devenue familière à l'aristocratie de toutes les cours d'Europe. Les poètes anglais chantent à l'exemple de leurs confrères occitans :

> *Quand le tens se renovelle*
> *e reverdois cy bois*
> *cist oysials sa pere apele*
> *cele cum a pris a choys...*

Bernart de Ventadorn l'avait formulé ainsi :

> *Quan lo boscatges es floritz*
> *e vei lo tems renovelar*
> *e chascus auzels quer sa par*
> *e·l rossinhols fai chans e critz...*

Le grand poète Geoffrey Chaucer (v. 1340-v. 1400), traducteur du *Roman de la Rose* et auteur des *Contes de Cantorbery*, emprunte au *trobar* thèmes et formules. Cet extrait de *Merciles Beaute*, une œuvre de jeunesse, est un rondel dont l'exemple, cité par Jean Audiau, illustre « un lieu commun de la lyrique provençale : le poète, blessé par les yeux de sa dame, mourra si la cruelle ne pense à le guérir » :

Youre two eyn will sle me sodenly
i may the beaute of them not sustene
so wendeth it thorowout my herte kene.
and but your words will helen hastely
my hertis wound, while that it is grene
youre two eyn will sle me sodenly.

Las ! vos deux yeux me feront mourir aussitôt
je ne puis soutenir leur beauté
dont le dard dans mon cœur s'est planté
si votre voix ne vient vite guérir
ma plaie avant qu'elle m'ait infecté
vos deux yeux me feront mourir aussitôt...

comme en écho aux *cansos* de Gaucelm Faidit : *Et ab sos olhs m'a fait corteza plaia...*, avec ses yeux, elle m'a fait courtoise plaie... et de Peire Vidal : *Qu'us esgart me feric don anc pois no m garric...* Car son regard m'a frappé au point que je ne puis en guérir...

Le rayonnement du Trobar en Angleterre fut surtout favorisé par Henri III (1216-1272) et son épouse Éléonore (fille de Béatrice de Savoie (1219-20) et du seigneur-troubadour Raimon Bérenguier IV (1209-1245), Comte de Provence, Prince d'Aragon, dont nous connaissons deux *tensos* et deux *coblas*), qui avait pu entendre à la cour de son père nombre de troubadours occitans.

On s'en rapportera à cet extrait du poème *Alysoun*, où l'auteur écrit à la manière de Bernart de Ventadorn :

> *Bytuene Mersh & aueril*
> *When sray biginneth to springe*
> *The lutel foul hath hire wyl*
> *On hyre lud to synge...*

> *Lanquan folhon bosc e jarric*
> *E·l flors pareis e·l verdura*
> *Pels vergers e pels pratz*
> *E·l auzel qu'an estat enic...*

Au Portugal

Le royaume du Portugal, fondé par les princes français, accueillit troubadours, chevaliers et autres moines dès le XIe siècle mais c'est vers 1200, sous le règne de Sancho Ier, que la poésie provençale se développa par la plume du galicien Joao Soares de Paiva. La poésie des troubadours gallego-portugais rayonna jusqu'à la mort de son dernier représentant, Pedro, en 1354.

En Hongrie

Peire Vidal et Gaucelm Faidit séjournèrent à la cour d'Emeric, époux de Constance (de 1198 à 1204), la fille d'Alfons II d'Aragon. Guilhem Raimon de Tolosa fréquenta celle d'André de Hongrie, époux de Béatrice d'Este (1234-35).

Chez les Trouvères

Parmi les premiers imitateurs des troubadours, les poètes du nord de la France qui partageaient avec eux les conditions du même métier, les trouvères, avaient eu l'occasion de s'exercer à la poésie courtoise. La petite-fille de Guilhem de Peiteus, Aliénor d'Aquitaine, favorisa poètes occitans et trouveurs du Nord qui se côtoyaient à sa cour du temps où elle était mariée au roi de France Louis VII.

Sa fille Marie, chantée par Rigaut de Berbezilh : « Noble comtesse et gaie, au prix valeureux, qui rayonnez sur toute la Champagne », contribua largement à l'épanouissement de la poésie sur ses terres. Elle passa commande à Chrestien de Troyes du *Conte de Lancelot* et suscita bien d'autres vocations, parmi lesquelles celle d'une autre Marie : *Marie ai nom si sui de France...* Celle-ci fit le choix de la langue d'oïl pour écrire ses lais :

> « J'ai pensé d'abord à écrire quelques beaux récits pris du latin et mis *en romans* [en occitan], mais cela ne m'aurait pas rapporté beaucoup de gloire, vu le grand nombre de ceux qui ont effectué de ces traductions... ».

Ainsi Marie de France aurait mis les lais qu'elle avait entendus en rimes et en vers, sur des modèles déjà définis par les troubadours.

Le frère utérin de la comtesse, Richard Cœur de Lion, roi de Poitou, et trouveur amateur, savait aussi bien rimer les poésies en langue d'oc qu'en langue d'oïl. À son retour d'Orient, fait prisonnier par le duc Léopold d'Autriche et l'empereur d'Allemagne, il composa la rotrouenge :

Ja nus homs pris ne dira sa reson, en français et en occitan, pour supplier ses amis de payer la rançon exigée pour sa liberté.

À l'occasion de la croisade albigeoise, les deux « trouvers » se confrontèrent encore : Bouchart de Marly, Thibaut de Blaison, Robert Mauvoisin, Amauri de Craon et Roger d'Andeli, qui avaient participé à cette expédition militaire, cultivaient dans leur langue d'oïl le *trover* à l'exemple des troubadours. Thibaut de Blaison choisit même de s'établir en Occitanie.

Les relations entre troubadours et poètes du Nord sont attestées par quelques pièces : deux *sirventes*, l'un en langue d'oïl, l'autre en occitan, échangés entre Richard Cœur de Lion et Dalfin d'Alvernha (vers 1195), des *tensos* entre Andrieu et le roi Peire II d'Aragon (1204), entre « Coine », Conon de Béthune et Raimbaut de Vaqueiras (vers 1202), entre Gaucelm Faidit et le comte de Bretagne (vers 1213), entre Chardon de Croisille et un auteur anonyme, en langue d'oc (vers 1240), une *cobla* de Hugues de Berzé à Falquet de Romans (vers 1221).

C'est la contrefaçon du contenu des *cansos* des troubadours, thèmes, métrique ou mélodies, qui nous donne un aperçu de l'influence que ces derniers ont pu exercer sur les trouvères.

Chrestien de Troyes emprunte à Bernart de Ventadorn sujet, formule et métrique de son grand chant *Quan vei la lauzeta mover* :

> *Merces es perduda per ver*
> *et eu non o saubi anc mai*
> *car cel qui plus en degr'aver*
> *no·n a ges et on la querrai...*

qu'il adapte ainsi :

> *Merci trovasse au mien cuidier*
> *s'ele fust en tot le compas*
> *del monde la ou je la quier*
> *mais je croi qu'ele n'i est pas...*

Le Chastelain de Coucy (v. 1186-1203) avec *La douce voiz du louseignol sauvage...*, Conon de Béthune (v. 1155-v. 1219) avec *Ahi amors com dure departie...* ou Thibaut IV de Champagne (1201-1253) avec *Ausi comme unicorne sui...* s'attribuent les inventions du *trobar*, ils imitent et développent les thèmes de Gaucelm Faidit, Raimbaut de Vaqueiras ou Rigaut de Berbezilh, en essayant de mêler à leurs propres créations les inventions du Trobar.

Inspiré par Bernart de Ventadorn, ainsi chante, en langue d'oïl, Gace Brulé (v. 1165-v. 1213) :

Au renouvel de la douçour d'esté *que resclarcist la dois par la fontainne* *et que sunt vert bois et vergier et pré* *et li rosiers en mai florist et grainne* *lors chanterai, car trop m'avra grevé* *ire et esmais que j'ai au cuer prochainne* *et fins amis a tort ochoisonez* *est mout souvent de legier esfreez...*	Quand reviendra l'été dans sa douceur, quand l'eau des sources se fera transparente, que les bois, les vergers, les prairies reverdiront, en mai, quand le rosier fleurira et grainera, je chanterai, car l'angoisse et le tourment m'ont fait au cœur une blessure trop vive, et puis l'amant véritable, à tort soupçonné, bien souvent s'inquiète au moindre signe.

Postérité littéraire des troubadours

Chez les romantiques, les troubadours deviennent des héros médiévaux : en Allemagne, Heinrich Heine s'inspire de la légende de Jaufré Rudel, inventeur de *l'amor de lonh* (l'amour de loin pour la comtesse de Tripoli) et chante la belle Melissende ; en France, Stendhal remet en selle les troubadours et leur poésie avec la traduction de la *vida* de Guilhem de Cabestanh (biographie liée à la légende populaire du *Cœur mangé*) publiée dans son essai *De l'amour* en 1822 ; Edmond Rostand s'appuie sur la légende de Jaufré Rudel pour sa pièce *La Princesse lointaine*, qu'il dédie à Sarah Bernhardt.

Une tradition bien vivace, que prolonge, en 1962, l'hommage sans mélange d'Aragon à cet héritage, qu'il reconnaît essentiel et existentiel, dans sa préface à une *Anthologie de la poésie occitane* contemporaine :

> « Les miens étaient de Provence, ils en avaient cependant perdu, à quelques mots près, la langue et j'ai grandi dans ce Paris qui prend partout son bien, mais le polit à son usage. Je dois à l'ancienne poésie d'oc peut-être l'honneur de ma vie... ».

Après que, dans ses *Écrits historiques et politiques*, Simone Weil eut déjà livré une mise au point sur la poésie occitane qui, loin des clichés rebattus, insistait au contraire sur son exigence de spiritualité :

> « Les troubadours authentiques n'avaient pas plus de goût pour l'adultère que Sapho et Socrate pour le vice ; il leur fallait l'amour impossible. Aujourd'hui nous ne pouvons penser l'amour platonique que sous la forme de l'amour courtois, mais c'est bien le même amour.
>
> L'amour courtois avait pour objet un être humain ; mais il n'est pas une convoitise. Il n'est qu'une attente dirigée vers l'être aimé et qui en appelle le consentement. Le mot de merci par lequel les troubadours désignaient ce consentement est tout proche de la notion de grâce. Un tel amour dans sa plénitude est amour de Dieu à travers l'être aimé. Dans ce pays comme en Grèce, l'amour humain fut un des ponts entre l'homme et Dieu.
>
> La même inspiration resplendit dans l'art roman. L'architecture, quoique ayant emprunté une forme à Rome, n'a aucun souci de la puissance ni de la force, mais uniquement de l'équilibre ».

Chanter les troubadours

Interpréter les troubadours pose à tout chanteur d'aujourd'hui les incontournables questions de re-création et de création : Chanter ? Réciter ? Dire ? Jouer ? Improviser ? Avec ou sans instruments ? Quels instruments jouer et comment ? Autant d'interrogations pressantes qui interpellent les passionnés du répertoire troubadouresque. À ces questions s'ajoutent, en dehors du parti-pris artistique, celles de la fiabilité des sources manuscrites et d'une « authenticité » qui reste à inventer.

Au-delà du fait que la démarche artistique de chacun ne saurait être remise en question par quelques conseils, ou *ensenhamens*, que ce soit (chanter les troubadours à voix nue ne nous paraît pas plus « authentique » que de les chanter accompagné d'un rebec, voire de les interpréter avec un piano, tant l'expression mélodique actuelle se trouve piégée par des siècles de culture musicale de l'harmonie), il nous paraît tout de même indispensable de comprendre l'iconographie et les textes médiévaux dans tous leurs aspects visibles et dans le sens des mots, pour essayer de se faire une idée nouvelle de l'œuvre et de son auteur et de porter en avant la personnalité artistique du troubadour.

L'interprétation des troubadours peut s'appuyer sur quelques investigations, sur la « pénétration de l'essence des idées » qu'évoquait Chostakovitch. La compréhension de la *razo* du poème, avec ses *motz coberts*, peut déterminer l'orientation d'une interprétation du sens dramatique du texte. La prise en compte du *compas* (mélodie et structure métrique du poème) ainsi que des ornementations mélismatiques d'une mélodie peuvent permettre de guider rythme et respiration de l'expression vocale au plus juste des sonorités des mots. L'analyse de l'*entrebescamen* du poème (paroles et musique enchevêtrées, répétitions de phonèmes et des rimes) peut guider la souplesse et l'amplitude du chant. Les représentations des poètes (miniatures et textes enluminés) sont autant d'indications de la gestuelle et du mouvement. La connaissance du contexte historique et légendaire du poète, à travers les portraits esquissés dans les *vidas* et les *razos*, contribue activement à donner un caractère subjectif à notre interprétation et à influencer ainsi notre propre « création ».

De 1071 à 1292, durant deux siècles, chaque génération a défendu le principe de « trouver » des chansons nouvelles avec des « mélodies » nouvelles, c'est-à-dire originales, et mis en avant la technique de chanter, écrire, inventer : *maestria* et nouveauté du *trobar*. Les poètes ont affirmé des courants d'idée et des choix esthétiques. *Trobar e chantar* sont les maîtres-mots qui devraient définir pour nous l'art et la manière d'interpréter les œuvres. Cet élan de fraîcheur, contenu dans chaque acte d'écrire, devrait éveiller chez nous curiosité et sensibilité. Nous ne pouvons rester impassibles devant ces grands chants qui nous interpellent dans chaque vers. Les interpréter avec la « voix blanche » de celui qui ne s'impliquerait pas dans le texte nous paraît être un non-sens. Le discret Bernart de Ventadorn recommandait à son jongleur Huguet : *Mos cortes messatges, chantatz ma chanso volontiers !* « Mon courtois messager, chantez ma chanson volontiers ! ». C'est-à-dire : aisément, avec plaisir, de bon cœur, volontairement, comme il vous plaît ! Le sens de cette demande de Bernart ne peut nous échapper. C'est le caractère volontaire et déterminé d'une interprétation s'appuyant sur le sens du texte, et sur son contexte, qui devrait primer, avec la sonorité des mots, la souplesse de l'expression et la construction mélodique.

Dans *Abrils issi'e mais intrava*, Raimon Vidal de Besalú recommande :

Senher eu sui us om aclis	Seigneur, moi, je suis quelqu'un spécialisé

Gérard Zuchetto

a joglaria de contar (cantar ?)	en *joglar*, dans le conte (chant)
e sai romans dir e comtar	et romans (*romans*, langue d'oc), je sais dire et conter
e novas motas e salutz	de nombreuses nouvelles et des saluts
e autres comtes espandutz	et autres contes répandus
vas totas partz azauts e bos	partout et de toutes les façons sûrement et bien
E d'En Guiraut vers e chansos	et de sire Guiraut je sais *vers* et chansons
e d'En Arnaut de Marolh mais	et du sire Arnaut de Maruelh davantage
e d'autres vers e d'autres lais...	et d'autres *vers* et d'autres lais...

... et plus loin :

Joglaria vol ome gai	Jonglerie exige un homme gai
e franc e dos e conoissen	franc, doux et connaisseur
e que sapcha far a la gen	et sachant faire plaisir aux autres
segon que cascus es plazer	suivant le plaisir de chacun
mas er venon freg en saber	mais maintenant ils restent froids au savoir
us malvatz fol desconoissen	et mauvais, idiots et ignorants
que-s cujan far ses autrui sen	ceux qui pensent faire sans les conseils d'autrui
ab sol lur pec saber doptar...	et avec leur seul minable savoir, sans douter.

Allons à la source ! Pour reprendre l'image de Giraut de Bornelh qui pouvait « composer » (aussi !) pour les porteuses d'eau. Se désaltérer et se rafraîchir, jouir et se délecter des mots et des sons, nous semble finalement la meilleure des façons de chanter le répertoire des troubadours.

Sources manuscrites et chansonniers

Nous connaissons quelque 2.540 poésies de troubadours en langue d'oc et les noms de 350 poètes. Parmi les 95 manuscrits connus en Europe, retenons pour l'essentiel les 4 chansonniers et 260 chansons (avec 342 mélodies, variantes incluses), qui sont attribuées à 44 auteurs identifiés, 26 étant anonymes.

Ces chansonniers à notation mélodique copiés à partir du XIIIe siècle sont ainsi référencés :

Retrobar lo trobar, retrouver le Trobar

G : Milan, Biblioteca Ambrosiana (R 71). Il contient 81 mélodies. Les chansons y sont groupées et classées par auteur. Ce *Chansonnier de Milan* fut rédigé dans le Nord de l'Italie au début du XIVe siècle. **R** : Paris, Bibliothèque nationale (fr. 22543) : 1.165 pièces et 160 mélodies. Ce *Chansonnier d'Urfé* fut rédigé, probablement en Languedoc, vers 1300. **W** : Paris, Bibliothèque nationale (fr. 844) : le *Manuscrit du roi* comporte 70 pièces écrites en franco-occitan au temps de Charles d'Anjou (1226-1285) en France du Nord. C'est le plus ancien témoignage de la lyrique d'oc. Il compte 46 mélodies de chansons de troubadours. **X** : Paris, Bibliothèque nationale (fr. 20050) : le *Chansonnier de Saint-Germain des Prés* contient 29 chansons en occitan et 23 mélodies. Ce manuscrit est originaire de la France du Nord et date du milieu du XIVe siècle.

Et parmi les manuscrits essentiels regroupant textes, biographies et enluminures :
C : (B.N. Paris fr. 856 copié à Narbonne au XIVe s.) contient 1206 poésies. **A** : (Biblioteca Vaticana à Rome Ms. lat. 5232 écrit en Italie au XIIIe s.) 626 poèmes, 52 *vidas* et des miniatures. **H** : (Bibl.Vat. Rome lat. 3207 copié en Italie, XIVe s.) a la particularité de contenir 8 enluminures figurant des *trobairitz*. Les manuscrits **A**, **I** (B.N. Paris fr. 854 copié en Italie au XIIIe s. 87 biographies), **K** (B.N. Paris fr. 12473 originaire d'Italie, XIIIe s. 87 biographies) et **M** (B.N. Paris fr. 12474 copié en Italie, XIVe s.), totalisent 97 enluminures représentant des troubadours.

Gérard Zuchetto

En guise de conclusion

Le monde des troubadours nous apparaît à la fois lointain, merveilleux et hermétique. Les huit cents ans qui nous séparent du Moyen Âge ont créé toutes sortes de légendes et de clichés et, finalement, folklorisé des poètes-chanteurs, maîtres dans l'art de la poésie chantée, le Trobar, et inventeurs, à plus d'un titre, de la littérature moderne.

Dès le XIe siècle, le Trobar jaillit sous la plume de Guilhem de Poitiers, le premier, l'initiateur, comme un nouveau printemps de joie, d'amour et de jeunesse, sans complexe et dans l'exubérance de la *plana lenga romana*, l'occitan.

Cette poésie nouvelle a de l'Antiquité dans l'âme, elle se chante et se déclame haut et fort sur une composition métrique rigoureuse et se vante de *modulationibus*. Les mélodies ornent les textes de toute la musicalité du chant. Ainsi, le Trobar fait un pied de nez au latin désuet des actes administratifs et de la prière et s'affirme comme étant un art exceptionnel et subtil, un *fin trobar* forgé de *motz de valor*, mots de valeur, inventé dans *l'art d'amor*. Cette poésie débridée et libre va s'organiser et se donner des écoles.

Les hauts lieux du trobar, sont en Limousin, Aquitaine, Gascogne, Languedoc, Auvergne, Provence, Catalogne, Nord de l'Italie, Sicile. L'art des *chantadors* se structure en genres : *cansos, sirventes, tensos, planhs* ou chants religieux... et en courants stylistiques : *trobar clus, cobert*, fermé, *trobar car, clar*, raffiné. Les inventeurs, *trobadors*, sont au centre d'une réflexion sociale, ils sont le cœur battant – au rythme de l'amour dit courtois – d'une société en pleine mutation, en déséquilibre avec l'ordre religieux de la lointaine Rome et peu concernée par les affaires du petit royaume de France, la *little* France.

Les seigneurs du Midi, riches de leurs domaines, riches d'une économie en pleine expansion, riches de leurs alliances, pavoisent et laissent libre cours aux divertissements les plus fous, aux largesses les plus extravagantes, aux conquêtes les plus osées. C'est dans ce contexte que les servants de la cour, les *sirvens*, jouent l'invention à coups de rimes. Les chansons se composent au gré de l'inspiration, et s'envolent vers leurs dédicataires, les femmes, mariées et nobles, les *domnas*, à la fois prétexte et sujet principal.

Retrobar lo trobar, retrouver le Trobar

Mais qu'en savons-nous exactement ? Cette *fin'amor*, l'amour raffiné, l'amour plus que l'amour, cette quête d'absolu, d'amour-amitié, ne cache-t-elle pas une autre ambition ? Les indications sont différentes selon les poètes. Aussi nous faut-il lire entre les lignes. Tout ne peut être compris. Nous savons que les *trobadors*, ou leurs interprètes, les *joglars*, parcourent l'Europe du Nord au Sud et chantent, devant un public connaisseur, des chansons forgées avec métier, paroles et musiques, sur de belles *razos*, de beaux thèmes, des récits fantastiques, des *gaps*, qui portent dans les cours des idées nouvelles qui bouleversent les codes établis.

Éducation sentimentale, artistique et culturelle de l'Europe, ainsi que l'ont écrit plusieurs médiévistes. Les troubadours se mêlent de tout, ouvertement : ils critiquent les rois, aiment leurs dames, dénoncent l'Inquisition, participent aux croisades en Orient ou effectuent des pèlerinages à Compostelle. Leurs chansons sont au cœur de la vie sociale et la vie sociale est au cœur de leurs chants.

Quatre grands manuscrits, copiés à partir du XIIIe siècle, nous donnent à découvrir plus de deux cents ans de Trobar, poèmes copiés à la plume d'oie et pourvus de mélodies, chansons sobrement mais finement enluminées. Peut-on vraiment comprendre les mots du Trobar quand tant de mains les ont copiés, recopiés et déformés ? Une certaine harmonisation des graphies des textes, loin d'être une standardisation, nous a semblé nécessaire, pour permettre au lecteur d'aujourd'hui de reconnaître les *motz de trobar* et de pénétrer un jeu poétique qui s'est étalé sur deux siècles mêlant compétition poétique, joutes et intertextualité.

En lisant et en écoutant le chant de ces inventeurs talentueux, au-delà des mots et de l'histoire incertaine, jaillit, entre les lignes, la personnalité artistique de chaque troubadour, auquel aujourd'hui, nous devons rendre la parole.

Du *gai trobar* de Bernart de Ventadorn au *gai saber*, la lyrique de *trobar* est art de vivre, de science et de savoir, d'habileté et d'invention, de *maestria*. Car la maîtrise et le talent de ces *doctors de trobar* sont une affaire de cœur, d'amour et d'esprit ! N'est pas troubadour qui veut. *Vers e vers*. À la fois vers et vrai. Une poésie entre vérité et mensonge. L'équivoque est facile, l'art est difficile.

Petit lexique de trobar

Claus e contra claus de trobar
Clefs et contre-clefs du trobar

Art de trobar : art de trouver, inventer, créer, composer des chansons
Razo(n) : argument, matière, sujet, thème ; raison, sens
So(n) : son (air, mélodie et structure métrique)
Compas : structure métrique
Chantar : chanter, trouver, s'exprimer en public
Dire : dire, réciter, déclamer
Entendre : entendre, comprendre
Entenden : connaisseur, bon entendeur
Motz de valor : mots de valeur
Entrebescamen : enchevêtrement
Ajostar e lassar : joindre et lacer, p. ex. *motz e son* les mots et le son
Aur, daurar : or, dorer
Obrar, fabregar : ouvrer, forger
Trobar et torbar : trouver et troubler
Vers et ver : poème et vrai
Canso, tenso, sirventes, alba, retroencha, descort, devinalh, plazer, enog, solatz... : chanson, débat, chansons satiriques, aube, rotrouenge, désaccord, énigme, plaisir, ennui, divertissement... sont autant de genres de composition
Fin, sotil, prim, ric, car, plan, leu, bon... : pur, subtil, riche, cher et rare, bon... concernant le *trobar*
Bona canso e mala canso : bonne chanson et chanson méchante

Amor

Bela folor : belle folie
Domna : dame
Midons : madame
Aman e fin aman : amant, amoureux et amant fidèle
Drut : amant
Gilos : jaloux
Lauzengier : médisant, jaloux
Art d'amar/art d'amor : art d'aimer/art d'amour
Amar : aimer
Fina amor : fine amour, amour fin, pur, parfait
Falsa amor : fausse amour
Assag, assai : union amoureuse chaste
Dezir : désir
Baizar : baiser, embrasser
Jazer : coucher
Tener : enlacer, posséder
Cortezia, cortejar, domneiar : courtoisie, courtiser
Paratge : parage, noblesse, lignage
Lauzar, onrar, blandir, servir, chantar... : louer, honorer, flatter, servir, chanter...
Joi e jovens : joie et jeunesse
Bontatz, beutatz, doussor... : bonté, beauté, douceur
Merce : merci, grâce, pitié
Pretz, valor : prix, valeur, mérite

Les cathédrales du Languedoc
Ruptures et continuités
Moyen-Âge – Temps modernes

Les cathédrales demeurent, à bien des titres, des édifices emblématiques de l'identité des territoires. Leurs flèches dressées vers le ciel et leurs fondations ancrées au sol sont une métaphore du lien entre terroir et transcendance. Chaque cathédrale est révélatrice de l'identité d'un lieu, à toutes ses échelles : la ville, le diocèse, la province ecclésiastique. Elle est aussi révélatrice du temps, des temps. Le temps cyclique des liturgies qui s'y déroulent, le temps linéaire du passage des siècles qui transforment les édifices en palimpsestes où se lisent l'histoire de l'art et de la foi depuis près de dix-sept siècles. Dans le cas du Languedoc, la cathédrale est particulièrement révélatrice de ces évolutions et de ces identités. À la différence de la France du Nord et tout particulièrement d'un grand bassin parisien, le modèle de la cathédrale y est multiple. Alors que les forces centralisatrices de l'État royal, dont les évêques faisaient partie, validaient le modèle du grand édifice gothique, les diocèses du Languedoc affirmaient souvent d'autres voies d'existence pour la cathédrale. Ainsi, peu de grandes flèches, peu d'édifices hors d'échelle, mais des monuments souvent plus modestes, plus proches de ce qu'est la cathédrale *stricto sensu* : l'église de l'évêque et du chapitre des chanoines, avant d'être, comme au Nord, un édifice immense destiné à accueillir les foules, à tel point qu'aujourd'hui, dans le vocabulaire courant, on commet souvent le contresens qui consiste à appeler cathédrale n'importe quelle grande église. Quant aux tentatives d'importer en Languedoc le modèle de la grande cathédrale, venu du Nord, il est tout à fait révélateur qu'il ait abouti à un rêve brisé : Narbonne et Toulouse, qui auraient dû posséder des édifices de ce type, durent se contenter de cathédrales inachevées. En somme, la seule grande cathédrale de la région à être achevée est celle d'Albi : la seule où le rêve de la grande cathédrale a été décliné suivant des formes et des matériaux locaux, créant un édifice unique qui n'aurait pu naître ailleurs qu'en Languedoc.

Mais de quel Languedoc et de quelles cathédrales parlons-nous ? Les provinces ecclésiastiques de l'ancienne France, groupant plusieurs diocèses suffragants d'un même archevêque, avaient été instituées à la fin de l'Antiquité, avec quelques retouches. Elles ne rencontraient donc pas les limites du Languedoc. Or, notre étude prend en considération la province du Languedoc telle qu'elle est définie à la fin de l'Ancien Régime. Ce cadre civil appliqué à un cadre religieux n'est pourtant pas dépourvu de sens car, si l'on fait abstraction des provinces ecclésiastiques, les diocèses en eux-mêmes s'inscrivent, territorialement parlant, assez bien dans le cadre provincial. Ces diocèses ont, pour la plupart, été fondés à la fin de l'Antiquité, mais plusieurs ajustements avaient été opérés. Au XIVe siècle, le pape Jean XXII érige de nouveaux diocèses pour renforcer le maillage religieux dans une région où l'hérésie a été violemment réprimée et où l'État souhaite accroître son contrôle[1]. Ainsi, des édifices qui n'étaient pas des cathédrales, mais des abbatiales, le devinrent. Le diocèse de Toulouse est alors démembré et réduit, mais promu au rang d'archevêché afin de constituer le centre d'une province ecclésiastique très bien encadrée. La même logique prévaudra au XVIIe siècle contre le protestantisme, avec l'institution d'un diocèse à Alès en 1692 et d'un archevêché à Albi, en 1676, qui était auparavant suffragant de Bourges. L'affirmation de nouvelles hiérarchies urbaines a également été déterminante. À partir du XIIIe siècle, la cité épiscopale de Maguelonne, devenue une ville fantôme sur une île déserte, voit ses évêques résider à Montpellier, où le diocèse est officiellement transféré en 1536. La Révolution supprima la plupart de ces diocèses et de ces provinces et les cathédrales de la région perdirent majoritairement leur fonction pour devenir de simples églises paroissiales,

---

[1] En 1317, sont ainsi créés en Languedoc les diocèses de Castres, Saint-Papoul, Lavaur.

Les cathédrales du Languedoc. Ruptures et continuités. Moyen Âge – Temps Modernes

toutefois désignées sous le nom d'« anciennes cathédrales », dont le siège fut uni aux diocèses maintenus, tout en conservant leur dignité première[1].

Ainsi défini, le corpus de cette étude intègre donc vingt-trois cathédrales. Il n'est pas possible ici d'en retracer tous les aspects spirituels et stylistiques. En revanche, un point retiendra notre attention. Celui du fonctionnement de la cathédrale et de ses espaces internes. En son sein, en effet, une vie religieuse et sociale intense se déroule. Une vie qui, à l'époque moderne, est totalement bouleversée par deux « novelletez » : la Réforme protestante, avant la reconquête catholique. Les cathédrales de la région furent des témoins particuliers de ces basculements.

À la fin du Moyen Âge, les cathédrales du Languedoc « fonctionnent » suivant des logiques spécifiques. Il s'agit, depuis la réforme grégorienne, à la fin du XIe siècle, de faire cohabiter plusieurs acteurs dans un édifice unique. À cette époque, en effet, s'achève le temps des « groupes cathédraux », c'est-à-dire d'un ensemble de plusieurs églises assumant le titre de cathédrale. Il s'agissait souvent d'une basilique liée à un saint, d'une autre dédiée à la Vierge, et d'un baptistère. Depuis la réforme carolingienne, l'un de ces édifices servait d'église, abritant les célébrations solennelles, dites pontificales, de l'évêque, l'autre fonctionnant pour les liturgies quotidiennes des clercs de l'entourage de l'évêque, qui reçurent alors une règle précise et devinrent des chapitres de chanoines.

Ainsi, dans la cathédrale, cohabitaient évêque, chanoines et laïcs. Ils devaient y être à la fois associés et strictement séparés, de façon à montrer tout ensemble l'unité du peuple chrétien et les différences de statut voulues par Dieu. La cathédrale de la réforme grégorienne exprime ainsi la pensée du temps telle que l'a illustrée Adalbéron de Laon, proche aussi de la manière dont on interprète alors le verset évangélique « il y a de nombreuses demeures dans la maison de mon père », qui apparaît ici comme une justification du fait que le grand vaisseau des cathédrales ait été conçu pour être divisé par toutes sortes de clôtures signalant des espaces aux fonctions variées. Dans toute cathédrale on trouve ainsi, en

---

[1] Aujourd'hui, parmi les églises qui étaient cathédrales en 1789, seules demeurent comme sièges épiscopaux effectifs celles de Montpellier, Mende, Nîmes, Toulouse, Viviers.

premier lieu, le sanctuaire, c'est-à-dire le maître-autel, entouré de courtines, et les bancs du célébrant et de ses assistants. Un second autel est parfois présent dans le sanctuaire car deux messes sont prévues dans l'office canonial alors qu'on ne peut célébrer qu'une fois par jour au maître-autel. Un second lieu de célébration est donc préparé pour la messe de prime. Vient ensuite le chœur liturgique, lequel n'est pas nécessairement situé dans le chœur architectural de l'édifice. C'est l'espace du chapitre des chanoines. On y trouve donc les stalles, sièges des prêtres admis au chœur. Les chanoines forment le haut chœur, installé dans les stalles hautes, les chanoines semi-prébendés constituant le bas chœur. Il faut leur ajouter les prêtres habitués, les enfants de chœur. En somme, le chœur est un espace peuplé, dans lequel, sept fois par jour, a lieu la prière des heures canoniales, dirigée par les dignitaires du chapitre, dont le doyen et le chantre. La cathèdre, siège de l'évêque, a migré, au XIIe siècle, de l'abside jusque vers le chœur des chanoines, où elle apparaît à l'extrémité des stalles, vers l'autel. Elle n'est utilisée que pour les célébrations pontificales. S'il assiste à la liturgie des heures, l'évêque est installé dans une stalle épiscopale, dans le chœur. Quant aux laïcs, leur statut commande en partie leur place dans la cathédrale. Les autorités civiles urbaines puis, de plus en plus souvent, royales, ont, de droit, une place éminente dans la cathédrale, souvent dans le chœur, lors des grandes cérémonies. Certaines confréries de dévotions, de charité ou professionnelles, siègent parfois en la cathédrale. Le simple laïc, enfin, trouve en la cathédrale un espace dévotionnel à forte charge sacrée : reliques, célébrations eucharistiques nombreuses en temps ordinaire, grandes cérémonies et ostensions lors des fêtes particulières le lient à la cathédrale. Il y dispose d'un espace qui est la nef, isolée du chœur par un jubé. Ce jubé est à la fois une clôture et un lieu de communication. En effet, même s'il rend invisible le maître-autel depuis la nef, le jubé porte deux autels sur sa face externe. Son grand Christ, accompagné souvent de la Vierge et de saint Jean, forme un grand calvaire qui annonce au fidèle la nature du mystère eucharistique qui se célèbre au-delà de ce seuil de sacralité. Enfin, la tribune que porte le jubé sert à la lecture de l'Épître et de l'Évangile. Ces données sont celles qui présidèrent à la constitution des espaces sacrés des cathédrales du Languedoc, celui-là même qui fut remis en question à partir du XVIe siècle.

Les cathédrales du Languedoc. Ruptures et continuités. Moyen Âge – Temps Modernes

À compter du XIIe siècle, la construction d'une cathédrale unique dans les diocèses du Languedoc n'entraîna généralement pas de révolution d'échelle. Les éléments romans conservés témoignent cependant de réelles ambitions. Dans la cathédrale romane de Béziers, ils montrent que ses proportions n'étaient pas beaucoup plus réduites que celles de la cathédrale gothique. Pourtant, une certaine modestie dans les dimensions apparaît à Maguelone ou à Nîmes, ainsi qu'à Viviers. On peut certes invoquer les petites dimensions et, partant, les maigres ressources financières des diocèses concernés, mais il s'agit aussi, comme très souvent dans l'arc méditerranéen à cette époque, d'une volonté de fidélité aux proportions et aux espaces précédents. Pourtant, ces cathédrales romanes comportaient des éléments esthétiques remarquables, autant qu'on puisse encore en juger, comme, par exemple, la fameuse tour fenestrelle de la cathédrale d'Uzès. Comme leurs sœurs de Provence, comme les abbatiales de cette époque, elles regardaient vers les grands modèles antiques. La disposition des espaces liturgiques de ces cathédrales est assez mal connue. On peut cependant avancer que, comme dans la voisine Provence, elle aussi empreinte de romanité, les dispositions de la basilique antique perdurèrent, avec un banc presbytéral dans l'abside, doublé d'un chœur de chanoines en avant de l'autel, s'avançant assez loin dans la nef. Pourtant, dans deux cathédrales romanes conservées dans la région, une autre disposition, spécifique à l'espace méditerranéen, apparaît. À Maguelone, comme à Elne, le chœur des chanoines était disposé sur une tribune à l'Ouest de la nef, formant un « coro alto » tel qu'il est toujours appelé au Portugal où cette disposition connut une fortune toute particulière jusqu'à l'époque baroque. Un agencement qui existait aussi dans le Comtat, à Vaison-la-Romaine. À Maguelone, l'effacement de la fonction cathédrale a permis la conservation parfaite de l'ensemble roman, avec son étroit escalier descendant vers la nef et l'abside où seul se trouvait le sanctuaire. À Elne, la tribune a été reconstruite à l'époque gothique, à une époque où, pourtant, on envisageait la construction d'un nouveau chœur gothique qui aurait permis la création d'un chœur des chanoines placé de plain-pied, en avant de l'autel.

La « révolution gothique » connut dans la région des aspects très particuliers. Deux logiques coexistent. La première consista à acclimater le nouvel art aux traditions régionales. L'art gothique languedocien fut donc marqué par des vaisseaux uniques très larges, ce qui était rendu possible par l'emploi de très forts doubleaux directement issus du savoir-faire des maîtres-maçons romans. La nef de la cathédrale de Toulouse, du début du XIIIe siècle, nous en donne un des premiers exemples. À Albi, à partir de 1282, puis à Lavaur dès 1255, le modèle fut associé à la brique, ce qui typa très fortement les édifices. À l'intérieur, puisqu'il fallait bien disposer d'un chœur et d'une nef, les divisions architecturales ne pouvaient servir de support. On créa donc des chœurs clos, avec jubé et clôture, qui formaient une « église dans l'église », délimitant, en plan mais non en élévation architecturale, un déambulatoire. On disposait ainsi d'un chœur, d'une nef et d'un déambulatoire dans un édifice qui était pourtant structuré par un vaisseau unique. Cette souplesse du rapport entre volume architectural et espace liturgique est au cœur de l'identité liturgique des cathédrales de la région et constitua une donnée essentielle pour le réaménagement post tridentin. Par ailleurs, dans certains cas, l'adoption de l'art gothique ne s'est pas accompagnée d'une modification fondamentale des espaces, le nouvel art ayant été greffé sur la base de la cathédrale romane en conservant son emprise au sol et ses espaces liturgiques. C'est le cas de la cathédrale de Béziers, reconstruite au XIIIe siècle avec son grand chœur à abside polygonale, mais dont les proportions sont liées à la cathédrale romane qui subsiste comme enchâssée dans la nouvelle construction. Une solution comparable fut adoptée à Lodève et Viviers.

    Lorsque le modèle de la grande cathédrale du Nord du pays est adopté, les espaces liturgiques sont organisés de façon différente. En effet, dans la plupart de ces cathédrales, le chœur architectural correspond au chœur liturgique et est situé à l'Est des piles de la croisée. À Toulouse et à Narbonne, où de grandes cathédrales sur le modèle du Nord furent entreprises la même année, en 1272, c'est ce qui était prévu. L'inachèvement de ces deux édifices a conduit à adopter des dispositions étonnantes. À Toulouse, la nef de style gothique languedocien est restée désaxée par rapport au nouveau chœur, n'ayant jamais été reconstruite. À Narbonne, le gigantesque chœur fut bien construit, mais ni la croisée ni le chœur ne purent l'être : au XIVe siècle, les autorités urbaines refusèrent d'abattre l'enceinte dont la présence empêchait l'érection de la croisée et de la nef. Deux autres églises montrent une variation sur ce modèle. À Carcassonne, la cathédrale Saint-Nazaire adopte une architecture gothique élancée, avec un plan très particulier, donnant à la croisée un développement inusité. Un plan qui rappelle celui des églises des ordres mendiants, tout à fait adapté à une terre de reconquête catholique. Le chœur des chanoines s'avançait ainsi loin dans la nef. À Mende, autre cathédrale gothique de la région, le chœur s'incrivait dans le vaisseau central car, bien que pourvue de collatéraux et d'un déambulatoire, la cathédrale ne possède pas de transept.

Dans cette diversité du rapport entre architecture et liturgie résidait l'une des marques identitaires de la région. Malgré la taille réduite de certains diocèses, malgré le nombre parfois très limité de chanoines – à peine douze dans certains cas –, chaque cathédrale possède une saisissante diversité, loin du modèle unificateur de la grande cathédrale, venu du Nord.

L'époque moderne a connu un certain nombre de ruptures avec ce contexte. Deux mouvements ont retenti sur la région de façon spécifique. Loin d'avoir été d'emblée marquées par le concile de Trente et ses conséquences, les cathédrales du Languedoc entrèrent dans la modernité par le traumatisme de la Réforme. La diffusion du protestantisme, qui s'y répand dans les années 1540, fut suivie, dès les années 1560, par un vaste mouvement de destruction et de pillage des cathédrales. Quatre cathédrales de la province furent presque entièrement démolies[1], deux le furent partiellement[2] et la plupart des autres furent pillées. La cathédrale représentait le temple papiste par excellence. Dans la plupart des cas, une fois la ville devenue protestante, à la différence des luthériens allemands, à la différence même de ce que Calvin réalisa à Genève, les réformés français préférèrent démolir les cathédrales plutôt que de célébrer le culte dans les édifices qui avait servi à un culte révolu. De plus, les cathédrales étaient synonymes du pouvoir féodal des évêques et rappelaient la pesanteur sociale du clergé dont les municipalités devenues protestantes souhaitaient s'affranchir. Enfin, la guerre et ses nécessités causèrent également la ruine de certains édifices. Ce sont d'ailleurs ces mêmes nécessités de la guerre qui

---

[1] Alet, Nîmes, Uzès, Castres.
[2] Saint-Pons-de-Thomières et Montpellier.

conduisirent à sauver les clochers, utilisés pour la défense. C'est ce qui a permis la conservation de la tour et d'une bonne partie de la façade romane, très antiquisante, de la cathédrale de Nîmes et de la tour Fenestrelle d'Uzès. Quant au nécrologe, sont à déplorer la destruction complète, à l'exception du clocher, des cathédrales de Nîmes et d'Uzès, abattues sur ordre des municipalités, de celles de Mende et d'Alet, détruites par fait de guerre. Saint-Pons-de-Thomières vit son chœur gothique démoli, Montpellier son vaisseau central ruiné. Cette interruption du culte dans la cathédrale dispersa les chapitres et fit sans doute perdre certaines spécificités liturgiques lors du retour du culte dans l'édifice ou après sa reconstruction. Lorsque, après l'édit de Nantes, le culte catholique fut restauré partout et rentra en possession de ses édifices, les évêques purent souvent facilement imposer qu'on adoptât les usages romains et non plus les usages locaux. Cette uniformisation des liturgies était un prélude à la transformation des espaces internes et du décor des cathédrales de la région.

La première urgence était cependant de reconstruire, souvent avec des moyens très réduits. À la différence de la cathédrale d'Orléans, qui bénéficia des fonds de l'État, celles du Languedoc durent être rebâties sur les fonds propres des chapitres, avec des donations de l'évêque et des pouvoirs publics. Certaines villes qui avaient fait abattre leur cathédrale participèrent au financement, dans une logique expiatoire. Or, la région avait été très appauvrie par les conflits et c'est souvent seulement au XVIIe siècle que les travaux furent entrepris. Dans certains cas, l'idée était de reconstruire, autant que faire se pouvait, à l'identique. Ceci conduisit, en plein XVIIe siècle, à l'édification ou à la restauration d'édifices en styles roman ou gothique. L'unité de style, l'idée d'effacer le conflit, primaient en partie sur la volonté d'adopter le nouvel art classique, ce qui incite à fortement relativiser la portée de la notion de succession des styles en architecture : ceux-ci répondent à d'autres logiques qu'à une simple évolution des formes. À Mende, la cathédrale fut rebâtie à l'identique de 1600 à 1620, en style gothique, mais sans décor sculpté, faute de moyens. À Lodève et à Montpellier, les édifices gothiques furent restaurés, leurs voûtes reconstruites. À Nîmes, la façade romane fut patiemment reconstituée à partir de 1646, sa frise étant complétée par des figures neuves mais réalisées dans un style « néo-roman » avant l'heure, où les sculpteurs du XVIIe siècle emploient sciemment les formes d'un art pourtant profondément méprisé ou ignoré des esthètes. Il était pourtant identitaire. Un certain nombre d'édifices furent cependant reconstruits dans un style nouveau. Il s'agit soit d'édifices classiques, soit d'édifices associant éléments classiques et gothiques. La cathédrale de Nîmes, à l'exception de sa façade, avait été reconstruite de cette façon. Sa profonde transformation au XIXe siècle en style néo-roman ne permet plus d'en juger. À Uzès, la nouvelle cathédrale, édifiée de 1654 à 1663, prend la forme d'une église classique dans laquelle sont disposés trois étages de tribunes. Cette formule, dérivée des temples protestants, permet de reprendre un modèle facilitant la visibilité et l'audition en renforçant la capacité d'un édifice de dimensions modestes. À Alès, la vaste collégiale, détruite par les huguenots, fut rebâtie au XVIIe siècle avant d'être promue au rang de cathédrale en 1692. Une structure gothique à nef unique bordée de chapelles, suivant les dispositions languedociennes de l'église précédente dont seule demeurait la tour, fut édifiée, mais des tribunes très vastes furent ménagées au-dessus des chapelles. À Castres, seul le chœur de l'immense édifice classique prévu fut reconstruit, achevé en 1710, constituant l'actuelle cathédrale, flanquée de la tour romane de la cathédrale précédente, seule épargnée par les protestants. Dans certains lieux, on assuma également la différence de style entre des parties restaurées en style gothique et d'autres en style classique. À Saint-Pons-de-Thomières, le chœur gothique ayant été abattu, une nouvelle façade est construite – car l'orientation de l'édifice a été changée – en style classique, très simple et sobre, avec des ailerons à volutes. Dans certains lieux, il fut impossible de reconstruire la cathédrale. C'est le cas à Alet. Les ruines béantes de la cathédrale rappellent qu'à la fin du XVIe siècle, l'évêque et le chapitre furent réduits à transformer en cathédrale provisoire dédiée à saint Benoît le réfectoire de l'ancienne abbaye promue au rang d'évêché en 1317. Une des tours de la cathédrale fut réparée pour servir de clocher. Ce provisoire dura jusqu'à la suppression du diocèse en 1790, où le réfectoire fut détruit.

Cette longue période de reconstruction repoussa d'autant le moment où les évêques et les chapitres purent réfléchir à la pertinence de la réalisation de nouveaux aménagements liturgiques. La première urgence avait conduit à rétablir, autant que faire se pouvait, les dispositions anciennes. Rétablir un jubé entre la nef et le chœur, comme à Nîmes lors de la reconstruction au XVIIe siècle, permettait de recréer les séparations sociales et sacrales dans la cathédrale telles qu'elles se présentaient avant la tourmente. Une façon d'effacer le traumatisme des dévastations. Dans les cathédrales qui avaient été épargnées, comme Albi, le maintien des dispositions anciennes s'entendait comme un moyen de marquer l'action de la providence qui avait permis la protection de la cathédrale et de son clergé. C'est donc assez tard que la question des aménagements se posa. Ces réaménagements, qui portèrent l'art des XVIIe et XVIIIe siècles au cœur des sanctuaires médiévaux, relèvent du grand mouvement d'ajournement des édifices de culte dans l'esprit insufflé par le concile de Trente.

En France, ces réaménagements posèrent un certain nombre de questions. À commencer par l'acclimatation de l'esthétique nouvelle. Une seconde question, bien plus importante aux yeux des contemporains, touchait à la disposition des espaces liturgiques. Deux modèles s'opposaient. Le premier était le modèle « à la romaine ». Il s'agissait de rompre avec les dispositions issues du Moyen Âge : le chœur des chanoines était placé à l'arrière de l'autel, à la manière des basiliques paléochrétiennes. L'autel était avancé vers les fidèles. La démolition du jubé lui permettait de devenir le pôle visuel et spirituel de l'édifice. Le second modèle conservait les dispositions traditionnelles en renouvelant l'esthétique du mobilier. L'autel restait au fond du chœur, les stalles en avant, mais on renouvelait tous ces éléments dans un style conforme au goût du temps. Le jubé était soit supprimé, soit renouvelé en ouvrant sa partie centrale et en conservant deux ambons destinés aux lectures dans les parties latérales. Dans la France du Nord, ces deux modèles s'affrontèrent violemment, le premier témoignant de logiques accusées d'être ultramontaines par les gallicans et les jansénistes, le second répondant aux attentes d'un clergé de France en plein renouvellement de ses liturgies, en adoptant les liturgies néo-gallicanes destinées à remplacer les liturgies à la romaine. Ainsi, la même année, en 1699, sur instance de son évêque, la cathédrale d'Angers adopta une disposition à la romaine, mais, à Notre-Dame de Paris, les chanoines réussirent à imposer le maintien des dispositions traditionnelles. Une autre polémique existait quant au mode de conservation de l'eucharistie. Dans les cathédrales de France, depuis le Moyen Âge, le mode traditionnel de conservation de l'eucharistie était la suspense eucharistique. Or, depuis la fin du XVIe siècle, suite aux prescriptions de saint Charles Borromée qui agit ainsi dans son diocèse de Milan, la formule du tabernacle placé sur le maître-autel pour y conserver l'eucharistie se diffusait largement. Dès la fin du XVIIe siècle, cet usage gagna certaines cathédrales. Quant à l'adoption d'un nouveau décor, le Languedoc bénéficiait du voisinage d'un espace important d'introduction de l'esprit baroque en France, avec la proximité du Comtat Venaissin. En 1692, le sculpteur Jacques Bernus établit dans cathédrale de Carpentras la première gloire installée dans une cathédrale française, sur le modèle de celle de l'abside de Saint-Pierre de Rome par le Bernin. Les cathédrales de Provence sont rapidement gagnées à ce nouvel art, ainsi que par la vogue des dispositions à la romaine. En 1685, la cathédrale d'Arles est la première cathédrale archiépiscopale à oser un tel changement.

En Languedoc, les situations apparaissent bien plus contrastées. À la différence de la France du Nord, les évêques, généralement plus ouverts que les chanoines aux nouveaux aménagements, ont les coudées plus franches. Les chapitres sont peu nombreux, assez pauvres, et encore appauvris par les guerres de religion. Les traditions liturgiques de ces petits chapitres sont moins vivaces et attachées à leurs spécificités que les grands chapitres du Nord du pays, sauf exceptions. Les solutions sont pourtant plus variées que dans le Comtat ou en Provence. Du point de vue des dispositions générales, tout d'abord, il faut remarquer que certaines cathédrales conservèrent leur chœur clos, même si leur clergé tenta d'accorder une place plus importante aux fidèles. C'est le cas à Albi, où le jubé, déjà considéré, à juste titre, comme une « merveille », demeura, ainsi que tout le chœur clos. Pour les fidèles, l'évêque, Mgr. Le Goux de la Berchère, aménagea à l'Ouest de la nef une chapelle sous le clocher, ouverte en 1693 par une grande arcade vers le vaisseau principal. Il la dédia à saint Clair et y plaça un autel visible des fidèles, avec un tabernacle. Espace clos et espace ouvert cohabitaient dans le vaste édifice. À Toulouse, le désaxement de la nef rendait possible également le maintien du chœur clos puisque, de toutes façons, les fidèles disposaient d'un autel au terme de celle-ci. Le jubé subsista donc. À Narbonne, on n'avait guère le choix, faute de disposer d'une nef et d'une croisée, et la cathédrale continua de fonctionner avec seulement un chœur, et ce malgré les velléités d'achever l'édifice qui se manifestèrent par deux fois au cours du XVIIIe siècle, mais qui n'aboutirent pas, faute de financement.

Les chœurs ouverts sont assez nombreux également, mais seuls quelques-uns sont réellement disposés à la romaine à proprement parler, c'est-à-dire avec l'autel avancé entre le clergé placé dans l'abside et les fidèles. C'est le cas dans les deux chœurs reconstruits au XVIIIe siècle. Le premier est celui de la cathédrale d'Alès, belle réalisation néoclassique de l'architecte Giral datant de 1770. Le second est le chœur classique construit à la cathédrale de Montpellier[1] en 1775 par le même architecte pour permettre de disposer de davantage d'espace pour les corps constitués pendant les grandes cérémonies où les autorités civiles avaient le droit d'accès au chœur. Les dispositions « à la romaine » furent également adoptées à la cathédrale de Viviers et dans celle de Saint-Papoul, où l'arc triomphal du chœur reçut un grandiose décor baroque. Dans les autres cathédrales réaménagées à cette époque, le chœur fut certes ouvert, mais l'autel resta au fond, avec le chœur en avant. C'est ce qui fut choisi à Mende, Lodève, Uzès, Nîmes, Castres, Lavaur et Béziers. Avec pour spécificité dans cette dernière cathédrale que le maître-autel est avancé dans le sanctuaire pour permettre d'insérer en arrière le second autel, appelé autel de prime ou *de retro*. Dans deux cathédrales, la réalisation des nouveaux aménagements s'accompagna d'un bouleversement complet de l'économie interne des édifices, qui furent littéralement retournés. À Agde, le chœur fut installé dès 1629 contre la façade occidentale où un imposant retable fut construit. Ceci permettait de ménager un accès à la cathédrale par une porte percée à l'Est, c'est-à-dire vers la ville et non vers le fleuve. À Saint-Pons-de-Thomières, les évêques disposaient d'une cathédrale tronquée dont le chœur gothique avait été détruit par les protestants. On choisit donc de condamner l'ancienne façade romane en lui accolant le

---

[1] Il fut démoli au XIXe siècle pour la construction de l'actuel chœur néo-gothique.

maître-autel, en avant duquel furent disposées les stalles. Cet ensemble tout à fait remarquable, réalisé en 1768, se complète d'une tribune d'orgue – fait unique dans une cathédrale française –, disposée en arrière du maître-autel et dont le soubassement sert de décor de fond de chœur, et d'une clôture de chœur avec grille et deux massifs de maçonnerie dissimulant les tribunes où proclamer Épître et Évangile. En somme, une manière de jubé en deux corps, très spécifique et original, face aux modèles du Nord.

Quant aux éléments du décor, ils révèlent une volonté de prodiguer aux cathédrales des éléments de la meilleure qualité possible et qui puissent être efficaces dans le cadre de la pastorale liturgique, notamment à destination des protestants qui revenaient à la foi catholique. Certains de ces dispositifs sont plutôt marqués par une ouverture vers des pratiques liturgiques romaines, d'autres tentent une synthèse avec les pratiques gallicanes. Au XVIIe siècle, les cathédrales du Languedoc qui n'avaient pas comme urgence de rétablir leurs murs blessés par les guerres de religion eurent une prédilection pour la formule du grand retable architecturé placé au fond du chœur. Deux exemples s'imposent. Le premier est le magnifique ensemble réalisé par Gervais Drouet pour la cathédrale de Toulouse. L'incendie du chœur, en 1609, avait conduit au remplacement du lambris provisoire par des voûtes d'ogives. Un ensemble de stalles avait été réalisé. De 1660 à 1669, Gervais Drouet, sculpteur, et Pierre Mercier, maçon, réalisèrent un grand retable à trois corps et deux niveaux, juste en arrière du maître-autel. Tout le décor exalte la sainteté du titulaire de la cathédrale : le second autel est surmonté d'une niche reliquaire, au-dessus de laquelle est placé le groupe sculpté représentant la lapidation de saint Étienne. Placé dans une niche peinte en trompe-l'œil, disposant d'un éclairage zénithal, il utilise toutes les ressources de l'art baroque, tout comme le jeu chromatique entre le marbre rouge des colonnes et la pierre blanche du reste de la composition, animée de statues et d'éléments décoratifs. Un ensemble dont on se souviendra sans doute un siècle plus tard lors de la réalisation du décor de chœur de la cathédrale de Béziers. Le retable d'Agde est plus classicisant. On a recouru au bas-relief mais aussi à la peinture pour le grand tableau d'autel. Le second motif récurrent est celui du baldaquin. À partir de la fin du XVIIe siècle, ce dispositif est largement adopté dans les églises de France. Parfois pour signaler un autel à la romaine possédant un tabernacle, mais aussi pour porter une suspense eucharistique au-dessus de l'autel. Ce type de baldaquin gallican avait été conçu pour la première fois par l'agence de Jules Hardouin-Mansart pour la cathédrale de Châlons-sur-Marne en 1687. Il est repris avec magnificence, pour la seconde fois en France, à la cathédrale de Narbonne. Tout comme son architecture témoigne du prestige du modèle de la grande cathédrale, son baldaquin à suspense eucharistique montrait la volonté d'adopter un décor post tridentin en phase avec les choix des grands chapitres du Nord de la France. Hardouin-Mansart conçut ainsi en 1694 le baldaquin placé au fond du chœur, avec ses six colonnes et son couronnement chantourné. La figure du baldaquin est également présente à Castres où un demi-baldaquin de plan rectangulaire est adossé au mur du fond du chœur, au-dessus de l'autel. Le choix d'un décor de fond de chœur fut également celui qui fut fait à Béziers. Au XVIIIe siècle, on prit le parti de revêtir la partie basse du chœur d'un ensemble formé d'un massif de pierre blanche orné de statues dans des niches, séparées par des colonnes de marbre rouge. Au centre, une grande gloire en staff surmonte la statue de saint Nazaire s'élevant au ciel, baigné de la lumière prodiguée par un jour au centre de la gloire. Cette dramaturgie exaltant la sainteté du saint patron a pour fondement le second autel, où se trouvent les reliques. À Saint-Pons-de-Thomières, c'est la partie base de la tribune d'orgue qui assume le rôle de retable, avec ses marbres polychromes. Quant aux autels des chœurs à la romaine, il s'agit souvent, comme à Lodève et à Viviers, de réalisations en marbres polychromes du XVIIIe siècle, œuvres de marbriers italiens comme les frères Fossati ou Mazzetti. La présence d'un tabernacle est systématique, montrant qu'à l'exception de Narbonne, où le chapitre souhaitait montrer qu'il tenait son rang et magnifiait ses traditions gallicanes, les aménagements voyaient souvent triompher le choix des évêques – visibilité de l'autel et tabernacle – et le recours à des solutions relativement standardisées. En revanche, tous ces décors, malgré le contraste esthétique, manifestaient d'indéniables continuités avec l'iconographie et la signification de la cathédrale médiévale. Si le chœur était désormais visible à l'échelle de l'édifice, il n'en restait pas moins inaccessible aux laïcs.

Ainsi, confrontées à la transition entre catholicismes médiéval et post tridentin, entre Moyen Âge et Renaissance, plongées dans ce basculement d'époques par les troubles liés aux guerres de religion, les cathédrales ont su demeurer des pôles de continuité identitaires au sein de la province du Languedoc. Leur présence dans les anciennes cités épiscopales a contribué à maintenir les hiérarchies urbaines dans la région. Leurs espaces ont continué à montrer comment la société se pensait toujours comme structurée par la distinction entre clercs et laïcs. Au-delà du nécessaire hiatus esthétique, ce sont bien les aménagements post tridentins qui ont permis à ces cathédrales de fonctionner dans la longue durée. À tel point qu'au XIXe siècle, malgré les restaurations opérées souvent pour exalter par la cathédrale un Moyen Âge idéal, la plupart des stalles et des autels des XVIIe et XVIIIe siècles demeurèrent, à la différence de bien d'autres régions. Après la réforme liturgique successive au concile Vatican II, les décors des XVIIe et XVIIIe siècles demeurent le cadre visuel encore éloquent de cérémonies qui ont lieu sur des autels témoignant désormais du rapport entre arts et foi aux XXe et XXIe siècles. Ce qui prouve que la cathédrale demeure un lieu vivant dans cette nouvelle transition entre deux époques du temps de l'Église et des arts.

La folle liberté des baroques languedociens (1593-1661)

Le baroque est une notion difficile à cerner. Il y a loin du sens propre au sens figuré. Dans son premier emploi, le mot appartient au domaine de l'art des joailliers lorsqu'il désigne une perle de forme irrégulière que les Portugais appellent « barrocco » et les Castillans « berucco ». Nul ne sait par quels chemins ce terme technique en est venu à désigner, au sens figuré, ce qui paraît étrange, voire provocant. Il suscite même le rejet au XIXe siècle, où il prend le sens péjoratif de quelque chose de capricieux, d'extravagant, de contraire aux règles du bon goût. Sa réhabilitation ne viendra que tard, après la Première guerre mondiale, où il sera conceptualisé comme un phénomène global applicable à une période et à des disciplines artistiques. On parlera alors d'âge baroque, d'art baroque, de musique baroque, de poésie baroque, de théâtre baroque, etc. Ce qui ne facilite pas pour autant son analyse, au contraire.

Ce sont les musiciens qui accordent au baroque la durée la plus étendue, de Monteverdi à Bach, dont la mort est généralement retenue comme marquant son terme si bien qu'il s'étend ainsi sur près de deux siècles.

Pour les historiens de l'art, il s'agit d'un courant artistique né dans l'Italie de la Contre-Réforme qui, depuis son berceau romain, s'est répandu à travers l'Europe catholique : la France, les Flandres, l'Espagne et le Portugal et leurs colonies américaines, l'Europe danubienne avec les pays allemands du Sud et de l'Ouest, l'Autriche, la Bohème, etc., avec des prolongements tardifs sur des terres échappant à l'influence du Saint-

Siège : Russie, Ukraine et Angleterre. Il s'inscrit aussi dans la longue durée, sous des formes variables, qui s'interpénètrent les unes les autres selon les pays et selon les périodes. On le situe conventionnellement entre l'art dit de la Renaissance et le retour à une expression dite classique.

Pour les écrivains, enfin, est qualifiée de baroque la création littéraire, en particulier dans les domaines de la poésie et du théâtre, qui précède et prépare la période classique, celle des grands auteurs : Corneille, Racine, Molière...

Pour ceux qui appartiennent au domaine occitan qui, comme Robert Lafont ou Félix-Marcel Castan, en ont fait leur domaine de recherche et y ont trouvé, après le temps des troubadours, un nouvel âge d'or de la littérature de langue occitane, le baroque représente aussi une période longue, qui s'étend du début des guerres de religion jusqu'au milieu du XVIIe siècle : 1560-1660.

Nous avons quant à nous choisi, pour ce propos, de retenir un temps d'une durée intermédiaire, qui va de l'avènement d'Henri IV (1593) à la prise du pouvoir personnel par Louis XIV (1661).

Cette période est connue dans l'histoire officielle comme celle de la construction d'un État monarchique, première forme de l'État français moderne, après l'épreuve des guerres de religion et, si l'on peut dire, grâce à elles.

Il n'est pas facile pour un esprit nourri dans le culte des grands auteurs, Corneille, Racine, Molière, La Fontaine, La Bruyère, Bossuet et quelques autres, entretenu par d'éminents universitaires patriotes, auteurs de manuels de littérature et de recueils de morceaux choisis, de sortir de la grand-route pour emprunter les sentiers moins battus du baroque. Ils irriguent pourtant l'ensemble de l'Europe.

Mon chemin d'écolier de la République devait ainsi s'éclairer lorsque, faisant l'école buissonnière, j'entrepris un travail de recherche sur Molière en Languedoc pour la préparation d'un ouvrage paru il y a quelques années[1].

---

[1] Claude Alberge, *Le Voyage de Molière en Languedoc. 1647-1657*, Montpellier, Presses du Languedoc / Max Chaleil, 1988.

La folle liberté des baroques languedociens (1593-1661)

Certes, la période étudiée était tardive (1647-1657) – elle se situe à la fin de celle que nous avons choisi d'examiner ici – mais en m'obligeant à remonter le temps, son exploration m'a permis de découvrir les richesses, les formes caractéristiques de cet univers baroque que je voudrais ici inviter à estimer.

J'y rencontrai quelques réponses aux questions du temps. J'y découvris notamment que ce n'était pas par pur hasard que Molière et les rescapés de l'Illustre Théâtre se trouvaient en Languedoc au milieu du XVIIe siècle, mais bien pour y retrouver leurs amis libertins du quartier du Marais.

J'y appris aussi comment Conti, prince du sang, gagnait son brevet de libertinage en attrapant la syphilis dans un bordel de Montpellier, en compagnie du gouverneur de la ville, d'Aubijoux, et comment *in fine*, touché par la grâce, à l'instar de bien d'autres libertins de son temps et de son entourage, il allait se jeter dans les pratiques d'une religion austère !

Partons donc à la découverte de cet homme baroque en recherchant à travers toutes les formes d'expression culturelle, artistiques, littéraires, musicales, ce qui fait son originalité et, peut être, sa modernité, en Languedoc comme ailleurs.

Le Languedoc sort ruiné par cinquante années de guerres religieuses. Comme dans l'ensemble du royaume, papistes et huguenots s'y sont violemment opposés dans une rage destructrice stupéfiante. Partisans et adversaires d'un pouvoir monarchique fort se sont aussi affrontés, alors que, malgré les obstacles, les fils de Henri II et leur mère, la régente Catherine de Médicis, continuaient la politique de renforcement de l'autorité monarchique amorcée par le roi défunt. Le pouvoir royal se heurtait à la fois aux Réformés, qui rêvaient de construire, autour de Nîmes, Millau ou Montauban, une « République des Provinces-Unies du Midi »[1] et aux Ligueurs, cantonnés dans leur bastion toulousain, nostalgiques d'un âge d'or où l'aristocratie aurait mis le monarque sous sa coupe.

Mais en Languedoc, ce conflit se prolonge au-delà de la promulgation de l'Édit de Nantes, en 1598, plus longtemps qu'ailleurs avec les guerres de Rohan, du nom du chef que se sont donné les protestants, et les horreurs qui marquent les années 1621-1629 en Languedoc peuvent être comparées à celles que subissent les pays germaniques à cette même époque, pendant la guerre de Trente Ans.

Comme les « routiers » de la Guerre de Cent ans, les « gastadours », ces soldats incités aux désordres, mettent le pays au pillage et Guillaume Ader fait entendre la plainte des pauvres paysans :

> « Ô pauvre paysan, ô triste cul terreux
> Les poules et les coqs, les chapons savoureux
> N'ornent plus ton aire et ta ferme.
> Il est à mi-gosier le cul de la poule
> Et les œufs avalés qui ne sont à demi pondus.
> Les agnelets laineux n'ont pas à moitié sorti leurs cornes
> Que ces gorges pavées leur retournent la peau.
>
> L'un vole d'un côté, vous voyez l'autre faire le guet,
> Fureter dans la métairie et découvrir, plus fin,
> L'endroit où la ménagère a caché hardes et lin.
> Rifle, rafle qui peut ; chacun agrippe et joue, comme on dit avec les cinq doigts de la harpe.
>
> Ces pauvres gens, quand ils se voient perdus,
> Bousculés sans relâche de frayeur et de coups,
> Fuient, hagards, à la merci du monde,
> À la merci de ceux qui les considèrent le plus ;
> Et par bonne fortune, apeurés comme ils sont,
> Ils tombent entre les mains du pitoyable Gascon

---

[1] Même si Arlette Jouanna discute de la validité d'une telle expression. Voir aussi Michel Peronnet, « La "République des Provinces-Unies du Midi" : les enjeux de l'historiographie », in *Protestantisme et Révolution*, Montpellier, Université Paul Valéry, 1989, pp. 5-26.

La folle liberté des baroques languedociens (1593-1661)

> Tristes et le cœur meurtri, couverts de larmes et de morve,
> Enflammés à se venger de leur farouche peur,
> Tout en tournant leur béret dans leurs mains,
> Ils prient le chevalier, avec le plus de raison qu'ils peuvent avoir
> De cette façon : "Seigneur Dieu nous maintienne !
> Qu'il vous advienne tout le mal que nous voulons pour vous.
> N'aurez-vous pas pitié de ce pauvre pays ?" »[1].

Si l'on connait bien, notamment à travers l'imagerie répandue par l'historiographie républicaine, le siège de la Rochelle conduit par l'impavide cardinal de Richelieu, on ignore les longs combats menés aux portes de Montauban, citadelle huguenote, prise et reprise par trois fois, les dévastations que commettent les troupes royales aux portes de Montpellier. La prise de cette dernière place forte protestante et l'édit de Grâce d'Alais de 1629, qui en est la conséquence, jettent à bas la puissance militaire et politique du parti de la Réforme.

Dévasté par une guerre longue, le pays n'échappe pas à une conjoncture économique défavorable. Tous les pays d'Europe sont frappés par de mauvaises récoltes consécutives aux aléas climatiques, entraînant dans leur sillage disettes, épidémies, crises de surmortalité et révoltes populaires. Il est bien loin le beau XVIe siècle de la première moitié du siècle où les campagnes se couvraient de belles moissons et où les bourgeois toulousains faisaient construire de belles demeures avec l'argent qu'ils avaient acquis dans le commerce florissant du pastel !

Affaibli par les malheurs du temps, le pays de Languedoc, de par sa position de frontière au bout du royaume, vit sous la menace permanente de l'Espagnol. Carcassonne et Narbonne, bien remparées, sont villes de garnison et les points de départ de contre-offensives, si nécessaire.

En 1637 encore, une offensive espagnole a été contenue, à Leucate, par la noblesse et les milices bourgeoises mobilisées par l'archevêque et les évêques. L'héroïsme de Franceze de Cezelly, qui défend cette position avancée de Narbonne à la place de son mari absent, annonce la bravoure de la Grande Mademoiselle, héroïne baroque qui, une décennie plus tard, portera secours au prince de Condé aux portes de Paris.

---

[1] Guillaume Ader, *Le Gentilhomme gascon* in *Poésies de Guillaume Ader*, A. Jeanroy, A. Vignaux (éds.), New York, Johnson Reprint Corp., 1971, p. 62.

Quatre ans après cet épisode fameux, dans le *Ballet des quatre monarchies chrétiennes*, encore appelé *Ballet de Mademoiselle*, le compositeur narbonnais Étienne Moulinié met ces mots dans la bouche d'Orphée qui apparaît alors, entouré de joueurs de luths :

> « Louys, la merveille des rois,
> De qui les armes et les lois
> Sont l'honneur du siècle où nous sommes
> Je viens de ces aimables lieux
> Où vous avez fait voir aux hommes
> Que vous êtes pareil aux dieux.
> Je sors de ce plaisant terroir
> Ou de votre divin pouvoir
> Des rois ont fait expérience
> Éprouvant par un rare effort
> Que l'honneur de votre alliance
> N'est pas un vulgaire support.
> Pour assurer ce que je dis
> De ce terrestre paradis
> J'amène des témoins fidèles
> Qui raconteront vos exploits
> Et vos louanges immortelles
> D'un style aussi doux que ma voix »[1].

Après ce premier récit, les 24 violons du roi commencent à jouer. Au pied d'un char de triomphe, tiré par deux hiboux, sur lequel a pris place Mademoiselle dans sa jeune beauté, la déesse Minerve chante :

> « Monarque le plus glorieux
> Qui fut jamais sur la terre,
> Prince juste et victorieux
> L'appui des lois et l'honneur de la guerre,
> Les dieux, ô digne roi,
> N'ont pas de qualités puis divines que toi
> Les armes que j'ai vu forger
> Et que je donne à la France,
> Dans le plus visible danger
> Lui serviront d'infaillible assurance
> Mais tu tiens en tes mains
> Et la faveur des dieux
> Et le cœur des humains »[2].

---

[1] Cité dans Tristan, *La Lyre*, Jean-Pierre Chauveau (éd.), Genève, Droz, 1977, pp. 180-183.
[2] *Ibid.*, pp. 184-186.

La folle liberté des baroques languedociens (1593-1661)

Né à Laure-Minervois en 1599, Étienne Moulinié[1], qui a été formé au chant et à la musique à la maîtrise de la cathédrale Saint-Just de Narbonne, rejoint, à l'âge de 22 ans, à Paris son frère aîné, Antoine, qui, doté d'une magnifique voix de basse, est devenu chantre de la Chambre du roi.

HENRI II.
Duc de Montmorenci, Maréchal de Fr.

Il compose alors plusieurs airs de cour, accompagnés par le luth ou la guitare, dédiés à Montmorency, au roi, au cardinal Richelieu et à son protecteur, le duc Gaston d'Orléans, qui en a fait son surintendant de la musique. Il n'oublie pas pour autant ses amis du Languedoc, qu'il retrouve plus fréquemment à la mort de son protecteur. C'est alors que les États le choisissent comme musicien à vie de leur chambre. En 1665, il dirige leur musique alors qu'ils sont assemblés à Béziers.

Pour oublier les difficultés du présent, les contemporains sont invités à trouver refuge dans la fiction d'un univers idéalisé, un monde de paix et d'amour peuplé de bergers gentilshommes et de bergères alanguies. La mode est alors à la lecture des romans pastoraux. Ce genre, apparu en Europe à la fin du XVe et au début du XVIe s., revient en faveur avec *L'Astrée*, un *best seller* de 5.000 pages qui met en scène plusieurs centaines de protagonistes autour des deux héros, Astrée et Céladon, dont Honoré d'Urfé raconte les amours à épisodes. À l'abri des misères et des conflits, bergers et bergères filent le parfait amour dans ce royaume imaginaire construit à partir des terres de la Bâtie, au cœur du Forez.

---

[1] Voir Jean-Louis Bonnet, Bérengère Lalanne, *Étienne Moulinié, 1599-1676 : Intendant de la musique aux États du Languedoc*, Montpellier, Presses du Languedoc, 2000.

Claude Alberge

Dans *la Miramonda*, une pastorale, l'une des trois pièces baroques qu'il écrivit, avec *Ramonet*, un matamore franchiman, et *Sancho Pança al palais dels ducs*, qui reprend le second tome du *Don Quijote* à la façon burlesque, François de Cortète, homme de lettres d'Agen, retrouve ces terres bénies par les dieux de l'Olympe sur les rives de la Garonne :

> « Or, donc, puisque nous sommes sortis d'une saison si triste, qu'un autre temps plus beau nous chatouille la vue, que tout ce que l'on voit n'est rien qu'un Paradis, que tout pousse sur la terre et y reverdit pour nous, qu'on voit de toutes parts la campagne fleurie, qu'ici naît la violette et la marguerite, qu'un bon temps est venu dont nous pouvons jouir, bergers, si vous m'en croyez, il faut se réjouir.
>
> Écoutez quel plaisir occupe nos oreilles. On entend mille oiseaux qui gazouillent ensemble ; le rossignol parle au milieu d'un buisson ; le merle au sommet d'un arbre siffle une chanson ; le chardonneret gazouille ; un serin pépie ; la tourterelle roucoule et l'hirondelle babille. Surtout entendez la voix du coucou médisant, qui se moque de tout le monde et rit comme un plaisant garçon, oiseau maudit, porteur d'une nouvelle qui fâche bien des gens et les met en souci.
> Mais quel autre plaisir se présente à mes yeux quand on voit dans un pré une troupe d'agneaux courir un long moment et, comme pour nous plaire, sauter de pas en pas les quatre pieds en l'air !
> Allons donc, chers compagnons, que sans autre façon Miramonde entonne une chanson et, pour qu'on l'accompagne, que chacun lui réponde, dansons tous les six ensemble une ronde »[1].

Bergers et bergères n'ont qu'une seule activité : faire l'amour dans un printemps éternel ; comme le dit Jean de Garros, poète gascon – moins connu que son frère Peire, le premier poète de la langue gasconne – dans une *Pastorala gascona* qu'il compose sur la mort d'Henri IV :

> « C'est un paradis terrestre en ce monde-ci, où tout croît joyeux, où l'on fond de plaisir. Les ruisseaux et les sources y coulent à toute heure. Les ombres, au moment de la chaleur sont ta fraîche demeure. Quant à l'amour qui se donne tant de peine et tourment, puisses-tu, privé d'un tel bien, être mort soudainement ! Elle le valait bien pourtant, celle qui était la plus belle, la plus sage qui fut dans toute

---

[1] Cité dans Robert Lafont, *Baroques occitans : Anthologie de la poésie en langue d'oc, 1560-1660*, Montpellier, Publications de l'Université de Montpellier III, Centre d'études occitanes, 2002, p. 98.

La folle liberté des baroques languedociens (1593-1661)

> notre Esquére. Combien de fois t'ai-je vu, guidant tes moutons, suivre les traces de ses beaux souliers, jusqu'à ce que ce que tu aies rencontré celle qui te faisait mourir pour sa beauté ? »[1].

De quoi justifier la sortie de Monsieur Jourdain : « Pourquoi toujours des bergers ? On ne voit que cela partout », s'attirant ces éclaircissements de son Maître à Danser :

> « Lorsqu'on a des personnes à faire parler en musique, il faut bien que, pour la vraisemblance, on donne dans la bergerie. Le chant a été de tout temps affecté aux bergers ; et il n'est guère naturel, en dialogue, que des princes ou des bourgeois chantent leurs passions »[2].

Quelle mouche – des champs – a donc piqué Molière qui ne s'est guère privé de peupler ses œuvres de bergers et de bergères, dansant en musique dans de baroques pastorales ? Que l'on ne s'arrête pas à la lettre de la satire : fidélité à un amour jusqu'à se perdre, respect de la parole donnée et courage à toute épreuve et en toutes circonstances, sous l'humble habit du berger se cache le cœur d'un gentilhomme. Dans son ouvrage *La folle liberté des baroques*[3], auquel nous avons emprunté le titre de cet article, Jean-Marie Constant retrouve dans le berger de l'*Astrée* l'homme baroque, partagé entre la soumission aux lois humaines et divines et la révolte.

Contrairement aux apparences, les guerres de religion ont *in fine* contribué à renforcer l'autorité monarchique. Malgré les obstacles, les Valois ont poursuivi la politique de leurs prédécesseurs et la mort tragique et héroïsée du premier Bourbon a achevé l'image positive d'un souverain arbitre, au dessus des partis, qui apporte la paix contre un ennemi extérieur toujours menaçant. Le culte monarchique, qui atteindra son zénith à la cour du Roi Soleil, se prépare.

Les artistes, musiciens, peintres et poètes répondent aux commandes officielles, de l'aristocratie comme des pouvoirs institutionnels. Sous le titre *Airs de cour* (avec le ballet de cour, auquel il se rattache étroitement, ce genre restera à la mode pendant plus d'un siècle),

---

[1] *Ibid.*, p. 120.
[2] Molière, *Le Bourgeois gentilhomme*, Acte I, scène 1.
[3] Jean-Marie Constant, *La folle liberté des baroques. 1600-1661*, Paris, Librairie Académique Perrin, 2007.

le Narbonnais Étienne Moulinié (1599-1676) compose ses ballets dont, sur un livret de Tristan l'Hermite, le *Ballet des quatre monarchies chrétiennes* dansé en 1635 pour célébrer le retour d'exil de Gaston d'Orléans, âme damnée du complot de 1632. C'est d'ailleurs à ce dernier, alors gouverneur du Languedoc, ainsi qu'au roi et à Henri de Montmorency, que cet auteur prolixe dédie cinq livres de musique pour voix, accompagnée au luth et à la guitare. Moulinié travaille sur les commandes de son protecteur jusqu'à la mort de ce dernier en 1660, avant de retrouver sa province natale où il devient le musicien officiel des États provinciaux. C'est ainsi qu'en 1665, à Béziers, il dirige leur musique. Trois ans plus tard, il composera un livre de musique, en trois parties, avec basse continue, à l'intention de ces mêmes Messieurs des États.

Coté peinture, Jean Chalette (1581-1644), d'origine champenoise, après un voyage à Rome et un séjour à Aix-en-Provence, s'établit définitivement à Toulouse en 1612, où il devient le peintre officiel du Capitole. Outre les portraits des consuls, individuels ou collectifs, toujours sur commande, il réalise des œuvres de circonstance célébrant la prise d'Arras, la victoire de Leucate ou le mariage de Louis XIII et d'Anne d'Autriche. Il dirige aussi la décoration de la ville de Toulouse à l'occasion de l'entrée triomphale du souverain, en 1631, faite de 7 arcs de triomphe, représentant les 7 planètes alors connues et de 21 tableaux allégoriques à la gloire du roi.

Jean Chalette, *Les Capitouls ou Consuls de la ville de Toulouse*, Musée des Augustins, Toulouse.

La folle liberté des baroques languedociens (1593-1661)

La mort d'Henri IV inspire à Peire de Garros ses *Poesias gasconas* et à Peire Goudouli son plus beau poème. La stance *A l'heurouso memorio d'Henric lo Gran* se range parmi d'autres pièces, odes, sonnets, quatrains, chansons à boire, prologues de carnaval, Noëls, composées de 1617 à 1648, regroupées dans un *Ramel mondi* publié avant sa mort en 1649.

Homme de divertissement, Goudouli est l'ordonnateur des fêtes publiques, avec musique et danse, en particulier des carnavals de Toulouse. Protégé d'Adrien de Monluc et d'Henri II de Montmorency, il est le poète baroque par excellence et bien qu'écrivant en dialecte toulousain, en *langatge bel*, il est considéré comme le chef de file des poètes gascons, dont la production est abondante entre 1570 et 1680. Il mourra dans la gêne dans un carmel, soutenu par une pension de 300 livres versée par la ville.

Voici ce poème en l'honneur du roi défunt, qui témoigne du ralliement d'un catholique et d'une ville de tradition ligueuse, qui mit quelque temps à reconnaître l'autorité d'Henri de Navarre, le réformé :

« Gentils pastoureaux qui, sous les ombrages,
Sentez s'apaiser la canicule du jour,
Tant que les oiselets, pour saluer l'Amour,
Enflent leur gosier de mille chansonnettes.

Petits ruisseaux, dont l'argent joliment folâtre,
Prés mignons où le plaisir enchante nos regards,

Claude Alberge

> Quand la jeune saison vous charge de bouquets,
> Écoutez la plainte d'une nymphe de Toulouse
>
> Quand un nuage, noir d'un malheur public,
> Obscurcit la clarté de mon plus bel astre,
> Je veux dire quand la mort, d'un tranchant de couteau,
> Raya le grand Henri du livre de Nature,
>
> De ronces de douleur mon âme emprisonnée
> Fut la crinière d'or du grand soleil,
> Pour aller en un antre pleurer, de l'œil et du cœur,
> La belle fleur fauchée du parterre français
>
> Aujourd'hui je reprends mon souffle pour remplir ma musette
> Car sur le roi déploré j'entonne une chanson
> L'air en rejaillira sur le brave Louis,
> Au raisin revient l'honneur de la souche »[1].

Le processus aboutira à l'établissement d'un culte monarchique mis en musique – cinq décennies plus tard, il est vrai – par Marc-Antoine Charpentier.

Dans son *Gentilhomme gascon*, Guillaume Ader évoque avec fougue cette *furia francese*, cette bravoure sur les champs de bataille qui fait la vertu essentielle du gentilhomme. Le gentilhomme baroque appartient à la lignée des descendants des combattants des guerres d'Italie et de religion, frustrés sans doute de n'avoir plus à combattre, une fois la paix rétablie dans le royaume. Ainsi Adrien de Monluc (1571-1646), grand seigneur de Languedoc, comte de Cramail (ou Caraman), baron de Montesquiou et Saint-Félix (de Lauragais), petit-fils de Blaise Monluc, grand combattant des guerres d'Italie et des guerres de religion, dont il a hérité courage et verdeur d'esprit. Avec cela, élégant, bon cavalier, bon danseur et homme d'esprit. Son goût pour les Lettres lui fait tenir salon, à Paris comme à Toulouse, rue des Philarètes. Il protège les artistes jusqu'à se compromettre avec le philosophe libertin Vanini, précepteur de son neveu,

---

[1] *A l'urosa memoria d'Enric le grand, invincible roi de France et de Navarra*, in *Le ramelet mondin*, cité dans Robert Lafont, *Baroques occitans : Anthologie de la poésie en langue d'oc, 1560-1660*, op. cit., p. 159.

La folle liberté des baroques languedociens (1593-1661)

exécuté à Toulouse pour fait d'hérésie, sur ordre du Parlement. Sous le pseudonyme de Levaux, il publie dialogues, satires, variétés et fables allégoriques, et même une pièce de théâtre : *La Comédie des proverbes* (1616). Après avoir été de tous les combats, il est de tous les complots. Compromis lors de la journée des dupes, ses critiques ouvertes contre le cardinal lui valent d'être embastillé, à l'âge de 67 ans. Il restera sept ans en forteresse avant de mourir peu de temps après sa libération.

Une figure comparable est celle d'Henri de Montmorency, mais ce dernier aura moins de chance. Il est le descendant d'une prestigieuse famille d'Île de France qui s'est illustrée en Languedoc. Son grand-père, Anne, combattant des guerres d'Italie, confident du roi François Ier, s'y est établi. Son père, Henri Ier, un *escambarlat*, écartelé entre catholiques et protestants, dont il a un temps pris la direction, meurt dans son domaine de la Grange des Prés, près de Pézenas, en 1614. Le jeune Henri II lui succède au gouvernement de la province. Il est le gentilhomme parfait, un homme de goût et un mécène, qui s'entoure d'artistes et d'hommes de lettres. Sa destinée sera tragique, faisant de lui un héros. Il se perd dans un complot contre Richelieu en prenant le parti des États de Languedoc, réunis à Pézenas en juillet 1632, qui s'insurgent contre la politique fiscale du cardinal. Pour augmenter les rentrées d'argent, ce dernier avait en effet décidé de leur enlever la capacité de voter et de lever les tailles pour la confier à des fonctionnaires royaux, appelés contre toute logique : « élus ». La reine mère Marie de Médicis et Gaston d'Orléans sont aussi de la partie, avec la complicité – et l'argent – des Espagnols. Défait à Castelnaudary, malgré sa bravoure et une conduite chevaleresque, comme en un tournoi, percé de multiples blessures, Montmorency est conduit à Toulouse où, après lecture de l'acte d'accusation dressé par le Parlement et malgré les suppliques de ses fidèles, il est décapité dans l'une des cours du Capitole, sous l'effigie de son parrain le bon roi Henri. Son oncle Montmorency Boutteville l'avait précédé de quelques années, exécuté comme lui pour s'être battu en duel, question qui préoccupait d'autant plus autorités civiles et religieuses que ses acteurs faisaient dans la provocation en bravant la mort.

Claude Alberge

Le charisme des Grands n'en finit pas d'interroger et, dans le contexte post-révolutionnaire qui vient d'en livrer une réinterprétation, Louis-Félix Amiel fait rejouer dans son *Exécution du duc de Montmorency* la dialectique de l'élévation et de l'abaissement, bien lisible dans la peu baroque verticalité des lignes.

Nombreux sont alors ces grands personnages forts de leurs prérogatives qui résistent à la montée de l'absolutisme, par où ils constituent autant d'hommes à abattre.

Mais l'homme baroque peut prendre un autre visage que celui du héros tragique. Il devient parfois objet de dérision, dans le courant d'une littérature burlesque, un genre à la mode dans toute l'Europe, qu'il soit de noble origine comme le baron de Foeneste d'Agrippa d'Aubigné (1617) qui, à travers son personnage, se moque des courtisans, ou d'origine populaire comme Lazarillo de Tormes (1554).

La littérature espagnole inspire l'Agenais François de Cortète, qui écrit une pièce baroque intitulée *Sancho Pança al palais dels duc*, mais ce sont surtout les héros de l'Antiquité qui font les frais de cette nouvelle mode. *L'Énéide* de Virgile devient ainsi la cible des pasticheurs. En 1648, à Paris, Scarron compose *le Virgile travesti*, à Toulouse, Jean de Valès, disciple de Goudouli, un *Virgilio desguisat o l'Eneido burlesco* et, à

La folle liberté des baroques languedociens (1593-1661)

Narbonne, Bergoing donne *l'Eneido de Virgilio, libre quatrième, revestit de nau y abillat à la burlesco*.

Vénus et Junon ont déchaîné un orage. Didon et Énée ont trouvé refuge dans une caverne. Voici comment Bergoing nous décrit la scène :

« Énée bien ajusté, car tout le monde est d'accord
Qu'il était ce matin noble comme un Saint Georges,
Au premier rang de tous, beau comme le soleil,
Car jamais, il n'y en eut un autre comme lui,
Sur un barbe alezan tout feu tout flamme,
De deux coups d'éperon est auprès de Madame
...
Les eaux ont tant enflé le lit du torrent
Que les pauvre roussins ont de l'eau jusqu'au poitrail.
Pendant le mauvais temps et que tout s'entrechoque,
La reine et le duc entrent dans une grotte
De dire ce qui s'y passe, certes, dispensez-moi,
Chacun en parlera suivant son sentiment
Il me suffit de dire que Vénus fanfaronne
S'y rencontra avec dame Junon.
Ainsi vous pouvez jugez d'ici si nos gens
Ne s'amusèrent pas pendant le mauvais temps.
Cependant que tous deux éclataient de rire
Et faisaient ce que moi je n'ose dire
La Terre et Junon se donnent le signal
Et voici que les coups de tonnerre fondent à qui mieux mieux.
On ne voit rien que feu, que pluie et que ravage.
Les astres sont d'accord, consentent au mariage.
Les nymphes de regret ne font plus que pleurer
Prévoyant le malheur qui risque d'arriver »[1].

D'Assoucy, autre prince du burlesque, met en musique *Ovide en belle humeur*, une parodie des amours d'Apollon et de Daphné, après avoir composé la musique d'accompagnement de l'*Andromède* de Corneille et le *Ballet des Incompatibles*, donné à Montpellier, avec la participation de Molière et de sa troupe, alors en Languedoc, en 1654.

Ce personnage haut en couleurs, aux mœurs libertines, joue les pique-assiette en se promenant à travers le pays avec son âne et Pierrotin,

---

[1] *L'Eneïda de Virgila, libre quatriesme, revestit, de nau et abilhat a la burlesca*, ibid., p. 274.

son jeune page complaisant, se heurtant au passage à la colère des femmes de Montpellier qui, à l'appel de l'une d'entre elles, le pourchassent dans les rues de la ville. Était-ce cette même mégère, surnommée « la Branlaîre », qui quelque temps auparavant avait mené la révolte contre les « traitants », ces personnages impopulaires qui affermaient la perception des taxes ? Dans ses *Aventures burlesques*, d'une veine toute picaresque, il raconte comment il rencontra plusieurs fois Molière et ses amis, notamment à l'hôtellerie du Bât d'Argent, à Pézenas.

Le carnaval, temps de liberté, est la fête baroque par excellence. L'ordre social est jeté à bas, les valeurs sont renversées. L'ivrognerie, la paresse, la goinfrerie, la paillardise, tous les vices deviennent vertus. Aristocrates, bourgeois et hommes du peuple se mêlent dans de joyeuses farandoles conduites par Pierre Goudouli ou se pressent devant les tréteaux dressés pour une farce de Claude Brueys. Bacchus, Ulysse, les silènes, personnages mythologiques, s'enracinent dans la tradition folklorique occitane et parlent sans complexe le *bel lengatche*, le provençal pour le premier, le dialecte toulousain pour le second.

Dans son *Arenga funebra* sur la mort de Caramentran, Claude Brueys nous explique, à sa façon, l'origine du Carnaval :

> « Après que la troupe divine
> Que Mars à la guerre commande
> Eut repoussé de vive force
> Les géants et les eut battus,
> Les poursuivant jusqu'aux déserts,
> Et en taillant beaucoup de pièces,
> Jupiter, qui n'est pas ingrat,
> Pour témoigner sa reconnaissance
> À ses amis d'une victoire,
> Qui entraînait assez de gloire,
> Les récompensa tous
> Et caressa jusqu'aux plus humbles
> De toutes sortes d'embrassades,
> Accompagnées de grands présents.
> Puis il leur offrit un banquet,
> Où chacun se défit
> Boutons et aiguillettes
> Et même, je m'en porte garant, la braguette.

La folle liberté des baroques languedociens (1593-1661)

> Ils se remplirent de bon vin.
> Comme ils en étaient à la fin
> Bacchus, un dieu fort ivrogne,
> Qui ne pouvait contenir sa grimace,
> Par envie qu'il avait de pisser
> Ne fit d'un élan que courir
> Jusqu'à la cuisine,
> Versant un déluge d'urine
> Sur les cendres du foyer.
>
> De là se forma un ciron qui devint un vermisseau
> Et peu après un enfant à terme,
> Qui étonna chacun
> De voir un enfant si tôt,
> Formé de cendres et d'urine.
> En trois jours il eut bonne mine.
> On l'appela Carême entrant » [1].

Étienne Moulinié, toujours lui, mêle fiction et burlesque dans son *Ballet du mariage de Pierre de Provence avec la Belle Maguelonne*. Ce spectacle raffiné, où évoluent les gentilshommes et leurs valets de l'entourage de Gaston d'Orléans, ne doit cependant pas faire oublier des manifestations plus populaires, portées notamment par le théâtre de Béziers, en pleine créativité entre 1618 et 1657, bien que la fête y ait lieu non pas à la veille du Carême mais le jour de l'Ascension. Pépézuc, le Gargantua local, se met alors en colère lorsqu'il s'écrie :

> « Car qu'est Béziers sans le chameau ?
> Une grosse ruche sans miel !
>
> Qu'est ce que les Charités sans la galère ?
> Une fête sans bonne chère !
>
> À quoi ressemble Béziers sans cela ?
> Un village sans ménétriers » [2].

Les peintres ne sont pas en reste. Ils ne cantonnent pas leurs travaux à de grandes peintures pour les églises ni à des portraits officiels de grands

---

[1] Claude Brueys, *Arenga funèbra sur la mort de Caramentrant*, *ibid.*, p. 218.
[2] *Retrait du Théâtre de Béziers, La colère ou furieuse indignation de Pépézuc*, *ibid.*, p. 245.

personnages, consuls, présidents de parlement, universitaires ou grands argentiers, comme Reich, seigneur de Pennautier, trésorier des États de Languedoc. Des commanditaires privés encouragent le peintre Nicolas Tournier à produire des images de genre, en *mezza figure* (en demi-figure), mettant en scène des personnages populaires rencontrés dans la rue, revêtus de leurs habits de tous les jours : des musiciens, des soldats, et des buveurs, beaucoup de buveurs, à la trogne réjouie, qui lèvent leur verre ou brandissent une flasque de vin.

Suivant les prescriptions du Concile de Trente, l'Église catholique, réorganisée, renforce sa doctrine. Repris en main par le séminaire de Saint-Sulpice de Paris et l'action de Saint Vincent de Paul, un nouveau clergé développe une stratégie de prédications et de missions. En Languedoc, Alain de Solinhiac, évêque de Cahors, fait figure de clerc novateur lorsqu'il exhorte les prêtres dont il a le magistère à publier leurs mandements en langue d'oc, afin de les mettre à la portée du plus grand nombre. La confession devient un outil pour ramener les âmes égarées au bercail. L'austère Nicolas Pavillon, évêque d'Alet, un des diocèses les plus crottés de la province, réputé pour ses œuvres charitables et sa conduite exemplaire, pousse Conti à répudier les comédiens qu'il avait pris sous sa protection et à ordonner le ménage de sa maison afin de retrouver le chemin de son salut. Dans les collèges, Jésuites et Oratoriens rivalisent pour former les élites chrétiennes. Partout naissent des confréries pieuses, qui réunissent des laïcs dans des exercices de piété. À la fin du XVIe et au début du XVIIe siècle, les gens des métiers se regroupent en corps, qu'ils placent sous le vocable d'un saint patron. Ils définissent dans un statut propre, approuvé par les autorités, non seulement les règles de leurs activités professionnelles, mais encore les obligations religieuses auxquelles ils jurent de se soumettre.

Une nouvelle sensibilité religieuse s'exprime dans une pratique renouvelée. Ainsi la musique sacrée entre plus largement que par le passé dans le rituel de l'office post-tridentin, avec les chapelles de musique des chapitres cathédraux et collégiaux, qui sont autant d'écoles de formation pour les chantres, les musiciens et les compositeurs. Comme on l'a vu, les frères Moulinié, Antoine et Étienne, ont fait leurs débuts de chanteurs à la cathédrale Saint-Just de Narbonne. Remarqué pour sa voix de basse, Antoine, l'aîné, avait suivi l'évêque de Carcassonne à Paris pour devenir chantre de la Cour. Le service des offices est strictement réglementé et tarifé par contrat entre les desservants et les autorités municipales.

Les sanctuaires les plus importants sont dotés d'un orgue pour accompagner les chants. La décoration des églises s'enrichit et les conseils de fabrique offrent autant de chantiers à des peintres itinérants. L'un d'entre eux, Nicolas Tournier (1590-1639), un peintre qualifié de « caravagesque », né à Montbéliard en 1590 et mort à Toulouse en 1639, est le représentant de la mode artistique du temps. Formé à Rome, non pas par le Caravage lui-même qui n'eut pas d'élèves, mais par ses admirateurs comme Bartolomeo Manfredi et Valentin de Boulogne, il séjourne pendant six ans en Languedoc, de 1632 à 1638, passant par Narbonne, Carcassonne, Béziers, Montpellier avant de se fixer à Toulouse. On ne sait s'il fut attiré dans la capitale de la province par Bernard de Reich, seigneur de Pennautier, trésorier des États de Languedoc, dont il réalisa un portrait et qui fut son protecteur, ou par d'autres qui, comme lui étrangers à cette région, y avaient fait résidence.

Ainsi les frères François, Guy et Jean, deux Auvergnats qui, après leur voyage à Rome, réalisèrent à Montpellier pour l'église Notre-Dame des Tables un *Christ en croix avec la Vierge, Saint Ignace et Saint François Xavier* (1634) et, à Toulouse, une *Présentation au temple* et un *Mariage de Sainte Catherine*. Ou encore Martin Faber et le flamand Louis Pinson. Deux peintres régionaux sont toutefois à mentionner : Pierre Lavergne, né à Narbonne en 1621, qui est l'auteur de la *Descente de croix* de la cathédrale Saint-Just, et Gabriel Fournier, né à Pézenas, qui, après un périple passant par Bordeaux, Amsterdam et Narbonne, exécuta une *Sainte Famille* pour l'église collégiale de sa ville natale.

Tous ces peintres, rapprochés dans un document récemment publié sur la route caravagesque, à l'occasion des expositions « Corps et ombres » présentées conjointement à Toulouse et à Montpellier[1], appartiennent à une même école, qui se caractérise par les jeux de lumière selon la technique du clair-obscur, une palette de couleurs limitée aux

---

[1] Voir le catalogue, Michel Hilaire, Axel Hémery (dir.), *Corps et ombres. Caravage et le caravagisme européen*, Milan, Éditions 5 continents, 2012.

ocres, aux bruns, aux rouges et aux noirs et le réalisme des sujets représentés.

Nicolas Fournier vit des commandes des institutions pieuses : confréries, chapitres cathédraux et collégiaux, évêques, pour la réalisation de toiles monumentales comme un *Christ en croix* pour l'église des Minimes de Toulouse, un *Christ descendu de croix* pour la cathédrale Saint-Étienne de Toulouse, *Tobie et l'ange* pour la cathédrale Saint-Just de Narbonne.

La Passion est le thème privilégié de ces peintres, à une époque où la mort est omniprésente dans la vie quotidienne. On observe en effet une forte mortalité infantile et, d'une manière cyclique, se succèdent les crises de surmortalité, liées aux disettes et aux épidémies, qui caractérisent la démographie d'Ancien Régime. Les cérémonies funèbres sont l'objet de tous les soins, en théâtralisant la douleur. Comme le raconte le chevalier Poncet, auteur d'une *Histoire de la ville de Pézenas de ses origines à 1733*, un flambeau de cire à la main, cinquante pauvres revêtus d'un drap noir, taillé pour la circonstance, font escorte à la dépouille mortelle d'Armand de Bourbon, prince de Conti, gouverneur du Languedoc, décédé à la Grange des Prés le 2 février 1666. En grande pompe et avec force oraisons, ses entrailles sont enterrées dans le sol même de l'église des Observantins, son cœur emporté ailleurs et ses ossements placés dans un cénotaphe dans la chapelle de la Chartreuse de Villeneuve-lez-Avignon.

La mort est présente dans toutes les disciplines artistiques. Au théâtre, la tragédie est à la mode. Alexandre Hardy, comédien itinérant (comme Molière à cette époque), écrit plus de 700 pièces, dont 33 ont été conservées. Il y met en scène assassinats et suicides, des morts violentes et héroïques dont le public raffole. Par leur sacrifice, Didon, Cléopâtre, Lucrèce sont les héroïnes de ce théâtre, que viennent applaudir des spectateurs avides de sacrifices humains et de cérémonies macabres.

L'opéra naissant n'est pas en reste. Dans *Le Couronnement de Poppée*, Claudio Monteverdi invite les spectateurs à être les témoins directs du suicide de Sénèque, le précepteur de Néron.

La naissance de l'opéra est le phénomène musical majeur de cette époque, avec la grande figure de Claudio Monteverdi (1567-1643), maître de musique de la chapelle du duc de Mantoue, puis de la basilique Saint-

La folle liberté des baroques languedociens (1593-1661)

Marc de Venise. S'inspirant de modèles apparus à Florence, il compose les premiers drames lyriques qui combinent musique instrumentale et vocale, dialogues et poésie, en utilisant décors et machines à effets destinées à provoquer l'émerveillement.

L'opéra est un spectacle total et l'*Orfeo* de Monteverdi, donné en 1607 à Mantoue, est considéré comme la première œuvre de ce nouveau genre. Elle est construite sur un thème mythologique alors que, pour sa dernière œuvre, *Le Couronnement de Poppée*, écrite à la veille de sa mort, Monteverdi choisira cette fois un thème réaliste.

Si la persuasion ne réussit pas, les tribunaux de l'Inquisition, les Jésuites et les Parlements usent de la contrainte. Comme à Toulouse, en 1619 où, accusé de blasphème, d'impiété, d'athéisme et d'homosexualité, Giulio Cesare Vanini a été condamné par le Parlement à avoir la langue tranchée, à être étranglé, puis brulé, place du Salin.

Dix ans après, le gentil poète et tragédien baroque Théophile de Viau, un méridional lui aussi, né dans l'Agenais en 1570, est à son tour accusé d'impiété, d'obscénités et d'homosexualité. Il est même brûlé en effigie sur le parvis de Notre-Dame de Paris, car il a réussi à s'enfuir en Angleterre. Mais, à son retour, il ne doit d'être libéré de son cachot de la Conciergerie qu'à la protection de Montmorency qui, jusqu'à sa mort, l'accueillera à Chantilly dans un exil doré.

Créée à Paris en 1630 par Henri de Lévis, duc de Ventadour, la Confrérie du Saint-Sacrement, société secrète, et ses filiales de province propagent le dogme de la présence réelle du Christ dans l'Eucharistie, multiplient les œuvres de charité et, dans le même temps, mènent le combat contre les libertins de tout poil. On connaît celui qu'elle mena, avec l'appui de la reine mère, contre l'auteur de *L'École des Femmes*, du *Tartuffe* et du *Don Juan*, pièces jugées licencieuses, dont les représentations furent suspendues et longtemps interdites. Il fallait un sacré courage pour oser affronter les vérités établies en exerçant son libre arbitre.

Une détermination qui pouvait conduire aux excès, tant est difficile le chemin de la mesure. Ces excès, ni le libertinage ni la bigoterie ne les ont ignorés. Le vrai libertin est celui qui brave tous les interdits, n'hésite pas à publiquement entonner chansons à boire et chants sacrilèges, à pasticher sermons et confessions, à manger gras en temps de Carême, à pratiquer l'homosexualité.

Théophile de Viau fait figure de chef de file de ces esprits forts qui se retrouvent dans le quartier du Marais avant de se réfugier auprès de Gaston d'Orléans. Ce sont eux qui entourent le jeune prince de Conti lorsque ce dernier accueille la troupe de Molière dans son exil à la Grange des Prés, après l'échec de la fronde bordelaise. Jean-François Sarrasin, dont il a fait son intendant, qui fait partie de l'entourage d'un prince frivole, est considéré comme un précurseur des philosophes athées du XVIIIe siècle, un apôtre de la libre pensée. Moins connu, Jacques Vallée, seigneur des Barreaux (1596-1673), fait également scandale, par ses mœurs et ses propos impies. Et, juriste comme lui, Vauquelin des Yveteaux (1590-1673) est renvoyé du Parlement de Rouen, puis de la Cour, pour atteintes aux bonnes mœurs. Il vit à Paris, boulevard Saint-Germain, vêtu en berger, un ruban rose au chapeau, la houlette à la main, en vrai disciple d'Épicure, du moins le croit-il, car il touche déjà à un libertinage contrôlé.

Aux antipodes de la liberté des mœurs, mais tout aussi excessive, sévit la bigoterie, à laquelle conduit ce phénomène d'origine quasi-surnaturelle que l'on désigne alors sous le terme de « conversion ». Le refuge n'est plus alors l'Arcadie, peuplée d'aimables bergers et bergères, mais une solitude où l'homme est seul face à Dieu. On ne compte plus le nombre de « conversions » qui, en fin de vie, poussent les Grands, tels Conti ou encore sa sœur la duchesse de Longueville, à faire retraite, à Port-Royal ou ailleurs. Mais le célèbre monastère apparaît alors comme un autre foyer de résistance auquel un pouvoir monarchique, qui se veut absolu, devra bientôt s'attaquer.

C'est au juste milieu, loin des excès de toute nature, que se situe le libertinage, entendu comme liberté de pensée, qui puise ses principes dans la philosophie stoïcienne (Épictète, Sénèque) et platonicienne. Giulo Cesare Vanini (1585-1619), déjà cité comme la victime de l'ordre moral, est un juriste, philosophe et physicien gyrovague, qui a trouvé refuge à Toulouse comme précepteur, le jour, sous la protection d'Adrien de Monluc, et libertin, la nuit. Sa philosophie veut expliquer par le naturel les phénomènes surnaturels. S'il reconnaît l'existence de Dieu, comme l'ordonnateur des phénomènes naturels – on parlera plus tard de « grand architecte de l'Univers » –, il nie la validité des religions révélées, prenant des formes diverses selon les civilisations auxquelles elles appartiennent, et qu'elles contribuent à construire.

Si Vanini est un étranger, réprouvé, François de la Mothe Le Vayer (1588-1672) est un personnage on ne peut plus officiel, puisque précepteur des enfants royaux. Sa pensée se prononce contre les fausses valeurs : l'argent et le pouvoir, préconisant une vie équilibrée, harmonieuse, où l'amitié a rang de vertu suprême. Ce grand sceptique est, comme Jean-François Sarrasin, un précurseur des philosophes du XVIII siècle.

Cette aspiration au retour à la sagesse antique d'Épicure et des stoïciens trouve un écho en Languedoc avec Adrien de Monluc et son *Philosophe gascon* :

> « maître de tes volontés, et roi de tes affections, tu ne connais l'insolente tyrannie des grands que par ouï dire, tu méprises leur mépris et te moques de ceux qui courent après le vent de leurs faveurs, qui laissent le repos pour la peine, l'honneur pour la honte, le certain de leur condition pour l'incertitude de leurs espérances, la vérité pour le mensonge, la libre vertu pour la vicieuse servitude, les délices permises d'une vie civile et pacifique pour les douleurs violentes des folles et tumultueuses pensées d'un esprit dépravé, le corps pour l'ombre, la vie pour la mort et le Paradis pour l'enfer.
> Qu'as-tu donc à te plaindre ? Quoi ! Il m'est avis que je t'entends encore murmurer je ne sais quelles imprécations.
> Ô pauvre d'esprit ! Ne sais-tu pas que celui là est riche qui est content ? Que celui augmente ses richesses qui apetisse la convoitise ? Que le bien-être ne consiste pas au plus mais en ce qui suffit raisonnablement à chacun ?
> N'as-tu jamais ouï dire que tout n'est ici-bas que vanité et fumée ? Qu'autant en emporte le laboureur que le roi ? Que le cœur d'un monarque dévalé dans la fosse n'est que le déjeuner des vers ?
> Que le souverain bien gît en la tranquillité de l'âme ? Et que la tranquillité se trouve en la médiocre possession des choses nécessaires à la vie plutôt qu'en la surabondance des faveurs de la fortune ? »[1].

Ainsi apparaît l'homme baroque, déchiré entre une réalité souvent tragique et la fiction d'une Arcadie heureuse et pacifique, entre sa fidélité

---

[1] Adrien de Monluc, *Le Philosophe gascon*, p. 57.

au roi et un esprit de révolte, parfois jusqu'au-boutiste, jusqu'à la mort inclusivement, entre sa soumission à un ordre voulu par Dieu et son libre-arbitre. Autant de contradictions, certes, mais le libertin, homme du défi, est un homme libre parce qu'il se donne la liberté de choisir.

Pour peu de temps : ses jours sont comptés, la machine est en marche.

Le courant baroque, de caractère européen, traverse ainsi le Languedoc à une période charnière de son histoire. Il y trouve un terrain favorable à son développement, dans une période de transition où les difficultés de toutes sortes conduisent à la remise en cause des valeurs traditionnelles de mesure, d'équilibre et de raison.

Pourtant, sa fin est annoncée avec l'arrêt des conflits – il est vrai provisoire –, extérieurs comme intérieurs. En 1659, le traité des Pyrénées met fin à la guerre avec l'Espagne. L'année suivante, l'entrée victorieuse de Louis XIV dans Marseille marque la fin de la Fronde. Deux ans plus tard, à la mort de Mazarin, le roi décide de gouverner seul. Une nouvelle conception du pouvoir s'impose alors dans les domaines politique, militaire, administratif, certes, mais aussi musical, architectural, pictural, littéraire. Tout doit désormais graviter autour de la personne royale, dans les cadres fixés par des règlements dont sont dotées les académies royales.

Comme nous l'avons vu, harangues, poèmes, ballets et autres airs de cour, premières manifestations du culte monarchique, annonçaient l'avènement de l'absolutisme. Ainsi dans le domaine musical, comme dans les autres domaines de création culturelle, y compris linguistique, le florentin Jean-Baptiste Lully (1632-1687), qui devient surintendant de la musique en 1661, obtient du roi l'exclusivité de la création au détriment de son rival Charpentier et au grand dam de Molière. Il compose, en 1674, le premier opéra français : *Alceste ou le triomphe d'Alcide*.

Un ordre nouveau régit la conscience individuelle et collective. Sous l'influence de leur confesseur, les héros baroques se « convertissent ». Conti se donne des règles pour conduire sa maison et fait pénitence pour les fautes qu'il a commises au détriment d'autrui tandis

La folle liberté des baroques languedociens (1593-1661)

que sa sœur, Anne-Geneviève, duchesse de Longueville, trouve refuge dans une thébaïde.

Le royaume en son entier devient une terre de mission. Les érections de croix sur les places ou au carrefour des chemins concluent les prédications de masse et les offices d'actions de grâce. Une chasse systématique est menée par les autorités religieuses et civiles contre ces abbés de jeunesse, grands ordonnateurs des réjouissances populaires, singulièrement en Carnaval, dont l'élection est particulièrement surveillée, les déviants, les sorciers et sorcières, les homosexuels. Est frappé tout ce qui est hors norme. Les pauvres eux-mêmes ne sont plus considérés comme des agents de rédemption mais sont exclus de la société, enfermés et mis au travail dans des hôpitaux généraux.

Molière lui-même eut à souffrir de cet ordre moral porté par la Compagnie du Saint-Sacrement. Les représentations de pièces comme l'*École des femmes*, le *Tartuffe*, *Don Juan*, donnèrent lieu à de vives querelles, qui aboutirent à des interdictions. Une campagne de pamphlets dirigés contre sa vie privée l'accompagna jusqu'au tombeau.

On est loin de l'image d'une cour aux mœurs réputées dissolues qui s'imposera au siècle suivant. Dans la seconde moitié du XVIIe siècle, c'en est fini de la folle liberté des baroques, en Languedoc comme ailleurs. L'homme baroque est condamné à mourir et, comme il se doit, il le fera sur scène, sous la plume d'un Molière, exécutant des œuvres de son roi et maître Louis XIV. Avec le *Tartuffe*, il a déjà condamné les dévots, avec *Don Juan*, il exécute l'homme baroque, Don Juan, le type même du libertin qui considère les femmes comme des objets tout juste bons à assouvir une passion éphémère :

> « Tu me dis qu'il a épousé ta maîtresse : crois qu'il aurait plus fait pour sa passion et qu'avec elle il aurait encore épousé toi, son chien et son chat. Un mariage ne lui coûte rien à contracter ; il ne se sert point d'autre piège pour attraper les belles et c'est un épouseur en toutes mains. Dame, demoiselle, bourgeoise, paysanne, il ne trouve rien de trop chaud ni de trop froid pour lui : et si je te disais le nom de toutes celles qu'il a épousées en divers lieux, ce serait un chapitre à durer jusques au soir »[1].

---

[1] Molière, *Don Juan*, Acte I, Scène 1.

« Je tâte votre habit, l'étoffe en est moelleuse... »
Molière, *Tartuffe*, III, 3.

Don Juan qui ne respecte pas l'autorité de son père, lequel le réprimande :

> « Nous n'avons part à la gloire de nos ancêtres qu'autant que nous nous efforçons de leur ressembler et cet éclat de leurs actions, qu'ils répandent sur nous, nous impose un engagement de leur faire le même honneur, de suivre les pas qu'ils nous tracent.
> Apprenez qu'un gentilhomme qui vit mal est un monstre dans la nature, que la vertu est le premier titre de noblesse, que je regarde bien moins au nom qu'on signe qu'aux actions qu'on fait, et que je ferais plus état du fils d'un crocheteur qui serait honnête homme que du fils d'un monarque qui vivrait comme vous »[1].

Qui offense Dieu et renie toutes les valeurs sociales et religieuses. Sganarelle, qui connaît bien son maître, le juge « le plus grand scélérat que

---

[1] Molière, *Don Juan*, Acte IV, Scène 6.

la terre ait jamais porté, un enragé, un chien, un diable, un Turc, un hérétique qui ne croit ni au ciel ni à l'enfer, ni au loup-garou »[1].

Mais don Juan est un homme qui respecte les règles de l'honneur. Il est fidèle en amitié lorsqu'il secourt don Carlos attaqué par une bande de brigands. Il sait se montrer généreux envers le pauvre mendiant à qui il donne la charité après l'avoir moqué parce qu'il s'est refusé à blasphémer :

« Tiens, je te le donne, pour l'amour de l'humanité »[2].

Enfin il se montre courageux jusqu'à braver la Mort elle-même. Interpelé sur ce qu'« Il n'est pas civil d'aller voir un homme qu'on a tué... », il répond : « –Au contraire, c'est une visite dont je lui veux faire civilité et qu'il doit recevoir de bonne grâce s'il est galant homme ». Et alors que la statue du Commandeur prend l'image de la Mort, la faux à la main, il brave encore le destin en criant :

« Je veux éprouver avec mon épée, si c'est un corps ou un esprit »[3].

Don Juan qui restera jusqu'au bout, quoi qu'il en coûte, un homme follement épris de liberté.

---

[1] Molière, *Don Juan*, Acte I, Scène 1.
[2] Molière, *Don Juan*, Acte III, Scène 2.
[3] Molière, *Don Juan*, Acte V, Scène 5.

Rousseau et la révolution de l'*Essai sur l'origine des langues*

Au milieu du XVIIIᵉ siècle, l'histoire de la musique fut ébranlée par un événement que l'histoire a retenu sous le nom de « querelle des Bouffons », d'après le nom d'une troupe italienne qui s'installa à Paris en 1752 et remporta un énorme succès avec *La Serva Padrona* de Pergolèse, grâce à ses ariettes simplistes et ses sentiments banals. On ne pouvait pas comparer cet opéra bouffe italien avec *Hippolyte et Aricie*, opéra séria grâce auquel Jean-Philippe Rameau[1] remportait un succès mérité depuis 1733. C'est à cet ouvrage pourtant, devenu l'emblème de la musique lyrique française, qu'on reprocha son caractère sérieux et ses sentiments nobles. Jean-Jacques Rousseau s'attaqua spécialement – et nommément – à la thèse et à l'auteur, son aîné de presque trente ans. Dans les deux camps se battent des représentants du monde culturel : pour défendre la musique française, « côté du Roi », pour signifier leur situation sous la loge du roi lors des représentations, Fréron et d'Alembert, venus à l'aide de Rameau ; dans le camp italien, « côté de la Reine », Grimm, Diderot, Rousseau et les Encyclopédistes. Les musicologues regrettent avec raison la violence des

---

[1] Jean-Philippe Rameau (1683-1764), Jean-Jacques Rousseau (1713-1778). La bibliographie sur la question est plus qu'abondante : si l'édition des *Œuvres complètes*, Paris, Gallimard, 1959-1965 fait autorité, nous nous référons prioritairement à *Essai sur l'origine des langues où il est parlé de la mélodie et de l'imitation musicale*, suivi de *Lettre sur la musique française* et *Examen de deux principes avancés par M. Rameau*, introd., notes, bibliographie et chronologie Catherine Kintzler, Flammarion, « GF », Paris, 1993.

attaques contre une musique lyrique française, élaborée et riche, dont l'œuvre de Rameau est le fleuron, mais qui se relèvera mal de cette querelle meurtrière. Du moins ces mouvements passionnés auront-ils montré l'intérêt qu'on portait à la musique de divertissement, à la cour et à la ville. Des historiens ont vu aussi dans ces contestations de la musique d'Ancien Régime les prémices de la Révolution française. À nous d'en juger en usant des armes littéraires que Rousseau nous a laissées : les *Lettre sur la musique française, Dictionnaire de la musique, Examen de deux principes avancés par M. Rameau* et, surtout, l'*Essai sur l'origine des langues, où il est parlé de la mélodie et de l'imitation*, qui va faire l'objet de notre étude.

S'il est un événement d'importance, à la fois littéraire et musical, au XVIIIe siècle, c'est bien cette guerre de pamphlets et d'essais autour de la musique lyrique, qui mit en concurrence, d'une manière caricaturale et en partie injustifiée, l'*opera buffa* venu d'Italie et la sage institution de la tragédie lyrique en France, représentée par Jean-Philippe Rameau. Jean-Jacques Rousseau, dont l'année 2013 célèbre le 300e anniversaire, est, à cette occasion, le champion de la cause italienne. Mais son emblématique *Essai sur l'origine des langues* dépasse largement la querelle pour éclairer de façon originale l'évolution des idées – philosophiques, anthropologiques, esthétiques – de la France après la vogue, qui s'est imposée partout, du classicisme français.

Il est vrai qu'avec du recul il est permis d'affirmer que se jouait là une partie plus importante qu'un simple engouement monté en épingle. Jean-Jacques Rousseau semble en effet se servir de cette affaire inattendue sur la musique pour approfondir et diffuser des idées qu'il avait déjà lancées et qu'il tenait en réserve. À relire attentivement ses écrits de l'époque, on s'aperçoit que la controverse détermine l'évolution esthétique de notre histoire, que son regard dépasse l'horizon de son siècle, *a fortiori* les représentations bruyantes de *La Serva Padrona*, et même l'œuvre musicale de Jean-Philippe Rameau dont notre époque ne cesse de découvrir et d'admirer la beauté. C'est que Rousseau nous conduit dans un univers philosophique et anthropologique que les antagonistes de 1752 ne soupçonnaient pas.

En ce qui concerne la chronologie, pour cette époque, des œuvres de Rousseau, nous nous contenterons de renvoyer le lecteur à l'excellente introduction de Catherine Kintzler à l'édition de son *Essai*[1]. Rousseau achève son *Discours sur l'origine de l'inégalité* en 1754. Dans ce texte, il réserve un « fragment » qu'il développe en 1755, comme réponse aux *Erreurs sur la musique dans l'Encyclopédie*, de Rameau. Grâce à la découverte, en 1974, d'un manuscrit de Rousseau (Ms R 60), on possède un maillon intermédiaire à cette réponse qui porte le titre de : « Du Principe de la mélodie, ou réponse aux *Erreurs sur la musique* ». Puis il reprend le début et la fin de ce texte pour composer l'*Examen de deux principes avancés par M. Rameau*. Enfin, il modifie et enrichit le cœur de ce même texte pour en faire l'*Essai sur l'origine des langues*. Il faut conclure de l'établissement minutieux de cette chronologie que l'*Essai* doit beaucoup à la polémique entre Rameau et Rousseau, que la querelle des Bouffons a réduite à un populaire amusement de salons. Cette hypothèse est confirmée par ce que Rousseau écrit à Malesherbes le 25 septembre 1761 :

> « Je souhaiterais [que cet *Essai*] pût être donné à part à cause de ce Rameau qui continue à me tarabuster vilainement, et qui cherche l'honneur d'une réponse directe qu'assurément je ne lui ferai pas »[2].

Dans le titre de son *Essai*, Rousseau promet donc de survoler la querelle et de traiter indirectement de « mélodie » et d'« imitation musicale », en centrant étrangement son analyse sur un sujet insoupçonné de Rameau et de la plupart des musicologues : « l'origine des langues », qu'on nommerait plus justement aujourd'hui : « origine du langage ». Sur vingt parties d'inégales longueurs[3], il commence par un développement (I à VII) de sa théorie sur l'origine du langage proprement dit ; continue, après une transition (VIII), avec ce qui pourrait paraître une digression (IX-XI) sur les différences entre les langues du Sud et du Nord ; en arrive enfin (XII-XX) à l'origine de la musique et, contre Rameau et l'harmonie, à son choix de la mélodie comme originelle. Son argumentation repose très souvent sur une distinction binaire dont l'un des éléments est une

---

[1] Rousseau, *Essai sur l'origine des langues*, Flammarion, « GF », 1993, p. 9.
[2] Cité dans l'Introduction de Catherine Kintzler, pp. 9-10.
[3] Soixante-douze pages dans la collection GF-Flammarion. Le plus petit chapitre (XVII, p. 118) couvre à peine une demi-page, le plus long (XIX, pp. 83-97) s'étale en revanche sur une quinzaine de pages. Compte tenu de la surévaluation due au comptage des pages non pleines, la moyenne des paragraphes est d'environ trois pages.

dégradation de l'autre : les passions et les besoins, la mélodie et l'harmonie, le cœur et la raison... Mais le cadre chronologique de cette évolution ne saurait être historique. Selon une pratique modelée sur la démarche platonicienne, Rousseau raconte une histoire d'origine mythique. La philosophe Catherine Kintzler le justifie en ces termes : « Une théorie scientifiquement fausse peut demeurer une pensée philosophiquement valide si elle est de l'ordre d'une pensée qui va jusqu'au bout, menant vers des questions fondamentales, éclairant aussi bien elle-même que les adversaires auxquels elle s'en prend. Ainsi le mythe philosophique qu'est la langue originaire prend valeur d'objet explicatif, exemplaire de ce qu'on appelle "vérité" en philosophie : sa fonction n'est pas d'être vrai au sens positif ou scientifique du terme, mais de révéler ce qui était obscur, de récuser les idées reçues et de faire penser »[1]. Qui reprocherait en effet à Platon l'irréalité de sa caverne ou de son androgyne ? Leur vérité philosophique repose sur la pertinence des conséquences de ces hypothèses mythiques. Nous prétendons nous assurer de cette pertinence en trois étapes. D'abord, faire un état des lieux de la publication de la thèse de Rousseau : l'idéal classique auquel il s'oppose, les nouvelles découvertes sur l'harmonie, la précision de ses recherches sur le langage. Puis nous suivrons avec lui le processus double et opposé de progrès et de dégénérescence, en ce qui concerne le langage aussi bien que la musique. Enfin, nous examinerons la richesse de la notion d'« imitation » qu'il annonce dès le titre de son *Essai*, et dont nous nous servirons pour éclairer la distinction fondamentale entre « propre » et « figuré ».

Pour comprendre la position philosophique de Rousseau, il faut replacer la querelle des idées dans son cadre historique. Sa revendication de simplicité faisait déjà partie des arguments des Anciens dans la fameuse querelle des Anciens et des Modernes, qui fit rage dans le dernier quart du XVIIe siècle. On y invoquait en effet « l'art simple de la nature », on souhaitait « reprendre enfin le simple et le naturel ». Mais la suite fera comprendre qu'il en allait d'une confusion sur le sens de « nature »,

---

[1] Catherine Kintzler, Introduction à l'édition de Rousseau, *Essai sur l'origine des langues*, *op. cit.*, p. 45.

comme lorsque les tenants du classicisme évoquent une parfaite harmonie entre la pensée et l'expression, grâce à l'imitation de la nature, sur laquelle nous aurons à revenir.

L'esprit moderne s'est imposé par étapes, du XVIIe au XVIIIe siècle. L'une d'entre elles concerne Homère, au début du XVIIe s., et met aux prises Mme Dacier et Houdart de la Motte. Peut-être Rousseau s'en souvient-il en écrivant le chapitre VI de son *Essai* : « S'il est probable qu'Homère ait su écrire ». En 1714-15, il était question du respect sacré que l'on devait à Homère, aède emblématique, après la parution quasi-injurieuse d'une traduction en prose d'un auteur qui ne connaissait pas la langue grecque. En doutant, au milieu du siècle, qu'Homère le chanteur ait su écrire, Rousseau ne grossit pas la cohorte des irrévérencieux, comme on pourrait le croire, mais, reconnaissant la valeur éminente du maître fondateur, il l'attribue à son chant et non à la rédaction de ses poèmes. Que la gloire d'Homère retombe donc sur l'autorité de sa voix ! Mais la contestation des Anciens pendant la période classique prend le plus souvent racine dans une défense opportuniste des mérites de sa propre époque. Pascal ou Descartes, par exemple, annoncent ainsi l'esprit moderne, en s'inspirant du progrès des sciences, pour mettre en cause l'influence stérilisante de l'Antiquité.

Ce qui caractérise le mieux l'esprit classique dans les arts est probablement l'utilisation de la « médiation ». La première de ces médiations tient à ces règles esthétiques classiques, auxquelles il est impossible de se soustraire. Il faut dire qu'elles ont été d'autant plus mises en avant et critiquées que les pseudo-classiques du XVIIIe siècle les ont défendues et illustrées avec rigidité et formalisme. Puis, tout le processus de la création artistique classique fait écran entre « la simple nature » et l'œuvre proposée à l'admiration. Le réel doit être analysé, on doit relever ses traits caractéristiques, puis recomposer, grâce à l'art, un objet concret stylisé, artificiel. Une réalité fondamentale, qu'on appelle naturelle, rendue par une autre réalité, palpable. Une sorte de substitution matérialiste à laquelle n'est pas étranger le progrès scientifique qui lui est contemporain. L'art, comme l'écrit Catherine Kintzler, redonne ainsi aux choses leur éclat fondamental et les ramène à ce qu'elles sont. « Le fruit redevient alcool, l'églantine redevient rose, la pluie redevient onde, les vents redeviennent zéphirs et aquilons, la forêt redevient jardin, le mouvement redevient danse, le récit redevient poème, le bruit redevient son, la vie enfin redevient théâtre »[1]. L'objet de l'art remplace donc la réalité, dont la vérité fondamentale est ainsi « rendue ». L'œuvre à son tour commence sa vie matérielle en touchant les sens de ses admirateurs.

Cette théorie esthétique détermine aussi bien une hiérarchie entre les beaux-arts. Sont privilégiés les arts de l'objectivité, de l'espace, de l'extériorité, comme la peinture et la littérature, spécialement le théâtre, sans oublier l'art oratoire des prédicateurs dans les églises. Quant à la musique, elle n'occupe qu'une place de second ordre. Elle accompagne seulement la danse à la ville ou l'éloquence à l'église. Et sa promotion sous la forme de l'opéra est paradoxale. Catherine Kintzler l'explique de deux manières : l'opéra se réfère au théâtre en prenant la forme de la tragédie lyrique ; il montre les violences et le monde merveilleux que la tragédie cache. En face de la tragédie, l'opéra cultive à la fois le grandiose et le grotesque. La musique s'y est convertie en art de l'imitation. Il est en effet vraisemblable que l'amour fasse chanter, que la bataille soit représentée par le bruit de l'orchestre, qu'un dieu s'exprime avec une voix merveilleuse.

Or Jean-Philippe Rameau est une valeur incontournable du monde de la musique depuis le deuxième quart du XVIIIe siècle. Après une jeunesse de vagabondage, comme Rousseau, il goûte une reconnaissance sans égale, quand il est nommé, en 1745, compositeur de la chambre du roi, et qu'il reçoit, en 1753, des lettres de noblesse comme le plus éminent des musiciens français. Il y a deux hommes en lui : le musicien et le théoricien. Ses premières œuvres musicales sont ses livres de pièces de clavecin, qu'il publie de 1706 à 1741. Mais son rêve est de composer pour la scène. Après la réussite d'*Hippolyte et Aricie* (1733), il commence une seconde carrière, avec 21 compositions pour la scène.

---

[1] Introduction à l'*Essai*. On lira avec profit, pour continuer la réflexion : Catherine Kintzler, *Poétique de l'Opéra français de Corneille à Rousseau*, Paris, Minerve, 1991.

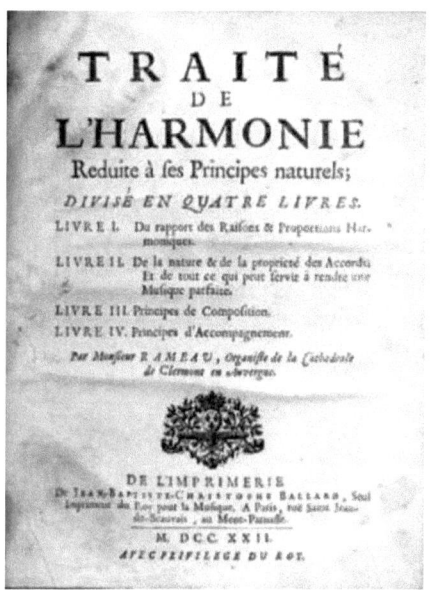

C'est cependant contre le théoricien que se déchaînent les Encyclopédistes lors de la querelle des Bouffons. Il trône en effet – non sans arrogance – au sommet des systèmes musicaux, avec la fameuse théorie qui définit l'harmonie à partir de la « basse fondamentale ». En 1722, il écrit le *Traité de l'harmonie réduite à ses principes naturels*, en 1726, *Le Nouveau système théorique*, en 1737, *Génération harmonique*. Avec *L'Origine des sciences*, il aurait aimé aller jusqu'à attribuer à la musique la somme de toutes les connaissances, mais il n'a pas été suivi dans cet excès.

Selon une démarche scientifique toute classique, Rameau s'applique à décomposer le son pour remonter à ses éléments « naturels ». La corde vibrante (de clavecin ou de luth) ou le bronze d'une cloche sont ses objets d'étude. Or il découvre, aidé de l'acousticien Joseph Sauveur[1], que toute note – nommée désormais « basse fondamentale » –, que l'oreille naïve croyait simple, est composée à la vérité de deux « harmoniques » qui l'accompagnent discrètement et forment avec elle une « triade ». De là est lancée une théorie sur l'harmonie, qui disqualifie l'oreille sans expérience scientifique et prétend justifier la pratique de l'harmonie en même temps que toute la musique. C'est ainsi que l'on rétablit l'ordre « naturel » qui était caché sous l'erreur d'audition : l'harmonie est présente même quand elle n'est pas audible, voilà la nature profonde de la musique.

Même constat d'illusion dans la thèse de Rameau, en ce qui concerne les rapports de la mélodie et de l'harmonie. On croirait volontiers que la mélodie est première et que l'harmonie vient se surajouter comme un accompagnement. Il faut se corriger. La mélodie n'est qu'un

---

[1] Joseph Sauveur (1653-1716), mathématicien et physicien français.

phénomène dérivé dans cette théorie. La musique apparaît sous cette forme : des sons, une ligne mélodique. Mais les sons sous-tendent toujours l'harmonie, qui leur permet d'exister et d'être pensés. Quand on écrit la mélodie avec son harmonisation, on restitue visuellement et auditivement ce qui échappait à l'oreille.

Ce à quoi s'opposera le plus Rousseau, c'est cette attitude acharnée à éliminer l'intervention de l'homme dans la recherche de la vérité profonde. L'harmonie est en effet, pour Rameau, un ordre sans valeur anthropologique, un simple ensemble de lois qui gèrent les rapports des sons entre eux. Certes Rameau revient à plusieurs reprises à la capacité de cette harmonie de toucher l'âme de l'auditeur, mais comme à un phénomène secondaire et qui ne mérite pas de compter dans son analyse. Peut-être faut-il souligner ici le paradoxe de l'engagement de ce compositeur-théoricien. D'une part un parti-pris tout scientifique, qui éloigne l'homme de sa recherche de la vérité ; d'autre part un créateur d'art envoûté par les effets artificiels et merveilleux de l'opéra. D'un côté, un savant lucide sur la nature profonde des sons, de l'autre, un psychologue incapable de prendre en compte son propre paradoxe.

La décomposition du corps sonore et la basse fondamentale ne suffisent pas à Jean-Jacques Rousseau. Il propose de rétablir la vérité en affirmant que cette thèse héritée du siècle de Louis XIV est aveugle aux effets moraux que les sensations déclenchent. Il peut donc, à la fin du chapitre XV, opposer, terme à terme, ces deux conceptions de la musique. Aux impressions sensuelles qu'elle provoque, il oppose les impressions morales ; en face des objets sensibles qu'analyse Rameau, il place les affections de l'âme ; bien au-delà de l'agrément (le plaisir physique) qu'on éprouve en l'écoutant, il situe l'émotion (la volupté).

Contre cette supériorité de l'harmonie sur la mélodie, Jean-Jacques Rousseau voudra remettre à sa place la primauté chronologique de la mélodie et le plaisir immédiat de la chanson populaire. À l'autorité rationaliste – seconde, superfétatoire –, il oppose le bon sens anthropologique, premier, immédiat.

Les mêmes camps s'opposent sur la notion de langues « propre » et « figurée ». Ils participent à une querelle qui, au XVIIIe siècle, les déborde, celle « des inversions ». Les théoriciens mécanicistes raisonnent selon une logique d'intelligibilité, qui remonte – selon la méthode scientifique – vers les causes avant de les déclarer premières. Rousseau pratique au contraire une logique de la généalogie d'apparition[1]. Or, la définition même du dualisme propre/figuré induit en erreur : « quand on se sert pour signifier une chose d'un mot qui ne lui est pas propre, et que l'usage avait appliqué à un autre sujet, cette manière de s'expliquer est figurée »[2]. La notion de « propre » est présentée comme tellement fondamentale qu'elle semble précéder l'invention des figures de style. On pourrait oublier que la règle d'usage se construit sur la durée et qu'elle ne peut être théorisée qu'après coup. Mais avant l'établissement des lois du lexique et de la grammaire, les tâtonnements restent informels et métaphoriques, ou « figurés ». L'inversion de cet ordre « propre/figuré », pratiquée par Rousseau, dérange donc profondément les esprits, encore aujourd'hui. Voici ce qu'il écrit, en effet :

> « Le langage figuré fut le premier à naître, le sens propre fut trouvé le dernier. On n'appela les choses de leur vrai nom que quand on les vit sous leur véritable forme »[3].

Car il faut du temps pour vérifier la justesse du terme utilisé d'abord spontanément, en référence à d'autres réalités ou notions similaires. Rousseau prend l'exemple du « géant » pour répondre à un étonnement de son lecteur fictif. L'homme rencontre un être qui le surprend par sa taille. Le premier mot qu'il lui attribue est tiré de la mythologie : « Géant », race d'hommes énormes détruits dans un combat contre Zeus. Ce n'est que plus tard que le mot propre d'« homme » dira enfin la réalité, relayant le mot figuré. « D'abord on ne parla qu'en poésie ; on ne s'avisa de raisonner que longtemps après »[4]. Cette manière d'inverser

---

[1] Catherine Kintzler développe ce point dans son introduction, *op. cit.*, p. 223.
[2] Définition de Bernard Lamy, dans *La Rhétorique ou l'art de parler*, Pralard, Paris, 1975, livre II, chap. I, p. 48. Voir aussi Condillac, *Essai sur l'origine des connaissances humaines*, P. Portier, Amsterdam, 1746, II, 1 ; Maupertuis, *Réflexions philosophiques sur l'origine des langues et la signification des mots*, s.l.n.d., [1748] ; et, enfin, Beaupré, article « Langue » de l'*Encyclopédie*.
[3] *Essai*, chap. III, *op. cit.*, p. 63.
[4] *Ibid.*, à la suite.

les facteurs n'est pas le fait du seul Rousseau. Les Encyclopédistes, et particulièrement d'Alembert, l'ont soutenu dans cette théorie[1]. Mais quand il situe la mélodie à l'origine du langage, il est plus original.

On peut trouver un peu sèche l'argumentation de ce rapprochement, dans l'*Essai*, du langage et de la mélodie. Mais il faut d'abord préciser les notions que Rousseau emploie pour l'exprimer. Ce sont les termes d'« accent » et d'« accentuation » qui reviennent le plus souvent sous sa plume : ils ne concernent précisément que les modifications vocaliques de la langue. En ne s'intéressant qu'à la hauteur et à l'expression des syllabes, il fait l'hypothèse, dans son chapitre IV, que dans « la première langue, si elle existait encore, (...) l'on chanterait au lieu de parler »[2]. Sa thèse sur l'origine de la mélodie peut se résumer ainsi : « les premiers discours furent les premières chansons »[3]. Car dans la mythologie de Rousseau, la mélodie comme la vocalité de la langue sont originelles. Elles commencent par de « simples sons », de « simples voix », des « cris », « des gémissements », des « exclamations ». C'est là la « voix naturelle » de l'homme. Plus tard viendront les ruptures consonantiques, les « articulations » du langage. C'est là qu'il installe son interprétation adaptée de la théorie des climats. Au Sud, plus de langue vocalique ; au Nord, davantage d'articulation consonantique (chap. VIII à XI). Rappelons seulement, pour conclure sur ce point, que nous savons bien aujourd'hui que le gosier de l'enfant est prêt à sa naissance à prononcer aussi bien les consonnes que les voyelles de sa langue maternelle, que les différences entre le Nord et le Sud sont une caricature utile à la thèse de Rousseau. Mais tenons-nous-en à l'objectif de la démonstration : la mélodie est l'archétype de la musique. Nous pourrions même aller plus

---

[1] D'Alembert, *Éléments de philosophie*, chap. XIII et *Éclaircissements sur les Éléments de philosophie*, X, Paris, Fayard, 1986, pp. 99 et 295. Catherine Kintzler le cite à la p. 223 de l'édition de l'*Essai*. Elle renvoie aussi à un article de Marc Dominicy, « La Querelle des Inversions », *Dix-huitième siècle*, n° spécial D'Alembert, 1984, pp. 109-121.
[2] *Essai*, chap. IV, *op. cit.*, p. 66.
[3] *Essai*, chap. XII, *op. cit.*, p. 102.

loin, avec Catherine Kintzler, pour schématiser la théorie de Rousseau : « La vocalité est à la langue ce que la mélodie est à la musique »[1].

Quand Rousseau étudie l'écriture, au chapitre V, il utilise justement le terme de « peindre la parole ». Pour suivre l'évolution des représentations visuelles des sonorités de la langue, il évoque la période « sauvage » des pictogrammes et des idéogrammes, puis l'âge « barbare » des phonogrammes : écritures chinoise et sémitique, hiéroglyphes. Il en arrive enfin à l'état alphabétique, qui demande analyse et art combinatoire, à la manière des études de Rameau sur l'harmonie. Dans ce domaine spécifique de la linguistique, non seulement Rousseau est bien au fait des études du son temps[2], mais il ne semble pas non plus démenti par nos analyses modernes. Sa perspicacité nous ouvre les yeux sur une distinction essentielle dans la langue française entre orthographe et oralité. L'écrit, dit Derrida, vient se substituer à l'oral. Et nos pensées contemporaines oublient l'oral en ramenant systématiquement les choses et les idées à leur graphie. L'exemple le plus parlant est ce qu'on nomme « accent » dans l'orthographe française. Comprenons donc bien Rousseau quand il écrit :

> « Nous croyons avoir des accents dans notre langue et nous n'en avons point : nos prétendus accents ne sont que des voyelles ou des signes de quantité »[3].

Une chose est de distinguer les accents des langues parlées en affirmant que le français – à la différence de beaucoup d'autres langues à accents fixes – déplace ses accents sur les mots en fonction de leur situation dans l'expression ou la phrase (ce qui ne signifie pas que la langue française n'a pas d'accent) ; une autre est de rappeler que l'accent orthographique ne saurait être confondu avec l'accent de la langue parlée. Dans tous les cas cependant, Rousseau cible l'erreur de nommer

---

[1] *Essai*, notes, chap. XIII, *op. cit.*, p. 242.
[2] Avec Catherine Kintzler, nous supposons que Rousseau connaît les théories linguistiques, qui lui sont contemporaines, de Lamy et de Condillac que nous avons évoquées *supra*. Elle renvoie aussi à la lecture de M. V. David, *Le Débat sur les écritures et l'hiéroglyphe aux XVIIe et XVIIIe siècles*, Paris, SEVPEN, 1965 et Eric Havelock, *Aux origines de la civilisation écrite en Occident*, Paris, Maspero, 1981.
[3] *Essai*, chap. VII, *op. cit.*, p. 77.

« accent » dans les langues ce qui ne concourt pas à rendre cette langue effectivement « accentuée » et mélodieuse – où la mélodie participe au sens et à l'expression des émotions. Ce qui revient à dire que les langues modernes, aussi bien à l'écrit qu'à l'oral, ont perdu leur accentuation, qui était leur héritage mélodique.

Nul doute que Rousseau était bien documenté sur l'histoire des langues depuis l'Antiquité et sur leur écriture. Il prend aussi en compte les discussions littéraires du XVIIe siècle, de la querelle des Anciens et des Modernes à l'éclosion d'un esprit moderne. Appuyé sur une démarche scientifique, il a laissé des éléments d'une réflexion linguistique et sémantique que ne démentiraient pas nos contemporains. Mais il épouse bien, quand il prend parti dans les querelles des inversions ou de la basse fondamentale, le mode philosophico-mythique : comment prétendre, sinon, parler des origines ? Si notre développement suivant semble ancré sur la progression historique, il faut le comprendre toujours dans sa dimension anthropologique, qui intègre le dualisme fondamental de progrès et de dégénérescence, inhérent à l'humanité et à sa communication.

Le regard que porte Rousseau sur la société de son temps comme sur la civilisation entière passe pour être sévère. Tout au long de son œuvre, il illustrera dramatiquement l'évolution de l'humanité sous la forme antagoniste – mais naturelle – du progrès et de la dégénérescence. On connaît l'interprétation polémique et mesquine qu'en donne Voltaire, prêtant à son jeune collègue le dessein de « nous rendre bêtes » et de nous donner « envie de marcher à quatre pattes »[1]. Mais l'avenir devait rendre justice à l'intuition de Rousseau en découvrant, peut-être un peu tard, que le mythe du progrès obnubile la notion conjointe de dégénérescence. Avec la fougue polémique que nous lui connaissons, Rousseau est le champion, surtout depuis son second *Discours*[2], de cette thèse de la dégradation de l'univers et des civilisations. Ce nouvel *Essai* l'illustre aussi de plusieurs manières.

---

[1] Lettre de Voltaire à Rousseau, après avoir lu le *Discours sur l'Inégalité*, en 1755.
[2] Rousseau, *Discours sur l'Inégalité*, 1755.

L'homme se perd en même temps qu'il se civilise. Son ingéniosité, son habileté, les sciences, les arts et les techniques qu'il devient capable de développer : voilà le côté « industriel » de son génie. Par ailleurs, son développement « commercial » est inhérent à son besoin d'échanges et d'entraide. Qui nierait que ce progrès pousse aussi l'homme, comme le constate Rousseau, vers plus de domination et de dépendance ? À chaque étape de son évolution, l'homme a dû participer, pour vivre, à cette dégradation générale, comme l'*Essai* le décrit au chapitre X :

> « Dans cet état d'abrutissement, il fallait vivre. Les plus actifs, les plus robustes, ceux qui allaient toujours en avant, ne pouvaient vivre que de fruits et de chasse ; ils devinrent donc chasseurs, violents, sanguinaires ; puis avec le temps guerriers, conquérants, usurpateurs. L'histoire a souillé ses monuments des crimes de ces premiers rois ; la guerre et les conquêtes ne sont que des chasses d'hommes. Après les avoir conquis, il ne leur manquait que de les dévorer. C'est ce que leurs successeurs ont appris à faire »[1].

Un peu plus loin dans le même chapitre, une brève phrase oppose les deux effets, l'un positif, l'autre négatif, de la satisfaction des besoins naturels de l'homme :

> « Les barbares surtout, qui vivent de leurs troupeaux, ont besoin d'abreuvoirs communs, et l'histoire des plus anciens temps nous apprend qu'en effet c'est là que commencèrent et leurs traités et leurs querelles »[2].

Nos craintes d'aujourd'hui sur le réchauffement climatique, la déforestation sauvage et tant d'autres catastrophes écologiques nous ont mis en phase avec ces propos alarmistes.

L'humanité, dit le chapitre V, va vers plus de matérialité et de rationalisme, ce que Rousseau considère aussi comme une dégradation. C'est la ligne philosophique que nous avons dessinée pour rendre compte de l'esthétique classique. L'évolution continue, et le langage n'y échappe pas :

---

[1] *Essai*, chap. IX, *op. cit.*, p. 88.
[2] *Ibid.*, p. 93.

> « À mesure que les besoins croissent, que les affaires s'embrouillent, que les lumières s'étendent, le langage change de caractère : il devient plus juste et moins passionné ; il substitue les idées aux sentiments ; il ne parle plus au cœur, mais à la raison »[1].

La figure poétique est remplacée par la distinction des idées et leur clarté. La mécanique phonétique précède et accompagne le mouvement : l'accentuation s'efface et « les voix deviennent monotones », pendant que la grammaire se complique et que les articulations se diversifient. Imaginons un instant ce que serait une langue restée intacte :

> « L'on chanterait au lieu de parler ; la plupart des mots radicaux seraient des sons imitatifs, ou de l'accent des passions, ou de l'effet des objets sensibles : l'onomatopée s'y ferait sentir continuellement. (...) Elle aurait beaucoup d'irrégularités et d'anomalies, elle négligerait l'analogie grammaticale pour s'attacher à l'euphonie, au nombre, à l'harmonie et à la beauté des sons ; au lieu d'arguments elle aurait des sentences »[2].

L'invention de l'écriture est un bon exemple du soupçon lucide que Rousseau porte sur les progrès de l'histoire. Il en fait, avec le titre de son chapitre V : « L'écriture », un exemple symptomatique. Elle prend sa place dans l'histoire des peuples au moment où s'affirme leur besoin de commercer. Rencontrer des étrangers impose qu'on écrive leur langue, après l'avoir analysée en caractères élémentaires. Auparavant, la parole servait à peindre, elle va désormais servir à écrire, puis à analyser, grâce à ce nouvel outil. Nous avons déjà énuméré les trois moments de l'écriture selon Rousseau : les peuples sauvages, d'abord, peignent les objets qu'ils veulent évoquer ; les peuples barbares représentent les mots par des signes spécifiques ; l'alphabet, enfin, est l'invention des peuples policés, dont nous sommes. Or, dans tous les cas, et plus encore quand elle est alphabétique, l'écriture, « qui semble devoir fixer la langue, est précisément ce qui l'altère »[3]. La langue en perd son énergie, sa vivacité, sa diversité. Catherine Kintzler rapproche au reste le chapitre V de l'*Essai* de l'analyse de Derrida sur l'écriture-supplément à la parole : on pourrait croire qu'elle n'est qu'un

---

[1] *Essai*, chap. V, 1er §.
[2] *Essai*, chap. IV, *op. cit.*, p. 66.
[3] *Ibid.*, p. 73.

moyen d'expression parallèle à celui de l'oral, mais « elle supplée en fait à la parole en usurpant une place qui ne lui revient pas »[1].

Dans sa critique de l'écriture, Rousseau s'inspire probablement de Platon, qui fait raconter à Socrate la légende du roi égyptien Thamous et du dieu Theuth, inventeur de l'écriture, dans un dialogue où domine le dualisme progrès/dégradation. L'avocat du progrès plaide :

> « L'enseignement de l'écriture, ô roi, dit Theuth, accroîtra la science et la mémoire des Égyptiens ; car j'ai trouvé là le remède de l'oubli et de l'ignorance ».

Mais la réponse du roi est propre à refroidir l'enthousiasme des inventeurs présomptueux :

> « Ingénieux Theuth, tel est capable de créer les arts, tel autre de juger dans quelle mesure ils porteront tort ou profit à ceux qui doivent les mettre en usage : (...) [l'écriture] produira l'oubli dans les âmes en leur faisant négliger la mémoire : confiants dans l'écriture, c'est du dehors, par des caractères étrangers, et non plus du dedans, du fond d'eux-mêmes qu'ils chercheront à susciter leurs souvenirs »[2].

Puis viennent les arguments de la prétendue connaissance ou sagesse que favorise l'écriture. Nous savons que Rousseau a formulé ailleurs les mêmes soupçons.

Il faut remarquer en tout cas qu'il ne prône à aucun moment un refus du progrès, et pas davantage un retour réactionnaire au temps qui précède telle ou telle invention. Bien plutôt, outre que le ton de son analyse reste d'une grande neutralité, on peut lire, en une occurrence au moins : « Ce progrès me paraît tout à fait naturel »[3]. Il pointe seulement l'euphorie et la fascination de bien des intellectuels de son siècle pour les découvertes de la science, sans en évaluer les « torts et les profits ». En liant la notion de progrès nécessaire à celle, non moins évitable, de dégradation, il retrouve donc Platon et sa démarche anthropologique.

Les chapitres XII-XIII-XIV sur la musique font écho aux chapitres IV-V sur le langage. Or un événement récent est venu bouleverser les bases

---

[1] Notes de l'*Essai*, *ibid.*, p. 227.
[2] Platon, *Phèdre*, trad. É. Chambry, Paris, Flammarion, « GF », 274e-275a, p. 165.
[3] *Essai*, *op. cit.*, p. 68.

de la musicologie : la découverte des lois de l'harmonie et leur prise en compte polémique par Jean-Philippe Rameau. Mais ce que celui-ci regarde comme un progrès inestimable, Rousseau le montre du doigt comme la cause première de la dégradation.

Il compare d'abord l'harmonie à la mécanique, qui décompose les éléments des forces, pour faire des lois et gagner en efficacité. De même, l'harmonie décompose le son, mais c'est aussi par où elle n'est plus regardée que comme une technique artificielle, sans âme. Le gain de l'opération est un surplus d'objectivité, au mépris de la qualité émotionnelle de la réception de l'auditeur. L'autre profit est artificiel : le bruit est amplifié, mais à quoi bon, si l'essence de la musique est condamnée ?

Finalement, Rousseau ne voit dans l'harmonie que des « beautés de convention » qui ne flattent que les oreilles exercées, parce qu'elle est fabriquée par des raisonnements mathématiques. Les sons peuvent bien répondre à des lois physiques, on ne peut pour autant en conclure que la musique n'est qu'un phénomène matériel que l'on peut réduire à une technique. Car il n'est fait aucun cas, dans cette théorie, de l'effet de l'harmonie sur le psychisme de l'auditeur. « Le plaisir naturel n'existe plus » puisque « les proportions naturelles sont altérées »[1]. Ou bien, donc, l'harmonie est contre nature parce qu'elle ajoute au son ce qui n'y est pas, ou bien, par redondance, elle y adjoint des sons qui y sont déjà suffisamment présents. Bref, le verdict est sans appel :

> « En renforçant une consonance et non pas les autres, vous rompez la proportion : en voulant faire mieux que la nature, vous faites plus mal. Vos oreilles et votre goût sont gâtés par un art mal entendu »[2].

Toutes ces querelles radicalisent les positions des interlocuteurs et les exposent à des critiques hors de propos. Ainsi, que Rousseau ait abandonné ses enfants à l'Assistance publique ne saurait argumenter contre son *Émile*. Par ailleurs, Rameau ne doit pas seulement sa réputation de musicien à ses théories sur l'harmonie, ni même à ses harmonisations. La grâce de ses mélodies fait autant pour la beauté de ses œuvres que celle de

---

[1] *Ibid.*, chap. XIV, p. 108.
[2] *Ibid.*, p. 109.

l'harmonie dans les compositions de Rousseau. La comparaison esthétique des deux musiciens ne les départagera jamais sur la validité de leurs théories. L'*Essai* de Rousseau a seulement pour objectif de nous mettre en garde : comme en ce qui concerne les arts et les sciences, l'harmonisation est à la fois un progrès et une cause de dégradation. Vérité anthropologique. L'harmonisation est nécessaire : pas de musique sans elle. Mais sa place est seconde : qu'elle serve d'accompagnement. Qu'elle n'usurpe pas la place de la musique. Et que cet article de Rousseau dans le *Dictionnaire de la musique* nous incite à la modération :

> « Le plaisir physique qui résulte de l'harmonie augmente à son tour le plaisir moral de l'imitation, en joignant les sensations agréables des accords à l'expression de la mélodie (…). Mais l'harmonie fait plus encore ; elle renforce l'expression même, en donnant plus de justesse et de précision aux intervalles mélodieux ; elle anime leur caractère, et, marquant exactement leur place dans l'ordre de la modulation, elle rappelle ce qui précède, annonce ce qui doit suivre, et lie ainsi les phrases dans le chant, comme les idées se lient dans le discours. L'harmonie, envisagée de cette manière, fournit au compositeur de grands moyens d'expression, qui lui échappent quand il ne cherche l'expression que dans la seule harmonie ; car alors, au lieu d'animer l'accent, il l'étouffe par ses accords, et tous les intervalles, confondus dans un continuel remplissage, n'offrent à l'oreille qu'une suite de sons fondamentaux qui n'ont rien de touchant ni d'agréable, et dont l'effet s'arrête au cerveau »[1].

Qu'est-ce que Rousseau appelle « le plaisir moral de l'imitation » dans cet article ? Il nous a semblé que cette notion pouvait être prise pour la charpente de toute sa théorie. La prétention de Rousseau est de s'attaquer à ce qu'il considère comme une grave méprise philosophique qui concerne les rapports de l'homme et de la nature, les références du sujet à la réalité, le drame de la communication… Sur ces grandes questions, ses contemporains étaient naturellement aveuglés par les représentations de leur époque. Avec notre distance, nous avons le devoir de mettre en perspective ce que Rousseau a initié, pensons-nous, et ce que notre époque regarde aujourd'hui comme des pensées classiques. Ce que nos philosophes

---

[1] Notes de Catherine Kintzler, *ibid.*, pp. 247-248.

contemporains découvrent sous la plume de Rousseau invite à conclure à la géniale lucidité d'« un auteur qui nous semble beaucoup plus avisé que tous les esprits qui, avant et après lui, ont eu à prendre position sur toutes ces questions, un auteur dont nous tenons même la réflexion pour une des plus importantes qui aient jamais été engagées en Occident sur la nature et la portée de l'expression. (...) Rousseau s'est attaché à fonder l'existence de la parole (et donc pas seulement son exercice) sur la structure de l'affectivité, élaborant par là ce que l'on pourrait appeler un *pathétique de l'expression* »[1]. Il a seulement dû, comme tout novateur, emprunter le vocabulaire que son temps mettait à sa disposition. À nous de distinguer, à la lecture plus complète de sa thèse, ce qui subsiste du vieux sens d'« imitation » et les idées révolutionnaires que Rousseau en fait surgir. Il se réfère, dans l'exercice de l'expression linguistique et musicale, à un processus d'imitation dont la notion a beaucoup servi au siècle précédent, spécialement sous la plume de théoriciens que son *Essai* conteste manifestement.

Les dictionnaires sont unanimes à commencer leur définition d'« imitation » par la règle générale des créateurs d'ancrer leur autorité dans le passé. Appliquée spécialement à la littérature, l'imitation s'impose comme un principe mimétique du modèle littéraire. Ces ouvrages vont jusqu'à préconiser de reprendre les personnages, les idées et les modes d'expression de la littérature classique. Considérant que les Anciens sont « pleins d'excellence », La Fontaine conseille, lors de la querelle entre les Anciens et les Modernes, de puiser sans retenue dans leurs œuvres, d'imiter même les formes de leur poésie pour retrouver la beauté plastique des vers antiques.

La philosophie vient encore donner consistance et autorité à cette représentation. Si le XVIe siècle a été platonicien, c'est à Aristote et à sa *Poétique* que se réfèrent les théoriciens depuis 1550[2]. Et la littérature française garde de son histoire esthétique la réputation d'avoir développé un art classique soutenu par Boileau et son *Art poétique*. Il serait naïf de

---

[1] Paul Audi, *Créer, Introduction à l'esth/étique*, Paris, Encre Marine, 2005, p. 358.
[2] Jules César Scaliger (1484-1558), par exemple, né en Italie, installé en France, est un précurseur du classicisme, avec sa *Poétique*, inspirée d'Aristote.

croire que ce courant s'arrête à l'entrée du siècle des Lumières. Pour ne citer que lui, Voltaire porte encore dans ses tragédies la bannière d'un classicisme qu'il pense éternel. Or l'imitation est la pièce maîtresse de cette position esthétique. Elle considère que l'aspect formel – la beauté – est l'élément rationnel de la réalité sensible, que l'art, comme imitation de la nature, est donc une valeur spirituelle. Rousseau, Lessing, Hugo, longtemps après, devaient s'attaquer à ce bastion qui semblait d'autant plus imprenable qu'il avait obtenu la caution quasi-religieuse de la Contre-réforme.

L'art serait donc « imitation de la nature », définition qui en appelle une autre, celle de « nature ». Faut-il que la représentation picturale des grains de raisin soit si « vraie » que les oiseaux viennent picorer la toile ? Faut-il que la musique imite les bruits du tonnerre ou les chants des grenouilles ? L'art classique, s'il ne prétend pas représenter directement les bruits de la nature, cherche dans la langue un mot, une expression, qui évoque, dans sa réalité physique, chantée ou entendue, une idée à transmettre. L'impression de peur, par exemple, passe dans l'articulation du mot « trembler », avec une exagération du roulement du « r ». C'est ce que le *Dictionnaire de musique* de Rousseau nomme « imitation mécanique ». Les passions sont déclenchées par des objets matériels, intermédiaires obligés de l'art classique.

Rousseau s'en prend, dans l'*Essai*, à ce genre d'imitation, par son fameux argument du croassement (sic) des grenouilles :

> « Le musicien qui veut rendre du bruit par du bruit se trompe ; il ne connaît ni le faible ni le fort de son art ; il en juge sans goût, sans lumières. Apprenez-lui qu'il doit rendre du bruit par du chant ; que s'il faisait croasser des grenouilles, il faudrait qu'il les fît chanter ; car il ne suffit pas qu'il imite, il faut qu'il touche et qu'il plaise, sans quoi sa maussade imitation n'est rien, et ne donnant d'intérêt à personne, elle ne fait nulle impression »[1].

L'imitation psychique veut atteindre directement les affects, évoquer immédiatement les passions, en imitant le langage originaire.

---

[1] *Essai*, chap. XIV, *op. cit.*, p. 110.

L'imitation suppose un dualisme et un mimétisme. Deux éléments dans les domaines esthétique ou moral y sont proposés au rapprochement jusqu'à l'identification. Appliquons ce schéma à l'expression et à la communication. Paul Audi compare ce que Michel Henry[1] appelle « duplicité du paraître » et ce que Rousseau exprime sous cette forme : « Parmi nous, chaque homme est double. La nature agit en dedans, l'esprit social se montre en dehors ». La duplicité d'Henry s'exprime dans le « cri de la souffrance ». Dans cette expérience, il distingue l'expression personnelle de la vie et la forme langagière qu'elle prend pour ressembler aux autres bruits du monde. Ce cri ne fait qu'un avec la souffrance qui le provoque : « il parle en son propre pathos et par lui, sa parole est la parole de vie ». On retrouve bien ici le modèle de Rousseau lorsqu'il définit l'imitation grâce à la mélodie :

> « La mélodie, en imitant les inflexions de la voix, exprime les plaintes, les cris de douleur ou de joie, les menaces, les gémissements ; tous les signes vocaux des passions sont de son ressort. Elle imite les accents des langues, et les tours affectés dans chaque idiome à certains mouvements de l'âme ; elle n'imite pas seulement, elle parle, et son langage inarticulé, mais vif, ardent, passionné, a cent fois plus d'énergie que la parole même. Voilà d'où naît la force des imitations musicales ; voilà d'où naît l'empire du chant sur les cœurs sensibles »[2].

Le « point de vue » de Rousseau est situé, là où nous le prenons, à l'opposé de celui de l'école classique. La nature objective et les faits réels n'ont de sens pour lui que lorsque, à leur rencontre, le sujet réagit dans son affectivité. Sa référence est toujours subjective, dans un lieu intime de l'homme, lieu de ses passions et de ses désirs, qui ne s'expriment que dans la douleur ou la joie, au moyen d'une voix qu'il appelle « voix intérieure ». À l'objectivité matérialiste, il répond par une subjectivité absolue, qui est la seule garante de la vie de l'homme, qui *est* sa vie. Paul Audi relève donc une nouvelle antithèse dans le système fondamentalement dualiste de Rousseau : l'intérieur et l'extérieur. Celui-ci les mettait justement en

---

[1] Michel Henry, *Phénoménologie de la vie*, III : *De l'art et du politique*, « Phénoménologie matérielle et langage (ou : pathos et langage) », pp. 340-341. Cité par Paul Audi, *Créer, introduction à l'esth/éthique, op. cit.*, p. 390.
[2] *Essai, op. cit.*, chap. XIV, p. 109.

opposition dans le processus de la dégénérescence que nous venons d'analyser : « Plus l'intérieur se corrompt et plus l'extérieur se compose »[1].

C'est de ce lieu originel que naît le langage primitif. À l'opposé du labeur demandé par Boileau pour venir à bout de l'imitation de la nature, cette imitation-là se fait dans l'abandon à soi. À ce degré de la création, il ne s'agit pas d'art, de règles, de grammaire, de conventions. La forme de cette expression est élémentaire, primitive. Comme Michel Henry l'analyse, après Rousseau, elle épouse de préférence les mots de la souffrance et de la joie : des expression brutes, des cris, des plaintes, que l'on entendra encore sous la forme d'accents quand la langue sera plus élaborée. Dans la description de ce processus mimétique, pour en décrire la dernière étape, Rousseau écrit précisément : « les mots imitent la pensée ». Manière de souligner la fidélité aux sources, l'authenticité, la vérité.

Il n'est donc pas si étrange de trouver le mot « trope » au début du chapitre III : « Comme les premiers motifs qui firent parler l'homme furent des passions, ses premières expressions furent des tropes »[2]. Paul Audi nous l'explique opportunément : « Le trope est originellement un tour de la langue, c'est-à-dire une tournure du langage. Et l'on comprend pourquoi : le *tropos* de la "première langue" n'est-il pas précisément ce qui se manifeste dans le *retournement vers soi du sens* ("vers soi" : c'est-à-dire en direction du Soi vivant), retournement qui lui-même se fonde sur le fait que la passion qui cherche à se communiquer se charge continûment "de soi", c'est-à-dire s'emplit de sa propre affectivité en se sentant soi-même ? »[3].

Dans la chronologie mythique de l'*Essai*, la mélodie vient après le langage, mais sans qu'il y ait changement de nature puisque ce dernier répond aux mêmes critères d'austérité, de simplicité. On peut en voir le modèle dans d'autres œuvres de Rousseau, où il vante la fête populaire. La joie y est naturelle parce que la musique y est spontanée. *La Nouvelle Héloïse* ne manque pas d'évoquer, sur ce mode, « le chant des vendangeuses

---

[1] Rousseau, *Discours sur les sciences et les arts*, in *OC*, III, Paris, Gallimard, « Bibliothèque de la Pléiade », *op. cit.*, p. 73.
[2] *Essai, op. cit.*, p. 63.
[3] Paul Audi, *Créer, introduction à l'esth/éthique, op. cit.*, p. 408.

dont ces coteaux retentissent ; (...) le rauque son des instruments rustiques qui les anime au travail »[1]. Une distinction entre art populaire et art savant que l'on retrouve dans l'histoire de la musique. Ainsi la Renaissance a exploité les sources populaires de la mélodie pour en faire un répertoire de musique polyphonique. Ce sont les premiers pas de l'harmonie, secondaire, comme l'écrit Rousseau. Après la période classique, la réflexion touchera les théoriciens et les créateurs au point de tous les jeter sur les voies de la recherche de l'art populaire. Il restait à expérimenter, par exemple, la composition de nombreux Lieder, dans l'Allemagne du XIXe siècle, chansons harmonisées pour voix et piano, qui conservent cependant l'authenticité de l'inspiration populaire des mélodies. Comme Dietrich Fischer-Diskau, qui marqua le XXe siècle par le respect des paroles des chants qu'il interprétait, Rousseau insiste sur la perfection de l'imitation de la langue dans la mélodie. Si, en effet, l'harmonisation rompt manifestement avec cette proximité populaire et de fidélité à la poésie orale, elle doit, avec modestie, ne pas usurper la première place, qui ne lui revient pas.

Nous avons ainsi l'échafaudage complet du principe mimétique de Rousseau : le langage imite la voix intérieure et sa pensée, la mélodie imite le langage et son accentuation.

Mais plus on se recentre sur une subjectivité absolue, plus on semble rendre impossible la communication entre les autres hommes. Rousseau va même jusqu'à utiliser une expression, « l'amour de soi », qu'on évite aujourd'hui de citer à cause du sens péjoratif qu'elle a pris. Paul Audi s'attache longuement à distinguer l'emploi qu'en fait Rousseau de toutes les acceptions courantes comme : attachement à sa représentation, instinct de conservation, sentiment d'amour-propre... En quelques mots, le voici défini : « l'amour de soi a un statut extrêmement particulier, fondamental, voire structurel, puisqu'il structure l'affectivité constitutive de toute passion »[2].

Il est vrai qu'à la lecture de son œuvre on ne craint jamais que Rousseau ne s'enferme sur lui-même dans une sorte de narcissisme ou de

---

[1] Rousseau, *La Nouvelle Héloïse*, Paris, Garnier-Flammarion, 1967, p. 457.
[2] Paul Audi, *Créer, introduction à l'esth/éthique*, op. cit., p. 169. Cette définition repose sur celle de Rousseau, *Lettre à Christophe de Beaumont*, OC, IV, op. cit., pp. 935-936.

misanthropie. Dès le début de son *Essai sur l'origine du langage*, il subordonne l'expression à une nécessité vitale de se libérer d'une oppression, qu'il nomme « besoin absolu » ou « besoin moral »[1]. Plus loin, dans l'histoire de l'humanité, il relie la naissance des communautés à un appel à se rassembler. Parce que les hommes doivent communiquer les passions qui les habitent, selon la loi que Rousseau résume ainsi : « Toutes les passions rapprochent les hommes, que la nécessité de chercher à vivre force à se fuir »[2]. Et nous connaissons déjà la forme que prend le cri original de la nature adressé à l'entourage :

> « Le premier langage de l'homme, le langage le plus universel, le plus énergique, et le seul dont il eut besoin avant qu'il fallût persuader des hommes assemblés, est le cri de la nature. Comme ce cri n'était arraché que par une sorte d'instinct dans les occasions pressantes, pour implorer du secours dans les grands dangers, ou du soulagement dans les maux violents, il n'était pas d'un grand usage dans le cours ordinaire de la vie, où règnent des sentiments plus modérés »[3].

Enfin la création artistique, aussi bien que langagière, n'oublie pas sa cible : l'auditeur, le lecteur, l'admirateur. Cette attention représente la plus grande garantie d'une expression réussie. Il faut, écrit Rousseau, « subordonner toujours l'expression de la pensée à la situation de l'âme de l'interlocuteur »[4]. Au lieu de médiations organisées en règles, en une grammaire, Rousseau propose un dialogue d'émotion à émotion, sans intermédiaire. L'émotion déborde l'homme sensible, et il n'a qu'une hâte : communiquer avec les autres.

Le travail d'imitation consiste donc, pour Rousseau, à laisser s'installer naturellement en soi « la teinte du sentiment général qui domine en nous »[5]. Imiter, alors, c'est entrer en accord, en homogénéité avec sa voix intérieure. L'art peut dès lors jouer son rôle : imiter le ton « dont s'expriment les sentiments ». L'admirateur, homme de passion comme les autres, à condition qu'il ait cultivé en lui la même disposition, se laissera

---

[1] Rousseau, *Dialogues. Rousseau juge de Jean-Jacques*, OC, I, *op. cit.*, p. 806.
[2] *Essai*, OC, V, *op. cit.*, p. 380.
[3] Rousseau, *Discours sur l'origine et les fondements de l'inégalité parmi les hommes*, OC, III, *op. cit.*, p. 148.
[4] Rousseau, *Dictionnaire de musique*, OC, V, *op. cit.*, p. 819.
[5] *Ibid.*, p. 919.

toucher. « Et l'on doit bien se garder d'imiter en cela la déclamation théâtrale, qui n'est elle-même qu'une imitation, mais la voix de la nature parlant sans affectation et sans art »[1]. On trouve d'ailleurs dans l'œuvre de Rousseau ce reproche adressé à la déclamation théâtrale ou lyrique : elles empruntent des outils conventionnels, préparés d'avance, artificiels.

Pourtant, au moment ultime, la communication réclame des outils : langue, mélodie, et même harmonie. Rousseau regrette seulement qu'on leur ait donné un rôle exagéré, voire primordial. S'ils sont nécessaires, il faut apprendre à s'en méfier, comme un acteur doit se défier du cabotinage ou un instrumentiste d'une virtuosité vide d'émotion. On ne peut se passer des codes, de la rhétorique ni des modes, mais Rousseau conseille de les laisser à leur place et de ne pas succomber au formalisme ni au fétichisme. En vérité, la vie subjective est étrangère à la forme. La vie intérieure, la seule vie, se perd quand elle veut sortir d'elle-même. C'est pourquoi le travail d'imitation est nécessaire. Il suppose qu'il n'y a pas identité, mais passage d'une forme à une autre, pour Rousseau, d'un état intérieur à une forme extérieure.

Le suppléant idéal de cette imitation est l'art en général, mais spécialement la musique. Car l'outil de la musique est celui qui se dissout le mieux dans la communication. Que de tentations d'oublier la voix intérieure quand l'art représente des personnages réels, des paysages réels, des événements réels ! La plus grande qualité du média doit être sa discrétion. Mais l'on sait combien les artistes, sur lesquels pèsent des contraintes sociales et financières, doivent faire de leur art et d'eux-mêmes une représentation parasite. L'œuvre, la fonction, la personne de l'artiste, tout peut encombrer le passage de l'émotion. On croit bien faire en donnant plus, on pratique l'emphase, les redondances… Mais on rend ainsi plus improbable l'émotion, qui ne relève pas de cet ordre superficiel.

Ainsi, la création artistique consiste à imiter la passion. Après avoir cultivé en lui « le ton dont s'expriment les sentiments »[2], l'artiste choisit dans son art les moyens les plus discrets et les plus efficaces pour que son affect rencontre celui de son interlocuteur. Or, si son outil reste bien référencé à cette vie intérieure d'où l'œuvre naît essentiellement,

---

[1] *Id ibid.*
[2] *Id ibid.*

l'expression de la vie est sa vie même. Passion et expression sont simultanées, comme le cri de douleur. Il est une expression sans fard, sans manière, du sentiment. C'est plutôt la douleur qui force le mur du silence et qui s'exprime spontanément. Des artistes parlent ainsi de leurs œuvres, comme s'ils ne pouvaient faire autrement que de les laisser s'exprimer.

La distinction entre « propre » et « figuré » que nous avons effleurée plus haut, peut maintenant s'éclairer à la lumière de l'imitation selon Rousseau. Certes l'utilisation, d'un bout à l'autre de l'*Essai*, de « trope », « métaphore », « propre », « figuré » n'est pas de la plus grande homogénéité. Mais en nous aidant de la lecture exigeante de Paul Audi, nous nous proposons, dans une courte synthèse, d'y faire de belles découvertes.

De l'analyse qui précède, il ressort que la première expression est figurée. Elle prend naissance à l'intérieur de la sphère subjective, dans l'intériorité des passions, en accord avec les sentiments les plus intimes. Mais au moment où elle se figure par le truchement de l'imitation, il y a bien un passage d'une forme à une autre, il y a bien transposition. Dans un deuxième temps seulement – et Rousseau insiste sur la chronologie, fût-elle mythique –, le langage est métaphorique. Il représente, cette fois-ci dans la sphère de l'objectivité, le langage figuré élémentaire. Les signes qu'il utilise sont à sa disposition, d'ordre syntaxique, artificiel, conventionnel. Ce sont bien des figures de remplacement, de déplacement, synonymes exacts de « métaphore ».

Mais à vrai dire, peut-on parler de langage « propre », à opposer au langage figuré ? Le mot qu'on appelle « propre » remplace bien, lui aussi, une chose absente. Il prend en charge le sens mais ne se confond pas avec la chose. Appliquée à un mot, la notion de « propre » signifierait qu'il dit exactement la chose, qu'il est la chose. C'est d'abord accorder une excessive matérialité à la chose, puis, paradoxalement, selon une attitude animiste, lui supposer une âme. Excluons donc qu'un sens ou qu'un mot puisse être « propre », en posant que toutes les « figurations » ne s'exercent pas dans une « métaphorisation » identique. Quant à la notion de « symbole », que Rousseau aurait probablement employée s'il avait vécu un siècle plus tard, on peut dire qu'elle voit plus large que la métaphore. Les symboles du langage renvoient les mots à quelque chose d'autre qu'à eux-mêmes, et ce quelque chose leur donne sens. Même processus donc, mais une distinction identique est à faire entre ce qui se passe de symbolique à l'intérieur de la sphère interne ou primitive, et le moment de la sortie de la subjectivité pour gagner le monde externe ou conventionnel.

Cette mise au monde est assurément un tour de force. L'homme, prisonnier de son affectivité constitutive, vit sa passion, et simultanément *vit*. Et le sentiment éprouvé est condamné à être soi, dans sa sphère interne, ou à mourir. Or il souffre de cette contrainte et souhaite toujours « s'ex-primer », comme nous l'avons vu. « S'ex-primer », sortir de sa prison, mais sans y réussir. Rousseau écrit : « Tous les tours de cette langue [primitive] devaient être en images, en sentiments, en figures ». « Sentiments » est le cœur, la référence absolue de ce « tropisme ». L'artiste, lui aussi, peut bien se retourner pour ne pas manquer à la fidélité de sa voix intérieure : « mettre en art » comme « mettre en langue » tiennent du défi et du tour de force.

Ce que nous avons appris de l'incertitude de la communication, y compris artistique, est chez Rousseau soutenu par un postulat philosophique. Thèse nouvelle à la fin du XVIIIe siècle qui trouve de nombreuses applications aujourd'hui. Le centre du propos est bien, en effet, cette tension de l'esprit entre un langage originel, authentique, spontané, quasi-inconscient et un autre langage qui le remplace dans la société, un langage institué, instrumental. Pas d'autre solution : il faut à la « voix intérieure » un langage de signes comme « tenants-lieu » objectifs. L'opération n'est pas sécurisée, mais elle réussit parfois – nous en connaissons des exemples, surtout esthétiques – à donner un sens à un discours.

Cette « recherche d'origine » de Jean-Jacques Rousseau excluait par définition de s'en tenir à l'histoire chronologique et à la notion conjointe et naïve de progrès mythique. Elle serait illusoire si elle évitait l'homme et ses émotions jusque dans des pratiques de communication aussi emblématiques que le langage et la musique.

D'abord Rousseau devait trouver son adversaire – c'est Rameau – pour donner forme à sa théorie, qui le prend à contrepied. L'objet-langage et l'objet-musique sont les cibles de son *Essai*. Pour lui, la communication, et l'art en particulier, n'ont pas de réalité en dehors des émotions qu'ils suscitent dans l'auditeur, dans l'admirateur. Il réfère sa quête de vérité dans la « voix intérieure » et fait de la « subjectivité absolue » le critère de la communication esthétique.

Une position qui n'a pas fini d'être révolutionnaire.

La Révolution en musique :
La Marseillaise, thème et variations

Lorsque, en 1753, il fait paraître sa *Lettre sur la musique française*, Rousseau frappe fort :

> « Je crois avoir fait voir qu'il n'y a ni mesure ni mélodie dans la musique française, parce que la langue n'en est pas susceptible ; que le chant français n'est qu'un aboiement continuel, insupportable à toute oreille non prévenue ; que l'harmonie en est brute, sans expression et sentant uniquement son remplissage d'écolier ; que les airs français ne sont point des airs ; que le récitatif français n'est point du récitatif. D'où je conclus que les Français n'ont point de musique et n'en peuvent avoir ; ou que si jamais ils en ont une, ce sera tant pis pour eux »[1].

Avant de poursuivre tout aussi brutalement :

> « À l'égard des contrefugues, doubles fugues, fugues renversées, basses contraintes, et autres sottises difficiles que l'oreille ne peut souffrir et que la raison ne peut justifier, ce sont évidemment des restes de barbarie et de mauvais goût, qui ne subsistent, comme les portails de nos églises gothiques, que pour la honte de ceux qui ont eu la patience de les faire ».

Bien sûr, au moment où Rousseau publie son pamphlet, la querelle des Bouffons (1752-54) fait rage et Rousseau, rejoignant le « coin de la Reine », embrasse ouvertement le parti des Italiens contre Rameau et les

---

[1] Jean-Jacques Rousseau, *Lettre sur la musique française*, in *Œuvres complètes de Jean-Jacques Rousseau*, 10 : *Dictionnaire de musique*, 2, Paris, Armand-Aubrée, 1830, p. 318.

Français « français », du « coin du Roi », eux. Pourtant, au-delà de la conjoncture, c'est là une vision assez généralement partagée de la musique française, alors comme aujourd'hui encore.

C'est en tout cas le point de vue que défend Charles Burney dans son *Voyage musical dans l'Europe des Lumières* (1770) : « la musique française » est « notoirement détestable à tous les Peuples de l'Europe, exceptés aux Français eux-mêmes... »[1]. Non peut-être sans intention polémique chez le musicologue anglais.

L'*Encyclopédie* de d'Alembert et de Diderot se montre plus nuancée, qui signale que Paris peut alors s'enorgueillir de deux grands organistes dont l'un, Guillaume-Antoine Calvière, a même du « génie »[2]. Mais si génie il y eut, la postérité n'en a pas retenu grand-chose[3] et l'opinion dominante est bien celle que Rousseau énonce sans ménagement dans sa *Lettre sur la musique française*, et que reprenait, encore récemment, Gilles Cantagrel, pour qui : « L'âge d'or de la musique française prit fin brusquement en 1764 (...) s'ensuivit un long siècle de profonde décadence (...) dont seul surnage Berlioz »[4]. Le musicologue reprenait là un air connu, à la suite, notamment, d'Alexandre Cellier qui avançait, péremptoire : « Claude Balbastre est très représentatif du déclin de la musique (...) son œuvre n'offre à peu près aucun intérêt »[5].

À supposer l'œuvre sans valeur, la sanction, elle, tient du jugement de valeur et doit être examinée à l'aune d'une querelle qui n'est pas qu'esthétique mais bien idéologique par ce qu'elle charrie de projections,

---

[1] Charles Burney, *De l'état présent de la musique. En France et en Italie, dans les Pays-Bas, en Hollande et en Allemagne ou Journal de voyages faits dans ces différents pays avec l'intention d'y recueillir des matériaux pour servir à une histoire générale de la musique*, I, Gênes, Giossi, 1809, p. 348.

[2] Article « Organiste », *Encyclopédie ou dictionnaire raisonné des sciences, des arts et des métiers*, XXIV, Genève, Pellet, 1778, p. 3.

[3] À cela, il est toutefois une raison objective, ses manuscrits ayant échu, à sa mort, à Louis-Claude Daquin, son successeur à la tribune de Notre-Dame, lequel n'en assura jamais la publication, comme du reste il manqua aussi de le faire pour les siens propres.

[4] Gilles Cantagrel, Harry Halbreich, *Livre d'or de l'orgue français*, Paris, Calliope-Marval, 1976.

[5] Alexandre Cellier, Henri Bachelin, *L'Orgue, ses éléments, son histoire, son esthétique*, Paris, Delagrave, 1933.

de représentations. De préjugés aussi, qui touchent de près aux habitudes d'écoute et, finalement, à l'idée que l'on se fait de la musique.

De fait, ces appréciations véhiculent une vulgate, qui partage la musique en deux champs : la grande et l'autre. L'autre, c'est la musique populaire, la musique pour grand public – chansons des rues, musique en plein air, improvisations tonitruantes à l'orgue, opéra comique et concerts publics, entre autres... – dont les contemporains relèvent qu'elle connaissait alors un essor extraordinaire. Cette démocratisation, qui élargissait l'audience au-delà des « bourgeois gentilhommes » dévorés de snobisme, ne pouvait que renforcer une tradition conservatrice, héritage des monopoles et des privilèges des générations antérieures, l'une et l'autre expliquant, au moins pour partie, l'infériorité dans laquelle les critiques tiennent toute musique qui ne ressortit pas à une tradition accréditée.

Mais si la critique relaie les hiérarchies établies, bien des compositeurs, alors parmi les plus en vue, ne cachent pas non plus leur conservatisme. François-Joseph Gossec, consacré « musicien officiel de la Révolution », mettait ainsi en garde Panseron, son élève :

> « Ne t'avise jamais d'imiter ces éternels modulateurs, ces bourreaux de l'oreille, ces farcisseurs de bémols et de dièses et de notes inutiles. Mélodie, sagesse et clarté, voilà les plus beaux apanages de la musique (...) sois toujours mélodieux, sage et jamais vague et brutal du côté de l'harmonie »[1].

Pourtant, au-delà des anathèmes ou des proscriptions, on peut se demander si cette musique ne gagnerait pas à une recherche sérieuse d'authenticité dans son interprétation, comme on le voit faire, depuis quelques décennies, pour d'autres musiques anciennes, et pour leur plus grand profit.

C'est ce que je voudrais tenter avec les « Variations sur le thème de *La Marseillaise* : Marche des Marseillais et l'Air Ça-ira, arrangés pour le forte-piano par le citoyen Claude Balbastre, aux braves défenseurs de la République française, l'an 1792, 1er de la République », pour les resituer dans leur contexte historique, social et musical.

---

[1] Claude Role, *François-Joseph Gossec (1734-1829). Un musicien à Paris de l'Ancien Régime à Charles X*, Paris, L'Harmattan, « Univers musical », 2000, p. 265.

Christopher Hainsworth

Estampe de Richard Newton : *La Marche des Marseillois chantée sur diférans théâtres*, Londres, 1792.

La Révolution en musique : *La Marseillaise*, thème et variations

« Marche des Marseillois et l'Air Ça-ira »

Il s'agit bien sûr d'airs patriotiques, comme il s'en produisait beaucoup à l'époque. Le texte-source, *La Marseillaise*, est alors tout jeune, écrit à Strasbourg, en 1792, dans les conditions légendaires que l'on sait comme « chant de guerre pour l'armée du Rhin »[1] aux prises avec la coalition royaliste paneuropéenne. Un succès aux nombreux pères putatifs, qui se prétendent à l'origine de sa création. Celui qui en est crédité, Rouget de Lisle, médiocre musicien (qui recevra la légion d'honneur, bien plus tard, des mains de Louis-Philippe), a-il vraiment composé paroles ET musique, une musique que, contrairement à sa pratique habituelle, Rouget de Lisle n'a pas signée, autorisant toutes les spéculations ? Ou a-t-il collaboré, comme déjà auparavant, avec Ignace Pleyel, compositeur autrichien alors directeur de la musique de la cathédrale de Strasbourg ? Alors il faudrait s'y résoudre, un étranger, un Autrichien qui plus est, aurait écrit ce « plus beau chant de guerre et d'amour que jamais peuple ait possédé »[2] !

Le texte a recours à des formules choc qui sont autant de slogans courants – « Aux armes, citoyens ! », « Marchons »… –, assemblés, il est vrai, fort heureusement, quand bien même d'aucuns trouvent aujourd'hui à redire à l'apparence de nationalisme agressif des paroles et taxent l'hymne de xénophobie, sans considération aucune pour le contexte de composition qui commandait, au nom de la défense nationale, d'attaquer « les adversaires de la Patrie révolutionnaire du dedans ou du dehors (...) pas les malheureux dupés », qu'il faut « gagner à la juste cause »[3].

Popularisée par les fédérés marseillais qui marchent au son du chant des volontaires de l'armée du Rhin, *La Marseillaise*, dans leur paquetage, excite l'enthousiasme partout où ils s'arrêtent. Comme plus tard l'Aigle, le chant, qui a été imprimé à Montpellier, vole de clocher en

---

[1] Aussi connu comme « Chant de marche des volontaires de l'armée du Rhin », c'est l'un des titres éphémèrement adoptés peu après sa composition pour la *Marseillaise*, qui ne sera baptisée telle que lorsque le bataillons des fédérés marseillais, qui en avaient fait leur hymne, l'entonnera en entrant triomphalement dans Paris, le 30 juillet 1792.
[2] La formule est de Michel Brenet, pseudonyme de la musicologue Marie Bobillier (1858-1918). Cité dans Frédéric Robert, *La Marseillaise*, Paris, Nouvelles Éditions du Pavillon, 1989, p. 162.
[3] *Ibid.*, p. 10.

clocher, escortant les Marseillais dans une exaltation indescriptible. Barbaroux, qui commande le bataillon, rapportera plus tard dans ses mémoires l'accueil que partout on lui réserve :

> « On amena un corps de musique. On chanta des chansons provençales qu'on avait faites en mon honneur, et l'hymne des Marseillais (...). Je me souviens toujours avec attendrissement qu'au dernier couplet de l'hymne, lorsqu'on chante
>
> > Amour sacré de la patrie,
> > Soutiens, conduis nos bras vengeurs,
> > Liberté, liberté chérie ;
> > Combats avec tes défenseurs,
>
> tous les citoyens se mirent à genoux dans la maison et dans la rue. J'étais debout sur une chaise où l'on me retint : Dieu ! quel spectacle ! des larmes coulèrent de mes yeux » [1].

De Montpellier à Paris, la même scène se reproduit à chaque étape, jusqu'au triomphe des Tuileries, que la *Chronique de Paris* du 27 août 1792 rapporte en des termes dont on notera au passage qu'ils ne créditent Rouget que d'avoir composé les paroles, quand la musique est imputée à un certain... Allemand :

> « On entend demander actuellement, dans tous les spectacles, *Allons, enfants de la patrie*. Les paroles sont de M. Rougez (sic), capitaine du génie, en garnison à Huningue. L'air a été composé par Allemand, pour l'armée de Biron. Il a un caractère à la fois touchant et guerrier. Ce sont les fédérés qui l'ont apporté de Marseille, où il était fort à la mode. Ils le chantent avec beaucoup d'ensemble, et le moment où ils agitent leurs chapeaux et leurs sabres, en criant tous à la fois *Aux armes, citoyens !* fait vraiment frissonner. Ils ont fait entendre cet hymne guerrier dans tous les villages qu'ils traversaient, et ces nouveaux bardes ont inspiré ainsi dans les campagnes des sentiments civiques et belliqueux ; souvent ils le chantent au Palais-Royal, quelquefois dans les spectacles entre les deux pièces » [2].

---

[1] *Mémoires (inédits) de Charles Barbaroux, député à la Convention Nationale avec une notice sur sa vie par M. Ogé Barbaroux son fils et des éclaircissements historiques par MM. Berville et Barrière*, Paris, Baudoin Frères, 1822, pp. 84-85.
[2] Arthur Loth, *La Marseillaise. Enquête sur son véritable auteur*, Paris, Nouvelles Éditions Latines, 1992, p. 49.

La Révolution en musique : *La Marseillaise*, thème et variations

La Marseillaise, devenue, selon Goethe, un « *Te Deum* révolutionnaire »[1] dans la nouvelle sacralité laïque[2], est reconnue chant national en octobre 1792, reconnaissance consacrée le 14 juillet 1795 par un décret de la Convention qui prévaudra jusqu'au Consulat, Bonaparte, avant même Napoléon qui optera pour un *Veillons au salut de l'Empire* plus propre à exalter sa geste et, comme Giscard[3], lui préférant *Le Chant du départ*.

Ce n'est pourtant qu'un au revoir, et la *Marseillaise* est ramenée par les combattants des Trois Glorieuses, qui l'ont sur les lèvres en tenant les barricades de 1830, avant 1848[4] ou 1870-71.

Indissociablement tissue à la liberté, elle reparaît dans l'allégorie que Delacroix puise directement aux sources mêmes de la Révolution pour sa *Liberté guidant le peuple* (1830) et, pour Berlioz, à qui la fièvre de 1830 inspire un arrangement de l'*Hymne des Marseillais à Grand Orchestre et à Double Chœur dédié à M. Rouget de Lisle, Auteur de la Musique et des Paroles*, elle en coagule l'essence même comme plus tard pour Schumann[5], Wagner[6], Verdi[1], Liszt[2], Tchaïkovski[3], Giordano[4], Debussy[5] ou Chostakovitch[6].

---

[1] Johann Wolfgang von Goethe, *Mémoires [Première partie : Poésie et réalité]*, Paris, Charpentier, 1855, p. 352.
[2] On sait que Kellermann après Valmy voulait obtenir du ministre de la guerre qu'un *Te Deum* exalte la victoire des soldats de l'An II sur la première coalition, à quoi Servan répondit : « La mode des *Te Deum* est passée, il faut y substituer quelque chose de plus utile et de plus conforme à l'esprit public. Je vous autorise donc, général, si vous croyez avoir besoin d'autorisation, à faire chanter solennellement, et avec la même pompe que vous auriez mise au *Te Deum*, l'*Hymne des Marseillais* que je joins ici à cet effet », Frédéric Robert, *La Marseillaise, op. cit.*, p. 32.
[3] Giscard qui fit d'ailleurs modifier le tempo de la *Marseillaise* telle qu'elle devait être jouée lors des cérémonies officielles.
[4] En 1848, reprenant son arrangement de *La Marseillaise* dans une version pour « ténor solo, chœur et piano », Berlioz la dilate au maximum, « Pour tout ce qui a un cœur, une voix, et du sang dans les veines ».
[5] Lequel, en 1839, brave Metternich qui vient d'interdire que l'on reprenne la *Marseillaise* à Vienne et l'intègre à son *Carnaval de Vienne*.
[6] Qui l'utilise en 1839-40 dans son adaptation d'un poème de Heine, « Les deux grenadiers ».

Isidore Pils : *Rouget de Lisle chantant La Marseillaise* (1849).
Présenté au Salon de 1849, ce tableau, conçu dans la ferveur républicaine retrouvée qui a suivi 1848, se cherche des valeurs et des emblèmes dans l'expérience fondatrice de la Première République. Victime de la conjoncture qui voit le retour rapide de l'Empire, il attendra la sanction du président de la République Jules Grévy, qui en fait l'acquisition en 1879, pour devenir une véritable icône nationale.

---

[1] Verdi l'incorpore dans son *Hymne des nations*, composé à l'occasion de l'Exposition Universelle de Londres (1862).
[2] Qui s'en inspire, en 1872, pour une fantaisie pour piano.
[3] Patriotiquement, Tchaïkovski joue de la *Marseillaise* comme d'un leitmotiv qu'il fait entrer, en 1880, dans son *Ouverture 1812*, opus 49, en contrepoint aux musiques folkloriques russes, pour exalter la Grande Russie victorieuse de la Grande Armée.
[4] Qui en utilise des motifs en 1896 dans son opéra *Andrea Chénier*.
[5] Qui la cite au terme de son prélude pour piano *Feux d'artifice* (1909-13).
[6] Dans une combinatoire hardie, celui-ci couple la *Marseillaise* au french cancan d'Offenbach pour la musique de film qu'il compose pour *La nouvelle Babylone*, de Grigori Kosintsev et Leonid Trauberg, qui retrace l'histoire de la Commune de Paris vue par les employés d'un grand magasin.

La Révolution en musique : *La Marseillaise*, thème et variations

Il faudra attendre le 14 février 1879 pour que la Troisième République refasse de la *Marseillaise* le chant national officiel, une *Marseillaise* désormais concurrencée sur sa gauche par *L'Internationale*, d'abord chantée sur l'air de la *Marseillaise* avant qu'en 1888, Degeyter ne lui donne sa propre partition.

Mais si la *Marseillaise* a su imposer ses capacités fédératives au terme d'un parcours heurté, ce n'était pas, loin s'en faut, le seul hymne patriotique de la Révolution qui en a compté pas moins de 200, dont une large part revient au seul Gossec, auteur du *Serment civique* (1789), du *Te Deum de la Fête de la Fédération* (1790), d'un *Hymne à Voltaire* (1791), parmi bien d'autres, Pleyel donnant quant à lui un *Hymne à la Liberté* (1791, sur des paroles de Rouget de Lisle !), un *Hymne à la Révolution* (1793) et Méhul le magnifique *Chant du Départ* (1794), pour se limiter aux plus connus.

Le très populaire *Ça-ira*, dont Ladré écrit les paroles sur un air de Bécourt que Marie-Antoinette jouait souvent, dit-on, au clavecin, avant de devenir la cible du morceau, a probablement été créé à la Fête de la Fédération, en 1790. Aussitôt adopté par la rue, comme quelque 3.000 « chansons de rues » qui reprennent, en général, des « timbres » existants tout prêts à recevoir d'autres paroles et à servir d'autres messages. Mais son avenir officiel est aussi assuré quand, à compter de 1796, un ordre du Directoire prescrit qu'il sera joué tous les jours au théâtre.

« ...arrangés pour le forte-piano[1]... »

Le piano-forte, dont on doit l'invention, en 1700, aux facteurs de clavecins soucieux d'accroître l'expressivité de l'instrument, désormais capable de variations d'intensité (*piano e forte*) en fonction de la plus ou moins grande pression exercée sur les touches, évolue très vite entre le début du siècle et son premier concert public à Paris, en 1768, où Voltaire l'épingle comme un « instrument de chaudronnier, en comparaison du

---

[1] Les termes piano-forte et forte-piano (et bientôt « piano », absurde quand on y songe !) semblent être interchangeables, qui réfèrent aux formes successives prises par l'instrument durant son évolution.

clavecin »[1]. Un sentiment partagé puisque Claude Balbastre interpelle le facteur de clavecins Pascal Taskin, qui venait de faire une démonstration sur le premier de ces instruments introduit aux Tuileries d'un : « Vous aurez beau faire, mon ami, jamais ce nouveau-venu ne détrônera le majestueux clavecin »[2]. Avant de se rendre, d'en jouer et de composer pour lui, rêvant après les séductions d'un instrument qui allie l'expression du piano-forte et la puissance du clavecin.

Ces instruments, en effet, ne sont pas absolument synonymes, et si de nombreux clavecins ont été détruits pendant la Révolution[3], le piano-forte qui s'y substitue n'en est en rien l'équivalent : la *Marseillaise* a été créée au clavecin et bien des musiques patriotiques ont été imprimées avec accompagnement au clavecin, lequel n'a donc pas systématiquement été identifié à l'Ancien Régime ni, partant, partout remplacé par le piano-forte. Bien plutôt, on observe, dans un premier temps, une coexistence entre deux instruments sentis comme interchangeables.

« ... par le Citoyen Claude Balbastre... »

Claude Balbastre, né à Dijon, a été l'élève du frère de Jean-Philippe Rameau avant de gagner Paris, en 1750, où l'attend une belle carrière d'organiste, claveciniste, compositeur et pédagogue – il donnait des cours de clavecin à Marie-Antoinette –, même si cet « organiste bruyant » se voit interdire de Messe de Minuit par l'Archevêque de Paris en 1762 pour ce que les improvisations auxquelles le porte sa fantaisie sont si entraînantes pour le public qu'elles sont cause de « désordres (...) dans l'église ». En 1776, il est nommé « organiste de Monsieur, frère du Roi » en même temps que l'un des quatre organistes du chapitre de Notre-Dame, ce qui ne sera pas sans poser des problèmes très concrètement existentiels quand la Révolution ira son train : comment conserver et sa charge et sa tête, lors même que la nature de ses fonctions conduit à se compromettre

---

[1] C'est ainsi qu'il le dépeint dans une lettre à Mme du Deffand du 8 décembre 1774, in *Correspondance générale*, 3 : *Œuvres complètes de Voltaire*, 13, Paris, Furne, 1838, p. 270.
[2] Louis Aguettant, *La Musique de piano, des origines à Ravel*, Paris, L'Harmattan, « Les Introuvables », 1999 [1954], p. 27.
[3] Mais c'est surtout sous la Restauration que le Conservatoire de Paris s'est débarrassé de ses clavecins !

auprès de la famille royale et qu'on officie dans le sanctuaire séculaire de l'obscurantisme, fût-il reconverti en Temple de la Raison[1] ?

Si ce n'est sans doute pas lui qui a joué la *Marseillaise* un jour entier lorsque les représentants de la Nation se sont présentés pour réquisitionner les tuyaux de l'orgue qu'il était prévu de fondre en objets dont le besoin se faisait plus pressant – des canons, par exemple – vainement cette fois, alors que, déjà, quelque 400 orgues avaient été démembrés[2], il est certain en tout cas qu'il a joué et composé nombre de pièces patriotiques, souvent assorties de dédicaces opportunes, pour complaire aux pouvoirs publics.

« Aux braves défenseurs de la République française... »

Car, conséquence de la liberté de culte que consacre la *Déclaration des droits...*, la religion catholique a perdu son statut de religion d'État, les églises sont fermées ou, comme Notre-Dame elle-même, transformées en « Temple de Raison » où se déroulent toutes sortes de fêtes nouvelles, en l'honneur de l'Être suprême, de la Raison, de l'Agriculture, de la Vieillesse, des Époux... au son de musiques de circonstance, véritablement « populaires », qui sont partie prenante d'une entreprise concertée de démocratisation des arts – Méhul, Grétry, Dalayrac créent un opéra par semaine à Paris, et ce ne sont là que les plus connus – que servent les conservatoires, nouvellement créés dans le but avoué de diffuser la musique de la République.

« L'An 1792, 1er de la République »

Si, on l'a vu, la liste est longue des arrangements et reprises auxquels a donné lieu la *Marseillaise*, de la musique au cinéma, ces variations sont presque assurément la première œuvre qu'elle ait inspirée. Sa publication est annoncée dans le *Journal de Paris* le 23 janvier 1793, deux jours après la mort de Louis XVI. Un autre monde s'ouvrait.

---

[1] À compter du 10 novembre 1793, on dessert dans la cathédrale le culte de la déesse Raison.
[2] C'est du moins la version accréditée à Saint-Maximin-en-Provence.

La forme de l'œuvre

Rien de révolutionnaire, pourtant, dans la forme, qui est celle des Noëls français où, depuis un siècle ou deux déjà, les compositeurs (les organistes surtout) s'emparent d'une mélodie connue et alignent des variations de plus en plus rapides (non sans intégrer parfois des contrastes plus reposants) comme ici avec le thème, la 1e variation : plus vite, la 2e variation : très vite. Cependant, Balbastre emprunte à une autre tradition française, celle de la Bataille, en évoquant, pendant la dernière variation, « le Combat », « La Fuite des Ennemis » et « Le Canon ». Il laisse place à l'improvisateur pour produire des bruitages appropriés, en jouant avec l'avant-bras ou le plat de la main, par exemple (ou en plaçant une « planche » sur les notes du pédalier de l'orgue – tout cela est documenté[1]) pour produire des « clusters » dramatiques et – pourquoi pas ? – patriotiques, car s'ensuit « La Victoire » c'est-à-dire l'Air Ça-ira, joué sans variation mais, comme le compositeur l'indique au début de la partition, « fièrement » !

Si, en France, malgré un extraordinaire élan révolutionnaire, il faudra attendre 1830 et Berlioz pour assister à une véritable révolution musicale, on ne peut que tomber d'accord avec Victor Hugo :

> « La Révolution a forgé le clairon ; le dix-neuvième siècle le sonne ! »[2].

---

[1] Voir Michel Corrette : « en mettant sur la dernière octave des pédales de trompette et de bombarde une planche que le pied baisse à volonté. En finissant, on donne un coup avec le coude sur les dernières touches du clavier » (*Préface de deux offertoires...*) ou Guillaume Lasceux : « en tirant tous les fonds et en attaquant sur le bas du second clavier par l'avant-bras gauche et par le plat de la main droite » (*Essai théorique et pratique sur l'Art de l'Orgue*).

[2] Victor Hugo, *William Shakespeare*, in *Critique*, Paris, Robert Laffont, « Bouquins », 1985, p. 433.

Le premier romantisme musical :
1800-1830

La succession rapide des régimes politiques divers, inaugurée par la Révolution, va se poursuivre dans ces premières années du XIXe siècle, avec, chaque fois, des ruptures fortement marquées. Napoléon Bonaparte, d'abord considéré comme un jeune général de l'armée révolutionnaire, va être jugé bien différemment ensuite ; tandis que, sous le Consulat et le Directoire, il est salué comme celui qui remettrait de l'ordre et qui travaillerait à une réconciliation des Français fortement divisés, il va de plus en plus apparaître comme un despote avide de pouvoir, et finalement, comme on l'a dit, un « roi de la Révolution », de plus en plus roi, et de moins en moins fidèle aux idéaux de la Révolution. D'abord auréolé de la gloire des premières victoires, il est ensuite affaibli par l'échec de la guerre d'Espagne et, surtout, par la campagne de Russie. L'opinion publique, qui lui avait d'abord été en majorité favorable, l'abandonne. Les paysans, si nombreux dans la France de cette époque, lui avaient d'abord été reconnaissants de maintenir les Biens Nationaux, mais vite, ils sont exaspérés par les conscriptions.

La Restauration voudrait opérer un retour en arrière, revenir à la Monarchie. Mais les royalistes les plus intelligents, comme Chateaubriand, savent bien que l'on ne peut pas retrouver le passé, et que ce n'est même pas souhaitable. Charles X succède à Louis XVIII et accentue encore ce mouvement de Restauration : désir de revenir au passé chez les Ultras, sentiment de la vanité de ce retour de plus en plus violent dans l'opinion publique, jusqu'au moment où éclate la Révolution de 1830. Toutes les révolutions du XIXe siècle sont plus ou moins marquées, elles aussi, par l'image du passé, mais là, il s'agit d'un passé proche, celui de la Révolution de 1789. Là aussi, demi-échec : la Révolution de 1830 ne sera pas celle de 1789, et ne peut pas l'être. Les « Trois glorieuses », finalement, se soldent par l'accession au pouvoir de Louis-Philippe, le roi bourgeois, « le plus fripon des *Kings* »[1] au dire de Stendhal pour qui il incarne l'horreur d'une société qui a fait de l'« Enrichissez-vous » de Guizot son principe essentiel : un roi qui ramène la monarchie sans avoir le « bon ton » de l'Ancien Régime pour lequel, malgré ses idées républicaines, Stendhal éprouve une certaine nostalgie.

Ces faits sont bien connus, et je ne les rappelle que pour situer la période que je voudrais évoquer ici. Si je traiterai surtout de la musique, ce sera sans exclusive, et je m'intéresserai aussi aux autres arts, à la littérature, mais plus rapidement. Il suffira donc de marquer les grandes tendances communes à ces différents domaines, tout en insistant sur ce que chacun a de spécifique.

Dans le domaine littéraire, toute une génération émerge, cette génération du premier romantisme, absolument fascinante : elle a eu, en gros, vingt ans en 1789, c'est-à-dire qu'elle a reçu sa première formation de l'Ancien régime ; elle a traversé la Révolution, qu'elle a souvent souhaitée, dans un premier temps au moins, mais qui l'a parfois obligée, finalement, à émigrer, pour échapper à l'échafaud. Revenue en France, elle retrouve un monde totalement nouveau. Stupéfaction de Chateaubriand lorsqu'il débarque de Londres et ne reconnaît plus les rues de Paris.

Si les tendances politiques des écrivains de cette génération sont loin d'être uniformes, ils ont vécu la même expérience historique. Chateaubriand, après avoir écrit à Londres en 1797 l'*Essai sur les Révolutions*, proche de l'esprit des Philosophes, s'est « converti » et donne le *Génie du Christianisme* (1802), que Senancour attaquera dans ses *Observations sur le Génie du Christianisme*. Mme de Staël, pourtant amie de Chateaubriand, ne peut s'empêcher de trouver bien des pages du *Génie du*

---

[1] Stendhal, *Vie de Henry Brulard*, in *Œuvres intimes*, II, Victor Del Litto (éd.), Paris, Gallimard, « Bibliothèque de la Pléiade », 1982, p. 536.

Le premier romantisme musical : 1800-1830

Christianisme ridicules, celles qui traitent de la virginité notamment ; quant à Benjamin Constant, ses idées politiques le situent aux antipodes de Chateaubriand. Un trait commun, pourtant, de cette génération, outre la traversée des mêmes bouleversements qui débouche sur l'acquisition, parfois douloureuse, du sens historique, réside – du moins pour ceux qui vivront assez longtemps – dans cette demi-déception éprouvée devant la génération suivante, celle des Romantiques de 1830 qui reprend beaucoup des thèmes lancés par leurs aînés tout en cultivant à leur encontre une franche ingratitude. Banal conflit de génération ? Pas seulement. C'est aussi deux conceptions du romantisme qui vont s'affronter, et que le terme trop employé de « préromantisme » a contribué à confondre.

S'il est difficile, avant 1830, de parler d'école romantique, des thèmes romantiques se donnent néanmoins largement cours chez ces écrivains : goût de la nature, recherche de « correspondances » entre le paysage et l'âme du contemplateur, désir de solitude, passion, élan vers un monde idéal et tristes retombées dans le monde réel, pulsions de mort, volonté et incapacité d'agir, conviction, enfin, qu'une transformation de la littérature et de l'art est devenue indispensable après le bouleversement historique qu'a déterminé la Révolution. Dans tous les domaines, on observe, dans ces trente premières années du XIXe siècle, une tension que les manuels de littérature ont eu tendance à simplifier, à gauchir, justement parce que, souvent, cette période est passée pour profits et pertes, et que l'on projette des schémas trop rigides, en grande partie édifiés après coup, pour présenter ce qui serait une tension entre classicisme et romantisme. Mieux vaudrait parler de néo-classicisme, et il faudrait savoir ce que l'on entend par là. S'il s'agit de l'influence des littératures antiques sur la nôtre, elle est constante pratiquement jusqu'en 1950, et même un peu au-delà chez les meilleurs de nos contemporains. Un appel à ce qui serait l'essence du classicisme (et qui, d'ailleurs, n'est que très partiellement le fait des littératures latine et grecque) : équilibre, pureté de la forme, revient périodiquement, de Ronsard à Gide. Qu'a donc de spécifique le néo-classicisme de cette période ? La référence à l'Antiquité classique a été invoquée sous Louis XVI, aussi bien pour le mobilier que pour les modes vestimentaires, comme un nécessaire retour à plus de simplicité, après les raffinements jugés excessifs du style Louis XV. La Révolution a le culte de l'Antiquité, qu'il s'agisse de la peinture de David ou des fêtes et des hymnes révolutionnaires. Le retour à l'antique apparaît, non pas comme une régression vers le passé, mais comme un moyen de retrouver une énergie première qui permettra de construire l'avenir. Le néo-classicisme n'est pas lié au conservatisme politique.

Au début du XIXe siècle, en France, le formidable succès du *Génie du Christianisme* va même considérablement brouiller la question, puisque cette œuvre, qui peut être considérée comme inaugurant les grands thèmes du romantisme, est un manifeste pour le retour vers la foi catholique traditionnelle, écrit par un homme qui a été émigré, après avoir combattu dans l'armée des Princes, et qui sera ministre sous la Restauration. Le premier Hugo, qui voulait être « Chateaubriand ou rien »[1], sera aussi royaliste. Stendhal, qui vient de Milan où le romantisme est le fait d'écrivains en révolte contre la monarchie autrichienne, est fort étonné de trouver en France ce paradoxe : les écrivains qui révolutionnent la littérature sont, en politique, réactionnaires, quand la pensée libérale, qui s'est opposée à l'Empereur, et s'opposera au retour monarchique, est conservatrice en matière esthétique. Dans la *Décade philosophique*, organe des Idéologues qui prolongent l'esprit des Philosophes et que Napoléon supprime, parce qu'il y voit un foyer d'opposition à son absolutisme, Ginguené rend compte du *Génie du Christianisme* en se montrant très critique à l'endroit des audaces stylistiques de Chateaubriand[2]. Donc, ne simplifions pas la question « classiques contre romantiques » ; elle est particulièrement complexe avant 1830, et correspond à un clivage politique qui est l'inverse de ce que l'on pourrait supposer.

---

[1] La formule, fameuse, provient de *Victor Hugo raconté par un témoin de sa vie*, qui la rapporte aux années de formation et cite un journal qu'aurait tenu Hugo : « La note la plus remarquable est celle-ci, datée du 10 juillet 1816 (quatorze ans) :
– Je veux être Chateaubriand ou rien », I, Bruxelles et Leipzig, A. Lacroix, Verboeckhoven et cie, 1863, p. 330.
[2] Les trois articles, d'abord parus dans les livraisons 27, 28 et 29 de *La Décade philosophique et littéraire*, An X, ont été repris en brochure : Pierre-Louis Ginguené, « Coup d'œil rapide sur *Le Génie du* christianisme ou quelques pages sur les cinq volumes in-8° publiés sous ce titre par François-Auguste Chateaubriand », Paris, Imprimerie de la Décade philosophique, littéraire et politique, 1802.

Le premier romantisme musical : 1800-1830

Disons aussi qu'il est difficile de parler de la littérature comme d'un seul bloc, non seulement parce qu'elle est le fait d'écrivains qui ont des tempéraments, des styles différents, mais aussi parce que la répartition entre divers « genres littéraires » y est encore fort sensible, et que ces genres ne bénéficient pas d'une égale liberté. Le théâtre peine à se libérer de vieilles contraintes qui ne sont pas seulement esthétiques (les trois unités…) mais aussi institutionnelles (tyrannie de la Comédie française, habitudes des acteurs qui ne sont pas tous des Talma). Les auteurs essaient de renouveler les thèmes, mais souvent sans succès. L'échec, en 1809, de la pièce de Népomucène Lemercier, *Christophe Colomb*, est à cet égard bien caractéristique. La comédie, très classique, d'Étienne, *L'Intrigante* (1813) a plus de succès.

La poésie a de la peine à se libérer de la tyrannie de la versification, quoique les *Rêveries* de Senancour (1802, rééd. 1833), après celles de Rousseau, soient un bel exemple de poèmes en prose, en attendant Aloysius Bertrand et Baudelaire. En 1820, les *Méditations* de Lamartine, en 1822 les poèmes publiés par Vigny marquent un renouveau, peut-être davantage au niveau des thèmes que dans la forme. L'épopée, déjà malade au XVIIIe siècle, ne se libère que si elle est en prose, et Chateaubriand s'y risque, avec un succès inégal, dans *les Martyrs* (1809). On est en droit de préférer *Atala*, *René* ou *Le dernier des Abencérages*.

On n'oubliera pas que les *Mémoires d'outre-tombe*, même si leur achèvement et leur publication sont bien plus tardifs, sont déjà très avancés avant 1830 (à la tête du Prologue, Chateaubriand a inscrit : « 4 octobre 1811 »), et que les *Mémoires de ma vie* les ont précédés. Le renouveau de la littérature dans la période qui nous occupe, il faut le voir dans le roman, dans les autobiographies, dans les nombreux mémoires écrits alors, et dans ce que l'on a appelé le roman autobiographique et qu'il vaudrait mieux appeler le roman personnel : *René* (1802), *Oberman* (1804), *Delphine* (1802), *Corinne* (1807), *Adolphe* (1810)…

Il faudrait aussi signaler, pour ne pas être injuste envers cette période dédaignée des manuels scolaires, l'essor des essais, sur des sujets fort variés : *Essai sur l'indifférence en matière de religion* de Lamennais (1817-1823), *Considérations sur la Révolution française* de Mme de Staël (1818), *De l'Amour* de Senancour (1806) et *De l'Amour* de Stendhal (1822).

Stendhal donne un éclat tout nouveau à la critique picturale et musicale avec *Rome, Naples et Florence* (1817 et 1827) et avec la *Vie de Rossini* (1823). Enfin, signalons la naissance de ce que nous appelons littérature comparée, et l'ouverture aux littératures étrangères, avec Mme de Staël – *De la Littérature* (1800), *De l'Allemagne* (1810) – et Sismondi pour la littérature italienne.

On peut se demander si la peinture n'est pas aussi victime de nos classifications tardives entre classiques et romantiques. Des œuvres de thématique et de facture bien différentes se côtoient. En 1802, *Les Pestiférés de Jaffa* de Gros, *Madame Récamier* de Gérard ; en 1808, *Les Funérailles d'Atala* de Girodet, *Le Champ de bataille d'Eylau* de Gros ; en 1814, la *Grande Odalisque* d'Ingres, le *Léonidas* de David, mais aussi *Le Cuirassier blessé* de Géricault. Delacroix commence sa carrière, il reçoit commande, en 1819, de *La Vierge des Moissons* et, en 1820, travaille à des études pour la décoration de la salle à manger de Talma, tout en commençant à penser à *La Barque de Dante*, qu'il achève un peu plus tard (1822). Mais arrêtons là une énumération qui risquerait de devenir fastidieuse. Qu'on en retienne simplement la variété des thèmes, dont beaucoup viennent de l'Histoire contemporaine. Il y a des ateliers différents, mais pas vraiment d'« école ». La formation et la culture de tous ces peintres sont, à peu de choses près, les mêmes ; les conflits apparaîtront davantage après 1830.

De même en musique. Jean Mongrédien, dans son magnifique ouvrage, *La Musique en France des Lumières au Romantisme*, que j'utilise ici beaucoup, insiste sur le contraste entre la réception d'*Hernani* de Victor Hugo et celle de *La Symphonie fantastique* de Berlioz, deux œuvres de 1830 considérées comme essentiellement romantiques : s'il y a une célèbre bataille d'*Hernani*, les conflits autour de Berlioz n'apparaîtront que plus tard ; en 1830, l'article que, dans *La Revue musicale*, lui consacre un Fétis loin d'être toujours acquis aux tenants de l'innovation[1], est plus que bienveillant[2] et témoigne de ce qu'il n'a pas, alors, le sentiment que les lois

---

[1] On pense évidemment aux articles fielleux que lui inspirera Wagner.
[2] Berlioz le note lui-même dans une lettre du 19 novembre 1830 à Humbert Ferrand : « Fétis, dans *La Revue musicale*, m'a fait deux articles superbes », Hector Berlioz,

Le premier romantisme musical : 1800-1830

de la musique sont remises en cause par ce jeune musicien, prix de Rome[1], à qui il se contente de conseiller une certaine prudence. C'est ainsi que la transformation de la musique avant 1830 se fait, écrit Jean Mongrédien, « sans fracas », « sans rupture ». Même s'il faut relativiser, comme je viens de le suggérer, ces fracas et ces ruptures dans le domaine littéraire, deux différences fondamentales semblent inhérentes à la nature même de la musique. La première tient à ce que le sens politique d'un texte littéraire est plus immédiatement manifeste que celui d'une musique, surtout instrumentale. Déjà, les écrivains avaient davantage souffert de la Terreur que les musiciens, mais le mouvement se poursuit et l'on voit, plus encore que les écrivains survivants, les compositeurs servir successivement l'Ancien régime, la Révolution et la Restauration. D'autre part, il y a une technicité de la musique qui rend incontournables des règles de base, justifiant par avance ce mot du directeur d'un Conservatoire de province, après 1968 : « il y a eu de la contestation dans les classes d'art dramatique, pas dans les classes de violon ».

S'il n'y a donc pas de fortes ruptures, cela n'exclut ni les querelles ni les cabales qui ont toujours jalonné l'histoire de la musique, mais tout cela ne dépasse pas un phénomène de surface, assez limité : en 1801, l'opposition des « mozartolâtres » et des « mozartophobes » n'empêche pas le triomphe de Mozart, même si elle donne à la presse l'occasion d'écrire quelques inepties inspirées par un nationalisme rétrograde. Et les discussions autour de la vogue de Rossini, que défend ardemment Stendhal, ne parviennent pas à freiner son irrésistible ascension.

Quelles sont alors ces transformations profondes qui affectent la musique de 1800 à 1830 ? Dans le domaine instrumental, c'est là que commence le règne du piano, qui supplante définitivement le clavecin, d'autant que les concertos pour piano permettent une grande virtuosité, de plus en plus valorisée. Dans la diffusion accrue qui caractérise alors cet instrument, les deux sonates qu'Alexandre Boëly publie en 1810 mériteraient d'être mieux connues. La harpe est très à la mode dans tous les

---

Correspondance générale, I, *1803-mai 1832*, Pierre Citron (éd.), Paris, Flammarion, 1972, p. 283.
[1] Qu'il remporte, précisément, en 1830, après quatre tentatives infructueuses.

salons, mais aussi dans l'orchestre (Le Sueur demande douze harpes pour son opéra, *Ossian ou les bardes* – la vogue du célèbre barde contribue à celle de la « harpe celtique »). La harpe, comme le piano, ont bénéficié des progrès que les facteurs leur ont apportés. Mais le violon et le violoncelle, qui, eux, ne se transforment plus guère, connaissent aussi une période très brillante, au point que le violoncelle « accède à la dignité de soliste »[1]. Le violoniste Viotti, Italien de naissance, séjourne souvent à Paris. Kreutzer, Rode, Baillot sont de grands violonistes.

Les instruments à vent sont prospères, qui ont beaucoup bénéficié des progrès de facture, de l'utilisation des pistons. Des classes d'instruments à vent sont ouvertes au Conservatoire. La Révolution leur a donné un grand essor grâce aux manifestations patriotiques de plein air, où ils étaient nécessaires. D'où le développement de leur participation à l'orchestre et, même, de leur jeu en solistes. Si bien que cette période charnière des XVIIIe et XIXe siècles correspond à un tournant où se redistribuent formes musicales et légitimités :

> « Les années 1789-1820 marquèrent l'apogée d'un genre musical très particulier qui connut alors une vogue extraordinaire, mais sans lendemain et dont Paris fut le centre le plus brillant, c'est la symphonie concertante, ou comme on l'a dit parfois le concerto à plusieurs solistes »[2].

Sans davantage entrer dans le détail des œuvres, disons que, globalement, cette période est celle d'une floraison de la musique instrumentale, ce à quoi concourent plusieurs phénomènes, outre les perfectionnements de la facture et de l'enseignement : le développement des concerts publics, déjà inaugurés dans les années 1770 (Concert des amateurs, Concert de la Loge Olympique, etc.), et l'apothéose, qui va encore s'affirmer après 1830, du virtuose : le musicien en France, plus indépendant que jadis, doit aussi assurer sa subsistance par lui-même. Enfin, et c'est peut-être la cause la plus déterminante, la pénétration de l'influence allemande. Elle avait d'abord été freinée par le nationalisme étroit de la Révolution française et de Napoléon, avant de parvenir à

---

[1] Jean Mongrédien, *La Musique en France des Lumières au Romantisme*, Paris, Flammarion, 1986, p. 270.
[2] *Ibid.*, p. 274.

Le premier romantisme musical : 1800-1830

s'imposer : Mozart, Haydn, Beethoven apportent la preuve de son excellence et triomphent de toutes les réticences.

La création lyrique est importante aussi et malheureusement très peu mise en scène de nos jours, si l'on excepte Rossini. L'opéra a toujours été plus libre que le théâtre – c'était déjà vrai au XVIIIe siècle, où Rameau et ses librettistes ne se soucient ni de l'unité de temps ni de l'unité de lieu qui paralysent encore Voltaire. La production lyrique bénéficie de l'existence de trois scènes à Paris : l'Opéra, l'Opéra-Comique, Le Théâtre Italien à partir de 1801, avec souvent un effet de concurrence entre Opéra-Comique et Théâtre des Italiens. L'Opéra est plus figé dans ses traditions, l'Opéra-Comique reçoit les jeunes compositeurs que l'Opéra ne voudrait pas admettre ce qui en fait, du même coup, le lieu de plus d'innovations créatrices. Opéra, Opéra-comique et Théâtre des Italiens ont chacun leur spécificité.

L'opéra post-révolutionnaire fait encore une large place à Gluck, dont les œuvres sont régulièrement reprises. Puis, apparaissent des œuvres nouvelles. De Catel : *Sémiramis*, (1802), qui est un échec, *les Bayadères* (1810) ; de Le Sueur : *Ossian* (1804), *La mort d'Adam* (1809) ; de Spontini : *La Vestale* (1807), *Fernand Cortez* (1809 et 2e version 1817), *Olympie* (1819). Rossini, enfin, accède à la scène de l'Opéra de Paris avec *Le Siège de Corinthe* (1826), réécriture de *Mahometo secondo*, avec *Moïse* (1827), version française de *Mose in Egitto* et *Guillaume Tell* (1829), qui clôt sa carrière. *La Muette de Portici* d'Auber (1828) est l'une des dernières œuvres marquantes de cette période.

Notons d'abord un net renouvellement des sujets. L'opéra, jusque-là, avait travaillé en grande majorité sur des livrets à sujets tirés de la mythologie gréco-romaine. Ces sujets antiques continuent à être exploités. Spontini donne *La Vestale* et *Olympie*. Mais d'autres sources, désormais, paraissent fécondes. Ainsi Ossian et la mythologie germanique, que Wagner exploitera systématiquement. *La Mort d'Adam* s'inspire de Klopstock – et cela est bien caractéristique à la fois du goût pour les littératures nordiques et pour les sujets bibliques, dont témoigne aussi le *Moïse* de Rossini. *Fernand Cortez* montrant, pour son compte, à la fois le succès des sujets historiques et de l'exotisme.

Gluck et la période révolutionnaire avaient déjà travaillé au développement des chœurs, à leur intégration plus forte dans l'intrigue. C'est dans le domaine de l'orchestration que se marque le plus d'audace et de nouveauté : recherche de timbres dans l'ouverture de *Sémiramis*, harpes du *Songe d'Ossian*, qu'admire Berlioz. Lequel admire aussi Spontini qui, avec *Fernand Cortez*, pratique déjà le grand orchestre romantique : grosse caisse, cymbales, triangle, etc. Dans *Le Siège de Corinthe*, Berlioz célébrera une « révolution instrumentale des orchestres » : grosse caisse, trombone, ophicléide[1]. Il y a une continuité entre l'orchestration des opéras de la période 1800-1830 et l'œuvre de Berlioz, fidèle aussi à son maître Le Sueur. L'élargissement de l'orchestre s'accompagne d'un renouvellement de l'harmonie et d'audaces harmoniques ; ainsi dans *Ossian*, on peut être frappé par la nouveauté de l'harmonie, par les brusques changements de tonalité.

Pour l'opéra-comique, les troupes de Favart et de Feydeau, après avoir été rivales, fusionnent en 1801, mais auront à affronter la concurrence du Théâtre des Italiens. Sous l'Ancien Régime, l'opéra-comique s'était caractérisé par la présence de parties parlées, l'absence de récitatif, remplacé par le dialogue parlé, ce qui le différencie de l'opéra. Dans la période qui nous occupe, il va connaître de grands bouleversements génériques. La tradition du XVIIIe siècle se prolonge chez Boieldieu, avec *Jean de Paris* (1812) et, surtout, *La Dame blanche* (1825), dont le succès a été durable. On peut rattacher aussi à cette tradition *Fra Diavolo* (1830) d'Auber, qui annonce la comédie musicale, ou *Zampa* d'Hérold (1831),

---

[1] « Quoi qu'il en soit, à dater de l'arrivée de Rossini à l'Opéra, la révolution instrumentale des orchestres de théâtre fut faite. On employa les grands bruits à tout propos et dans tous les ouvrages, quel que fût le style que leur imposait leur sujet. Bientôt les timbales, la grosse caisse, et les cymbales et le triangle ne suffisant plus, on leur adjoignit un tambour, puis deux cornets vinrent en aide aux trompettes, aux trombones et à l'ophicléide ; l'orgue s'installa dans les coulisses à côté des cloches, et l'on vit entrer sur la scène des bandes militaires, et enfin les grands instruments de Sax, qui sont aux autres voix de l'orchestre comme une pièce de canon est à un fusil », Hector Berlioz, *À travers chants*, Léon Guichard (éd.), Paris, Gründ, 1971, p. 126.

Le premier romantisme musical : 1800-1830

deux œuvres bien oubliées et que l'Opéra-Comique a redonnées récemment avec succès[1].

Une scène de *Zampa ou la fiancée de marbre* (1831), qu'Hérold situe dans la Sicile du XVIe siècle et dont le héros, véritable don Juan, qu'il soit de Molière ou de Mozart, brigand d'honneur, doit beaucoup à Schiller et à Byron.

Apparaissent aussi des genres mixtes : « drame héroïque », « comédie héroïque » – le changement de désignation correspondant à cette transformation des thèmes et des styles. C'est souvent le fait, mais pas uniquement, de jeunes compositeurs qui n'ont pas encore pu avoir accès à la scène de l'Opéra, mais dont les forces créatrices les amènent à mêler les genres, à faire sauter les barrières entre grand opéra et opéra-comique, entre tragique et comique, préparant ainsi le drame romantique. Méhul est l'auteur d'*Héléna* (1803), d'*Uthal* (1806), d'inspiration ossianique, de *Joseph*, sorte d'oratorio biblique (1807). Catel donne avec *Wallace* (1817) un « opéra héroïque » dont l'orchestration est remarquable.

Très stimulante pendant cette période, la circulation des artistes entre divers pays européens. Napoléon est passionné de musique italienne et protège Paër. Stendhal prétendra parfois avoir entendu en Italie des œuvres qu'il a connues, en fait, au Théâtre des Italiens à Paris. Les opéras de Mozart sont enfin représentés de façon fidèle, après plusieurs années de massacre, où ils subissaient des « adaptations » de Kalkbrenner, de Lachnitz et autres, des exécutions de pots-pourris mêlant des airs de Mozart issus d'opéras différents à des airs d'autres musiciens (ainsi en 1791, dans un catastrophique *Festin de Pierre*). Grâce au Théâtre des

---

[1] En mars 2008 pour *Zampa*, en janvier-février 2009 pour *Fra Diavolo*.

Italiens, on put entendre dans leur version originale *Le Nozze di Figaro* (1807), *Cosi fan tutte* (1809) et *Don Giovanni* (1811).

Il faut donc évoquer l'importance de ce Théâtre des Italiens : rappelé en France en 1801, il va connaître une véritable vogue sous l'Empire et la Restauration.

Les tentatives d'implantation d'un Théâtre Italien à Paris remontent au XVIe siècle mais ne sont véritablement couronnées de succès qu'au XVIIe, protégées par le roi puis par le duc d'Orléans. Suite à un arrêté de 1779 interdisant les comédies en italien, le lieu se rebaptise Opéra-Comique et emménage salle Favart en 1784 en même temps que Monsieur investit la salle des machines des Tuileries, pour le même répertoire. En 1801, les Italiens sont unifiés au Théâtre Olympique, où est joué tant l'opéra buffa que l'opéra séria avant que, dès 1802, seul l'opéra buffa leur soit concédé. À la Restauration, Spontini, Paër et Rossini en assureront la direction.

Il donne d'abord des œuvres déjà anciennes de Paisiello et de Cimarosa. Ainsi, pour son inauguration, le 31 mai 1801, *Il Matrimonio segreto* de Cimarosa, œuvre tant aimée par Stendhal. Puis il va faire connaître Mozart, du moins l'œuvre italienne de Mozart, grâce à de remarquables chanteurs – parmi lesquels Garcia dans le rôle d'Almaviva. Avec la vogue de la musique italienne, les Français découvrent enfin qu'il

Le premier romantisme musical : 1800-1830

existe aussi un opéra séria italien : au théâtre de la Cour, on joue *Roméo et Juliette* de Zingarelli, qu'adore Napoléon ; au Théâtre des Italiens, en 1813, *Gli Orazzi e Curiazzi* de Cimarosa dont, jusque-là, le public français ne connaissait que les opéras bouffes.

Sous la Restauration, c'est le triomphe de Rossini, mais, comme le note très justement Jean Mongrédien, ce triomphe ne fut ni immédiat, ni si facile qu'on le croit. *L'Italiana in Algeri*, en 1817, est accueillie assez fraîchement. Viennent ensuite *L'Inganno felice* (1819) et, surtout, *Il Barbiere* (1819). À partir de 1820, l'engouement des Parisiens l'emporte. Il est vrai que Rossini est servi par des interprètes remarquables : Mme Pasta, chère à Stendhal, Isabelle Colbran, Garcia, Rubini, puis Henriette Sontag et Maria Malibran, la fille de Garcia. Par delà le phénomène de la vogue, il faut voir aussi le rôle capital et l'influence de Rossini, qui élargit considérablement la structure des airs, et l'ambitus des voix, stimule une extraordinaire virtuosité vocale, utilise au mieux le fameux crescendo orchestral. Les formes traditionnelles éclatent. Bellini et Donizetti ne sont pas loin.

Giuditta Pasta (à gauche, 1797-1865) et Maria Malibran (à droite, 1808-1836) captent tour à tour la ferveur de leurs contemporains qui s'enflamment pour l'une ou l'autre de ces *prime donne* de légende.

Il faudrait dire aussi un mot de la musique religieuse de 1800 à 1830, d'autant qu'elle subit fortement le contrecoup des événements historiques : après la coupure de la Révolution, le retour du catholicisme auquel a contribué *Le Génie du Christianisme*, l'habile Concordat, le soutien de la Monarchie aux cérémonies catholiques, la restauration par Napoléon, déjà, puis par Louis XVIII et Charles X, de la cérémonie du Sacre. C'est avec la musique de Paisiello qu'est célébré le jour de Pâques, le 18 avril 1802, la première grande fête religieuse.

À partir de là, les occasions ne vont pas manquer. Le pouvoir s'intéresse directement à la gestion des divers organes chargés du culte, chapelle impériale, chapelle royale. Au reste :

> « Cette tendance à confondre musique d'opéra et musique religieuse qui se fait jour à Paris dès l'ouverture de la chapelle des Tuileries en 1802 avec les messes de Paisiello persistera naturellement jusqu'en 1830 »[1].

Ainsi s'explique aussi que la musique religieuse s'oriente vers des formes moins savantes qu'aux siècles classiques, après l'abandon du Grand Motet. Fugue et contrepoint ne sont guère pratiqués, l'harmonie n'est guère complète. On peut le regretter, regretter aussi la disparition, depuis la Révolution, des « maîtrises », ces lieux de formation qui avaient joué un grand rôle sous l'Ancien Régime ; mais il faut convenir, encore avec Jean Mongrédien, que « ce caractère extrêmement simple, ou pour mieux dire, peut-être même facile de la musique d'église dans ces premières années du romantisme s'accordait parfaitement avec les aspirations religieuses de bien des âmes au lendemain de la tourmente révolutionnaire »[2]. En tout cas, les œuvres de musique religieuse de Le Sueur et de Cherubini ne sont pas négligeables. Si leur musique est proche de celle de l'opéra, n'est-ce pas aussi que l'opéra, dans sa parenté avec le mythe, peut être porteur du sentiment du sacré ? et l'on peut juger que Rossini est plus inspiré quand il écrit le chœur des Hébreux dans *Moïse* que lorsqu'il compose la Messe du Sacre pour Charles X, à Reims. Mais les Parisiens, eux, ont eu la chance d'entendre pour la première fois deux œuvres fondamentales : *La Création*

---

[1] Jean Mongrédien, *La Musique en France des Lumières au Romantisme*, op. cit., p. 169.
[2] *Ibid.*, p. 173.

de Haydn[1] et le *Requiem* de Mozart. C'est aussi le moment où s'affirme le travail des historiens de la musique, alors que se développent les sciences historiques et que naît l'histoire littéraire : « On voit se dessiner depuis les premières éditions de Porro au début de l'Empire jusqu'aux concerts de Choron sous la Restauration l'amorce d'un intérêt pour les chefs d'œuvre du passé »[2]. Choron qui se passionne pour Palestrina, très peu connu en France avant lui.

Autant d'éléments qui font la preuve que cette période qui va de 1800 à 1830 et sur laquelle les manuels d'histoire de la musique, plus encore que les manuels d'histoire littéraire, ont longtemps fait l'impasse, sautant allégrement des Lumières du XVIIIe siècle au romantisme de 1830, mérite notre attention, et que le mouvement de redécouverte, amorcé déjà depuis plusieurs décennies, doit encore se poursuivre.

On y entend essentiellement des œuvres de musiciens italiens ou allemands dont l'importance dans la vie musicale de cette époque en France a été capitale. Ce n'est pas pour autant, bien sûr, que les œuvres de musiciens français soient sans valeur : ni Lesueur, ni Méhul, ni Gossec ne sont quantités négligeables, et il y aurait un travail à faire pour qu'ils soient mieux connus du grand public, mais cela suppose un mouvement de redécouverte, comparable à celui qui a été fait pour la musique baroque, et il n'est pas possible d'opérer cette redécouverte dans l'espace dont nous disposons.

N'est-ce pas aussi l'occasion de rappeler à quel point les frontières n'existent pas pour la musique ? Rossini, Mozart sont venus à Paris, où leur œuvre enchante les Parisiens sans que les résistances d'un nationalisme étroit parviennent à freiner ce mouvement irrésistible qui se joue même des prescriptions officielles. Ainsi du régime napoléonien, réticent devant l'invasion de la musique étrangère et qui prête une tribune officielle – *Le*

---

[1] C'est à Lille, le 3 novembre 1800, qu'eut lieu la création française de l'oratorio de Haydn. Mais c'est la première parisienne, le 28 décembre 1800 au Théâtre des Arts, qui a fait date puisque c'est là que l'attentat de la rue Saint-Nicaise a visé le Premier Consul, qui se rendait au spectacle.

[2] Jean Mongrédien, *La Musique en France des Lumières au Romantisme, op. cit.*, p. 196.

Journal de l'Empire – aux « mozartophobes ». Il n'empêche que Napoléon adore l'opéra italien.

C'est donc avec Rossini, Mozart, Beethoven que nous en terminerons. La *Vie de Rossini* (1823) exprime tout l'enthousiasme de Stendhal : elle se fait l'écho de la vogue parisienne pour le compositeur italien, en même temps qu'elle contribue à l'alimenter. La *Vie de Rossini*, contemporaine du *Racine et Shakespeare* (1ᵉ version 1823) où Stendhal pose plus largement les bases de l'esthétique romantique – entendons moderne – telle qu'il la conçoit. Comme Shakespeare, Rossini et Mozart sont enrôlés dans la bataille romantique. Les articles que Stendhal donne au *Journal de Paris* à partir du 9 septembre 1824 ont de quoi irriter les musiciens de la vieille école. Les Français aiment les querelles musicales. Autour de Rossini, comme autour de Mozart, deux camps s'organisent. Stendhal défend Rossini, Berton reproche au maestro des « fautes » musicales. Et Stendhal répond :

> « Le public (...) se garde bien de chicaner un compositeur qui lui plaît sur ses prétendues infractions aux axiomes du Conservatoire et aux théories du professorat. Il n'attend pas pour s'émouvoir qu'il y soit autorisé par les puristes de la rue Bergère et ses bravos sont indépendants de la justesse du contrepoint »[1].

Lamartine voit en Rossini un « Mozart heureux » tandis que « Mozart, c'est Rossini grave ». « Rossini allait naître au moment où Mozart mourait, comme si la Providence avait voulu que la voix et l'écho ne fussent séparés que d'un instant dans l'oreille du siècle »[2].

Quant à Beethoven, « l'élite des musiciens parisiens a connu les œuvres du jeune maître allemand ». Jean Mongrédien mentionne une lettre du violoniste Baillot, le 23 juin 1805, qui se félicite : « Nous avons déjà tenu deux séances de Beethoven dont nous sommes très satisfaits ». Et, de fait, les exécutions de Beethoven sont d'abord le fait de cercles restreints, lesquels, progressivement, s'élargissent, quand l'éditeur Simrock publie un choix de ses œuvres, dont quatorze sonates pour piano. La diffusion s'accélère lorsque les œuvres de Beethoven intègrent les exercices

---

[1] Stendhal, *Vie de Rossini*, Paris, chez Auguste Boulland, 1824, p. 132.
[2] *Cours familier de littérature*, cité par Jean Mongrédien, *La Musique en France des Lumières au Romantisme, op. cit.*, pp. 133-134.

publics des élèves du Conservatoire, à partir de 1807. Quand, aussi, est donnée la *Première symphonie*, en février 1807, puis la *Symphonie héroïque*, en mai 1811. La presse est assez réservée, *Le Moniteur universel* reprochant à Beethoven d'avoir laissé « égarer son génie dans d'inextricables combinaisons de la science »[1]. *Les Tablettes de Polymnie* dénoncent le « danger auquel s'exposent les jeunes compositeurs qui ont adopté cette école avec un enthousiasme qui tient de la frénésie »[2]. Mais Mozart et Beethoven sont accueillis avec enthousiasme au Conservatoire et, si la suppression du Conservatoire et de ses concerts à la chute de l'Empire marque un temps d'arrêt, l'enthousiasme reprend ensuite de plus belle.

Pour la musique instrumentale de Mozart, il en circule beaucoup d'éditions, avant même 1800, c'est-à-dire à un moment où Mozart n'est que très peu joué dans les concerts parisiens. Des extraits de *Cosi* pour piano et chant paraissent dès 1798. Les représentations de ses opéras, soit dans l'éphémère Théâtre allemand, soit à l'Opéra (1805, *Don Juan*, revu par Kalkbrenner et en français), soit chez les Italiens, qui sont les premiers à donner des représentations fidèles au texte de Mozart-Da Ponte, font que la bataille s'organise davantage sur les représentations lyriques que sur les œuvres pianistiques. D'autant que, dès ce moment, le personnage même de Mozart devient un mythe, et que lui sont consacrées deux biographies, celle de Cramer et celle de Winckler, dont Stendhal s'inspire beaucoup pour écrire ses propres *Vies de Mozart, de Haydn et de Métastase*, sa première œuvre littéraire publiée, qui ne contribue pas peu à la formation de ce mythe.

---

[1] *Le Moniteur* du 17 mars 1809.
[2] Cité dans Jean-Gabriel Prod'homme, *Les Symphonies de Beethoven (1800-1827)*, Paris, Delagrave, 1924, p. 121.

George Sand : la musique et la vie

Sand raconte qu'elle naquit « [s]on père jouant du violon et [s]a mère ayant une jolie robe rose »[1]. C'est donc sous les auspices de la musique que l'auteur d'*Histoire de ma vie* représente sa venue au monde, le 1er juillet 1804. Son goût pour la musique, écrit-elle à Liszt, a même précédé sa naissance :

> « Je sens trop vivement votre musique, pour n'en avoir pas déjà entendu de pareille avec vous quelque part, avant notre naissance »[2].

La musique est, tout au long du récit de vie, intimement liée à des moments-clés de l'enfance et au partage des affects que reconfigure *Histoire de ma vie*[3], elle permet d'opérer une réconciliation entre des formes populaires dont la mère, par ses chansons, enchantait l'enfant[4] et des

---

[1] George Sand, *Histoire de ma vie*, I, deuxième partie, chap. VIII, Damien Zanone (éd.), Paris, Flammarion, « GF », 2001, p. 128. Voir aussi p. 126.

[2] George Sand, *Correspondance*, II, Georges Lubin (éd.), Paris, Garnier, 1970, p. 871.

[3] Voir, à ce propos, Olivier Bara, « "j'avais presqu'oublié que j'étais née musicienne aussi …" : musique et identité dans *Histoire de ma vie* », in Simone Bernard-Griffiths et José-Luis Diaz (dir.), *Lire* Histoire de ma vie *de George Sand*, Clermont-Ferrand, Presses Universitaires Blaise Pascal, « Cahiers romantiques » n°11, 2006, pp. 143-160 et Béatrice Didier, « Le souvenir musical », in *George Sand écrivain "Un grand fleuve d'Amérique"*, Paris, Presses Universitaires de France, « PUF écrivains », 1998, pp. 431-442.

[4] « Les premiers vers que j'aie entendus sont ceux-ci, que tout le monde connaît sans doute, et que ma mère me chantait de la voix la plus fraîche et la plus douce qui se puisse entendre :

formes plus élaborées dont la grand-mère aristocrate Ancien Régime lui avait transmis la culture[1]. Toute l'enfance de la narratrice se déroule dans la tentative de conciliation – ou de réconciliation – entre deux formes musicales *a priori* très éloignées et deux femmes dont l'écart social est vécu comme un déchirement, la grand-mère n'arrivant pas à concevoir ni à accepter la mésalliance entre sa famille, descendant des rois de Pologne, et une femme du peuple. Les seuls éclats de connivence se vivent autour de la musique, théâtre de « l'association par excellence »[2] :

> « Elle [ma mère] ne connaissait seulement pas les notes, mais elle avait une voix ravissante, d'une légèreté et d'une fraîcheur incomparables, et ma grand-mère se plaisait à l'entendre chanter, toute grande musicienne qu'elle était. Elle remarquait le goût et la méthode naturelle de son chant »[3].

De ces deux « côtés », de ces deux manières de comprendre, de concevoir et d'interpréter la musique, la jeune Aurore tente d'esquisser la fusion – ou le compromis –, en inventant une troisième forme qui place la pratique musicale du côté de l'expérience subjective. À partir des « études sèches » que sa grand-mère lui fait travailler au piano, pour l'initier aux rudiments d'une musique plus savante, Aurore compose des arrangements qu'elle ne doit qu'à son imagination fertile et à son sens de l'improvisation et s'arrange pour inventer ses propres mélodies :

> « J'étudiais pour l'acquit de ma conscience les sèches études que je devais jouer à ma grand-mère ; mais quand j'étais sûre de m'en tirer passablement, je les arrangeais à ma guise, ajoutant des phrases, changeant des formes, improvisant au hasard, chantant, jouant et

---

Allons dans la grange
Voir la poule blanche
Qui pond un bel œuf d'argent
Pour ce cher petit enfant ».

Histoire de ma vie, I, deuxième partie, chap. IX, *op. cit.*, p. 144.

[1] « Vers la même époque ma grand-mère m'enseigna la musique » (*Histoire de ma vie*, I, *op. cit.*, p. 246).

[2] Dans la VIIe *Lettre d'un voyageur* (« À Franz Liszt »), le narrateur dit de la musique que « c'est la prière, c'est la foi, c'est l'amitié, c'est l'association par excellence », George Sand, *Lettres d'un voyageur*, Henri Bonnet (éd.), Paris, Garnier-Flammarion, 1971, p. 199.

[3] *Histoire de ma vie*, deuxième partie, chap. XIV, *op. cit.*, p. 225.

> composant musique et paroles, quand j'étais bien sûre de n'être pas entendue. Dieu sait à quelles stupides aberrations musicales je m'abandonnais ainsi ! J'y prenais un plaisir extrême ! »[1].

Dans ce fragment autobiographique, s'énonce ce qui fait l'originalité du discours sandien sur la musique. La faculté d'adaptation que manifeste la jeune fille, mettant son âme et son être à assouplir et à se réapproprier les modèles imposés, rejoint la liberté que Sand a toujours revendiquée pour la musique, comme alliance entre ce qui est établi et ce qui est spontané. En désacralisant le respect absolu aux formes écrites et en privilégiant les formes populaires, plus orales, qui s'en inspirent, en les métamorphosant à son gré, Sand marque sa préférence pour une musique plus naturelle, débarrassée des écrans, des médiations et des artifices.

Cette conception d'une musique « naturelle », épousant et traduisant les émotions de celui qui la produit – qu'il en soit le compositeur ou l'interprète –, et se communiquant instantanément à celui qui l'écoute, domine la conception que, sans jamais faire à proprement parler de « théorie », Sand glisse de-ci, de-là dans ses écrits. La désinvolture qu'adopte volontiers la narratrice de l'autobiographie ou des romans à l'égard de la musique ne signifie pas pour autant une incompétence. Sand sait jouer et écouter la musique et la fréquentation des plus grands compositeurs ou interprètes de l'époque (Chopin et Liszt, on le sait, mais aussi Berlioz et Meyerbeer – dont elle prend ardemment la défense dans la XIe des *Lettres d'un voyageur* – ou encore la Malibran et sa sœur Pauline Viardot, qui fut son amie) a complété l'instruction reçue dans l'enfance.

J'essaierai donc de voir, à partir de l'analyse de quelques romans dédiés à la musique, ou à partir de la fiction épistolaire que représentent les *Lettres d'un voyageur*, ancrées dans le réel biographique mais écrites par un narrateur semi-fictif, ce que Sand entend par l'expression, somme toute assez vague, de « musique naturelle » : c'est un peu comme si le discours sur la musique se déployait plus aisément et trouvait une plus large expansion dans la fiction que dans une formulation plus abstraite, comme si le fait de déléguer à des personnages le soin de parler de la musique et

---

[1] *Histoire de ma vie*, I, troisième partie, chap. VIII, *op. cit.*, p. 438.

d'inclure un discours dans un récit, une action ou une situation, libérait la parole de sa gangue théorique. Dans la fiction, la musique s'incarne dans des personnages sensibles qui en déploient les résonances, elle aide les personnages-musiciens à trouver leur véritable identité et modifie ou métamorphose leur destin.

Plus la musique est libérée des conventions, plus elle peut atteindre l'expression directe et immédiate de l'émotion. Sand rejoint là une conception romantique de la musique comprise comme expressivité : « savoir » et « sentir » la musique sont deux manières différentes[1], dont Sand a su très tôt faire le partage.

> « C'est dans cette langue-là, la plus parfaite de toutes, que je voudrais exprimer mes sentiments et mes émotions. Je voudrais faire les paroles et la musique en même temps. Mais c'est un rêve qu'on ferait comme celui d'une musique enchantée au moment où la mer va vous avaler à tout jamais »[2].

« Langue sacrée »[3], la musique dit l'âme et le cœur, sans intermédiaire, la parole du chant étant l'écran le plus ténu posé sur la musique. Débarrassée de la tension et de l'obligation du sens, la parole seconde la musique dans l'expression immédiate des affects.

C'est ainsi que sont privilégiées les formes populaires de la musique, car elles sont l'expression spontanée d'une intuition sensible et authentique et sont à l'abri, selon Sand, de l'artifice qui menace la musique savante. Voici ce que dit la narratrice à travers la voix de Consuelo, dans le roman éponyme :

> « Il y a une musique qu'on pourrait appeler naturelle, parce qu'elle n'est point le produit de la science et de la réflexion, mais celui d'une inspiration qui échappe à la rigueur des règles et des conventions.

---

[1] Sand opère pour la première fois cette distinction à propos de son maître de musique, M. Gayard, qui « savait la musique certainement mais (...) ne la sentait nullement », (*Histoire de ma vie*, I, *op. cit.*, p. 438) et qui lui fait « perdre le respect et l'amour de la musique », (*ibid.*, p. 439).
[2] Lettre à Pauline Viardot, 1849, *Correspondance*, IX, *op. cit.*, p. 63.
[3] *Lettres d'un voyageur*, *op. cit.*, p. 200.

> C'est la musique populaire : c'est celle des paysans particulièrement. Que de belles poésies naissent, vivent et meurent chez eux, sans avoir jamais eu les honneurs d'une notation correcte, et sans avoir daigné se renfermer dans la version absolue d'un thème arrêté ! L'artiste inconnu qui improvise sa rustique ballade en gardant ses troupeaux, ou en poussant le soc de sa charrue (...) s'astreindra difficilement à retenir et à fixer ses fugitives idées. (...) Le paysan n'examine ni ne compare. Quand le ciel l'a fait musicien, il chante à la manière des oiseaux, du rossignol surtout dont l'improvisation est continuelle, quoique les éléments de son chant varié à l'infini soient toujours les mêmes. D'ailleurs le génie du peuple est d'une fécondité sans limites. Il n'a pas besoin d'enregistrer ses productions ; il produit sans se reposer, comme la terre qu'il cultive ; il crée à toute heure, comme la nature qui l'inspire »[1].

L'idéologie romantique, selon laquelle le peuple serait plus proche des vraies valeurs, que Sand partage pleinement – et qu'elle a même largement contribué à créer en défendant les « poètes populaires »[2] – sert ici une esthétique de la transparence et de l'immédiateté. La narratrice souligne l'instinct foncièrement musical du peuple qui le rattache à des origines primitives : plus proche de la nature, il est plus musicien parce qu'il imite les sons qu'il trouve autour de lui. Le peuple est comme l'oiseau... il est même oiseau, parce qu'il est artiste : « L'homme-oiseau c'est l'artiste »[3] écrit Sand dans *Histoire de ma vie*, fidèle en cela à ses origines populaires maternelles, lorsqu'elle évoque son grand-père « maître-oiselier »[4]. Il y a quelque chose de très rousseauiste dans cette correspondance de l'homme à l'oiseau : la société n'a pas encore posé de médiation entre ce chant primitif et l'homme ; l'homme-artiste est celui qui se souvient de cette proximité entre l'homme et la nature.

La musique populaire n'a donc pas besoin d'écriture, car l'écriture figerait ce qui est variation, improvisation, au gré des mouvements, des

---

[1] *Consuelo*, Damien Zanone et Nicole Savy (éd.), Paris, Robert Laffont, « Bouquins », 2004, pp. 349-350.
[2] Voir à ce propos, « Les poètes populaires », Christine Planté (dir.), *George Sand critique 1833-1876, textes de George Sand sur la littérature*, Tusson, Du Lérot, 2006, pp. 163-182 ; Béatrice Didier, *George Sand écrivain "Un grand fleuve d'Amérique"*, op. cit., pp. 476-477.
[3] *Histoire de ma vie*, I, op. cit., p. 59.
[4] *Ibid.*, p. 57.

déplacements et des tâches quotidiennes de ces compositeurs rustiques. Naturelle en ce qu'elle n'est pas la propriété d'un seul mais un bien commun et modulable à l'infini, la musique accompagne la vie, dans une sorte d'innocence des premiers jours de l'humanité.

Sand a maintes fois illustré cette mythologie primitiviste dans ses romans[1] : la musique, dans les classes populaires, est « naturelle » parce qu'elle n'est pas travaillée, elle est simple parce qu'elle semble n'avoir été composée par personne et qu'elle paraît être une émanation de l'environnement naturel. Teverino, le vagabond, ne revendique pas la paternité de ses chants qui appartiennent selon lui à l'univers entier, selon une contagion naturelle des sons qui ricochent sans loi et sans hiérarchie, du ciel à la terre :

> « Le chant est de quelque dieu égaré sur les cimes de l'Apennin, qui l'aura confié aux échos, lesquels l'auront murmuré à l'oreille des pâtres et des pêcheurs ; mais les paroles sont de moi, *Signor*, car, avec votre permission, je suis improvisateur quand il me plaît de l'être. Notre langue mélodique est à la portée de tous ; et quand nous avons une idée, nous autres poètes naturels, enfants du soleil, l'expression ne se fait pas trop désirer longtemps »[2].

La distinction entre le chant et la parole est ici intéressante : la musique est première et la parole vient s'y greffer, mais elle n'est pas essentielle. Seul importe vraiment le langage divin de la musique dont l'origine est immémoriale.

Dans la IIe *Lettre d'un voyageur*, le « voyageur » se laisse séduire par les chants du peuple vénitien, profondément, naturellement artiste. Ce n'est pas un hasard si les Vénitiens sont musiciens, si la musique est leur seconde nature : ils sont en empathie avec leur ville, où la beauté est si naturelle et si répandue qu'elle se transmet sans effort à ses habitants. La voix, le chant de la jeune vénitienne Beppa s'accorde à la ville, sans intermédiaire, par une sorte de qualité instinctive, et produit des visions dans l'esprit de celui qui l'écoute :

---

[1] Dans *Les Maîtres sonneurs*, par exemple, l'auteur met en scène le génie populaire à travers la rivalité des joueurs de cornemuse du pays berrichon et du pays bourbonnais.
[2] George Sand, *Teverino, Vies d'artistes*, Paris, Omnibus, 2004, p. 611.

> « Chante, Beppa, chante avec ce beau timbre guttural qui s'éclaircit et s'épure jusqu'au son de la cloche de cristal ; chante avec cette voix indolente qui sait si bien se passionner, et qui ressemble à une odalisque paresseuse qui lève peu à peu son voile et finit par le jeter pour s'élancer blanche et nue dans son bain parfumé … »[1].

Beppa est la ville faite femme.

Le chant des gondoliers est une autre manière de faire surgir la musique du paysage, il efface les médiations entre la musique et l'homme. Par eux, à travers eux, grâce à eux, la musique absorbe directement le monde extérieur, le monde extérieur se transfuse directement dans la musique. La musique a l'air de flotter d'elle-même dans l'atmosphère de Venise, sans exécutant, de manière spontanée et elle se fond dans le paysage de la ville :

> « Un de ces chœurs, entendu de loin sous les arceaux des palais moresques que blanchit la lune, fait plus de plaisir qu'une meilleure musique exécutée sous les châssis d'une colonnade en toile peinte. Les grossiers *dilettanti* beuglent dans le ton et dans la mesure ; les froids échos de marbre prolongent sur les eaux ces harmonies graves et rudes comme les vents de la mer. Cette magie des effets acoustiques et le besoin d'entendre une harmonie quelconque dans le silence de ces nuits enchantées font écouter avec indulgence, je dirais presque avec reconnaissance, la plus modeste chansonnette qui arrive, passe et se perd dans l'éloignement »[2].

Le paysage, tel que représenté dans cette deuxième *Lettre d'un voyageur* est si musical qu'un dialogue spontané, fluide comme les eaux qui pénètrent la ville, se noue entre les Vénitiens et la musique que produit la ville. Les gondoliers ont intériorisé son rythme, le miment et le prolongent dans leurs gestes les plus habituels :

> « Au son des plus suaves motifs d'*Oberon* et de *Guillaume Tell*[3], chaque ondulation de l'eau, chaque léger bondissement des rames, semblaient répondre affectueusement au sentiment de chaque phrase musicale. (…) Les gondoliers étaient devenus un peu fous. Le vieux Catullo lui-même bondissait à l'allegro et suivait la course rapide de la

---

[1] *Lettres d'un voyageur*, op. cit., p. 76.
[2] *Ibid.*, p. 86.
[3] *Oberon* (1826) est un opéra de Weber, *Guillaume Tell* (1829) un opéra de Rossini.

petite flotte. Puis sa rame retombait *amorosa* à l'andante, et il accompagnait ce mouvement gracieux d'une espèce de grognement de béatitude »[1].

À Venise, la romance ouvre « un panorama immense[2] », la musique, comme les arts en général, augmente et intensifie l'expérience qu'on peut faire du réel.

Ce rêve de transparence entre la musique et la vie chez Sand se situe du côté de la musique expressive, celle qui déploie l'imagination, fait naître des images, des correspondances. Lors du séjour à la Chartreuse de Valdemosa, Chopin critique cette foi naïve dans les « harmonies imitatives » qui réduiraient la musique à une simple transposition d'une situation du monde. Alors que George Sand est partie avec ses enfants sous un orage terrible et que la pluie battante rend la route dangereuse, Chopin a composé un prélude où Sand croit distinguer, à son retour, les sons mêmes qu'elle a entendus au dehors. Le compositeur lui dispense un véritable cours de théorie musicale, à rebours de la conception figurative qui sévissait encore à l'époque. Pour lui, la musique est avant tout création inspirée :

> « Il se voyait noyé dans un lac ; des gouttes d'eau pesantes et glacées lui tombaient en mesure sur la poitrine, et quand je lui fis écouter le bruit de ces gouttes d'eau, qui tombaient en effet en mesure sur le toit, il nia les avoir entendues. Il se fâcha même de ce que je traduisais par le mot d'harmonie imitative. Il protestait de toutes ses forces, et il avait raison, contre la puérilité de ces imitations pour l'oreille. Son génie était plein de mystérieuses harmonies de la nature, traduites par des équivalents sublimes dans sa pensée musicale et non par une répétition servile des sons extérieurs. Sa composition de ce soir-là était bien pleine des gouttes de pluie qui résonnaient sur les tuiles sonores de la chartreuse, mais elles s'étaient traduites dans son

---

[1] *Lettres d'un voyageur, op. cit.*, p. 94.
[2] *Ibid.*, p. 49.

imagination et dans son chant par des larmes tombant du ciel sur son cœur »[1].

Si la musique n'est pas « traduction » servile de ce qui arrive dans le monde, mais invention, c'est qu'elle vient de l'intérieur, du cœur, de la sensibilité de celui qui la produit ou qui l'exécute[2].

Cette souplesse de la musique, qui « se ploie à exprimer toutes les situations et tous les sentiments possibles selon le mouvement qu'il plaît aux exécutants de lui donner »[3], se révèle surtout dans l'improvisation[4] qui épouse le mieux la courbe flexible des variations instinctives.

La « musique naturelle », c'est donc également la musique non préparée, non écrite, celle qui s'improvise sur un canevas assez mince, à la manière de la *Commedia dell'arte*. À Venise, ce qu'on entend à chaque détour de rue, ce sont des airs qui flottent dans la ville, « pots-pourris » qui résument en eux toutes les formes musicales que la ville peut produire et qui en fait la libre synthèse :

> « Les chants qui retentissent, le soir, dans tous les carrefours de cette ville sont tirés de tous les opéras anciens et modernes de l'Italie, mais tellement corrompus, arrangés, adaptés aux facultés vocales de ceux

---

[1] *Histoire de ma vie*, II, livre V, chap XII, *op. cit.*, pp. 510-511. Les spécialistes ne savent pas de quel prélude il s'agit ici : ils hésitent entre le 8e en fa dièse mineur ou le 6e en si mineur (voir note 66, p. 580).
[2] Dans la lettre à Meyerbeer, Sand évoque ainsi la puissance de suggestion de la musique de Beethoven : « … la *Symphonie pastorale* de Beethoven n'ouvre-t-elle pas à l'imagination des perspectives enchantées, toute une vallée de l'Engadine ou de la Misnie, tout un paradis terrestre où l'âme s'envole, laissant derrière elle et voyant sans cesse s'ouvrir à son approche des horizons sans limites, des tableaux où l'orage gronde, où l'oiseau chante, où la tempête naît, éclate et s'apaise, où le soleil boit la pluie sur les feuilles, où l'alouette secoue ses ailes humides, où le cœur froissé se répand, où la poitrine oppressée se dilate, où l'esprit et le cœur se raniment et s'identifiant avec la nature, retombent dans un repos délicieux ? », *Lettres d'un voyageur*, *op. cit.*, p. 300. Ainsi comprise, la musique élargit la sensation, ouvre des mondes possibles.
[3] *Lettres d'un voyageur*, *op. cit.*, p. 85.
[4] Dans *Le Château des déserts*, on retrouvera cette problématique. Les interprètes de *Don Juan*, qui puisent à différentes sources, inventent en même temps qu'ils jouent : « Nous sommes ici pour interpréter plutôt que traduire », George Sand, *Le Château des déserts*, Joseph-Marc Bailbé (éd.), Meylan, Les Éditions de l'Aurore, 1985, p. 124.

> qui s'en emparent, qu'ils sont devenus tout indigènes, et que plus d'un compositeur serait embarrassé de les réclamer. Rien n'embarrasse ces improvisateurs de pots-pourris. Une cavatine de Bellini devient sur-le-champ un chœur à quatre parties. Un chœur de Rossini s'adapte à deux voix au milieu d'un duo de Mercadante, et le refrain d'une vielle barcarole d'un maestro inconnu, ralentie jusqu'à la mesure grave du chant d'église, termine tranquillement le thème tronqué d'un cantique de Marcello. Mais l'instinct musical de ce peuple sait tirer parti de tant de monstruosités, le plus heureusement possible, et lier les fragments de cette mutilation avec une adresse qui rend souvent la transition difficile à apercevoir. Toute musique est simplifiée et dépouillée d'ornements par leur procédé, ce qui ne la rend pas plus mauvaise. Ignorants de la musique écrite, ces *dilettanti* passionnés vont recueillant dans leur mémoire les bribes d'harmonie qu'ils peuvent saisir à la porte des théâtres ou sous le balcon de palais. Ils les cousent à d'autres portions éparses qu'ils possèdent d'ailleurs ... » [1].

La musique populaire n'est pas faite, elle est en devenir, sa nature est rhapsodique. Le compositeur comme l'auditeur construisent quelque chose à partir des fragments qu'ils entendent de manière diffuse dans la ville. Orale avant tout, la musique populaire n'appartient à personne, elle est libre de droits. Aucune sacralisation dans cette conception qui fait de l'emprunt et de l'accommodement les traits principaux de ce « mélange », en accord avec le pays, le peuple, les interprètes, la situation.

L'intrigue principale du *Château des désertes* reprend, dans la fiction, cette méditation sur l'improvisation. L'histoire se déroule dans un château entouré de mystère, « au milieu d'une campagne déserte »[2], dans un pays de montagne, non loin de Briançon. Le narrateur, italien d'origine, y pénètre après avoir entendu des rumeurs selon lesquelles des voix, des cris, des chants étranges s'élèveraient de certains endroits du château, la nuit, après qu'on a renvoyé les serviteurs. Quand il est enfin invité à une de ces secrètes réunions, il découvre que ce que l'on prend pour un rassemblement d'esprits diaboliques est en fait une répétition de *Don Juan*, composition improvisée qui s'inspire de l'opéra de Mozart, de la pièce de Molière et de l'humeur des acteurs qui l'interprètent :

---

[1] *Lettres d'un voyageur, op. cit.*, p. 85.
[2] *Le Château des désertes, op. cit.*, p. 32.

> « J'avais cru, d'après le chœur, où, faute d'instruments, des voix charmantes remplaçaient les combinaisons harmoniques de l'orchestre, qu'il s'agissait de l'opéra de Mozart rendu d'une certaine façon ; mais le dialogue parlé de Célio et de Boccaferri me fit croire qu'on jouait la comédie de Molière en italien. (...) La scène se prolongea d'une manière assez piquante à étudier, car c'était un composé de la comédie de Molière et du drame lyrique mis en action et en langage vulgaire, le tout compliqué et développé par une troisième version que je ne connaissais pas et qui me parut improvisée »[1].

Cette liberté que laisse l'improvisation permet aux acteurs « d'être créateurs et non interprètes serviles »[2] et de mêler leurs propres sentiments à ceux des personnages qu'ils interprètent, en se glissant dans leur peau, le « rôle » servant même parfois de révélateur à la vraie personnalité. On est loin du *Paradoxe sur le comédien* qui avançait que l'acteur le plus convaincant était celui qui pouvait exprimer une émotion qu'il ne ressentait pas. Chez Sand, l'acteur ou le chanteur lyrique est d'autant plus émouvant qu'il ressent vraiment l'émotion qu'il joue car c'est « du cœur que doit sortir le talent »[3].

« Jouer d'âme » et non pas seulement « d'intelligence » (Diderot)[4], c'est allier le corps de l'acteur et celui du personnage, c'est s'identifier au rôle qu'on interprète. Lorsque le jeu coïncide avec la véritable émotion, on gagne, selon Sand, le naturel que l'on perd à vouloir

---

[1] *Ibid.*, p. 105. Voir aussi p. 111 : « Vous avez déjà compris que nous inventons un théâtre d'une nouvelle forme et complètement à notre usage. Nous prenons le premier scénario venu, et nous improvisons le dialogue, aidés des souvenirs du texte. Quand un sujet nous plaît, comme celui-ci, nous l'étudions pendant quelques jours en le modifiant *ad libitum*. Sinon, nous passons à un autre, et souvent nous faisons nous-mêmes le sujet de nos drames et de nos comédies, en laissant à l'intelligence et à la fantaisie de chaque personnage le soin d'en tirer parti ».
[2] *Ibid.*, p. 111.
[3] *Ibid.*, p. 132.
[4] « Mais portez au théâtre votre ton familier, votre expression simple, votre maintien domestique, votre geste naturel, et vous verrez combien vous serez pauvre et faible. Vous aurez beau verser des pleurs, vous serez ridicule, on rira. Ce ne sera pas une tragédie, ce sera une parade tragique que vous jouerez. Croyez-vous que les scènes de Corneille, de Racine, de Voltaire, même de Shakespeare, puissent se débiter avec votre voix de conversation et le ton du coin de votre âtre ? Pas plus que l'histoire du coin de votre âtre avec l'emphase et l'ouverture de bouche du théâtre » (Diderot, *Paradoxe sur le comédien*).

isoler le rôle qu'on joue et à le couper de ses affects. L'émotion ressentie dans « la vie réelle (ce grand décousu, recousu sans cesse à propos) »[1] est alors une manière d'entrer dans le personnage à interpréter :

> « Cela faisait un dialogue trop étendu et parfois trop familier pour une scène qui se serait jouée en public, mais qui prenait là une réalité surprenante, à tel point que la convention ne s'y sentait plus du tout par moments, et que je croyais presque assister à un épisode de la vie de Don Juan. Le jeu des acteurs était si naturel et le lieu où ils se tenaient si bien disposé pour la liberté de leurs mouvements, qu'ils n'avaient plus du tout l'air de jouer la comédie, mais de se persuader qu'ils étaient les vrais types du drame »[2].

Alors que le rôle pourrait faire écran à la communication entre l'artiste et le public, il est, bien au contraire, un moyen de partager et de communier avec lui, grâce à cette manière authentique que l'interprète a de se mettre entièrement au service du spectacle, sans dédoublement entre un être qui sent et un être qui joue. L'acteur est sincère dans son rôle, aussi étrange que puisse apparaître la notion de « sincérité » dans un tel registre : il a, au même moment, un corps et un personnage à faire vivre et l'art sert à révéler à celui qui joue l'intimité du moi. L'illusion disparaît donc presque complètement et l'art sert paradoxalement à révéler la véritable identité de l'interprète, à atteindre la vérité et non à la dissimuler. La scène est alors un lieu expérimental où se révèlent les véritables personnalités.

Consuelo, qui vient de critiquer sévèrement l'artifice et les conventions de l'opéra, et qui a du mal à jouer son rôle parce que « tout cela est faux, archi-faux »[3], arrive à la perfection du chant lorsqu'elle sent une communication, une coïncidence entre sa propre situation et le rôle fictif de Zénobie, dans l'opéra éponyme de Predieri qu'elle interprète[4] :

> « Consuelo, si elle sentait son rôle faux et guindé dans la bouche d'une héroïne de l'antiquité, trouvait au moins là un caractère de

---

[1] *Le Château des désertes, op. cit.*, p. 115.
[2] *Ibid.*, p. 105.
[3] *Consuelo, op. cit.*, p. 637.
[4] Il s'agit de l'air de Zenobia qui clôt l'acte II (scène VIII).

> femme agréablement indiqué. Il offrait même une sorte de rapprochement avec la situation d'esprit où elle s'était trouvée entre Albert et Anzoleto ; et oubliant tout à fait la *couleur locale*, comme nous disons aujourd'hui, pour ne se représenter que les sentiments humains, elle s'aperçut qu'elle était sublime dans cet air dont le sens avait été si souvent dans son cœur :
>
> > *Voi leggete in ogni core ;*
> > *Voi sapete, o giusti Dei,*
> > *Se son puri i viti miei,*
> > *Se innocente è la pietà*[1]
>
> Elle eut donc en cet instant la conscience d'une émotion vraie et d'un triomphe mérité »[2].

Consuelo, par son chant, arrive à convaincre et à émouvoir parce qu'elle éprouve une résonance entre ce qu'elle vit et ce qu'elle chante, loin de tout « attendrissement de convention »[3]. Convaincante parce qu'elle est convaincue elle-même, elle peut entrer en communion avec le public.

Le rêve serait que la distance soit abolie, que les contradictions s'apaisent. Olivier Bara, commentant ce passage de *Consuelo*, note bien l'état de fusion lucide où se trouve la cantatrice :

> « L'air soudain résout les dualités de la représentation lyrique – l'artiste se confond avec le personnage, le mensonge théâtral est aboli dans la vérité vécue, le passé de la fable est annulé par la vie présente, la chanteuse entre en sympathie avec un public uni en une même ferveur, les paroles, la musique et le chant fusionnent dans un même effet irrésistible à produire sur tous les publics du monde et dans toutes les conditions possibles. La représentation est soudain *présence* »[4].

---

[1] « Vous lisez dans tous les cœurs ; / Vous savez, ô Dieux justes, / Comme mes vœux sont purs, / Comme innocente est ma piété », traduction de l'éditeur, *op. cit.*, p. 638.
[2] *Consuelo, op. cit.*, p. 638.
[3] *Lettres d'un voyageur, op. cit.*, p. 304.
[4] Olivier Bara, « *Consuelo* et "le temple de la folie" », in Michèle Hecquet et Christine Planté (dir.), *Lectures de* Consuelo *de George Sand*, Lyon, Presses universitaires de Lyon, 2004, p. 180. Voir *ibid.*, Sophie Guermès, « L'opéra dans *Consuelo* », p. 197 : « L'opéra peut devenir le miroir d'une situation vécue, comme lorsque Consuelo chante le rôle-titre de l'opéra éponyme de Predieri, Zénobie, sur un livret de Métastase : elle trouve dans son rôle "une sorte de rapprochement avec la situation d'esprit où elle s'était trouvée entre

D'un point de vue plus technique, dans la « Lettre à Meyerbeer », Sand rêve pour l'opéra d'une représentation plus sobre et plus dépouillée des conventions scéniques. La musique ne doit pas disparaître sous une mise en scène étouffante, elle est un art libre qui doit laisser libre cours à l'imagination de celui qui l'écoute :

> « ... est-il besoin de la toile peinte en rouge de l'Opéra et de l'escamotage adroit de six quinquets pour que l'esprit se représente l'horizon embrasé qui pâlit peu à peu, les bruits de la ville qui expirent, le sommeil qui déploie ses ailes grises dans le crépuscule, le murmure de la Seine qui reprend son empire à mesure que les chants et les cris humains s'éloignent et se perdent ? – À ce moment de la représentation, j'aime à fermer les yeux et à voir un ciel beaucoup plus chaud, une cité colorée de teintes beaucoup plus vraies (...) Ô toile ! ô carton ! ô oripeaux ô machines ! qu'avez-vous de commun avec cette magnifique prière où tous les rayons du soleil s'étalent majestueusement, grandissent, flamboient ; où le roi du jour apparaît lui-même dans sa splendeur et semble faire éclater les cimes neigeuses pour sortir de l'horizon à la dernière note du chant sacré ? »[1].

En cela, la romancière reprend à son compte, en les actualisant, les principes de la réforme de Gluck, qui appelait l'opéra à davantage de simplicité et à des moyens expressifs plus larges que ceux de l'opéra italien traditionnel, privilégiant les ornements vocaux trop voyants, capables d'asphyxier la véritable mélodie[2] : « L'âme parle à l'âme par l'oreille et non par les yeux »[3].

Ce rêve de communion transparente, sans recours à la parole, confiant dans les pouvoirs de la musique chantée, il est un épisode du *Château des déserts* qui le dit admirablement. À Vienne, dans la première partie du roman, le narrateur, Adorno Salentini, tombe amoureux d'une actrice, Cécilia Boccaferri, qui disparaît mystérieusement. Il succombe alors aux séductions de la duchesse de***. Pour lui échapper, il s'enfuit à Turin mais il est prêt à céder à ses instances quand, en proie à un vertige,

---

Albert et Anzoleto" et ressent alors une plénitude, née d'un accord entre son art et sa vie, qu'elle n'avait encore jamais éprouvée sur scène ».
[1] *Lettres d'un voyageur*, *op. cit.*, p. 301.
[2] Voir Olivier Bara, « *Consuelo* et "le temple de la folie" », *loc. cit.*, p. 178.
[3] *Consuelo*, *op. cit.*, p. 637.

sous l'emprise du doute et des affres d'une décision sans retour, il entend, sous ses fenêtres, une voix, qu'il croit reconnaître comme étant celle de Cécilia, lui chanter « les premières phrases de cet air du *Don Giovanni* de Mozart :

> *Vedrai, Carino,*
> *Se sei buonino,*
> *Che bel remedio*
> *Ti voglio dar* ».

« Était-ce un rêve ? » se demande le narrateur qui voit dans ce chant le signe que sa destinée doit prendre un autre cours :

> « En cet instant, il me sembla (...) qu'elle m'appelait avec un accent irrésistible. (...) je me dis que j'avais eu une hallucination, que ce n'était pas la voix de Cécilia qui m'avait chanté ces quatre vers beaucoup trop tendres pour elle ; mais pendant ces vingt-quatre heures, mon émotion avait changé d'objet ; la duchesse avait perdu son empire sur mon imagination »[1].

La musique chantée est signe, elle fait signe, elle dépasse ce que le discours, le commentaire ou le récit pourraient avoir à dire mais les contient en même temps (le « remède » dont il est question dans l'air a évidemment la valeur d'un métadiscours et rappelle la situation du narrateur), elle exprime un message dont l'alarme sert de déclencheur à l'action. Mémoire et avenir se conjuguent dans cet instant décisif : l'air de *Don Giovanni* est un rappel et un avertissement que le jeune homme suit sans vraiment le comprendre. Salentini confie son sort à un chant qui donne à la vie sa profondeur et son relief, entre fiction et réalité.

Dans la « théorie sans système »[2] que développe George Sand dans ses fictions narratives, la musique est orientée vers l'originel et l'affectif : « Aucun autre art ne réveillera d'une manière aussi sublime le sentiment humain dans les entrailles de l'homme ; aucun autre art ne peindra aux yeux de l'âme, et les splendeurs de la nature, et les délices de la contemplation, et

---

[1] *Le Château des désertes*, *op. cit.*, p. 80.
[2] Marie-Madeleine Fragonard, « Introduction », *Vies d'artistes*, *op. cit.,* p. III.

le caractère des peuples, et le tumulte de leur passions, et les langueurs de leurs souffrances »[1]. Considéré dans sa forme poétique et humaine, cet art est d'autant plus vivant qu'il est l'expression la plus directe de l'être des personnages musiciens qui propagent leur émotion pour atteindre ceux qui les écoutent. Dans cet idéal de transparence, le musicien est le révélateur de qualités qui le dépassent et le transforment et le medium qui fait circuler la communication sans paroles. « Source de vie poétique »[2], la musique accompagne l'homme sensible dans les circonstances les plus infimes de la vie ordinaire, elle circule partout de manière « naturelle » et fluide, aussi bien dans lieux de spectacle attitrés qu'à travers « quelques sons champêtres, (...) quelque brise entrecoupée (...), quelque murmure des eaux »[3].

---

[1] *Consuelo, op. cit.*, p. 351.
[2] *Id ibid.*
[3] *Lettres d'un voyageur, op. cit.*, p. 305.

Entre scène et rue, l'Artiste en Protée, de la Monarchie de Juillet à la Commune

À compter de la révolution de Juillet, à laquelle le député de Béziers, Jean-Pons-Guillaume Viennet, orléaniste patenté, prend une part non négligeable, court-circuitant les républicains en proclamant le Roi-Citoyen au balcon de l'Hôtel de Ville, les soubresauts révolutionnaires – 1848, 1851, 1852, 1871, pour ne retenir que les jalons principaux – n'en finissent pas de retentir comme autant de répliques, autant d'échecs pour imposer une république qui fasse justice au peuple, qui s'achèvent, pour un temps, avec l'espoir déçu de la Commune. Des affrontements qui ont profondément marqué la région, au point que l'on retrouve un Gustave Flourens, dont la famille, d'intellectuels et d'hommes politiques, est de Maureilhan, emblème de la solidarité internationale, héros des barricades, finir assassiné par les Versaillais[1]. C'est le signe, en tout cas, que la Révolution – celle de 1789, cette fois – est peut-être moins achevée qu'on ne l'avait cru.

Le combat continue entre vainqueurs et vaincus, sur le terrain politique et sur le terrain social, dans ces temps qu'on identifie le plus souvent aux avancées scientifiques et techniques qui font la gloire de la révolution industrielle, qui commence en France, plus tard qu'en Angleterre, dans les années 1840. Or, ce qu'on sait moins, c'est qu'en même

---

[1] Pour une approche romanesque du personnage : Richard-Pierre Guiraudou, Michel Rebondy, *Gustave Flourens, le chevalier rouge*, Paris, Le Pré aux Clercs, 1987.

temps, le combat trouve dans le champ de la création, en littérature, en peinture, en musique, des possibilités d'expression multipliées et jusque-là inédites, quand nombre d'artistes et d'écrivains s'engagent, d'un côté ou de l'autre, chez les sages défenseurs du classicisme ou aux côtés des apôtres jusqu'au-boutistes de la modernité.

Juillet 1830 c'est aussi le moment où l'on prend conscience des contradictions qui travaillent la société, tôt dénoncées par les romantiques, de Chateaubriand à Stendhal, de Beethoven à Berlioz, quand triomphent les bourgeois conquérants dont Baudelaire dit qu'ils ont mis les artistes dans leurs écuries[1].

De là l'école du désenchantement[2] que porte une figure nouvelle, celle de l'artiste. De là aussi, l'irruption d'un nouvel acteur, le peuple, qui gagne ses lettres de noblesse dans les romans sociaux de la monarchie de Juillet, d'Eugène Sue et ses *Mystères de Paris* à George Sand, de Michelet au Victor Hugo des *Misérables*... Mais qu'il prétende étendre la lutte sur les barricades, et il finit comme Gavroche, ce peuple dont la pensée sociale, et bientôt le socialisme, porte les aspirations, et qui prend alors toute sa place dans l'opéra, de *Guillaume Tell* (1829) à *Carmen*, (1875) et même, déjà, dans l'opérette – Offenbach débute vers 1855 – et dans la chanson populaire, pour ne rien dire de la peinture ou de la caricature.

1830 voit rebondir le romantisme au cours de batailles homériques dont celle *d'Hernani* demeure aujourd'hui encore le symbole le plus absolu, où les gilets rouges s'affrontent aux cravates noires. La révolution esthétique qu'introduisent Hugo, Delacroix ou Berlioz peine à s'imposer au-delà d'un cercle retreint : à la fois parce qu'elle secoue par trop violemment des conventions séculaires et, c'en est un effet induit, parce que se faire reconnaître suppose de se faire entendre, donc de disposer de

---

[1] « Si un poète demandait à l'État le droit d'avoir quelques bourgeois dans son écurie, on serait fort étonné, tandis que si un bourgeois demandait du poète rôti, on le trouverait tout naturel », Charles Baudelaire, *Fusées*, in *Œuvres complètes*, I, Claude Pichois (éd.), Paris, Gallimard, « Bibliothèque de la Pléiade », 1975, p. 660. Voir aussi Steve Murphy, *Logiques du dernier Baudelaire : lectures du* Spleen de Paris, Champion, « Romantisme et modernité », 2003, p. 399.

[2] La formule, on le sait, est de Balzac, dans la onzième de ses « Lettres sur Paris », parue dans *Le Voleur* du 9 janvier 1831.

Entre scène et rue, l'Artiste en Protée, de la Monarchie de Juillet à la Commune

lieux de représentation, lesquels lieux sont aux mains des défenseurs d'un art dominant qui est aussi, très largement, un art officiel. Ce qui frappe dans cette période, c'est que la création est partout, dans les salles de renommée internationale comme dans les rues, dans les cachettes clandestines aussi, pendant les années noires. Pourtant, l'une des voies les plus évidentes est celle d'un art officiel, dépendant de commandes qui laissent en place de véritables bastilles esthétiques qui restent à prendre pour les jeunes créateurs.

Comment comprendre, alors, la carrière d'un Berlioz ? Faut-il voir en lui le compositeur officiel de Juillet ? En 1840, les deux commandes dont le régime l'honore pourraient le laisser à penser.

Après le *Requiem*, le ministre de l'Intérieur s'adresse en effet à lui à l'occasion des grandes fêtes qui doivent accompagner la célébration du dixième anniversaire de la révolution de Juillet. Berlioz y répondra par *La Symphonie funèbre et triomphale*, chef d'œuvre de la musique de plein air, qui sera donnée le 28 juillet 1840 à la Bastille. Berlioz portait depuis longtemps le projet d'une grande fête musicale, funèbre, à la mémoire des hommes illustres de la France, qui aurait renoué avec l'esprit des grandes fêtes patriotiques de la Révolution, projet que la commande royale lui donne l'occasion de concrétiser. Berlioz s'adapte très concrètement à la cérémonie, prévue en deux temps : un cortège parcourt Paris – un lourd corbillard tiré par 24 chevaux, qui emportent 50 martyrs – au son de sa marche funèbre, avant que ne résonnent les accents de l'*Apothéose*, lors du transfert, sous la colonne de Juillet, des cendres de victimes des Trois Glorieuses. Au cours de la cérémonie, la marche funèbre et triomphale aura retenti six fois. C'est Berlioz lui-même qui la dirige, marchant à reculons, en grand uniforme de la Garde Nationale. C'est une création hors du commun, qui signe l'une des plus grandes réussites de Berlioz, dans la droite ligne de la *Symphonie héroïque* de Beethoven. L'exécution aura réclamé 192 musiciens et 200 choristes et profondément renouvelé la conception et l'exécution de la musique symphonique, Berlioz ajoutant massivement des percussions qui impressionnent vivement et emportent l'adhésion de la foule.

Lui qui avait proclamé que « la musique n'est (...) pas faite pour la rue »[1] est l'un des premiers, sinon même le premier, à produire un « concert monstre », comme on les appelle alors, en imaginant le genre du *festival* – le mot et la chose sont de son invention pour désigner un concert d'une envergure exceptionnelle, qui soit aussi une grande fête populaire.

C'est juste après la cérémonie de la Bastille, en novembre 1840, qu'il met au point cette formule, à l'Opéra cette fois, où l'on connaît le programme : il a prévu d'y jouer des œuvres de Palestrina, Haendel, Gluck, aux côtés des siennes propres, au sein desquelles il retient des morceaux du *Requiem*, des extraits orchestraux, le finale de *Roméo et Juliette* et *La Symphonie funèbre et triomphale*.

Ses talents d'impresario éclatent, quand le maestro dirige cette fois 400 musiciens, qu'il fait répéter en sessions parallèles, ce qui impose de faire copier les partitions des différentes parties : si le dispositif exige de démultiplier la présence du chef, il sert l'œuvre, dont chacun a ainsi une meilleure connaissance.

La seconde commande concerne le grand hommage auquel doit donner lieu le retour des cendres de Napoléon, le 15 décembre 1840, grand moment de réconciliation nationale. Mais il la refuse, se contentant de rebaptiser la cantate bonapartiste que lui avait inspirée un chant de Béranger, *Le Cinq mai* – 5 mai 1821, s'entend, jour de la mort de Napoléon –, en *Chant sur la mort de l'empereur Napoléon*[2].

En août 1844, une nouvelle commande officielle donne la mesure de ce que l'envergure prise par Berlioz ne connaît plus de frein : son *Hymne à la France* est donné devant 8.000 personnes, au Palais de l'Industrie, pour l'Exposition de l'industrie française. Les chiffres explosent : plus de 1.000 exécutants. Toujours plus de gigantisme. Dans ces mêmes années 1840 où Sainte-Beuve taxe de « littérature industrielle » ces romans-feuilletons

---

[1] Hector Berlioz, *Lettres intimes*, Paris, Calmann Lévy, 1882, p. 129, à Humbert Ferrand, le 1ᵉʳ août 1833.
[2] Sur tous ces points, voir le remarquable livre de Cécile Reynaud, *Berlioz (1803-1869)*, Paris, Éditions Jean-Paul Gisserot, « Pour la musique », 2000, p. 49.

que propage le journal[1], l'industrialisation de la production musicale va aussi son train.

Berlioz la mène tambour battant, en s'appuyant sur le genre du festival, qu'il a formalisé[2]. De janvier à avril 1845, il monte quatre concerts-monstres au Cirque Olympique – la quatrième salle d'opéra que compte Paris, qu'Adolphe Adam, l'auteur de *Giselle*, crée en 1844 pour donner leur chance aux jeunes compositeurs qui ne parviennent pas à se faire jouer –, cédant à la mode orientaliste et affichant l'internationalisme du répertoire : le *Désert* et le *Chant des Janissaires* de Félicien David comme la *Marche marocaine* de Léopold de Meyer y réchauffent le tout récent opéra du Russe Glinka, *Rouslan et Ludmila*, créé en 1842 d'après Pouchkine.

Concert donné par M. Berlioz dans la salle du Cirque-Olympique, aux Champs-Élysées
L'Illustration, 25 janvier 1845.

---

[1] Dans un article devenu fameux où il élabore, dans toute son étroitesse, la défense crispée d'une littérature coupée de son temps : « De la littérature industrielle », *Revue des Deux Mondes*, 1er septembre 1839.
[2] Voir Cécile Reynaud, *Berlioz (1803-1869)*, *op. cit.*, p. 50.

Tout orléaniste qu'il est, la situation de Berlioz demeure précaire, sans rémunération fixe autre que celle que lui procure une place de bibliothécaire adjoint, ce qu'il exprime à son père, tirant amertume des succès mêmes de sa tournée dans les États allemands : « si j'étais né en Allemagne, j'aurais à cette heure une place de 10 à 12.000 francs à vie »[1]. Ce qui l'amène à solliciter une France mauvaise mère, dans une lettre qu'il adresse au ministre de l'intérieur le 26 février 1844. Il y fait valoir que, modeste bibliothécaire et journaliste à la pige, il est contraint de gaspiller son énergie et son talent dans des activités stériles mais nourricières, sinon lucratives. Balzac ne parlera pas autrement qui a, le premier et avec le plus de force, fait l'analyse du dilemme auxquels s'affrontent les artistes que le système met en demeure de choisir entre vivre et créer, le journalisme constituant une cotte mal taillée qui permet, mais sur le mode des *illusions perdues*, de ne tout à fait renoncer ni à l'un ni à l'autre. « Je dois écrire continuellement d'inutiles articles dans divers journaux, me livrer, à contrecœur, à de pâles travaux de critique sans valeur et sans portée, parce qu'ils manquent d'indépendance, mais qui sont mes seuls moyens d'existence[2]. Je suis compositeur et je n'ai pas le temps de composer », se plaint-il, plaidant :

> « j'ai acquis en France et en Allemagne une grande habitude de diriger des masses d'exécutants, et je n'ai à conduire ni chœurs, ni orchestre »[3].

---

[1] Hector Berlioz, *Correspondance générale*, III, *1842-1850*, Pierre Citron (éd.), Paris, Flammarion, 1978, p. 98.

[2] Berlioz dispose de son propre feuilleton, qui lui procure à la fois subsistance et influence en prenant pied dans un nouveau marché dont Balzac relève les potentialités : « Un jour, le *Journal des Débats*, en apercevant les énormes développements de la musique, art qui n'a envahi la société qu'après la chute de l'empereur dont les roulades étourdissaient le monde, détacha pour un grand compositeur, pour Berlioz, la critique musicale de la critique littéraire. Ce jour-là, MM. Bertin ouvrirent une porte par laquelle devaient se précipiter plus tard les sept ou huit journaux exclusivement consacrés à la musique », « Monographie de la Presse parisienne », in *Œuvres complètes*, Paris, Club français du Livre, 1965, 14, p. 594.

[3] Hector Berlioz, *Correspondance générale*, III, *op. cit.*, p. 166.

Entre scène et rue, l'Artiste en Protée, de la Monarchie de Juillet à la Commune

Il est en cela en bonne compagnie. Chateaubriand, Stendhal, Balzac, George Sand, Nerval, Gautier, Baudelaire en littérature[1], Delécluze, Delacroix, Eugène Devéria en peinture, tous doivent passer sous les fourches caudines du journal, ce niveleur des temps démocratiques. C'est l'une des conséquences méconnues de la Révolution qui, en balayant le mécénat, a condamné l'artiste à flatter le goût d'un public pas forcément averti, pour ne pas dire à la démagogie. Une fois encore, Berlioz se rencontre avec Balzac pour déplorer : « les Médicis sont morts. Ce ne sont pas nos députés qui les remplaceront »[2].

Si ce n'est ses représentants, c'est peut-être l'État, au moment où de grands programmes, muséographiques notamment, qui prennent directement la suite de ce qu'avaient fait la République et l'Empire avec le Louvre de Napoléon, sont lancés par Louis-Philippe, dont bénéficient directement les artistes peintres contemporains, écrasés de commandes dès lors qu'est décidé, en 1832, de vouer Versailles à un *Musée de l'Histoire de France*, qui sera inauguré en 1837. Gérard, Horace Vernet, Delacroix, pour ne citer que les plus connus, profitent directement de l'entreprise nationale, qui ne requiert pas moins de 6.000 peintures, sculptures ou gravures pour que soit dignement honorée la geste de la France. Et, sinon les élus du peuple, peut-être aussi un tout nouveau paternalisme dirigé par les grands capitalistes naissants, ces dynasties des de Wendel, des Rothschild, des Japy, des Schneider, qui voient dans l'artiste une valeur ajoutée où investir. Est-ce la raison qui pousse Berlioz à répondre favorablement à une nouvelle commande ? En juin 1846, le mouvement se déconcentre pour atteindre la province, quand le conseil municipal de Lille, « la ville la plus musicale de France » à l'en croire, lui demande une cantate pour fêter l'ouverture du tronçon Paris-Lille de la ligne Paris-

---

[1] Balzac, George Sand et Dumas, notamment, comptent parmi les collaborateurs réguliers de la *Gazette musicale* de Schlesinger, fondée en 1834.
[2] *Mémoires de Hector Berlioz comprenant ses voyages en Italie, en Allemagne, en Russie et en Angleterre : 1803-1865*, Westmead, Gregg, 1969, p. 318. Quant à Balzac, c'est à Blondet qu'il confie sa défense du mécénat : « Mon Dieu ! comment ne comprend-on pas que les merveilles de l'Art sont impossibles dans un pays sans grandes fortunes, sans grandes existences assurées ? Si la Gauche veut absolument tuer les rois, qu'elle nous laisse quelques petits princes, grands comme rien du tout ! », *Les Paysans*, Paris, Furne, vol. XVIII, 1855 [1844], p. 108.

Bruxelles de la Compagnie des chemins de fer du Nord, propriété de James de Rothschild, qui fonctionnera de 1846 à 1938.

Berlioz y répond par un *Chant des chemins de fer* pour ténor solo, chœur et orchestre, dont le texte est écrit par Jules Janin[1], son ami et collègue au *Journal des Débats* où tous deux officient comme critiques, l'un en littérature, l'autre en musique. Pour cela, Berlioz arrive – forcément en chemin de fer – le 10, avant l'inauguration officielle. La cérémonie, qui a lieu à l'Hôtel de ville, est accompagnée de l'exécution en plein air de l'apothéose de la *Symphonie funèbre et triomphale*, par 250 musiciens militaires, 250 instruments à vent. La réception aussi est triomphale, même si Berlioz est la cible d'aigrefins qui lui dérobent son chapeau et, plus ennuyeux, sa partition – qui ne réapparaîtra que cinq ans plus tard, dans des circonstances non élucidées –, devant une assistance à la hauteur de l'événement, qui compte deux des princes royaux et quatre ministres, qui voisinent avec Hugo, Ingres et Lamartine.

Ce concert lui importait au point qu'il en délaisse 15 jours son grand œuvre du moment, la *Damnation de Faust*. L'un des intérêts, et non des moindres, de cette création est qu'y résonnent les idées politiques et sociales du compositeur qui a orchestré la *Marseillaise* lors des journées de Juillet 1830 : on y entend le crédo du courant saint-simonien dont le *Journal des Débats* est le bastion, dans la succession, voulue par le genre de la cantate, des couplets et des refrains, dont la démonstration enthousiaste est servie par une orchestration bondissante[2]. L'invocation du « grand jour », directe traduction saint-simonienne du « grand soir » révolutionnaire, en appelle à une société plus juste et glorifie les « soldats de la paix » que forme le « peuple des ouvriers », formule déjà présente en 1838, dans la fameuse grève des ouvriers fondeurs que met en scène l'Acte II de son *Benvenuto Cellini*[3], dont le livret est dû à Alfred de Vigny, Auguste

---

[1] Les paroles de ce chant sont annexées à la fin de cet article.
[2] Aujourd'hui, après seulement deux enregistrements, l'un à Berlin en 1953, l'autre à New York en 1978, une version de ce chant, dirigée par Michel Plasson et interprétée par Rolando Villazon accompagné du chœur Les Éléments et de l'orchestre du Capitole de Toulouse, est disponible chez Virgin Classics.
[3] Que l'on pourra consulter en appendice à cette contribution.

Barbier et Léon de Wailly, tous saint-simoniens convaincus, alors du moins.

C'est d'ailleurs Vigny qui recommande à Berlioz les mémoires de Cellini, dont il va faire une figure sublime de l'artiste, ce que dit assez le sous-titre de cet opéra si particulier, « *Benvenuto Cellini* ou le triomphe de l'artiste ». Il a effectivement déconcerté tant la critique que le public, et même les artistes, qui renâclent et revendiquent, beaucoup se plaignant de ne pas pouvoir suivre, exigeant de Berlioz qu'il remanie telle aria, telle cavatine. Ce qu'il fait, jusqu'à ce que sa tête d'affiche, Duprez, le grand ténor du temps, se défausse devant « la musique compliquée et savante » de Berlioz[1], une musique sans doute trop acrobatique, tant pour les possibilités techniques d'alors que pour les mentalités, et que le chef, Habeneck, sabote consciencieusement, rechignant à suivre les nombreux tempos rapides. Habeneck qui s'était déjà illustré l'année précédente en dirigeant le *Requiem*, posant sa baguette à un moment particulièrement pathétique pour prendre une prise de tabac. C'est le rideau, qui ferme pour longtemps la scène de l'Opéra à Berlioz.

Paris, il est vrai, est alors englué dans un certain classicisme – celui d'Halévy (1799-1862) dont *La Juive* (1835) reste seul aujourd'hui de ses 40 opéras, d'Auber (1782-1871), très marqué par Rossini, toujours très bien en cour et occupant des postes prestigieux, lui dont la collaboration avec Scribe a été particulièrement fructueuse. Ensemble, ils ont produit 37 opéras, dont le plus connu est *La Muette de Portici* (1828), qui définit les canons du « grand opéra français », lequel doit mettre en scène un drame historique, planté dans de riches décors où évoluent des ballets somptueux. *La Muette* a connu 505 représentations à Paris. Traduite dans toute l'Europe – Wagner l'a souvent dirigée –, elle a fait un malheur à Bruxelles où, à l'issue de sa représentation, les opposants, galvanisés, auraient lancé la révolution brabançonne.

---

[1] Cité dans l'éclairant ouvrage de François Piatier, *Hector Berlioz :* Benvenuto Cellini *et le mythe de l'artiste*, Paris, Aubier, 1979, p. 130.

Ce chromo illustre les commotions qui entourent la représentation de *La Muette de Portici* le 25 août 1830, au Théâtre de la Monnaie, dans une Bruxelles échauffée par les Trois Glorieuses. L'union de la scène et de la salle s'opère sur la base de l'exaltation du sentiment patriotique et transpose dans la Belgique du XIXe s. la révolte, au XVIIe, du peuple de Naples, et lorsque le chef des insurgés entonne : « Amour sacré de la patrie / Rends-nous l'audace et la fierté / À mon pays je dois la vie / Il me devra la liberté », l'émotion est à son comble dans le public, qui se dresse et répond : « Aux armes, aux armes » avant d'investir la rue où des placards fleurissent aussitôt, appelant à la Révolution.

Dans cette même veine, Meyerbeer (1791-1864), qui suit à Paris Rossini venu diriger le Théâtre Italien, travaille aussi avec l'efficace et prolifique Scribe, une collaboration qui débouchera sur un coup d'essai qui est aussi un coup de maître : *Robert le Diable*, en 1831, à l'Opéra de Paris.

Aussitôt, ces œuvres trouvent leur public, celui-là même qui boude Berlioz à l'Opéra – la bataille d'*Hernani* est encore toute proche, avec son déchaînement de violence. Le retrait de Rossini, qui n'écrira plus guère après 1830, a laissé la place libre à ses émules, Auber et Meyerbeer en tête, qui vont habilement perfectionner la formule : 1836 voit le triomphe des *Huguenots*. Meyerbeer dont on sait qu'il était très tâtillon sur le rendu du spectacle et que son perfectionnisme l'a souvent affronté à ses librettistes. Lassé de ses demandes incessantes de modifications, Scribe, rapporte plaisamment Alexandre Dumas dans ses *Mémoires*, avait au reste mis au point un stratagème pour éviter d'avoir à perpétuellement réécrire les mêmes scènes. Dumas à qui le directeur de l'Opéra de Paris aurait commandé, au début de 1836, un livret pour l'opéra à venir de Meyerbeer, dont les exigences inacceptables déclenchent les foudres du dramaturge, rendant caduc tout espoir de collaboration :

> « On m'avait prévenu que Scribe dans les clauses de sa collaboration avec Meyerbeer avait introduit un article qui lui accordait cinquante centimes d'indemnité pour chaque vers qu'il lui faisait retoucher ou refaire, et que là étaient les principaux droits d'auteur de Scribe. Je me reprochai bientôt amèrement de ne pas avoir prévu le cas »[1].

N'importe la pique, le savoir-faire de Meyerbeer, servi par son perfectionnisme, est reconnu de tous. À commencer par Berlioz qui, dans son *Grand traité d'instrumentation et d'orchestration modernes* (1844), emprunte deux exemples à *Robert le Diable* et aux *Huguenots* pour donner crédit à Meyerbeer de la subtilité de son travail sur la couleur de l'orchestre. Wagner lui-même s'emparera de son traitement du leitmotiv – dont on sait assez ce qu'il en fera – tant dans *Rienzi, le dernier des tribuns* (1840-42) que dans *Le Vaisseau fantôme* (1843), avant de violemment rompre avec cette influence en 1850, dans *Le Judaïsme et la musique* où il assassine Meyerbeer et Mendelssohn pour des raisons, il est vrai, qui n'ont que peu à voir avec la musique.

C'est désormais à Paris qu'il faut conquérir la gloire et venir chercher les lauriers[2] – Chopin, Liszt, Donizetti, Verdi et Wagner s'y emploieront –, ce Paris qui n'est alors pas prêt à recevoir toute l'immense modernité créatrice du génie de Berlioz, qui trouvera d'abord la gloire hors de France, de la Suisse, de la Belgique et de l'Allemagne à la sainte Russie. Mais même le four parisien de *Benvenuto Cellini* sera finalement bénéfique à Berlioz, puisqu'il génère l'extraordinaire succès de son *Carnaval romain* (1844) qui en récupère ouvertement les motifs.

---

[1] Alexandre Dumas, *Sur Gérard de Nerval : nouveaux mémoires*, Paris, Éditions Complexe, « Le regard littéraire », 1999, p. 65.
[2] Sur ces questions, voir l'ouvrage magistral de Walter Benjamin, *Paris, capitale du XIXe siècle : le livre des passages*, Paris, Cerf, « Passages », 1997.

Trois voies s'ouvrent à qui veut tenter sa chance à l'Opéra : l'opéra italien, alors dominé par Rossini, Donizetti et Bellini, qui cultive le bel canto ; le grand opéra français à la Auber, avec force ballets qu'animent les flonsflons de l'orchestre, et sa version romantique, celle d'Halévy et de Meyerbeer, avec ses machineries au service du mélodrame. Trois voies qui peuvent se combiner, comme en témoigne *La Défense d'aimer* de Wagner (1835), qui croise opéras français et italien, marie Auber à Donizetti.

Chassé d'Allemagne par ses dettes et son activisme politique[1], réfugié en Suisse en 1849 (il y restera dix ans), Wagner y rédige d'importants traités – *Art et révolution* (1849), *L'Œuvre d'art de l'avenir* (1849), *Opéra et drame* (1850) – qui jettent les bases de ses théories musicales et de ses œuvres à venir, à commencer par *La Tétralogie* (1852-74). Partant du constat de l'artificialité des conventions qui régissent l'opéra, il y défend l'idée d'un drame musical qui soit le fruit de la collaboration de l'artiste et du peuple, source de tout génie. Ce serait là, soutient-il, renouer avec l'art tel que le concevait la Grèce antique, dont la grandeur vient de ce qu'il témoigne de l'accord intime de l'artiste et de la société qui l'a vu naître et de la fonction à la fois sociale, civique et sacrée qu'il revêt.

Dès *Le Vaisseau fantôme* d'ailleurs, tiré d'un thème emprunté au folklore, et durant toute sa période dite romantique, qui comprend *Tannhäuser* (1845) et *Lohengrin* (1847), Wagner délaisse l'histoire pour privilégier la légende, dans la tradition d'un Weber, celle du *Freischütz* (1821) et d'*Oberon* (1826), qui est aussi celle de ses débuts. Avec la *Tétralogie*, l'inspiration ne viendra plus de la légende mais du mythe, et Wagner aura accompli sa mutation, de l'opéra-divertissement au drame social. L'adhésion du public, habitué aux grosses machines d'un Auber ou d'un Meyerbeer qui flattent son goût pour la facilité, n'était, on s'en doute, rien moins qu'acquise. La terrible bataille de *Tannhäuser* à l'Opéra de Paris en 1861 le montrera assez.

Qu'à cela ne tienne, on est romantique ou on ne l'est pas, et Wagner l'est à revendre : si le public ne suit pas, il faut le préparer et l'éduquer, et cela passe, puisque les salles où jouer sont aux mains des faiseurs, et non des véritables musiciens, par la possession d'un théâtre

---

[1] Après qu'il eut, notamment, participé à l'insurrection de Dresde, en mai 1849.

lyrique où l'on ne jouerait que ses propres œuvres ! Le pari est osé, mais la rencontre avec un Louis II de Bavière acquis à la cause wagnérienne et qui va devenir son mécène en 1864 va le mettre à pied d'œuvre : Wagner aura son écrin, ce sera la *Festspielhaus* de Bayreuth.

Mais si c'est là une autre histoire, l'aventure parisienne de *Tannhäuser* nous concerne, elle, bel et bien. En mars 1861, la princesse de Metternich intervient directement auprès de Napoléon III pour faire accepter l'œuvre à l'Opéra. Comme le dit Baudelaire, « il a fallu l'ordre d'un despote pour faire exécuter l'œuvre d'un révolutionnaire »[1]. Les oreilles parisiennes ne sont que fort peu accoutumées au compositeur, dont elles n'ont entendu, outre trois concerts donnés aux Italiens l'année précédente, que les ouvertures de *Christophe Colomb* en 1841[2] et, précisément, de *Tannhäuser*, en 1850[3]. Mais il s'agit cette fois d'être joué à l'Opéra, et *Tannhäuser* doit donc s'y présenter rhabillé en français et agrémenté d'un ballet. Cela, déjà, augure mal du succès, quand on sait que Wagner écrit :

> « Qui savait mieux que moi que ce grand théâtre d'opéra s'était éloigné dès longtemps de toute tendance artistique sérieuse ; que des exigences tout autres que celles de la musique dramatique y avaient prévalu, et que l'opéra même n'y servait plus que de prétexte à ballet ? »[4].

Lequel ballet, placé, contre tous les usages, immédiatement après l'ouverture, déclenche l'ire du public ou, plus précisément, de la clique du *Jockey-Club*, qui enrage de voir bousculer les habitudes les plus établies qui font immanquablement intervenir le ballet au mitan de l'acte II, au

---

[1] Charles Baudelaire, *L'Art romantique*, in *Œuvres complètes*, III, Paris, Michel Lévy frères, 1869, p. 220.
[2] Elle est jouée le 4 février 1841 à la salle Herz que dirige Maurice Schlesinger.
[3] Aux concerts du Conservatoire. La première a lieu le 24 novembre 1850. À cette date, Wagner qui, par deux fois, a séjourné à Paris, en 1839 et en 1849, y est désormais mieux connu, grâce, notamment, à l'entremise de Liszt qui, dans la livraison du 18 mai 1849 du *Journal des Débats*, s'appuie sur *Tannhäuser* pour faire l'article au public français et le persuader du génie du compositeur allemand.
[4] Il s'agit de sa fameuse *Lettre sur la musique*, adressée à Frédéric Villot, conservateur des Musées impériaux, le 15 septembre 1860, reprise dans Richard Wagner, *Souvenirs*, Paris, Charpentier, 1884, p. 162.

moment où la bonne société parisienne sort de table et se glisse discrètement dans sa loge à la faveur du ballet. Le *Jockey-Club* orchestre rires gras et sifflets (pour le plus grand bonheur d'un marchand du passage de l'opéra, qui écoule tout son stock) et la cabale fait tomber l'opéra après seulement trois représentations, (mais 163 répétitions, chiffre inouï!), quand bien même Wagner avait imaginé une parade : jouer un dimanche pour échapper aux abonnés et retrouver ainsi ce qu'il appelle le « vrai public » qui, lui, goûterait sa musique, ce public qu'il rêve à l'image de la foule qui, à la fin des *Maîtres chanteurs*, vient rendre hommage à l'art. Désireux de conquérir Paris, c'est au modeste Théâtre lyrique, et non au prestigieux Opéra, que Wagner entendait confier ses ambitions, ce qui lui aurait évité de dénaturer son travail, avant que l'intervention inopportune de la princesse Metternich ne rende la reculade impossible.

Trente ans après *Hernani*, c'est à une nouvelle bataille romantique qu'on assiste, qui met aux prises des partisans acharnés : Baudelaire – à qui l'on doit, on le sait, la défense la plus vigoureuse en même temps que l'analyse la plus fine du wagnérisme dans son article d'avril 1861[1] – Gautier, Champfleury, Catulle Mendès, Jules Pasdeloup, Saint-Saëns, Gounod, voire Berlioz – pour peu que l'on dépasse le dépit que lui inspirent l'homme Wagner et ses procédés – et des ennemis qui ne le sont pas moins, mais qui sont aujourd'hui rendus à l'obscurité. Au premier rang desquels le critique belge François-Joseph Fétis, qui a sonné la charge dès 1852, reprochant à Wagner d'écorcher l'opéra français[2]. Il se mêle, de fait, une part de germanophobie à l'encontre de ce Teuton qui conteste l'hégémonie du grand goût français, pétri de mélodie italienne. Or Wagner ne respecte pas la division en airs et opte pour le système de la mélodie continue, inadmissible pour les tenants du bel canto. Son anticonformisme ne passe pas la rampe : le public français n'y voit que bizarreries et obscurités. La profession elle-même est dubitative : Auber y reconnaît

---

[1] « Richard Wagner », paru dans *La Revue européenne* du 1ᵉʳ avril 1861 et repris en brochure sous le titre « Richard Wagner et *Tannhäuser* à Paris ».
[2] Dans une série de sept articles parus dans *La Revue et Gazette musicale de Paris* du 6 juin au 8 août 1852, qui valent véritable manifeste anti-wagnérien et posent les bases de l'argumentaire que reprendront, après lui, ceux qui lui sont hostiles.

« du Berlioz sans mélodie »[1], Rossini, matois, s'autorise de l'expression de Wagner pour botter en touche : « puisqu'il s'agit de musique d'avenir, [il] se prononcer[a] dans cinquante ans »[2], Gounod se déclarant perfidement « très intéressé du point de vue grammatical »[3].

L'aventure du *Tannhäuser*[4] aura exhibé comme nulle autre des polarisations qui, pour être étrangères à la musique, n'en retentissent pas moins sur les conditions de sa réception, en particulier tout ce qui tient au caractère national de l'œuvre, qui entre de plain-pied dans un grand jeu où elle se voit enrôler au service de considérations nationalistes qui ne se cachent plus sous l'alibi esthétique – musique italienne, ou française, mais c'est la même tradition, contre musique allemande – et disent désormais franchement leur nom. Évaluée à cette aune, plus d'une réputation pâtira, ou devra attendre la consécration de l'apaisement de tensions que la guerre de 1870 va faire dramatiquement rejouer. Ce sera notamment le cas de Gounod, dont les premiers succès sont marqués de l'accusation infâmante d'être un disciple de Wagner. En 1862, la critique autorisée ne retient de sa *Reine de Saba* que des influences proscrites, celles des « derniers quatuors de Beethoven, source troublée d'où sont sortis les mauvais musiciens de l'Allemagne moderne, les Liszt, les Wagner, les Schumann, sans omettre Mendelssohn... »[5]. Ces diatribes trouvent d'ailleurs longtemps un écho favorable de l'autre côté de la frontière puisque, au début du XXe siècle, le musicologue Hugo Riemann n'hésite pas à naturaliser la musique de Gounod : « Le style de Gounod nous est très sympathique, à nous Allemands, car il est plus allemand que français ; il se souvient maintes fois

---

[1] Arrêt dont Mérimée se délecte et que rappelle Adolphe Jullien dans son *Paris dilettante au commencement du siècle*, Paris, Firmin Didot, 1884, p. 367.
[2] Cité dans *Le Guide musical : revue internationale de la musique et des théâtres lyriques*, 41, 1895, p. 443.
[3] Opinion rapportée dans une critique des représentations parisiennes de *Tannhäuser* parue dans *Le Figaro* du 21 mars 1861.
[4] Parmi l'abondante littérature qui la retrace, on se reportera au bel article très informé de Vincent Teixeira, « Richard Wagner et Charles Baudelaire. Autour de la création de *Tannhäuser* à Paris en 1861 », *The Bulletin of Central Research Institute Fukuoka University. Humanities*, Series A 6(3), pp. 103-132.
[5] *Revue des Deux Mondes*, XXXVIII, mars 1862, p. 511.

de Weber et de Wagner »[1]. De ce goût pour les brumes du Nord, sans doute, une vulgate qui va s'imposer pour longtemps, à l'occasion de la reprise de son *Faust*, toujours en 1862 : « musique d'idées abstraites », ce ne serait pas là « l'œuvre d'un mélodiste »[2]. Ce n'est que plus tard que Ravel saluera en lui « le véritable instaurateur de la mélodie en France ». Une inspiration bien française qu'il ne sera plus possible de mettre en doute avec *Mireille* (1864), puisée au terreau régionaliste d'un Mistral.

Avant même ces terribles combats, c'est au cours des années 1850 que l'ambiance et les goûts se modifient en profondeur et que, pour un public considérablement élargi – c'est l'un des effets du festival –, la mode s'ouvre aux opéras bouffes et aux opérettes d'Offenbach, aux opéras de Verdi et d'Ambroise Thomas.

En deux ans, 1854 et 1855, on voit nommées deux formes nouvelles de création, l'opérette et l'opéra bouffe, qui partagent une même légèreté qui n'est d'ailleurs que de surface, quand on sait combien ces genres renouent avec la tradition satirique et même critique venue des tréteaux de la foire, très populaire. Tradition combattue à la fois par les autorités, qui craignent la sédition, et par les « confrères » de l'Opéra, qui ont, depuis Lully, le monopole et qui le font valoir chaque fois que les spectacles débordent les canons reçus et prennent sur leur public. On pourrait s'étonner de voir resurgir la veine critique alors même que l'Empire autoritaire bat son plein, rien n'est pourtant plus logique, une fois dépassé le traumatisme qu'a représenté l'écrasement du populaire en juin 1848 et la répression qui poursuit tous les opposants au coup d'État du Deux Décembre 1851 qui a vu la promotion à l'Empire du Prince-Président, Napoléon le Petit.

Avec cette chape de plomb qui s'abat, l'opérette ne fournit pas seulement un divertissement mais un exutoire. Un exutoire pourtant étroitement contrôlé : pas plus d'un acte, quatre personnages au maximum,

---

[1] Roger Delage rapporte ces propos de 1909 dans l'article qu'il consacre à « Charles Gounod » dans l'*Encyclopædia Universalis* (version numérique 2011), au moment d'envisager les rapports entre « Gounod, Wagner et les musiciens allemands ».
[2] *Ibid.* Ces jugements proviennent de *La Revue et Gazette musicale de Paris*, rendant compte de la reprise de *Faust*.

de la pantomime, des acrobaties, des curiosités, des tours de force... Hervé y excelle. Offenbach imagine de tourner la difficulté dans son opérette bouffe, *Croquefer ou le dernier des paladins* (1857) où il osera introduire un cinquième personnage dont la motivation est inattaquable pour la police : muet, le chevalier Mousse-à-mort, à qui on a coupé la langue, aboie son rôle et communique par pancartes. Le public est en délire. Un tout jeune Bizet de 19 ans y fait ses premières armes, cette même année 1857 où il prend part à un concours d'opérette organisé par Offenbach dans son théâtre : lauréat du premier prix qu'il partage avec Charles Lecocq, son *Docteur Miracle* est monté le 9 avril aux Bouffes-Parisiens.

1857, c'est le moment où le nouveau directeur des Bouffes-Parisiens, parti du constat qu' « on ne fait plus que des petits grands opéras salle Favart »[1], met au point un cadre plus ambitieux, pour la musique comme pour la satire, en adaptant l'*opera buffa* italien, qui avait déjà évolué dans l'opéra bouffon au XVIIIe siècle, et que l'on confond trop souvent avec l'opérette : l'opéra bouffe. Si les contraintes formelles pèsent aussi sur lui, il s'en émancipe plus aisément, surtout après le décret de janvier 1864 où Napoléon III libéralise les spectacles, sonnant l'heure des productions les plus accomplies d'Offenbach : *La belle Hélène* (1864), *La Vie parisienne* (1866), *La grande duchesse de Gérolstein* (1867), La *Périchole* (1868).

Si la dénonciation des excès des fêtes des grands de ce monde, et notamment de la fameuse *fête impériale*, est patente, c'est sans concession sur la création musicale. La légèreté de la musique, le brio de la composition alliés aux dialogues affûtés de ses deux librettistes attitrés, Meilhac et Halévy (Ludovic, cette fois, le neveu de Jacques-Fromental), servent, sous les paillettes et le champagne qui étourdissent, une dénonciation à fleuret moucheté qui épingle les puissants de ce monde, mis face à leur irresponsabilité. Après le scandale d'*Orphée aux enfers* en 1858, sur lequel renchérit *La belle Hélène*, qui joue des mêmes ressorts, ne respectant rien, ni la chronologie, ni la morale, ni les bienséances, *Barbe bleue* campe, en 1866, la pétaudière de la cour du roi Bobèche et des courtisans aux ordres. L'allusion est transparente, qui passe aussi dans la cour bananière de la *Périchole*.

---

[1] Cité dans José Bruyr, *L'Opérette*, Paris, PUF, « Que sais-je ? », 1962, p. 14.

La popularité d'Offenbach ne se dément pas, qui draine des foules toujours plus nombreuses, du moins jusqu'à la chute de l'Empire où, bien qu'il ait été naturalisé en 1860, on lui rappelle ses origines allemandes. Après 1870, victime de la défaite et du retour à l'ordre moral, Offenbach s'efface pour une quinzaine d'année. La Belle Époque le ramènera sur le devant de la scène pour un public populaire.

L'évolution est conforme à la logique de ce genre né de la subversion des formes élitistes de l'*opera seria*, détournées et moquées dans une perspective héroï-comique qui donne la satisfaction, à un public exclu de la culture savante, de se moquer des formes dominantes de la culture. C'est particulièrement évident dans le traitement infligé au matériau mythologique, qui est le fonds même du grand genre : Hélène n'est plus qu'une gourgandine et le roi est nu. L'opéra bouffe – comme l'opérette – relève pleinement de cette forme de consommation qui atteint son plein développement après 1848, consommation de masse dont rend compte l'éclosion des grands magasins – Le Bon marché en 1852, La Belle Jardinière en 1856, Le Printemps en 1865... – que décrira Zola dans *Le Bonheur des dames* (1883), peinture sans concession d'une société de consommation où l'art circule, devenu un bien de consommation comme un autre. À quoi répond aussi la masse des romans-feuilletons que dévore quotidiennement, dans un journal au prix désormais modique, un public qui fréquente aussi théâtres, cafés et goguettes, de Paris aux villes de province et, déjà, dans les villages mêmes, tous ces lieux où l'on reprend des airs connus, où se créent sociétés de musique et orphéons[1] et où naissent des chansons.

La prise de conscience de la question sociale, ramenée à chaque mouvement de la conjoncture, 1830 et 1848 notamment, et l'accroissement de la culture politique servent une veine politique de la chanson en pleine expansion. Il s'agit là de véritables créations, même si les paroles de ces chansons étaient bien souvent – et c'est là un critère essentiel de leur diffusion – adaptées sur un air connu. On les chantait sur

---

[1] Comme à Nissan, où a été prononcée cette conférence, en 1869.

ce qu'on appelle des « ponts-neufs »[1], des airs connus de tous, « sur l'air des lampions », ou « sur l'air du ça ira » – lui même repris d'une ancienne contredanse instrumentale[2] – en indiquant des « timbres » qui servaient de clés à la fois pour la musique et pour une lecture seconde, à double entente, souvent politique.

Si défense était faite de chanter hors des salles de spectacles patentées, il ne restait d'autre ressource que de faire chanter le public. Encore fallait-il que ce public connût les chansons. C'est là qu'interviennent les timbres, ces mélodies qui courent les rues et qui relèvent d'une lecture chiffrée, chacune possédant un code propre[3]. Ainsi, s'il faut entendre un double sens, le timbre préviendra : « Vous m'entendez bien », mais qu'une promesse doive être rompue et ce sera « Attendez-moi sous l'orme »[4].

Si nous nous perdons dans les timbres[5] – pour ne rien dire des « faux timbres »[6] –, le public, lui, rompu à l'exercice, transpose sans mal et saisit immédiatement, qui prend un vif plaisir à ces jeux, surtout lorsqu'on

---

[1] Parce que c'était autour du Pont Neuf que s'assemblaient, à Paris, chanteurs des rues et marchands de partitions. Pour une définition du genre, voir, d'Annette Keilhauer, l'article « Chanson » du *Dictionnaire européen des Lumières*, Paris, Puf, 1997, pp. 203-205.

[2] Voir Michelle Biget, « Peuple vainqueur des rois, c'est aujourd'hui ta fête », in *Musique et Révolution française : la longue durée*, Besançon, Annales Littéraires de l'Université de Franche-Comté, 1989, p. 98.

[3] Sur cette question épineuse, on consultera avec profit les travaux de Jacques Cheyronnaud.

[4] Sylvie Février, « Opérette », in *Encyclopædia Universalis*, édition numérique 2011.

[5] Trois ouvrages recensent les timbres usités au XIXe siècle et permettent d'associer à un texte l'air sur lequel il devait être chanté : *La Clé du Caveau*, édité par Pierre Capelle en 1811, *La Musette du vaudeville*, que Joseph-Denis Doche fait paraître en 1822, et *La Musique des chansons de Béranger*, parue en 1845 et continuellement augmentée au fil d'éditions qui couvrent tout le siècle.

[6] Malgré de regrettables flottements terminologiques qui viennent encore embrouiller la question, le timbre désigne le premier vers d'une chanson source dont l'orchestration doit servir de modèle à un texte postérieur. Mais qu'on ait copié, non pas le premier vers, mais tout autre extrait, et la référence est perdue. Ce qui arrive immanquablement pour les chansons ayant connu maintes reprises ou parodies, *La Marseillaise* en tête. C'est cette erreur de transcription qui constitue le faux timbre.

s'empare d'airs empruntés à un *opera seria* à la mode : parodie, distanciation et esprit font le fonds de ces spectacles qui sont bien loin d'avoir disparu.

Les moyens musicaux de la chanson sont extrêmement simples, ce qui n'en fait pas pour autant un genre méprisé : notamment parce que ses frontières sont plus qu'imprécises avec le genre de la romance, ces airs de cour mis à la mode par Rousseau et Cherubini, compositeur de grande musique, lui, et directeur du Conservatoire, qui en écrit en masse à la charnière du XVIIIe et du XIXe siècle. Et de même Spontini et Boieldieu.

Cette veine, on le voit, ne naît pas en 1830 : on connaissait Béranger, peut-être Désaugiers, mais on ne connaissait guère qu'eux. Désormais, il faut compter avec Pierre Dupont, Alexandre Desrousseaux, l'auteur du *P'tit quinquin*, Jules Vinçart, saint-simonien convaincu, pour qui les goguettes « sont la première étape de la marche progressive de l'intelligence populaire »[1]. Autant de chansonniers, aux côtés desquels on compte nombre de poètes et d'écrivains ouvriers, souvent soutenus par George Sand. Stendhal gratifie Béranger du titre « bien mérité » de « grand poète »[2] – Béranger qui a inspiré à Hugo ses *Chansons des rues et des bois* (1865) –, et Baudelaire s'interroge, en 1846 :

> « À quoi bon la poésie philosophique, puisqu'elle ne vaut ni un article de *l'Encyclopédie* ni une chanson de Désaugiers ? »[3].

Baudelaire qui n'écrit pas seulement sur Wagner ou Delacroix, mais qui consacre deux articles flatteurs aux chansons de Pierre Dupont[4], signe que la chanson est désormais entrée dans le domaine de la culture. L'unité, de fait, est réelle, de la tradition critique qui va de l'opéra bouffe aux bouffonneries – terme qui désigne certaines chansons populaires, tel ce succès qu'a été *Le Sire de fisch ton kan*, déjà servi à Guizot en 1847 et remobilisé contre Napoléon III après Sedan.

---

[1] Cité dans Marcel Trihoreau, *La Chanson de proximité. Caveaux, cabarets et autres petits lieux*, Paris, L'Harmattan, 2010, p. 41.
[2] Stendhal, *Souvenirs d'égotisme*, Béatrice Didier (éd.), Paris, Gallimard, « Folio », 1983, p. 139.
[3] Charles Baudelaire, *Œuvres posthumes*, Paris, Mercure de France, 1908, p. 171.
[4] Charles Baudelaire, *Œuvres complètes*, Paris, Gallimard, « Bibliothèque de la pléiade », II, Claude Pichois (éd.), 1976, pp. 26-36 et 169-175.

Entre scène et rue, l'Artiste en Protée, de la Monarchie de Juillet à la Commune

Le Sire de fisch ton kan ou comment César devint Laridon.
Des plus entraînantes, la musique sert une verve satirique qui désacralise les puissants.
La permanence du timbre, combinée à l'actualisation des paroles en fonction de la conjoncture, concourent à établir une généalogie critique qui parcourt le second XIXe siècle en même temps qu'elles montrent l'acuité de l'information et de la conscience populaires.

Si Nerval et Verlaine[1] sont littéralement transportés par les chansons folkloriques, il en va d'un intérêt national quand un décret du ministre de l'Instruction publique ordonne en 1852 une enquête sur les chansons et les poésies populaires[2]. Parmi ces chansonniers, émerge Jean-Baptiste Clément, artisan, poète, pamphlétaire et militant (il adhèrera au parti ouvrier de Jean Allemane et écrira dans le journal de Jaurès). Il travaille avec des compositeurs réputés, tel Joseph Darcier, avec qui il écrit des romances, souvent bucoliques et tendres, popularisées par des chanteuses célèbres, ou encore avec Marcel Legay, qui a adapté pour un de ses textes *Dansons la capucine* en 1868, sur des paroles moins mièvres que celles que l'on connaît généralement[3]. Parmi ses poèmes et chansons,

---

[1] Voir les savantes analyses d'Arnaud Bernadet, *L'Exil et l'utopie : politiques de Verlaine*, Saint-Étienne, Publications de l'Université de Saint-Étienne, 2007, notamment pp. 133-147.
[2] Cf. Jacques Cheyronnaud (éd.), *Instructions pour un recueil général des poésies populaires de la France (1852-1857)*, Paris, Comité des Travaux Historiques et Scientifiques, 1997.
[3] Paroles que l'on trouvera réunies en fin d'article. Le texte original est paru dans *89 ! Les souris. Dansons la capucine par J.-B. Clément*, Paris, chez Defaux, 1868, pp. 6-9.

beaucoup sont en prise directe avec le malheur des temps – Ô *ma France* ou *Ah ! Le joli temps !* (1867), *Le Bonhomme Misère* (1868), mais c'est une douce pastorale, *Le Temps des cerises*, écrite à Montmartre en 1866, et mise en musique par Antoine Renard en 1867, que Clément dédiera en 1885 à une jeune ambulancière inconnue, Louise, qui est devenue l'emblème de la Commune.

Daumier campe ici le type du goguettier à qui le vin révèle un avenir messianique.

Jean-Baptiste Clément, comme Eugène Pottier, l'auteur de *L'Internationale*, font leurs débuts dans les goguettes – ces cabarets du moment qui jouent un grand rôle : c'est là que se réunissent notamment les opposants au régime, sous la Monarchie de Juillet comme sous le Second Empire. L'un des plus fameux, *La Lice chansonnière*, date de 1831. Leur nombre explose, le pouvoir sent le danger que représentent ces lieux de contestation, au point que Napoléon III, qui les accuse d'avoir diffusé les théories de Saint-Simon et de Fourier, les fait fermer, favorisant un autre type d'établissement musical, le café-concert, tout aussi canaille mais nettement moins politique.

D'autant qu'un changement radical intervient dans le statut de l'auteur compositeur, qui modifie les conditions de création et d'exécution : en 1851, satisfaction est donnée aux auteurs compositeurs qui réclamaient des droits aux établissements dont leurs chansons représentaient le fonds de commerce. Le manque à gagner était pour eux d'autant plus criant que le système des timbres multipliait le dol en les dépossédant de leur création. Ce procès victorieux débouche sur la création de la SACEM, syndicat qui défend paroliers et compositeurs, si bien que la chanson jouit désormais de la même protection que la musique symphonique ou lyrique. Dès lors, la chanson ne devient pas seulement un métier, mais un bien qui rejoint l'économie commerciale. Une évolution qui n'est pas sans toucher fondamentalement aux voies de la création. Pour la chanson, la transformation est de taille : l'individuation mélodique devient prédominante dans un genre jusqu'ici voué au timbre et à la reprise. Pour la chanson politique, c'est un coup dur : nombre d'établissements ne peuvent acquitter les droits et disparaissent. Comme toujours quand le contrôle pèse sur la création populaire, elle se réfugie dans des sociétés ou associations clandestines et ne reparaît au grand jour qu'avec le retour de l'espérance et de la liberté : pendant la seconde République, entre 1848 et 1851, et après 1864-65, quand les milieux républicains et socialisants luttent d'autant plus ardemment qu'ils aperçoivent, avec l'Empire libéral, l'affaiblissement du régime. Alors ressuscite le patrimoine des chansons révolutionnaires, celles de 1789 – *Ça ira*, *Le Chant du départ*, *La Carmagnole* – et celles de 1848, dont *La Marianne*, qui se chantait sur l'air de *Mimi-Pinson*.

La chute de l'Empire, qui suit la défaite face à la Prusse, et la période de la Commune ouvrent, avec les changements politiques qui se précipitent, un régime d'invention tous azimuts[1]. Jamais les polarisations n'ont été si féroces, entre les tenants de l'ordre, arc-boutés sur leurs positions, et ceux qui croient pouvoir inventer un monde nouveau. Au pire moment des affrontements et jusque pendant la Semaine Sanglante – Debussy, arrêté à 9 ans au seul motif que son père est communard, s'en souviendra –, les chansons populaires rivalisent dans la rue avec le canon et, même si un communard se demande « s'il est utile que les paysans du Berry paient pour qu'il y ait des danseurs d'opéra », on sait que, comme pour la peinture avec Courbet, la littérature avec Verlaine et Rimbaud, et bien sûr Vallès, c'est toute la musique qui est offerte à l'éducation du peuple. La politique d'éducation populaire, décrétée par la Commune, ne connaît pas de frontières culturelles : à la reprise des expositions répond la multiplication des concerts dont le répertoire reste profondément

---

[1] En ce qui concerne la créativité propre au domaine de la chanson, on se reportera à l'ouvrage de référence de Robert Brécy, *La Chanson de la Commune. Chansons et poèmes inspirés par la Commune de 1871*, Paris, Les Éditions ouvrières, 1991.

classique, quand bien même il s'ouvre à certains chants révolutionnaires qui transportent d'ailleurs le public, tel *L'Hymne à la liberté* composé par Gossec en 1794, qui retentit sur la scène de l'Opéra au moment même où la liberté telle que l'entend la Commune se meurt. C'est le moment où l'on s'angoisse avec Eugène Pottier : *Quand viendra-t-elle ?*, la liberté, avec cette Marianne qu'attendent les républicains.

Les 21-22 mai 1871, alors même que les troupes versaillaises entrent dans Paris, trois représentations monstres sont données en simultané, au Théâtre Lyrique, à l'Opéra-Comique et à l'Opéra, où sont restés certains grands chanteurs. Dans les Tuileries abandonnées aussi, on joue de grandes œuvres musicales, dont du Mozart, la grande tragédienne Agar récitant des poèmes tirés des *Iambes* de Barbier et des *Châtiments* de Hugo, dont « Le lion blessé », qui émeut le public aux larmes, avant que Mme Bordas n'entame, avec sa verve coutumière, le répertoire qui a fait sa gloire et ne pousse la célèbre *Canaille*[1]. Alors, la salle exulte et ne bruit plus que des bravos qui acclament la *prima donna*.

Le timbre sûr de Rosa Bordas ne peut étouffer les vociférations haineuses, aux forts accents de classe, des ennemis du peuple :
« La fête est, en ce jour, mesurée à ta taille ;
La Commune préside... On chante la Canaille ! »[2].

---

[1] Que l'on retrouvera ci-après.
[2] *Mai 1871. Le cercle de la rue Royale pendant la bataille. Journées des 21, 22, 23 et 24 mai*, par E. A. (Ernest Ameline), Paris, Claye, 1872.

Le programme retenu pour l'inauguration de l'opéra Garnier, qui est alors, et qui le restera jusqu'aux années 1970, avec ses 11.000 m^2 d'espace utile, la plus grande salle du monde, en dit long sur la durable imprégnation d'un certain académisme auquel les salles officielles prêtent leur résonance, au point d'avoir rendu nécessaire la délocalisation au Cirque Olympique d'une musique plus innovante.

Le 5 janvier 1875, le Président de la République Mac Mahon et un parterre de 2.000 invités venus de l'Europe entière écoutent, en effet, l'Ouverture de *la Muette de Portici* d'Auber, les deux premiers actes de *La Juive* d'Halévy, l'ouverture de *Guillaume Tell* de Rossini, la scène de la bénédiction des poignards des *Huguenots* de Meyerbeer et l'inévitable ballet, *La Source* de Léo Delibes. Une grand-messe où ils communient dans la célébration de ce qui s'impose comme la quintessence du goût bourgeois, montrant combien les voies de la création sont difficiles à frayer.

La révolution culturelle était déjà une longue marche.

HECTOR BERLIOZ, *CHANT DES CHEMINS DE FER*
Cantate pour ténor solo, chœur et orchestre
créée le 14 juin 1846 à Lille

C'est le grand jour, le jour de fête,
Jour du triomphe et des lauriers.
Pour vous, ouvriers,
La couronne est prête.
Soldats de la paix,
C'est votre victoire ;
C'est à vous la gloire
De tant de bienfaits.

C'est le grand jour, *etc.*

Les cloches sonnent dès l'aurore,
Et le canon répond sur les remparts.
Sous l'oriflamme tricolore
Le peuple accourt de toutes parts.

C'est le grand jour, *etc.*

Que de montagnes effacées !
Que de rivières traversées !
Travail humain, fécondante sueur !
Quels prodiges et quel labeur !

C'est le grand jour, *etc.*

Les vieillards, devant ce spectacle,
En souriant descendront au tombeau ;
Car à leurs enfants ce miracle
Fait l'avenir plus grand, plus beau.

C'est le grand jour, *etc.*

Des merveilles de l'industrie
Nous, les témoins, il faut chanter
La paix ! Le Roi ! L'ouvrier ! La patrie !
Et le commerce et ses bienfaits !

C'est le grand jour, le jour de fête,
Jour du triomphe et des lauriers.

Que dans les campagnes si belles
Par l'amitié les peuples plus heureux
Élèvent leurs voix solennelles
Jusqu'à Dieu caché dans les cieux !

C'est le grand jour, *etc.*

                        (paroles de Jules Janin)

HECTOR BERLIOZ, *BENVENUTO CELLINI*
Opéra en deux actes et quatre tableaux
créé le 10 septembre 1838 à l'Opéra de Paris
Acte II, scène 15

Teresa, Francesco, Bernardino et le Chœur des ouvriers en tumulte, noirs de sueur et de fumée

FRANCESCO, BERNARDINO ET LE CHŒUR

Peuple ouvrier,
Que l'atelier
Vite se ferme.
À bas les marteaux,
Pelles et ciseaux !
Laissons nos fourneaux !
Quittons les travaux !
Et que le repos
Enfin mette un terme
À tous nos maux !

TERESA

Dieu ! quelle colère ?
Que voulez-vous faire ?

LE CHŒUR

Sortir tous d'ici !

TERESA

Eh ! mais... mais Cellini...

LE CHŒUR

Le maître sans gêne
Nous laisse la peine ;
Ah ! pour l'enrichir
C'est par trop souffrir !

TERESA

De la patience
Cellini s'avance,
Il va revenir.
Ah ! que devenir ?

LE CHŒUR

Nous voulons sortir !
À nous sur la terre
Labeur et misère,
À nous le malheur,
Au maître l'honneur !

TERESA

Allons, du courage,
Reprenez l'ouvrage !
Vous serez, je gage,
Bien payés demain.

LE CHŒUR

Demain ?
Nous sommes sans pain,
Nos enfants ont faim !

TERESA

Ô sainte Madone,
Hélas ! n'abandonne
Jamais mon époux !
Je m'attache à vous !

LE CHŒUR

Allons-nous-en tous !
Non, non, laissez-nous,
C'est pure folie !

TERESA

Je vous en supplie !

(Livret de Léon de Wailly et Auguste Barbier, assistés d'Alfred de Vigny).

DANSONS LA CAPUCINE

VIEILLE CHANSON

I

... Dansons la Capucine,
Le pain manque chez nous...
... Le curé fait grasse cuisine,
Mais il mange sans vous.
Dansez la Capucine
Et gare au loup,
You !...

II

... Dansons la Capucine,
Le vin manque chez nous...
... Les gros fermiers boivent chopine,
Mais ils trinquent sans vous.
Dansez la Capucine
Et gare au loup,
You !...

III

... Dansons la Capucine,
Le bois manque chez nous...
... Il en pousse dans la ravine,
On le brûle sans vous.
Dansez la Capucine
Et gare au loup,
You !...

....
....

I

... Dansons la Capucine,
L'esprit manque chez nous...
... L'instruction en est la mine,
Mais ça n'est pas pour vous.
Dansez la Capucine
Et gare au loup,
You !...

II

... Dansons la Capucine,
L'argent manque chez nous
... L'Empereur en a dans sa mine,
Mais ça n'est pas pour vous.
Dansez la Capucine
Et gare au loup,
You !

III

... Dansons la Capucine,
L'amour manque chez nous...
... La pauvreté qui l'assassine
L'a chassé de chez vous.
Dansez la Capucine
Et gare au loup,
You !

....
....

I

... Dansons la Capucine,
La misère est chez nous...
... Dame Tristesse est sa voisine
Et vous en aurez tous.
Dansez la Capucine
Et gare au loup,
You !

II

... Dansons la Capucine
La tristesse est chez nous...
... Dame Colère est sa voisine
Et vous en aurez tous.
Dansez la Capucine
Et gare au loup,
You !

III

... Dansons la Capucine
La colère est chez nous...
... Dame Vengeance est sa voisine,
Courez et vengez-vous !
Dansons la Capucine
Et gare au loup,
You!...

LA CANAILLE (1865)
(texte : Alexis BOUVIER, musique : Joseph DARCIER)

Dans la vieille cité française
Existe une race de fer
Dont l'âme comme une fournaise
A de son feu bronzé la chair.
Tous ses fils naissent sur la paille,
Pour palais ils n'ont qu'un taudis
C'est la canaille
Eh bien, j'en suis !

Ce n'est pas le pilier du bagne,
C'est l'honnête homme dont la main
Par la plume ou le marteau gagne
En suant son morceau de pain
C'est le père enfin qui travaille
Les jours et quelquefois les nuits.
C'est la canaille
Eh bien, j'en suis !

C'est l'artiste, c'est le bohème
Qui sans souper rime rêveur
Un sonnet à celle qu'il aime
Trompant l'estomac par le cœur.
C'est à crédit qu'il fait ripaille
Qu'il loge et qu'il a des habits.
C'est la canaille
Eh bien, j'en suis !

C'est l'homme à la face terreuse
Au corps maigre, à l'œil de hibou,
Au bras de fer à main nerveuse
Qui sortant d'on ne sait pas où
Toujours avec esprit vous raille
Se riant de votre mépris
C'est la canaille
Eh bien, j'en suis !

La Belle Époque ou les subversions de la liberté : 1870-1914

Si la Belle Époque s'incarne communément dans quelques images reçues qui, autour des variétés et du french cancan, insistent sur l'insouciance et le continuel étourdissement d'un tourbillon de plaisirs, ces représentations sont largement fictives, et cela d'autant plus que la formule même cache une reconstruction fantasmatique. Forgée aux lendemains de la Première Guerre, l'expression exalte *a posteriori* en l'idéalisant une période que l'on pare d'autant plus volontiers des prestiges de la douceur de vivre qu'elle a été suivie de la boucherie de la Grande Guerre où s'est abîmé un monde. *A contrario*, la Belle Époque réaliserait donc, avant l'agonie, l'apogée d'une civilisation. Et telle est bien l'interprétation qui a longtemps prévalu et que nous voudrions, au-delà des clichés, réexaminer ici.

Cette Belle Époque qui danse au son d'Offenbach et du *Beau Danube*[1], c'est aussi celle de *L'Assommoir* de Zola (1876) et, si l'extension que recouvre la période est susceptible de fluctuations qui peuvent tendre à gommer la grande dépression des années 1873-96, en la faisant

---

[1] La célèbre valse de Johan Strauss II, *An der schönen blauen Donau*, composée en 1866, d'abord boudée à Vienne lors de la première du 13 février 1867, ne deviendra le succès mondial que l'on sait qu'après que le public parisien l'aura acclamée, réclamant plus de vingt rappels, lors de l'Exposition Universelle de 1867.

commencer à la toute fin du XIXᵉ siècle, il n'en reste pas moins qu'elle s'inscrit entre deux traumatismes, celui de la défaite de Sedan et de l'écrasement de la Commune de Paris et le cataclysme de 1914-18. Au reste, si l'expression de « Belle Époque » s'est imposée pour désigner la période, elle est en concurrence directe avec celle de « fin-de-siècle », qui contient de tout autres valeurs[1], dans un écart qui dit bien la tension qui caractérise ce moment de l'histoire. Un moment que travaillent avec véhémence la démesure de ses excès et l'extravagance provocatrice et enthousiaste de la foi nouvelle dans le progrès créateur avec ses avancées spectaculaires dans le domaine des sciences, de la médecine ou des techniques, un peu vite traduites dans un positivisme qui ignore les failles de cette civilisation qui ne voit pas de terme au boom qu'elle vit. Rien ne symbolise mieux peut-être cette tension, qui ouvre sur la conscience de la décadence, que les affrontements autour de la tour Eiffel, icône d'abord conçue comme éphémère, hommage de la révolution industrielle à la grande Révolution que célèbre l'Exposition Universelle parisienne de 1889. Ce *Babel-Eiffel*[2] gonflé de vanité que Gounod, Charles Garnier, Leconte de Lisle, Alexandre Dumas fils, Sully Prudhomme ou Maupassant, entre autres, dénoncent dans un manifeste que publie *Le Temps* comme « l'odieuse colonne de tôle boulonnée (...), la noire cheminée d'usine écrasant de sa masse barbare (...) tous nos monuments humiliés, toutes nos architectures rapetissées, qui disparaîtront dans ce rêve stupéfiant »[3].

Version actualisée de la querelle des Anciens et des Modernes qui va alors se trouver redynamisée sur tous les plans : social, politique ou artistique. C'est sur ces contradictions, violentes comme jamais auparavant, que commence à balbutier le monde nouveau. Alors s'amorcent des temps nouveaux pour la création, qui vont traverser toutes les sphères de la vie et bousculer tous les équilibres reçus, ouvrant, pour parodier l'expression de Jean-Noël Jeanneney, sur une authentique

---

[1] « L'expression "fin-de-siècle" fut précisément inventée après 1890, sur fond de mutations économiques et de tensions sociales, pour signaler une affreuse érosion des valeurs », Jean-Pierre Rioux, *Chronique d'une fin de siècle. France, 1889-1900*, Paris, Le Seuil, 1991, p. 21.
[2] Dont Huysmans flétrit le « grillage infundibuliforme ».
[3] *Le Temps*, 14 février 1887.

« concordance des temps »[1] tant, par delà les fractures et affrontements, c'est un monde cohérent qui est en train de s'accoucher.

Rien n'exhibe mieux cette mise en cohérence que la série continue des Expositions Universelles qui vient scander l'hymne au Progrès que ce XIXe siècle finissant se sent appelé à reprendre, lui qui se tient résolument pour l'héritier des Lumières et de leur foi en la perfectibilité. Dans la période qui nous retient ici, la première des trois grandes expositions françaises, qui attire à Paris en 1878 16 millions de visiteurs venus du monde entier, vise à réconcilier les Français et à construire la nation autour de la République, d'une république qui s'affiche porteuse de progrès pour tous en décrétant chômé le 1er mai, jour de l'ouverture, pour permettre aux ouvriers d'être de la fête où, pour la première fois, la Fée électricité illumine la capitale[2], flambeau des nouvelles technologies, prêtes à éclairer le monde[3].

Dans ces vitrines d'une civilisation techniciste et toute matérielle pour ne pas dire matérialiste qui rivalisent de gigantisme pour élever des temples à la marchandise, oubliant au passage qu'elle compte des producteurs, la chose est suffisamment rare pour être soulignée. Si l'on prend toutes les mesures pour s'assurer que ces créateurs de richesse que requiert en masse la course à la productivité, volontiers turbulents et

---

[1] *Concordance des temps. Chroniques sur l'actualité du passé*, Paris, Le Seuil, 1987 et l'émission qu'il a créée en 1999 et qu'il continue d'animer tous les samedis sur France-Culture.
[2] Grande première, c'est lors de cette exposition que le public découvre que l'électricité peut produire de la lumière, les autorités parisiennes entreprenant d'éclairer des points symboliques de la capitale, de la Comédie française à l'Opéra.
[3] Ou à le plonger dans les ténèbres ! Témoin, dans le contexte social agité du tournant du siècle, la grève surprise des électriciens de Paris, le 8 mars 1907, qui, en précipitant la capitale dans le noir, apporte la preuve spectaculaire – l'Hôtel de Ville donnant aussitôt satisfaction aux grévistes – que qui contrôle l'électricité détient le pouvoir. En attendant les soviets qu'annoncent, en 1909, deux meneurs de la grève de 1907, Émile Pataud et Émile Pouget, dans un roman de politique-fiction au titre annonciateur, *Comment nous ferons la révolution*. Et, dès avant 1917, Pataud récidive, en 1911, dans une pièce qui se veut prophétique, *Demain*, « dans laquelle une France dont toute l'énergie est concentrée dans la centrale parisienne du trust "Électricité et Lumière" est mise à genoux par un gigantesque court-circuit », Eugen Weber, *Fin de siècle. La France à la fin du XIXe siècle*, Paris, Fayard, 1986, p. 162.

revendicateurs, restent bien à leur place, il n'en est pas moins nécessaire aussi d'élever le niveau des forces de travail, au risque d'ouvrir la boîte de Pandore, et de les intégrer à la dynamique ascensionnelle voulue par la République et c'est dès 1881-82 que les lois Ferry sur l'instruction primaire, désormais publique, laïque et obligatoire, viennent encadrer et canaliser ces masses laborieuses que sont les anciennes classes dangereuses de 1848, et ce d'autant mieux qu'un catéchisme officiel, diffusé par l'école, promeut une morale laïque, vertueuse, hygiéniste, patriotique. C'est dans cette atmosphère que, pour les associer pleinement, la grande Exposition Universelle de 1889, année même de la création de l'Internationale socialiste, va jusqu'au bout de la logique mercantile triomphante en proposant des billets tout compris – transport et entrée –, du moins en apparence, puisque les attractions les plus intéressantes sont exclues de la formule, renchérissant cruellement la dépense.

La bouderie diplomatique internationale des grandes puissances industrielles hostiles à la vocation révolutionnaire française – Angleterre et Allemagne bismarckienne en tête – n'empêche pas le nombre de visiteurs de doubler par rapport à l'édition précédente, qu'attire l'exaltation pittoresque des nouveaux chantiers coloniaux où l'on croise de terribles Touaregs et de séduisantes Tonkinoises, auprès desquelles Vincent Scotto puise la matière de son premier succès, en 1906[1].

Dans cette ambiance cosmopolite que n'a pas entamée la réaction contre la commémoration de 1789[2], où Paris continue d'être la terre d'élection des Américains, des Latinos et des Russes, les traditions culturelles se côtoient et ouvrent de nouvelles voies à la création quand Borodine chante les *steppes de l'Asie centrale* (1880)[3] et que la musique javanaise enthousiasme Debussy et Ravel[4], avant Gainsbourg. Parmi les

---

[1] *La petite Tonkinoise*, dont Scotto écrit la musique sur des paroles de Henri Christiné, fait le succès de Polin et d'Esther Lekain, avant que Mistinguett et Joséphine Baker ne la reprennent.

[2] 35 pays n'en sont pas moins représentés.

[3] Alexandre Borodine écrit sur commande son poème symphonique, *Dans les steppes de l'Asie centrale*, pour célébrer le vingt-cinquième anniversaire du règne d'Alexandre II.

[4] Ravel qui n'hésitait pas à déclarer : « je tiens la musique javanaise pour la plus élaborée d'Extrême-Orient et je lui emprunte souvent des thèmes : "Laideronnette", dans *Ma Mère l'Oye*, avec les cloches du temple, provient de Java, aussi bien harmoniquement que

quelque 61.000 exposants, on sait la place tenue par le pavillon javanais où l'on avait reconstruit un village où l'on pouvait entendre un gamelan, cet orchestre traditionnel où dominent les percussions, gongs, tambours et xylophones, qui initiait les oreilles parisiennes aux sonorités neuves de ses tambourins, cymbales et autres cloches[1]. Debussy, séduit par les harmonies contrapunctiques de cette musique, déclare qu'auprès d'elles « le contrepoint de Palestrina n'est qu'un jeu d'enfant »[2].

Ces séductions du lointain Orient s'étendent jusqu'au Japon qui fait alors fureur dans les arts décoratifs, témoin Ravel qui, après avoir chanté *Laideronnette, impératrice des pagodes*[3], a été jusqu'à transformer une pièce de sa maison en salon japonais. Mais c'est l'Orient dans toutes ses valences qui nourrit la création, dans les Lettres comme en musique, de Pierre Loti aux *Mille et une nuits* offertes dans la nouvelle traduction de Mardrus[4], qui inspire à Ravel, après la *Shéhérazade* des débuts (1898 et 1904), sa première œuvre symphonique, l'un de ses derniers projets, avec *Morgiane*, oratorio voué aux amours d'Ali Baba[5]. Pour Debussy, il en va même d'une expérience proprement initiatique, qui irriguera *Pelléas et Mélisande*, créé le 30 avril 1902 à l'Opéra-Comique.

Il s'agit là d'un événement qui fracture le monde de la musique : en secouant la génération Wagner comme en dynamitant les bases du théâtre lyrique, Debussy, récusant la tradition, attaque de front toutes les

---

mélodiquement. Comme Debussy et d'autres contemporains, j'ai toujours été particulièrement fasciné par l'orientalisme musical », Maurice Ravel, *Lettres, Écrits, Entretiens*, Arbie Orenstein (éd.), Paris, Flammarion, « harmoniques », 1989, p. 361.

[1] Sur ces questions, voir Patrick Revol, *Influences de la musique indonésienne sur la musique française du XXᵉ siècle*, Paris, L'Harmattan, « Univers musical », 2000.

[2] Et l'engouement est tel que Charles Koechlin, à son tour, transcrit aux couleurs javanaises des pièces du répertoire occidental.

[3] C'est le 21 janvier 1912 qu'est joué le ballet tiré de *Ma Mère l'Oye* (1908-10) dont *Laideronnette, impératrice des pagodes* forme le cinquième tableau.

[4] Qui paraît en 16 volumes, de 1899 à 1904. Près de deux siècles après la traduction de Galland, le texte est rendu à son authenticité, même si Mardrus n'évite pas les clichés orientalisants du temps, avec son exotisme et son érotisme débordants.

[5] « Je cède à la fascination que l'Orient exerça sur moi dès mon enfance », Maurice Ravel, *Lettres, Écrits, Entretiens, op. cit.*, p. 44.

conventions. Transposition du mythe de Tristan et Yseut, l'opéra de Debussy suit fidèlement la pièce de Maeterlinck dont il est adapté[1].

Mais la première se présente mal car Maeterlinck, qui n'a pu imposer sa maîtresse – Georgette Leblanc, la sœur de Maurice – dans le rôle titre, déclenche les hostilités et accuse Debussy de l'avoir évincé de son œuvre en abusant d'une lettre vieille de six ans où il lui donnait tout pouvoir pour l'adaptation. « *Pelléas* (...) est une pièce qui m'est devenue étrangère, presque ennemie. Dépouillé de tout contrôle sur elle, j'en suis réduit à souhaiter que sa chute soit prompte et retentissante »[2], écrit sans fard le dramaturge.

Pelléas et Mélisande au prisme du préraphaélisme d'Edmund Blair Leighton (1910).

Pourtant, si chahut il y a, c'est le texte, et non la musique de Debussy, qui est visé lorsqu'on attaque « Pédéraste et Médisante » et, lorsque, à la scène 2 de l'Acte II, Mélisande entonne « je ne suis pas heureuse », c'est tout le public qui lui fait chorus et s'écrie : « nous non plus ! » avant que la police n'intervienne.

Mais comme Wagner bataillant pour imposer son *Tannhäuser* à l'Opéra de Paris en 1861, comme Bizet aussi, dont la *Carmen* peine d'abord à passer la rampe, Debussy a aussi ses partisans, qui viendront le soutenir à chaque représentation : Romain Rolland, Henri de Régnier, Paul-Jean Toulet, Paul Claudel, Octave Mirbeau, Léon-Paul Fargue, Fernand Gregh, Pierre Louÿs, Ravel. De l'entrée du *Faust* de Gounod au répertoire de l'Opéra (1869) à la création de *Pelléas et Mélisande* (1902), c'est toute une génération qui wagnérise. Debussy ne fait pas exception, qui avouait dans *Monsieur Croche antidilettante* avoir été « wagnérien jusqu'à l'oubli des

---

[1] Et dont la première a eu lieu le 13 mai 1893 aux Bouffes-Parisiens.
[2] Cité par Jean Barraqué, *Debussy*, Paris, Seuil, 1977, p. 122.

principes les plus simples de la civilité »[1]. Il en reviendra, et d'abord de l'usage du leitmotiv. Sous l'influence de Satie aussi, qui l'engage à innover, mais dans une voie résolument française :

> « J'expliquais à Debussy le besoin pour un Français de se dégager de l'aventure Wagner, laquelle ne répondait pas à nos aspirations naturelles. Et lui faisais-je remarquer que je n'étais nullement anti-wagnérien, mais que nous devions avoir une musique à nous – sans choucroute si possible »[2].

Cette voie française que précisément tout le monde lui oppose avec le succès phénoménal de la romance populaire, sinon populiste, la *Louise* de Charpentier dont l'inspiration, loin de la nouveauté que beaucoup lui prêtent, se situe dans le sillage que Puccini avait frayé à Turin, quatre ans auparavant, avec sa *Bohème*. Petite sœur de Mimi, et trottin comme elle, Louise la cousette, protagoniste d'un « roman musical en quatre actes et cinq tableaux » créé le 2 février 1900, fête déjà sa centième le 22 février 1901. La différence de fortune que connaissent, à un an d'intervalle, la fade *Louise* et la déconcertante *Mélisande* tient à la nature du public et pose ouvertement la question de savoir s'il faut flatter son goût, quitte à tomber dans le mauvais goût, ou l'entraîner vers des voies nouvelles, en lui proposant des sonorités, des harmonies inédites et, partant, en prenant le risque qu'il éprouve des sensations dérangeantes.

Face à la radicalité novatrice, l'incompréhension n'est d'ailleurs pas le seul fait des Béotiens, qui n'épargne ni la profession ni les élites quand André Antoine lui-même, directeur du fameux Théâtre Antoine, alias salle des Menus Plaisirs, et futur directeur de l'Odéon de 1906 à 1914 note, en farouche défenseur du réalisme, que représenter *Pelléas* – la pièce de Maeterlinck, mais il en va de même du théâtre lyrique – n'est possible que dans un théâtre subventionné et encore, à condition d'insister beaucoup et en misant sur le snobisme pour en assurer le succès.

---

[1] Claude Debussy, *Monsieur Croche, antidilettante*, Paris, Gallimard, 1945, p. 39.
[2] Pierre-Daniel Templier, *Erik Satie*, Paris, Rieder, 1932, p. 20.

Virevoltant André Messager qui, de son pupitre de chef, crée *Louise* et *Pelléas*, preuve qu'il pratique le grand écart avec le même brio que ses interprètes.

Lui-même n'était pas sans juger sévèrement le symbolisme du *Pelléas* de Debussy dans lequel il voyait « un élément de réaction »[1] et il n'est pas sûr qu'il faille interpréter comme une déploration le constat qu'il fait que, si *Pelléas* fait un flop après une matinée unique au théâtre des Bouffes-Parisiens, lieu consacré des opérettes, *Miss Dollar*, opérette de Messager (1893), n'est pas en peine, elle, de remplir le Nouveau Théâtre 18 mois durant, forte d'un solide argument en l'espèce de sept danseuses – les « mouches d'or » – qui, suspendues par des cordes, se prêtent à un émoustillant ballet aérien.

Dans la masse nourrie et indifférenciée que fournit la scène, véritable dédale où bon grain et ivraie croissent de concert dans un brouillage fatal, Debussy ne se trompe pas sur *Louise*, qui écrivait à Pierre Louÿs, sans qu'il faille le suspecter de plaider sa propre cause puisque le jugement est du 6 février 1900 :

> « Il me semble que c'était nécessaire que cette œuvre fût faite, représentée, acclamée. Elle sert trop bien le besoin de basse beauté et d'art imbécile dont tant de gens se réclament. (...) Mais, sacré mâtin, c'est mille fois plus conventionnel que *Les Huguenots* tout en employant, sans en avoir l'air, les mêmes moyens »[2].

Le four de *Pelléas* fera, l'année suivante, la preuve de ce que le public n'était pas prêt à sortir des sentiers battus dans lesquels *Louise* le maintenait complaisamment, *Pelléas* auquel, ironie du sort, les lazzis de la

---

[1] Eugen Weber, *Fin de siècle. La France à la fin du XIXᵉ siècle*, op. cit., pp. 203-204.
[2] Cité par Jean Barraqué, *Debussy*, op. cit., p. 113.

critique et du public opposent la réussite incarnée par *Louise*, justifiant l'analyse de Debussy[1] :

> « Les gens n'aiment pas beaucoup la Beauté, parce que c'est gênant, puis ça ne s'adapte pas à leurs vilaines petites âmes ; avec beaucoup d'œuvres comme *Louise*, toute tentative pour les tirer de la boue avortera »[2].

En réalité, la démocratisation des sujets d'opéra qui prennent pour héros des personnages issus des couches populaires a déjà été tentée, en France même, dix ans plus tôt, par Alfred Bruneau[3], élève de Massenet – mais comme aussi Charpentier –, qui adapte *Le Rêve* de son ami Zola, sur un livret de Louis Gallet (création le 18 juin 1891), après que son intérêt se fut d'abord porté sur le cinquième volume des *Rougon-Macquart*, *La Faute de l'abbé Mouret* (1875), qu'il brûle d'adapter mais dont les droits ont déjà été cédés à Massenet[4]. Une démocratisation qui s'étend aussi au livret, désormais prosaïque et dégagé du carcan du vers dont use, au bénéfice d'une liberté d'expression élargie, *Messidor*, sous-titré *L'or de l'Ariège*, non sans allusion à Wagner, créé à l'Opéra de Paris en février 1897, fruit de la collaboration ininterrompue de Bruneau et de Zola, qui fut son librettiste

---

[1] Sur ces antinomies irréductibles, voir François Porcile, « Louise contre Mélisande », in *La belle époque de la musique française. 1871-1940*, Paris, Fayard, « Les chemins de la musique », 1999, pp. 61-79.
[2] Cité par Jean Barraqué, *Debussy, op. cit.*, p. 113.
[3] Voir *Alfred Bruneau : un compositeur au cœur de la bataille naturaliste, lettres à Étienne Destranges, Paris-Nantes, 1891-1915*, Jean-Christophe Branger (éd.), Paris, Honoré Champion, 2003 et Georges Fabre, *Musique et naturalisme : Alfred Bruneau et Émile Zola*, Paris, La Pensée universelle, 1982.
[4] Indice de la puissance d'attraction du roman, Leoncavallo se déclare intéressé et un compositeur autrichien, Adalbert von Goldschmidt, en réalise l'adaptation sur un livret de Max Oberleithner, après la mort de Zola. Bruneau lui-même finira par créer *La Faute de l'abbé Mouret* en 1907 à l'Odéon, dans une mise en scène d'André Antoine, cf. Jean-Sébastien Macke, « Le naturalisme d'Alfred Bruneau et Émile Zola : de la théorie à l'application », in Jean-Christophe Branger, Alban Ramaut (éds.), *Le Naturalisme sur la scène lyrique*, Saint-Étienne, Publications de l'Université de Saint-Étienne, 2004, pp. 61-62.

assidu[1]. Un Zola pour qui la création lyrique, en exprimant la plénitude du vécu, retrouverait la veine nationale, espérance qu'il théorise :

> « Je rêve que le drame lyrique soit humain, sans répudier ni la fantaisie, ni le caprice, ni le mystère. Toute notre race est là, je le répète, dans cette humanité frémissante dont je voudrais que la musique traduisît les passions, les douleurs et les joies. Ah, musiciens, si vous nous touchiez au cœur à la source des larmes et du rire, le colosse de Wagner lui-même pâlirait, sur le haut piédestal de ses symboles ! La vie, la vie partout, même dans l'infini du chant ! »[2].

De même que Satie n'était pas anti-wagnérien en prêchant à Debussy de renoncer à la choucroute, de même le souci de Zola consiste tout entier à explorer les conditions qui permettent au lyrisme naturaliste de creuser un sillon original et méconnu, dans la fusion intime entre le roman, ce genre qui n'exclut rien ni personne et qui triomphe comme genre de masse en cette fin de XIXe siècle, l'actualité politique, l'utopie sociale qui se conquiert dans la lutte et la communion lyrique qui donne une amplitude maximale à la parole des sans voix.

En sollicitant le calendrier révolutionnaire, la moisson dont augure *Messidor* pousse les ferments de *Germinal* (1885) à leur terme : dans l'opéra, la lutte que mettait en scène le roman paie enfin et scelle, dans la défaite des puissances de l'argent et l'avènement de la paix sociale, la réconciliation des patrons et des travailleurs.

Pour autant, la démocratisation à elle seule ne suffit pas à assurer le succès. Il faut sans cesse lutter contre la frilosité du public et des directeurs de théâtre et contre l'animosité des critiques aussi *Messidor* tombe-t-il à l'Opéra après seulement 13 représentations, après surtout que le ballet central de la « légende de l'or », qui met aux prises le Pouvoir et l'Amour, pour la possession du précieux métal, eut été déplacé par les autorités du théâtre, jusqu'à perdre toute sa portée symbolique. L'engagement de Zola qui, on le sait, prend fait et cause pour le capitaine Dreyfus, n'y est pas non

---

[1] À compter de leur rencontre, en mars 1888, et que n'interrompra pas même la mort de Zola, auquel Bruneau continue de donner vie avec un *Lazare*, créé en 1954, après sa mort, sur un livret de Zola.
[2] Émile Zola, *Théâtre et poèmes : pièces dramatiques, pièces lyriques, préfaces, poèmes*, in Henri Mitterand (éd.), *Œuvres complètes*, XV, Paris, Cercle du livre précieux, 1966, p. 832.

plus étranger. On retrouve là des procédés qui ont fait montre de leur efficacité contre *L'Attaque du Moulin*, ce drame lyrique que le trio Zola-Gallet-Bruneau a donné en 1893, et qui n'a pu être monté qu'en changeant de siècle. L'action y est renvoyée à Valmy pour ne pas raviver la plaie de la débâcle de 1870 et ne pas relancer la polémique qui a suivi la publication, en 1892, du 19ᵉ opus des *Rougon-Macquart*, *La Débâcle*, qui referme historiquement le cycle en s'attachant aux derniers jours du Second Empire et valut à Zola d'être taxé d'antipatriotisme. Foin de la liberté de pensée et de la liberté de création.

Le monde de la musique bruit des mêmes débats qui traversent l'arène littéraire entre une logique du « document », que l'on pourrait dire naturaliste – mais qui n'est pas celle de Zola librettiste, acquis au travail du symbolique – et une œuvre qui ne se laisse pas immédiatement interpréter ni réduire. C'est, au dire de Debussy, ce qui fait la spécificité de la musique que de ne pas s'en tenir à la reproduction mais de donner à sentir et à entendre des correspondances. Il y a, au reste, une intention qui n'est pas seulement esthétique chez Debussy, lorsqu'il déclare, enfonçant à son tour un coin dans la forteresse vériste :

> « Je voulais à la musique une liberté qu'elle contient peut-être plus que n'importe quel art, n'étant pas bornée à une reproduction plus ou moins exacte de la nature, mais aux correspondances mystérieuses de la nature et de l'imagination (...). Le drame de *Pelléas*, qui malgré son atmosphère de rêve contient beaucoup plus d'humanité que les soi-disant documents sur la vie, me parut convenir admirablement à ce que je voulais faire »[1].

Entre coup de pied aux certitudes faciles du vérisme et émancipation de la pesante tutelle wagnérienne, tout est dit là de la voie étroite qui s'ouvre à tous ceux qui décapent les apparences pour dire au plus près du vécu et des sensations la vérité du monde et de l'expérience humaine.

C'est là la mission de l'Artiste, du véritable artiste, tel que l'a conçu et théorisé le XIXᵉ siècle sans plus de frontière entre les arts. Ce que vit Debussy, et avec lui Paul Dukas, c'est aussi ce que formalise Jean Moréas en 1886 dans le *Manifeste du symbolisme* qui contient une véritable théorie

---

[1] Cité par Jean Barraqué, *Debussy, op. cit.*, p. 117.

de l'art moderne qui tient à ce paradoxe que la réalité n'existe pas en elle-même mais que seule existe l'idée que l'on s'en fait. C'est renverser le postulat scientiste de l'objectivité de la vision et faire de la subjectivité la seule voie d'accès au réel. Dès lors, l'art n'imite plus la nature mais, selon le bon mot d'Oscar Wilde, c'est « la nature » qui « imite l'art ». Expérience sensible et imagination prennent le pouvoir. C'est Rimbaud qui – A Noir, E blanc, I rouge, O bleu, U vert – donne, en voyant, leur couleur aux voyelles.

Alors la réalité ne s'entend plus que plurielle, au pluriel, qui admet autant d'interprétations qu'elle compte d'observateurs. Les modalités d'appréhension et de compréhension du réel régressent à l'échelle des individus, générant un déconstructivisme qui est l'une des marques de la modernité, de cette modernité qui pousse sur un terrain qui porte en germe bien des conflagrations qui ne sont pas que celles des goûts et des consciences.

Cette conflagration qui touche de plein fouet, dans les années 1890, les œuvres incomprises et méprisées des peintres impressionnistes sur lesquelles les tout puissants tenants d'un académisme largement partagé jettent l'anathème au bénéfice d'innombrables croutes et de l'art pompier officiel. C'est Gérôme vieillissant qui tonne contre le gros legs que Caillebotte fait à l'État en 1894, qui comprend 16 Monet, 3 Manet, 7 Degas, 8 Renoir, 9 Sisley, 18 Pissarro, 4 Cézanne :

> « Nous sommes dans un siècle de déchéance et d'imbécillité, pour que l'État ait accepté de pareilles ordures, il faut une bien grande flétrissure morale »[1].

Car, si, courageusement, l'État reçoit l'héritage – non sans écarter les pièces les plus controversées[2] –, une véritable fronde le contraint à parquer les œuvres dans une annexe spécialement aménagée pour mieux les cacher au fond du jardin du Luxembourg.

---

[1] Cité par Gilbert Gilleminault, *Les Maudits, de Cézanne à Utrillo*, Paris, Denoël, 1959, p. 45.
[2] Parmi elles, 11 Pissaro et 8 Monet, qui iront grossir les collections américaines.

La Belle Époque ou les subversions de la liberté : 1870-1914

Les écrins différenciés des arts plastiques et des arts mécaniques.
À chacun selon ses mérites ?

En 1895, c'est la relégation pour l'embarrassant legs Caillebotte dans l'enfer du Palais du Luxembourg.

En 1881, le Palais de l'Industrie, sur les Champs-Élysées, accueille la première Exposition internationale d'électricité.

À l'Exposition Universelle de 1900, qui célèbre l'électricité pour laquelle Saint-Saëns a écrit un hymne – sa cantate *Le Feu céleste* – donné au cours d'un concert gratuit avec orchestre et chœurs géants, le même Gérôme arrête le président de la république à l'entrée de la salle des impressionnistes d'un : « arrêtez, monsieur le Président ; c'est ici le déshonneur de la France ».

Les voix des refusés de l'art officiel – qui lui rendent bien le refus – dessinent une unité de la création qui tient grandement à cette traque inlassable de la vérité, quoi qu'il dût en coûter, qui motive aussi un Cézanne à la profession de foi sans ambiguïté : « je vous dois la vérité en peinture et je vous la dirai ». Mais toute vérité n'est pas bonne à dire, qui prend le risque de l'ostracisme. Ce boycott que certains bravent courageusement trouve un écho en Biterrois avec l'initiative de Gustave Fayet, ami de Gauguin, qui organise à Béziers en 1901 une exposition d'art contemporain exceptionnelle où il présente des Cézanne, Odilon Redon, Gauguin, van Gogh, Toulouse Lautrec, Maurice Denis et un jeune Espagnol alors inconnu, Pablo Picasso. La tentative tourne court, la nouvelle peinture se révélant peu accessible aux élus municipaux qui refusent l'achat d'une partie de ces toiles et Fayet quitte la ville où triomphe l'art naturaliste et moins rebutant d'Injalbert, et qui dispose enfin de ses nouvelles Arènes.

En s'achevant, le XIXe siècle, enfant de la Révolution comme elle-même était fille des Lumières, porteur aussi des aspirations romantiques au progrès, a mis en doute les assises mêmes de l'édifice idéologique qui le soutient, avec Nietzsche, avec Spengler, avec Marx. Le ver est dans le fruit, de quelque façon qu'on l'explique. Par le manque d'étendue de l'idéal matérialiste bourgeois. Par le déclin de la religion que va sanctionner la loi de 1905. Conséquence prévisible de l'âge démocratique. Ou, si on est scientiste, par la dégénérescence naturelle qui frappe tout organisme, social y compris. Il doit donc y avoir dépérissement. Cette conscience d'une civilisation décrépite, à bout de souffle, travaille tout le vieux continent. De là le ressassement d'un thème qui est tout sauf neuf, la mort, mais qui se charge de lisibilités nouvelles, quand l'individualisme forcené exacerbe l'angoisse et la déréliction. Nul partage, nulle vraie communication dans ce monde de la rationalité bourgeoise : il n'est que de regarder les figures de Manet, les personnages de Maupassant ou, plus à l'Est, les anti-héros de Musil ou de Schnitzler, caractéristiques de la modernité viennoise.

Mais, quand Paris s'étourdit aux airs légers de Johan Strauss ou de Franz Lehár, bien moins satiriques que la veine française de l'opérette où se distinguent, après Offenbach, Messager et Chabrier, l'influence viennoise n'est pas que mortifère – sauf à parler d'« Apocalypse Joyeuse » – dans ce contexte déprimé propice à une demande de divertissement – et d'abord au sens pascalien du terme –, en passe de devenir une industrie qui profite à plein des avancées techniques qui permettent une audience d'ampleur inédite, du phonographe (dont Thomas Edison dépose le brevet en 1877) au théâtrophone (lancé en 1881 par la Société Générale des Téléphones qui équipe, d'abord l'Opéra Garnier puis, très vite, d'autres salles, de micros qui permettent une écoute à distance[1]), sans oublier les débuts du cinéma, encore muet mais qui, précisément, donne un rôle majeur à ces orchestres placés sous l'écran qui entrent de plain-pied dans le déploiement du sens. Autant de moyens qui, avec la reproductibilité, popularisent et démultiplient la diffusion des œuvres et fabriquent des vedettes dont les premières sont Polin et Paulus.

---

[1] Et le premier contact de Proust avec *Pelléas* se fait par ce biais. Sur cet outil, voir Danièle Laster, « Splendeurs et misères du théâtrophone », *Romantisme*, 41, 1983, pp. 74-78.

La Belle Époque ou les subversions de la liberté : 1870-1914

Dans cette société du spectacle, la musique se consomme entre soi pour les nantis, témoin ce constat émerveillé de Victor Hugo, dès 1881, qui se découvre le don d'ubiquité :

« C'est très curieux. On se met aux oreilles deux couvre-oreilles qui correspondent avec le mur, et l'on entend la représentation de l'Opéra, on change de couvre-oreilles et l'on entend le Théâtre-Français, Coquelin, etc. On change encore et l'on entend l'Opéra-Comique. Les enfants étaient charmés et moi aussi »[1].

Mais c'est évidemment en public et en groupe pour le plus grand nombre, adepte des sociétés musicales – en 1900, on en connaît une quinzaine à Béziers, où existe, depuis un an, une Chambre musicale et une salle de musique, rue Solferino –, et qui fréquente assidument kiosques à musique, caf' conc', héritiers des caveaux et des goguettes harcelés sous le Second Empire, et cabarets, dont c'est la grande époque, à partir de 1881. À Paris, on en compte 274 en 1900. Même si une certaine anarchie y prévaut, quand cohabitent des numéros de genre et de qualité très hétérogènes, entre bateleurs, titis qui poussent la chansonnette, comiques ou pianistes, c'est un vivier d'une immense créativité, qui fournit chaque année de 10 à 15.000 chansons nouvelles. Parmi eux, le fameux *Chat noir*, ouvert à

---

[1] Victor Hugo, novembre 1881, *Choses vues*, II, Paris, Ollendorff, 1913, p. 239.

Montmartre en 1881[1], où fréquentent Alphonse Allais, Charles Cros, Jean Richepin ou Léon Bloy et où triomphe Aristide Bruant, qui contribue à forger un véritable folklore marlou, des mauvais garçons aux mauvais quartiers, avec *La Bastille* de *Nini Peau d'chien* (1889). Voilà pour l'audience canaille des zutistes et des hydropathes, mais il y en a pour tous les goûts, dans le joyeux mélange des couches populaires et d'un public plus bourgeois, où les ouvriers venus se délasser *le samedi soir après l'turbin* (1902) avec Poupoule[2] côtoient des pères de famille assis et leur bourgeoise, tous transgressant les interdits de l'intelligentsia pour venir entendre bluettes sentimentales ou airs troupiers, voire des improvisations, qui mêlent leurs voix en entonnant des rengaines qui traînent partout. On s'encanaille dans ces hauts lieux de la contestation politique, à l'heure où l'anarchie porte sa contestation à coups de bombes jusqu'à la Chambre[3], quand d'autres préfèrent le cotillon de cuisses de la revue au *Moulin Rouge* ou aux *Folies Bergère* qui émoustille, une fois le public familial rentré chez lui, le voyeurisme d'un public entendu dont l'œil s'allume quand les filles entament le french cancan dans un frou-frou évocateur[4].

Si le music-hall – où prédominent les attractions qui éclipsent la musique proprement dite – devait étouffer ce foyer de créativité populaire plus riche qu'on ne le croit généralement, la rationalisation de l'*entertainment* réclamant un nivellement par le bas, reste ce mouvement de développement expansionnel des salles de spectacle qui concerne aussi une musique plus classique avec l'apparition de concerts populaires, conçus pour faire pièce au monopole de l'élitiste Conservatoire. Ainsi les concerts Pasdeloup, crées dès 1861 pour offrir à un public non initié un accès élargi

---

[1] C'est en 1897 que sera instituée la fameuse revue du même nom, conçue pour assurer la publicité du cabaret et où collaborent les plumes célèbres qui aiment y siroter une absinthe, Verlaine ou Jean Lorrain.
[2] *Viens Poupoule*, taillé pour Mayol, sur une musique d'Adolph Spalm et des paroles d'Alexandre Trébisle et d'Henri Christiné.
[3] Le 9 décembre 1893, l'anarchiste Auguste Vaillant lance une bombe de forte puissante en plein Palais-Bourbon, qui fera une cinquantaine de blessés.
[4] Chanson emblématique du gai Paris que reprendront Berthe Sylva, Lina Margy, Suzy Delair, Danièle Darrieux ou Line Renaud, *Frou-frou* est créée pour une revue du *Théâtre des variétés* en octobre 1897, sur des paroles d'Hector Monréal et Henri Blondeau mises en musique par Henri Chatau.

au grand répertoire symphonique, réunissent-ils chaque dimanche 5.000 personnes au Cirque d'Hiver, inventant les tournées en province, avant qu'un de leurs anciens chefs, Colonne, ne lance sa propre programmation, en 1873, et que Charles Lamoureux ne le suive en 1881. Si Pasdeloup a privilégié la musique du premier romantisme, il n'a en rien ignoré son temps, créant des pièces de Gounod, Saint-Saëns, Massenet et Bizet, qui lui dédie *Carmen*, en 1875.

Au-delà du microcosme parisien, la province ne reste pas à l'écart de ce mouvement : des représentations estivales sont données à Orange à partir de 1860 dans le théâtre antique restauré, un festival y est mis sur pied en 1869, le plus ancien de France, d'abord intitulé « Fêtes romaines » puis « Chorégies d'Orange », dès 1902. C'est donc à Orange qu'il revient d'avoir remis à l'honneur les spectacles en plein air, dans les années 1870.

C'est dans cette double dynamique que prend corps le projet de Castelbon de Beauxhostes, habité de la volonté d'offrir au public du Biterrois le meilleur du répertoire et, souvent, le plus neuf.

On retrouve, dès l'origine, dans la programmation, tous les ingrédients qui triomphent sur les scènes françaises et qui ont fait le succès des fêtes de Béziers : Antiquité revisitée, débauche d'exotisme, démesure des décors, machineries surdimensionnées qui accouchent de la magie du spectacle, dimension colossale des chœurs et des orchestres servis par l'espace des nouvelles Arènes. L'extraordinaire succès populaire s'inscrit dans le goût pour les productions et fêtes musicales, répandu dans la population, qui s'est montrée sensible à la fois à l'appel aux thèmes en vogue, à la participation de vedettes et de grands noms de la profession, dont Marcel Jambon, le prestigieux décorateur de l'Opéra, et des gloires du cru qui se sont fait un nom, tels Valentin Duc, de l'Opéra, et le baryton Jean Valette aux côtés des plus renommés parmi les compositeurs français. Saint-Saëns, Fauré, Déodat de Séverac, dont l'attachement à son Languedoc natal est bien connu, acceptent, à plusieurs reprises, que la création biterroise précède la première parisienne.

C'est toute l'alchimie de cette réussite hors de pair et étonnante, où désir de renouveau et de modernité – qui explique que Castelbon se tourne, non pas vers Massenet, mais vers Saint-Saëns – se conjugue aux thématiques classiques et à la geste locale, avec le recours au sac de Béziers, qui tient tant au cœur des Biterrois.

Un public nombreux viendra toujours à la montagne de Jambon et accompagnera l'inlassable Castelbon vers les sommets de l'innovation et de la création artistiques.

Collection particulière Maguy Lopez[1].

Ce qui a fonctionné, c'est aussi la démarche du cycle, qui assure une pédagogie par le spectacle, véritable démocratisation de la culture dans le plaisir et l'émotion, qui correspond à la montée des couches moyennes éduquées et, en même temps, à une intégration mesurée des couches populaires.

D'où l'exigence de qualité qu'exprime l'appel à des créations, plutôt qu'à des reprises.

La première de ces créations est la titanesque *Déjanire*, dont le déchaînement de moyens – l'orchestre, renforcé de deux musiques d'harmonie, comprend la Garde Municipale de Barcelone, la Lyre Biterroise, 110 cordes, 18 harpes, 245 trompettes, plus de 200 choristes – éblouit 10.000 personnes, le 28 août 1898. Cette éclatante réussite est celle du triumvirat Castelbon, Saint-Saëns et Louis Gallet, tendu vers un but déjà manifeste dans le passé de chacun : un Gallet complice de Zola et de Bruneau et un Saint-Saëns à l'initiative de la Société des Concerts Populaires qui, en 1861, investit le vaste Cirque d'Hiver où, pour une somme symbolique, des oreilles populaires pouvaient goûter un répertoire exigeant ne pouvaient que donner les mains au projet d'éducation populaire de Castelbon. Le mécène Biterrois n'avait pas porté au hasard

---

[1] Que je remercie ici de m'avoir ouvert ses archives.

La Belle Époque ou les subversions de la liberté : 1870-1914

son choix sur Saint-Saëns[1] ni ce dernier sur Gallet et la presse de se faire l'écho de l'évidence de la rencontre qui a présidé à la genèse de *Déjanire* :

> « C'est en causant à Béziers dans les arènes où allaient avoir lieu les courses de taureaux, que nous avons, M. Castelbon de Beauxhostes et moi, eu la première idée de Déjanire, ou plus précisément, d'un spectacle d'art remplaçant – pour deux jours seulement, hélas ! – les tauromachies habituelles »[2].

> « L'année dernière, au théâtre d'Orange, M. Gallet, évoquant les souvenirs de la tragédie grecque, fit part à M. Saint-Saëns de l'intérêt qu'il y aurait à reconstituer aussi fidèlement que possible un tel spectacle, et se trouva amené à lui raconter le sujet de Déjanire, qui le hantait. – Mais, dit tout à coup Saint-Saëns, cela m'irait très bien pour Béziers. – Béziers ? – Oui, ils ont là-bas des arènes toutes neuves en pierre et en brique ; ils voudraient y installer un théâtre antique, et ils me demandent quelque chose, ce que je voudrai. Je leur ai promis et je tiendrai ma promesse »[3].

Appâté comme organiste à Béziers par le matois Castelbon[4], Saint-Saëns s'y voit maître d'accomplir ce pour quoi il se sentait fait, dans un

---

[1] Castelbon y songe en recevant des arènes de Valence une expérience initiatique : « Ce fut pour moi une révélation ou plutôt, l'explication des succès remportés chez les Grecs et les Romains par les spectacles de plein air. Ces spectacles, ne pourrait-on pas les faire revivre en France, dans notre Midi qui n'a rien à envier au soleil d'Athènes ou de Rome ? J'hésitai longtemps sur le point de savoir à qui j'allais faire part de mes projets. Je choisis Saint-Saëns, convaincu qu'il se donnerait tout entier à mon projet, si je parvenais à l'y intéresser ». Voir aussi Marcel Nussy Saint-Saëns, *Un exemple du rôle social de spectacle : Camille Saint-Saëns et la création du théâtre des arènes de Béziers*, Montpellier, 1971.
[2] *Le Figaro* du 11 novembre 1898 y rapporte une conversation avec le compositeur, dont voici la suite : « Rentré à Paris, je parlai du projet à mon pauvre et cher ami Louis Gallet. Justement, il travaillait à une Déjanire, ne sachant s'il en ferait un drame ou un opéra. Gallet me lut son scénario ; j'y vis aussitôt le spectacle rêvé pour Béziers. Nous voilà à l'ouvrage : Gallet à sa pièce ; moi, peu après, à la musique, et Castelbon à l'organisation matérielle et locale de ces représentations ».
[3] *Le Petit Parisien*, 29 août 1898.
[4] « Inviter Saint-Saëns à Béziers, lui faire donner, à Saint-Nazaire, un récital d'orgue furent choses très aisées. Ce qui l'était moins, c'était de le conduire aux arènes. Nul n'ignore en effet, que Saint-Saëns avait la phobie des courses de taureaux. La seule évocation de ce spectacle le faisait entrer dans des colères folles. Il fallut donc user de subterfuges pour amener Saint-Saëns à franchir le seuil des arènes. Ce fut un soir de mai 1897, que je réussis

théâtre à la (dé)mesure de sa démiurgie. Sa promesse, il la tiendra et manifestera une belle fidélité à Béziers où on le retrouve, à 86 ans, le 21 août 1921, quand reprennent les manifestations, pour diriger une répétition de son *Antigone* (1893). Et s'il ne peut toujours répondre aux pressantes sollicitations de Castelbon, qui aurait voulu se l'attacher davantage, c'est lui qui recommande son ancien élève Fauré pour le suppléer. Fauré dont le *Prométhée*, créé le 27 août 1900 dans un nouveau décor titanesque où Jambon a encore une fois soulevé des montagnes pour faire place à tout un corps de ballet qui évolue autour de solistes choisis parmi les aigles de la lyrique européenne capables de servir cette musique exigeante, s'accorde si bien aux ambitions véritablement prométhéennes de Castelbon que son maître aura pour lui ces mots émus de félicitation : « Avec ton *Prométhée*, tu nous a tous enfoncés, tes confrères, y compris moi, et je n'en éprouve aucune peine, au contraire »[1].

Loin de se manger le foie, effectivement, Saint-Saëns revient en 1902, après la reprise de *Prométhée* pour l'édition 1901 du festival, fort d'une nouvelle création, *Parysatis*, d'après un *best seller* du temps (1890) signé de l'archéologue Jane Dieulafoy[2], à qui il demande le livret de cette énorme machine qui nécessite quelque 450 instrumentistes et 205 choristes.

Inlassable propagateur du Beau et de l'Art pour tous, ce promoteur acharné d'une idée démocratique entée sur une pédagogie par l'exemple qu'aura été Castelbon plus de vingt ans durant rencontre des préoccupations sociales contemporaines dont la Commune, avec sa politique culturelle volontariste et égalitariste, avait la première posé les bases idéales. Si l'expérience n'a pas dépassé les 72 jours qu'a duré le régime, elle a laissé des traces et l'option ressurgit sous la Troisième République. Mais il faut attendre 1905 pour que soit diligentée une

---

enfin à le faire entrer dans ce qu'il appelait "le temple abominable du sang" en pariant avec lui que la voix humaine s'entendrait admirablement et sans effort d'un bout à l'autre du vaisseau ».

[1] Cité dans Jean Gallois, *Camille Saint-Saëns*, Wavre, Mardaga, 2004, p. 335.
[2] Spécialiste reconnue de la Perse des Achéménides qu'elle a arpentée entre 1881 et 1883 aux côtés de son mari, Marcel, Jane Dieulafoy a publié plusieurs ouvrages scientifiques et un roman, *Parysatis*, en 1890 qui s'attache aux ambitions de la reine des Perses laquelle, retorse, ne recule devant aucune infamie pour assouvir sa soif de pouvoir.

commission parlementaire en charge de l'opéra populaire, deux ans après que la ville de Paris eut mis aux voix la question d'un théâtre populaire. L'ancien hippodrome de Clichy est d'abord pressenti, en référence assumée à la vocation pédagogique de Castelbon qui, dans ses arènes, se fait fort de distraire les foules en les éduquant. Si l'hippodrome est vite abandonné, la lyrique populaire porte finalement ses pénates au Théâtre de la Gaîté en 1908, dont on attend qu'il fasse « œuvre éducatrice et non pas seulement d'agrément »[1]. Mais Paris sera moins heureux que Béziers : faute d'un Castelbon, l'entreprise périclite quand seuls les petits bourgeois fréquentent à la Gaîté.

En 1905 justement, *Les Hérétiques*, opéra de Ferdinand Hérold (1833) et Charles Levadé, retravaille la matière languedocienne, jouant sur la vogue du courant régionaliste. Dans des décors qui campent la ville dans une vue où le faubourg occupe le premier plan, dominé par la masse imposante de Saint-Nazaire, et qui installent les spectateurs dans l'histoire tragique, les faisant acteurs du destin de Béziers.

L'identification fonctionne d'autant mieux que le vicomte Roger, authentique héros romantique, est incarné par Valentin Duc, glorieux enfant du pays, dont la mort et le sacrifice de la femme sous les murs de la ville, scène capitale, a été largement diffusée par une maquette de Magrou. La leçon, à portée universelle, est claire, qui exalte le soutien à tout peuple opprimé et symbolise l'horreur de tout pouvoir oppresseur, en une condamnation qui vaut pour les hordes françaises du XIIIe siècle et, bien sûr, pour tous les suppôts de l'Église, en cette année 1905.

---

[1] Sylvie Saint-Cyr, *Vers une démocratisation de l'opéra*, Paris, L'Harmattan, « Musiques et champ social », 2005, p. 149.

Le public, qui a fait un triomphe à Levadé, ne pouvait se tromper quand la masse des choristes chantait :

> « Cité libre, cité chérie
> Ô mère toujours inflétrie
> Ô cavale au col indompté
> À nous, levés pour te défendre
> Bien hardi qui saura te prendre
> Vive la liberté »[1].

La réussite tient à ce qui primait chez Castelbon : le respect du public. Il ne cherche pas à flatter ses goûts mais à lui permettre de comprendre. Il le fait certes par le grand spectacle, mais sans concession sur la qualité, sur la beauté, et c'est à cela que le public a adhéré. Mais cette solution, résolument démocratique, était aussi onéreuse. Si les événements de 1907 ont imposé une première interruption, dès 1911, l'accumulation des difficultés locales et la crispation des relations internationales font que l'entreprise s'arrête jusqu'en 1921.

Ce coup d'arrêt biterrois est pleinement révélateur du tour pris par une situation nationale où la marche à la guerre polarise les contradictions d'une société qui s'était crue en expansion continue pour découvrir que le progrès peut aussi accoucher de la Grosse Bertha. Au progrès et à la raison, phares de l'humanité pour les Lumières, a succédé la nuit de l'amélioration continue et du rationalisme économique bourgeois. Le progrès est une imposture ; de celui que promettaient les Philosophes à celui que pratiquent les Marchands, il y a tout l'abîme de la trahison bourgeoise, qui le vide de sens en même temps qu'elle fait déraisonner la raison. Pour tout progrès, la Révolution a accouché de rapports, sociaux et moraux qui, inversant la lumineuse marche irréversible de l'Esprit entreprise au XVIIIe en esprit d'entreprise, ont converti la part de bonheur pour tous en part à goinfre pour quelques-uns. L'ascension qualitative annoncée se retourne en assomption du quantitatif qui ne satisfait qu'une classe fractionnelle de nouveaux privilégiés – *messieurs les gros* embusqués à l'arrière, que devait bientôt chanter la *Chanson*

---

[1] *Les Hérétiques, opéra en 3 actes, musique de Charles Levadé, représenté pour la première fois à Béziers sur le théâtre des Arènes, le 27 août 1905*, Paris, Mercure de France, 1905, p. 68.

La Belle Époque ou les subversions de la liberté : 1870-1914

de Craonne[1] – pour flouer et frustrer, au regard des promesses émises, l'immense majorité du corps social. En confisquant les acquis de la Révolution pour son propre compte, la bourgeoisie étouffe dans l'œuf une civilisation mort-née qu'elle avait elle-même fait espérer comme celle des lendemains qui chanteraient pour tous. Dans la section de son *Stupide XIXe siècle* (1922[2]) rageusement intitulée « Dogmes et marottes scientifiques », Léon Daudet règle son compte à l'utopie progressiste en termes on ne peut plus polémiques :

> « Je pense à propos de l'Évolution et du Progrès, l'un portant l'autre comme l'aveugle et le paralytique, que le XIXe pourrait être appelé aussi le siècle du perroquet. Jamais, au cours des temps modernes, le psittacisme ne s'est donné plus librement carrière que de la Révolution à nos jours. Chateaubriand parle quelque part de cacatoès hypercentenaires de l'Amérique du Sud, qui ont encore, dans le bec, des mots de la langue perdue des Incas. Peut-être, dans l'avenir, entendra-t-on des oiseaux verts et bleus crier sur les cimes des arbres, sans y attacher d'importance, ces mots vides de sens : "...Droits de l'homme ... Drrroidlom ... E...volution ... Prrrogrès ... Prrogrrrè...". Des savants discuteront en Keksekça là-dessus, sans se douter que ces *flatus vocis* auront perturbé des cervelles humaines par centaines de milliers, empli des bibliothèques devenues poussière, et ajouté quelques nouveaux motifs à la rage séculaire de s'entretuer, qui tient les infortunés humains »[3].

---

[1] Emblématique de la boucherie qu'est la Grande Guerre, *La Chanson de Craonne*, anonyme, est d'abord entonnée, sur un air de valse lente, par des soldats mutinés après la désastreuse offensive du général Nivelle au Chemin des Dames, avant d'être continuellement reprise par les poilus, de 1915 à 1917, dans différentes versions. Elle essuie les foudres du Haut Commandement, qui censure ses paroles, antimilitaristes jusqu'au défaitisme autant qu'anticapitalistes.
[2] Par « XIXe siècle », nul doute qu'il faille entendre chez Daudet ce que les historiens appellent aujourd'hui le « long XIXe siècle », soit la période, éminemment organique, qui s'inaugure avec la Révolution et s'achève à la veille de la Grande Guerre.
[3] Léon Daudet, *Le stupide XIXe siècle*, in *Souvenirs et polémiques*, Bernard Oudin (éd.), Paris, Robert Laffont, « Bouquins », 1992, p. 1301.

 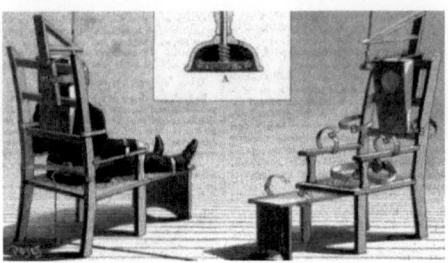

Cette fin de XIXe siècle voit les découvertes scientifiques s'enchaîner et leurs applications se multiplier. Non sans que d'aucuns se demandent ouvertement s'il s'agit bien là de progrès.
À gauche, le tramway électrique, mis au point par Siemens, débarque à Paris avec l'Exposition internationale d'électricité de 1881 ; à droite, la chaise électrique qui a servi à exécuter William Kemmler en 1890. La technique n'est pas au point et le condamné meurt dans d'atroces souffrances.

Contempteur féroce des illusions dont il accuse le *stupide XIXe siècle* de s'être nourri, Léon Daudet n'en est pas moins bon critique des assises d'un monde et d'une culture qu'il vitupère, pointant les symptômes d'un *malaise dans la civilisation* qu'exhibe aussi l'ostentation de cette société du spectacle où ce qui prétend respirer la confiance est bien plutôt signe de déséquilibre. À commencer par la recherche effrénée de la nouveauté : choquer, stupéfier, provoquer, à tout prix, tels sont les mots d'ordre où, y compris dans le champ esthétique, d'aucuns suspectent fortement que la seule logique de l'effet éclipse la fin de la démarche artistique. Alors resurgit, chargé comme jamais, le débat sur la mission de l'art, notamment dans ses rapports avec la morale, sur ses visées et sa finalité, que certains traduisent un peu vite en fin de l'art.

L'art est apprécié à l'aune de cette crise des valeurs qui frappe alors toute production sociale. S'ensuit, dans cette époque affolée qui se cherche un avenir, entre capitalisme exacerbé et socialisme montant, entre pacifisme et bellicisme, avec le racisme que l'affaire Dreyfus a mis au grand jour, avec la haine de l'autre que l'assassinat de Jaurès révèle à l'aube de la Guerre, une interpellation du statut de l'art qui passe par une nouvelle querelle des Anciens et des Modernes, hérissée de contradictions. Celles-là mêmes qui, avant la fin du siècle, paraissaient dans la réponse verbale des symbolistes, dans la dissidence tonale des peintres et des compositeurs, dans la mouvance de la révolte sociale et politique. Contradictions d'autant plus insolubles qu'il s'agit moins d'auteurs engagés que d'artistes hésitants devant la réponse à donner. De quoi demain sera-t-il fait ? Le sens même de cette question fait problème, quand d'aucuns se tournent vers le passé pour y répondre alors que d'autres regardent résolument vers l'avenir. S'affrontent une nouvelle extrême droite, loin d'être uniquement rétrograde puisqu'elle s'appuie notamment sur le mouvement futuriste qui postule l'émancipation du passé pour toute forme d'art, désormais sommée de demander sa substance à la vie moderne, et une nouvelle extrême gauche loin d'être uniquement progressiste. Il y a hésitation des voies de la création quand la réalité se décompose, subissant la loi du cubisme dont les premiers textes théoriques datent des années 1912-13, avec Albert Gleizes puis Robert Delaunay et Guillaume Apollinaire[1]. De là la persistance de tous les modèles, de l'avant-garde au classicisme, dont Déodat de Séverac est peut-être le plus sûr représentant, avec un Ravel que la guerre ramène aux fondamentaux, c'est dire aux valeurs françaises, avec un *Tombeau de Couperin* entrepris en 1914 et repris en 1917, pour être dédié à ses amis tombés pour la patrie. Il renoue par là avec la veine d'un Chabrier, pourtant wagnérien convaincu, dont les *Dix pièces pittoresques* (1881), aussi « françaises » que possible, réalisaient pour César Franck « quelque chose d'extraordinaire », une « musique qui relie notre temps à celui de Couperin et de Rameau »[2]. Ainsi est recréée, dans ce retour aux compositeurs du grand siècle français, cette permanence de soi à soi, cette pureté d'une ligne mélodique française qui peut désormais se passer du détour par l'exotisme pour faire pièce à la musique allemande sans tomber dans les excès d'un nationalisme outrancier.

Car, dans cette mondialisation accélérée dont rendent compte, tant la surenchère à laquelle se livrent les nations au travers des Expositions Universelles que se disputent Paris, Londres, New York, Sydney, Vienne, Barcelone ou Philadelphie, que la course à l'*imperium* que se livrent, sur le terrain colonial, des puissances ivres d'hégémonie dont la conférence de Berlin (1884-85) arrête les ambitions en fixant les termes du partage, la musique n'est pas épargnée, quand Ravel vit à *L'Heure Espagnole* (1907) après avoir tâté du japonisme, et les courants les plus en vogue ne sont pas sans s'aligner sur la géopolitique du temps et ses fluctuations, quand

---

[1] Liliane Brion-Guerry (éd.), *L'année 1913. Les formes esthétiques de l'œuvre d'art à la veille de la Première Guerre mondiale*, Paris, Klincksieck, 3 vol., 1971-1973.
[2] Yvonne Tiénot, *Chabrier par lui-même et par ses intimes*, Paris, Lemcine, 1964, p. 40.

l'alliance franco-russe lance la vogue des concerts sur laquelle surfe Diaghilev dès 1907, hardi entrepreneur qui lance Nijinski sur des musiques de Stravinski, Rimski-Korsakov ou Moussorgski, et quand Wagner se voit enrégimenté sous le casque à pointe au moment où Saint-Saëns, dès l'entrée en guerre, frappe de proscription la musique allemande[1]. Du moins contemporaine, Mozart, Beethoven ou les premiers romantiques continuant d'être joués au titre de leur appartenance à un patrimoine senti comme commun à un espace européen de culture. Sont inquiétés, en revanche, les compositeurs allemands modernes, de Wagner et Brahms à Strauss ou Schönberg[2], à qui imputation est faite d'être des têtes de pont d'une *Kultur* belliciste et que Saint-Saëns, reprenant du service, attaque frontalement dans une série d'articles intitulés « Germanophilie » qui paraissent dans *L'Écho de Paris* à compter du 21 septembre 1914.

La Belle Époque se refermait comme elle s'était ouverte, sur un air de nationalisme martial – quand, la fleur au fusil, on reprend *Vous n'aurez pas l'Alsace et la Lorraine*[3] en se jurant que c'est *la der des der* –, dans une idéologie de la revanche qui est avant tout celle d'une histoire en forme de cercle vicieux.

---

[1] Avant d'être réunis en volume : *Germanophilie*, Paris, Dorban-Aîné, 1916. Voir Esteban Buchl, « "Les Allemands et les Boches" : la musique allemande à Paris pendant la Première Guerre mondiale », *Le Mouvement social*, 2004/3, n° 208, pp. 45-69.
[2] Le 3 juin 1914, la Société Musicale Indépendante ose proposer un « concert scandaleux » qui fasse connaître au public français le *Pierrot lunaire* de Schönberg (1912). Il faudra néanmoins attendre décembre 1921, puis janvier 1922, pour que l'œuvre soit jouée à Paris, d'abord en extraits puis intégralement, sous l'impulsion de Darius Milhaud.
[3] Composée aux lendemains de la défaite de 1871, la chanson de Gaston Villemer et Henri Nazet, en contestant l'annexion et en annonçant le retour des provinces perdues dans le giron de la mère patrie, marque de son empreinte toute la période, dont elle devient le plus sûr étendard.

Splendeurs lyriques à Béziers autour de 1900

L'activité lyrique à Béziers et dans le Biterrois à l'aube du XXe siècle est étonnante, et peu de villes peuvent se flatter d'avoir, à ce moment-là, été le centre d'une telle créativité[1]. C'est ce phénomène qu'il va ici s'agir d'expliquer en s'attachant à certaines de ces créations impressionnantes, pour, peut-être, soulever quelques questions.

*

Tout phénomène culturel dépend de la conjonction de plusieurs facteurs qui se trouvent justement réunis au même moment : rencontre d'un lieu, d'hommes profondément novateurs, d'un public, conjonction aussi d'une tradition solidement ancrée et d'une puissance créatrice s'élançant vers le futur. Ce sont ces conditions qui semblent avoir été miraculeusement réunies autour de Béziers, peu après 1900.

Et d'abord une tradition festive dont les racines plongent loin. On sait combien le Sud de la France, cette *provincia* par excellence[2], porte profondément la marque de la domination romaine, aussi bien dans sa juridiction (qui explique que, sous l'Ancien Régime encore, le droit écrit sera de règle, tandis que le Nord de la France pratiquera le droit coutumier)

---

[1] Voir Alex et Janine Bèges, *La Vie musicale à Béziers, 1580-1914*, 2 (1790-1914), Béziers, Société de musicologie du Languedoc, 1982 et Jacqueline Gachet, *Les Représentations lyriques des arènes de Béziers de 1898 à 1911*, thèse Université Paris IV, 1976.

[2] De toutes les provinces du monde romain, le terme est resté pour désigner la seule Provence.

que dans d'autres domaines, puisque la romanisation a permis d'implanter la culture latine et d'élargir, par son intermédiaire, la grecque, que Marseille et ses colonies avaient déjà diffusée dans ce qu'on a longtemps désigné comme la *Gallia Graeca*. Or la culture gréco-latine fait une large place aux spectacles, y compris musicaux, et au théâtre. Les témoignages architecturaux partout présents dans le Sud de la France en sont le signe toujours visible, aussi bien à Nîmes qu'à Arles. À Béziers, les arènes romaines, vaste amphithéâtre, pouvaient contenir jusqu'à 14.000 spectateurs, conviés à des spectacles, souvent corrélés aux fêtes du culte impérial : combats de gladiateurs, et même étonnantes « naumachies », pendant lesquelles l'arène était transformée en lac[1].

Et quand à la fin de l'Antiquité les évêques assurent à leur tour la présidence des jeux, le christianisme assume, ici aussi, la transition, n'ayant jamais abandonné le sens de la fête et du spectacle. De fait, les offices religieux dans leur solennité, avec leurs chants et leurs costumes, tiennent du spectacle, et l'on sait que les parvis des églises ont souvent abrité le théâtre médiéval. La procession fait sortir le spectacle dans la rue, et celles-ci n'ont pas manqué, entre célébrations liturgiques et fêtes de saints. À Béziers, au Moyen Âge, la fête des Caritats[2] répond à ce besoin de spectacle : manifestation populaire, elle fédère des couches sociales hétérogènes, à telle enseigne que l'espace public de la ville se voit investi par la fête. Comme souvent, les fêtes médiévales et chrétiennes reprennent des traditions encore plus anciennes : cultes des dieux agricoles, de Flore et de Cérès, de Pan, de Bacchus, dieux du blé et du vin, manifestations carnavalesques... On n'a pas manqué de recourir également à cette source riche en merveilleux que fournissent les vies de saints. Et d'exploiter saint Aphrodise, qui serait venu à Béziers à dos de chameau depuis l'Égypte. Ces spectacles croisent diverses traditions. Comme dans les récits épiques, des personnages de l'Antiquité y côtoient les héros des Croisades et c'est bien avant la révolution romantique que tragique et comique s'interpénètrent, dans la dérision et la remise en cause des pouvoirs et des hiérarchies.

---

[1] Monique Clavel-Lévêque, « De la cité gauloise à la colonie romaine », in Jean Sagnes (dir.), *Histoire de Béziers*, Toulouse, Privat, « Pays et villes de France », 1986, p. 45.
[2] Sur cette tradition, voir Jean-Denis Bergasse, in Jean Sagnes (dir.), *Histoire de Béziers, op. cit.*, pp. 204-206.

Splendeurs lyriques à Béziers autour de 1900

Le théâtre est festif par nature, et si le théâtre grec était né de la célébration de fêtes, de même la tradition de la fête des Caritats suscite le théâtre occitan de Béziers, particulièrement prospère au XVIIe siècle[1], lequel aurait enthousiasmé Jacques Copeau ou Jean Dasté, avec ses tréteaux dressés dans la rue pour favoriser tout ensemble l'improvisation et la participation du public. Mais ce théâtre était aussi écrit et, grâce à l'imprimeur Jean Martel, vingt-quatre de ces pièces ont été conservées. Sous l'Ancien Régime, celui que l'on appelle le « libraire » fait à la fois office d'imprimeur, d'éditeur et de diffuseur. Or, l'édition fut singulièrement prospère à Béziers et sa vitalité rayonna dans l'arrière-pays. L'activité théâtrale était intense aussi dans toute la région, ce qui n'est pas sans incidence sur le fait que Molière et sa troupe se soient établis à Pézenas.

Les fêtes des Caritats disparues, après 1878[2], le développement vinicole de la région commanda la réorientation vers danses des treilles et fêtes du vin. Or, l'expansion économique et démographique connue par le XIXe siècle avait eu son incidence sur l'architecture, paramètre indispensable à l'activité théâtrale, qui ne peut se dérouler exclusivement dans la rue. Des lieux de spectacle furent donc construits ou restaurés, et Béziers en était admirablement dotée : le théâtre néo-classique, construit par l'architecte Isabelle et décoré par David d'Angers ; les nouvelles arènes pour les courses de taureaux ; l'ancien théâtre des Variétés ; sans compter le kiosque de la place de la Citadelle, qui pouvait aussi abriter des représentations. Les activités musicales se multiplient, les concerts également, y compris dans les églises, où les orgues restaurées de Saint-Nazaire et celles, nouvelles, de la Madeleine sont sollicitées. En effet, une activité lyrique d'envergure ne pouvait s'inscrire que dans le cadre d'un intérêt plus général du public pour la musique, intérêt qui fut fortement stimulé par un certain nombre de sociétés musicales au nombre desquelles La Lyre biterroise, créée en 1867, ou la Chambre musicale, qui voit le jour une vingtaine d'années plus tard, en 1899. Au total, Béziers comptait, en 1900, une quinzaine de sociétés musicales, chiffre faramineux.

---

[1] Là encore, je renvoie à l'*Histoire de Béziers*.
[2] Jean Sagnes « Progrès de l'instruction et élargissement de la vie culturelle (XIXe-XXe siècles) » in Jean Sagnes (dir.), *Histoire de Béziers, op. cit.*, p. 312.

C'est dire que toutes les conditions semblaient réunies pour l'éclosion de brillantes saisons lyriques à Béziers : tradition festive, culture musicale du public, lieux de spectacle[1]... Encore fallait-il une étincelle, et ce fut un homme, tout ensemble mécène, musicien, animateur, riche d'un réseau de relations étendu, qui permit ce feu d'artifice lyrique dont Béziers a été le centre, grâce à l'action inlassable du Biterrois Castelbon de Beauxhostes[2].

Le jeune Castelbon, formé à l'école des Jésuites, comme Voltaire qui a eu chez les « bons pères » la première révélation du théâtre – l'une des originalités de leur système d'éducation tenait à l'intérêt qu'ils savaient susciter chez leurs élèves pour cet art – y apprend à diriger une chorale. Musicien, bon pianiste et chef d'orchestre, il s'essaie même à la composition. Comme Voltaire aussi, il retira paradoxalement de cette éducation un violent anticléricalisme qui en fera un franc-maçon et un radical.

Au terme de ses années de formation, après de bonnes études classiques, il se consacre à l'exploitation de son domaine agricole de Boujan, représentatif en cela de la bourgeoisie éclairée du vin – fortune vinicole et mécénat théâtral se marient bien, on en a d'autres exemples, ainsi dans le Bordelais, avec les Rothschild. Homme élégant, menant grand train, c'est au « Grand Café glacier », institution des Allées Paul Riquet, que le directeur de la Lyre Biterroise dispense ses largesses. Il exerce d'ailleurs ses talents dans bien d'autres associations et d'autres charges[3], notamment comme consul d'Espagne en 1889, où il reçoit la révélation des possibilités acoustiques qu'offrent les arènes de Valence.

Impliqué directement, quelques années plus tard, en 1896-1897, dans le projet de construction des arènes de Béziers[4], il s'associe

---

[1] Cf. « L'opéra dans l'arène », *Entrevues*, I, 1989.
[2] *Castelbon de Beauxhostes, l'âge d'or du spectacle lyrique aux arènes de Béziers*, textes de Édouard Bertouy et Jacques Nougaret, iconographie : Robert Taurines, préface de Jean-Bernard Pommier, Cazouls-lès-Béziers, Éditions du Mont, 2007. Je suis très redevable aux précieux renseignements qu'il contient.
[3] Il a également été élu maire de Boujan-sur-Libron.
[4] Marcel Nussy Saint-Saëns, « La fondation du théâtre des arènes de Béziers », *Études sur Pézenas et l'Hérault*, 1980.

Splendeurs lyriques à Béziers autour de 1900

financièrement à la municipalité, qu'il sait convaincre de le suivre, et obtient, contre ses investissements, d'avoir les mains libres pour la programmation. C'est le soutien très efficace de la municipalité qui lui permet de réaliser ce miracle et, dès lors, il va, dans ces arènes mêmes, faire de Béziers, au moins pour un temps, un « Bayreuth français »[1]. Il sait convaincre de grands musiciens – il fait visiter les lieux à Saint-Saëns qui, venu donner un concert d'orgue, est séduit par leur acoustique – et y convie des artistes de premier ordre. L'originalité du projet est aussi que, soucieux d'encourager l'accès à un large public, il veille à ce que le prix des places soit abordable, même pour les couches moins aisées de la population. Devenu un véritable entrepreneur de spectacles, il engloutit une grande partie de sa fortune dans cette entreprise. Chacun des spectacles, dont plusieurs créations, montés à Béziers en cette fin du XIXe s. et au début du XXe siècle démontre l'influence qui fut la sienne.

La représentation de *Déjanire*, la plus prestigieuse de ces créations, donnée les 28 et 29 août 1898, marque une date, mais ce brillant point de départ de l'éclosion lyrique que devait connaître Béziers n'y aurait jamais trouvé place sans l'amitié qui allait lier Saint-Saëns et Castelbon auxquels il faut associer Gallet, librettiste de talent qui travailla souvent pour Saint-Saëns[2] et qui a produit le livret de *Déjanire*. Le sujet, emprunté aux *Trachiniennes* de Sophocle et à *Hercule sur l'Œta* de Sénèque, conte l'histoire, bien connue et devenue proverbiale, de la « tunique de Nessus ». Il s'agit d'une tragédie héroïque, c'est-à-dire d'une œuvre mixte où toute une partie est déclamée, tandis que les chœurs sont chantés, ce qui semble fidèle à la structure des tragédies grecques antiques. À quoi s'ajoutent aussi les ballets, considérés comme indispensables dans une représentation d'opéra. Le premier acte introduit Déjanire, qu'Hercule veut répudier pour épouser Iole, laquelle aime Philoctète, ami d'Hercule, double conflit tragique exposé, comme il se doit, à l'Acte I. Au second acte, Déjanire

---

[1] Michel Fournier, « Béziers, Bayreuth français », in Jean Sagnes (dir.), *La Révolte du Midi viticole. Cent ans après. 1907-2007*, Perpignan, Presses Universitaires de Perpignan, 2008, p. 293 *sq*.
[2] Cet homme aux multiples talents a laissé un recueil intéressant : Louis Gallet, *Notes d'un librettiste. Musique contemporaine*, Paris, Calmann Lévy, 1891.

espère que la tunique donnée par le centaure Nessus lui ramènera Hercule, tandis qu'elle décide Iole à fuir. Le troisième acte est celui du dénouement tragique, la tunique de Nessus provoquant la mort d'Hercule.

Les créateurs de cette œuvre et Castelbon ont exprimé ici leur désir d'innover, de renouveler l'opéra, tout en se cantonnant dans la double tradition de l'Antiquité et de l'opéra français, qui toujours fit une large place à la danse.

La presse, comme, ici, *L'Univers illustré*, se fait l'écho du gigantisme assumé du spectacle.

Le spectacle fut magnifique, les arènes supposaient un déploiement de décor que réalisa le maquettiste de l'Opéra de Paris, Jambon, assisté de son collègue Dherbilly. Julien se chargea des costumes, et Castelbon veilla de très près à la mise en scène. Le succès fut complet auprès d'un public considérable qui en sortit conquis. Il faut dire que la publicité avait été active. Des trains avaient été mis en place par la Compagnie des chemins de fer du Midi et un important effort hôtelier avait été consenti par la ville de

Béziers. D'autant que d'autres concerts et diverses manifestations festives se déroulèrent également à ce moment-là, en un véritable festival.

Devant ce succès phénoménal, et dès la première de *Déjanire*, Castelbon aurait voulu que Saint-Saëns se remît à composer. Mais celui-ci se défaussa, non sans lui recommander Gabriel Fauré comme « Un grand musicien qui pourrait vous écrire un chef d'œuvre », lequel Fauré avait été son élève à l'école Niedermayer, où Saint-Saëns avait pu reconnaître ses dons exceptionnels. De cette nouvelle rencontre sortira *Prométhée*, créé aux arènes le 27 août 1900 sous la direction de Fauré.

Ci-contre, Fernand Castelbon de Beauxhostes et Gabriel Fauré marchent d'un même pas.

Le livret, fruit d'une collaboration de Jean Lorrain et de André-Ferdinand Hérold, reprend là aussi l'un des plus grands mythes antiques, celui de Prométhée puni par les dieux pour avoir donné aux hommes le feu qu'il leur a dérobé. Eschyle, Byron, Shelley, bien d'autres encore, avaient traité ce thème de l'homme qui veut s'égaler aux dieux pour le service de l'humanité et en est durement châtié, comme le Titan Prométhée, condamné par Zeus à être enchaîné au Caucase, le foie dévoré par un vautour.

Fauré avait dirigé *Déjanire* en 1899, il connaissait donc bien les conditions d'une représentation dans des arènes, et mesurait à la fois les problèmes susceptibles de se poser et les possibilités acoustiques offertes par cet immense espace qui exigeait une musique claire, relativement simple.

Marcel Jambon, le décorateur, cette fois encore, réalisa force prouesses, suscitant montagnes, rochers, glaciers et cascades, avec maints effets de lumière...

La représentation comptait trois acteurs de la Comédie française, Max tenant le rôle difficile de Prométhée, et six chanteurs de l'Opéra de Paris, de l'Opéra-Comique, de l'Opéra de Marseille et de celui de la Monnaie de Bruxelles, servis par soixante danseuses et une énorme masse orchestrale. Ce fut un nouveau triomphe.

Si ces deux œuvres dominent nettement la programmation biterroise, elles en initièrent bien d'autres. En août 1902, on donne *Parysatis*, de nouveau une création de Saint-Saëns, sur un livret de Jane Dieulafoy tiré de son roman récent[1] et, là encore, dans des décors colossaux et avec quelque 800 exécutants. Le 28 et le 30 août, c'est une reprise prestigieuse[2] que propose *Armide*, le drame en 5 actes que Gluck a créé à Paris en 1777 et qui permet, lui aussi, de jouer avec le goût du public pour l'exotisme et les machineries spectaculaires. C'est à partir de l'excellent livret de Quinault, lequel avait étroitement collaboré avec Lully pour son *Armide*, tragédie lyrique créée en 1686[3], qu'avait travaillé Gluck, dont l'œuvre est servie à Béziers par des chanteurs de premier ordre : Felia Litvinne, le Biterrois Valentin Duc, Armande Bourgeois.

---

[1] Publié en 1890 et couronné par l'Académie française, il était le fruit du voyage en Perse que cette archéologue-écrivain y avait effectué avec son mari.
[2] La création date du 12 avril 1905 à l'Opéra de Paris.
[3] L'écriture de Quinault, à partir de la *Jérusalem délivrée* du Tasse, comme la composition de Lully, sont tenues pour leur chef-d'œuvre.

Splendeurs lyriques à Béziers autour de 1900

Parallèlement à cette reprise historique, les 27 et 29 août voient encore une création, celle d'une œuvre particulièrement intéressante qui joue sur l'histoire locale, *Les Hérétiques*.

Le texte d'André-Ferdinand Hérold et la musique de Charles Levadé sont servis par deux virtuoses biterrois, le ténor Valentin Duc et le baryton Jean Valette[1]. La réussite est totale et remarquée d'un des représentants de la jeune école française.

À la différence des œuvres précédentes, cet opéra en trois actes situe son action sur les lieux mêmes du drame, en retraçant un événement historique majeur : le siège du 22 juillet 1209 qui symbolise à Béziers la tragique répression contre les Cathares. On ne peut que regretter qu'Hérold, grand fabricant de livrets, ait ramené l'action au schéma habituel d'un conflit amoureux puisque Roger de Béziers, incarné par Valentin Duc, marié à Bellissende, aime Daphné et meurt des suites du coup d'épée que lui porte Simon de Montfort, Bellissende, son épouse, se poignardant sur son corps tandis que les soudars du Nord pillent la ville. Le décor moyenâgeux, que domine une silhouette censée camper la familière cathédrale Saint-Nazaire, est bien caractéristique de ce « *gothic revival* » de la Belle Époque.

Après quoi vient renchérir, pour asseoir la réputation lyrique de Béziers, la reprise de *La Vestale*[2] de Spontini, écrite en 1807 pour l'Opéra de Paris à partir d'un livret d'Étienne de Jouy – et comptée parmi les meilleurs

---

[1] Qui joue Lychas et dont l'interprétation, au premier acte, de « l'air de Lychas » avait donné lieu à l'impression d'une carte postale spécifique.
[2] Le thème s'inspire, outre des textes dus à l'archéologue Winckelmann, de l'*Ericie ou La Vestale* de Joseph-Gaspard Dubois-Fontanelle qui a eu maille à partir avec la censure et qui, imprimée clandestinement, a été donnée à Lyon en 1768.

opéras français. Elle est donnée les 26 et 28 août 1906 pour exalter la célébration des soixante-dix ans de Saint-Saëns.

La crise de la mévente des vins et les mouvements sociaux qu'elle provoqua firent annuler la saison de 1907. Mais, dès août 1908, les fêtes reprennent avec *Le premier Glaive*, drame lyrique en trois actes qui évoque les premiers temps de l'humanité, sur un texte de Lucien Népoty et la musique d'Henri Rabaud, dans le dernier décor de montagne de Marcel Jambon, où Paul Mounet tient le rôle principal.

Les difficultés matérielles, cependant, continuaient de s'accumuler, et la nouvelle municipalité s'inquiétait de l'inflation du coût des manifestations. Malgré tout, l'obstination de Castelbon aidant, celles-ci se poursuivirent, avec, en 1909, *La Fille du Soleil* de l'écrivain occitaniste Maurice Magre sur une musique d'André Gailhard, spectacle d'inspiration encore antique que Castelbon donnera, au reste, à l'Opéra de Paris avec les mêmes interprètes.

Antique toujours, le 21 août 1910 est créé un *Héliogabale*, poème d'Émile Sicard et composition d'un musicien de talent, Déodat de Séverac, qui fut élève de Vincent d'Indy puis assistant d'Albéniz, et que Fauré a recommandé à Béziers.

L'action ramène une fois encore vers Rome aux temps d'un empereur venu de Syrie et dont le nom même rappelle l'engouement pour les religions orientales, dont le christianisme.

Mais le déficit continue de se creuser et *Les Esclaves*, représenté en 1911, dont le texte est de Louis Payen et la musique d'Aymé Kunc, son seul opéra, écrit à l'instigation de Saint-Saëns et qu'a dirigé Jean Nussy-Verdier, neveu de Saint-Saëns, fut suivi d'une longue interruption due à la crise viticole et à la guerre. L'efficacité de l'équipe réunie autour du projet de Castelbon achoppe sur l'accumulation des difficultés.

Il faut attendre 1921 pour que des représentations puissent reprendre, avec *Antigone*, dont Saint-Saëns donne la musique de scène et dont il assure lui-même les répétitions. Suivirent d'abord *Penthésilée*, pièce héroïque d'Alfred Mortier en trois actes et en vers, qui est créée le 20 août 1922[1] sur une musique de Marc Delmas, puis *Le Dieu sans couronne*, œuvre héroï-comique en trois actes d'Étienne Arnaud et Pierre Jalabert sur une musique de Marc Delmas, présentée le 17 juin 1923[2], avant que ne soit reprise *Déjanire* en 1924, et qu'enfin soit créé un ultime drame lyrique avec, en 1925, *Zorriga*, sur un livret de Jean Camp et Paul Védert et une musique de Francis Bousquet. Dans les décors de Bailly, gendre et successeur de Jambon à l'Opéra, le spectacle est grandiose, qui réunit un corps de ballet de 50 danseuses, un orchestre de 250 musiciens, dirigé par Nussy-Verdier, qui s'est adjoint la Lyre Biterroise, et la musique du 31e RI. Il donne lieu, les 12 et 13 juin 1926, à une reprise annoncée, conformément à la tradition, par l'édition d'une série de cartes postales, support d'une politique de communication résolument novatrice.

Comment approcher ce renouveau lyrique qui caractérise Béziers à l'aube du XXe siècle ? Il y a chez Castelbon, comme chez les artistes qui ont travaillé avec lui, un désir de renouveau et de modernité qui explique qu'il se tourne, non pas vers Massenet, mais vers Saint-Saëns, plus moderne à ses yeux. C'est ainsi qu'il va, à plusieurs reprises, faire appel à de jeunes musiciens, souvent grand prix de Rome, qui tous n'ont peut-être pas tenu les promesses que l'on pouvait en attendre, Fauré et Déodat de Séverac exceptés. Mais il fallait prendre des risques. La correspondance de

---

[1] Elle a été reprise à Paris, au Théâtre de l'Odéon, le 2 septembre de la même année.
[2] Un conte bleu en un acte du même Pierre Jalabert est donné le lendemain tandis que *Le Clos* d'Étienne Arnaud, écrivain et metteur en scène, avait été édité par la *Revue Mondiale* et donné à Béziers le 2 mars 1905.

Castelbon avec Gallet, avec Saint-Saëns ou avec Fauré, montre bien ce désir d'innover, et cette préférence systématique donnée à des créations plutôt qu'à des reprises.

**

Mais, comment innover ? L'histoire de l'opéra regorge d'exemples de qui prétend faire peau neuve tout en se retrempant perpétuellement dans la tragédie grecque. C'était déjà le cas, aux origines mêmes de l'opéra[1], de Monteverdi écrivant son *Orfeo* (1607). Pendant tout le XVIIIe siècle, on voit le modèle antique appelé à la rescousse afin d'éviter l'affadissement de l'opéra galant. Dans l'*Encyclopédie* de Diderot, Grimm, qui rédige l'article « Poème lyrique »[2], prend pour modèle les chœurs de la tragédie antique ; mais, se demande-t-il, sont-ils encore possibles dans un pays qui n'est pas une démocratie ? Gluck, quand il décide de réformer l'Opéra, écrit *Orphée et Eurydice*, dans une rénovation qui ne tient pas seulement aux thèmes, mais entend redonner aux chœurs leur dignité. La Révolution arrive : elle va charger un art néo-classique de diffuser une pensée politique neuve, le néo-classicisme apparaissant, non pas comme un retour en arrière, mais comme un moyen de puiser à l'énergie de l'Antiquité pour aller de l'avant.

Comme le rappelle Monique Lévêque, dont on sait le rôle dans la vie culturelle du Biterrois, les découvertes musicales autour des frères Reinach à l'École française d'Athènes redonnent, au début du XXe siècle, toute son importance à ce retour à l'Antique[3]. Or Fauré fréquente les Reinach. Lorsque, le 3 juin 1893, Théodore Reinach identifie une inscription qui reste hermétique aux épigraphistes pour un *Hymne delphique à Apollon* du IInd siècle avant J.-C. et en propose une notation musicale contemporaine, c'est à Fauré qu'il en confie l'harmonisation[4]. Les

---

[1] Puisque l'histoire de la musique retient généralement l'*Orfeo* de Monteverdi comme le premier des grands opéras après, toutefois, la *Dafne* de Jacopo Peri, en 1597, dont la partition est aujourd'hui perdue.

[2] C'est sa seule contribution à *L'Encyclopédie*, qui a paru dans le tome XII, en 1765.

[3] Sur l'extraordinaire destin des trois frères Reinach, Joseph, Salomon et Théodore, si doués de talents que leurs initiales ont été réinterprétées en « Je Sais Tout », voir Sophie Basch, Michel Espagne, Jean Leclant (dir.), *Les Frères Reinach*, Paris, de Boccard diffusion, 2008.

[4] Jean-Michel Nectoux, *Gabriel Fauré, les voix du clair-obscur*, Paris, Fayard, 2008, p. 718.

danseuses de Delphes font rêver Debussy[1]. La gamme grecque, ou plutôt les gammes grecques, attirent ces novateurs par des possibilités harmoniques autres que celles qu'offrent les gammes classiques.

Le mythe qui voit dans la tragédie antique un opéra – mythe, parce que l'on ne possède que très peu de documents musicaux antiques – circule donc, comme un sang vivifiant, qui sous-tend une réflexion sur les rapports du texte et de la musique : dans la tragédie antique le texte est essentiel or, dans l'opéra, le texte est souvent médiocre, le livret a eu tendance à s'affadir, amenant un déséquilibre, tandis qu'il devrait y avoir parité entre la poésie et la musique. On regrette Quinault ou Métastase, qui étaient tout ensemble des librettistes et de grands poètes : cette nostalgie de grands librettistes, on la sent chez Voltaire, chez Diderot, chez Stendhal, dont le premier écrit est une triple biographie : *Vies de Haydn, de Mozart et de Métastase* (1814). Le désir d'éviter la médiocrité des librettistes amène des musiciens à écrire eux-mêmes leur propre livret : ainsi Rousseau, Berlioz, Wagner... On notera que *Déjanire* ou *Prométhée* contiennent des parties déclamées, manière de redonner son importance à la parole dans une polémique toujours prête à ressurgir : *prima la parola ? prima la musica ?* Les querelles musicales ont un peu caricaturé la réalité en faisant des Italiens des partisans de la musique quand les Français le seraient du texte. Si les deux éléments sont essentiels dans un opéra, il est bien vrai que la tradition française ne cesse de rappeler l'importance du « poème ».

La fascination des créateurs d'opéra pour l'Antiquité n'est pas un phénomène uniquement biterrois, bien évidemment ; on songe immédiatement à l'*Elektra*, où le texte d'Hofmannsthal est d'une grande beauté et n'est en rien inférieur à la musique de Richard Strauss ; on songe à la collaboration de deux créateurs d'envergure : Claudel et Darius Milhaud pour *Agamemnon* et pour les *Choéphores* (1892-1895). Le culte de l'Antiquité, c'est le culte du texte.

Mais surgit une question, à laquelle Castelbon a été sensible, et qui risque d'être posée de façon plus aiguë encore de nos jours. Ce trésor de la culture classique qui a vivifié non seulement l'opéra, mais le théâtre, la

---

[1] Qui comptent parmi les préludes pour pianos de 1909-1910. L'inspiration de cette page a été fournie à Debussy par une sculpture représentant la danse endiablée de trois bacchantes.

peinture, la sculpture ou la littérature, comment un public qui n'a pas forcément fait de solides études classiques peut-il le percevoir ? Castelbon, écrivant à Hérold, lui rappelle la devise : « *vox populi, vox Dei* » pour lui recommander d'écrire un livret qui soit compréhensible pour le grand public – mais il emploie spontanément les mots latins qui lui viennent de cette vieille culture antique reçue chez les Jésuites et qui, déjà, n'est probablement plus celle du grand public de Béziers en 1900, pour ne rien dire du public des années 2000. Il faut cependant avoir bon espoir que l'Antiquité, dans la mesure où elle met en scène, par les mythes, les axes fondamentaux de notre existence – vie, mort, souffrance, bonheur, passion – pourra toujours intéresser les jeunes générations, encore faut-il quand même observer des règles d'intelligibilité, dont il n'est pas toujours facile de reconnaître la frontière mouvante.

L'intelligibilité doit aussi être entendue dans son acception acoustique. L'opéra est un spectacle total et collectif dont un DVD vu et écouté dans une chambre ne donne qu'une bien faible idée. Les spectacles dans les arènes, en plein air, même si l'acoustique est excellente, supposent de grands moyens vocaux, et les interprètes que Castelbon avait su réunir étaient en général de premier ordre. La présence scénique dépasse évidemment la seule question de la voix, qui se pose différemment suivant la taille du plateau, la mise en scène, l'immensité des arènes multipliant à la fois les possibilités et les difficultés. Mise en scène, direction d'orchestre, chorégraphie, costumes, décors, tous ces éléments comptent, et Castelbon semble y avoir apporté beaucoup d'attention.

Nous n'avons plus exactement le même goût que le public de 1900. Les photographies que l'on a conservées de ces spectacles sont attendrissantes, comme peut l'être un vieil album de photos de famille. Mais le costume du coryphée chantant l'épithalame de *Déjanire* nous fait sourire, et nous trouvons les montagnes de *Prométhée* ou l'urbanisme des *Hérétiques* d'un réalisme bien encombrant. Décors et mises en scène ont probablement davantage vieilli que les textes et la musique, parce que là réside la part d'éphémère de l'opéra et que, si l'on ne peut modifier le livret et la partition, on est en droit de proposer de nouvelles mises en scène qui, sans être forcément extravagantes, soient mieux à même de nous faire sentir la modernité de Saint-Saëns ou de Fauré, dont on aimerait bien voir redonner ces opéras.

Alors, dernière question, et non des moindres : le mécénat peut-il, aujourd'hui, être aussi agissant que du temps de Castelbon ? Car on peut tenir pour certain que monter un opéra est, de nos jours, bien plus coûteux qu'alors. Et les municipalités ne sont guère prospères. Pour que le mécénat privé puisse fonctionner comme il fonctionne aux États-Unis, par exemple, il faudrait que les mécènes puissent jouir d'avantages fiscaux tels qu'ils soient de nature à favoriser leur activité. Mais ne serait-ce pas faire de la loge une « niche » ?

Dada ou fada ?
Évolutions et révolutions de la musique française, 1914-1940

En 1893, Erik Satie livre quelques conseils pour aborder ses *Vexations* dans l'annotation qui précède sa partition : « Pour se jouer 840 fois de suite ce motif, il sera bon de se préparer au préalable et dans le plus grand silence par des immobilités sérieuses »[1]. Voilà le défi lancé !

Mais, pour comprendre et situer cette provocation « absurde » parmi les multiples évolutions et révolutions musicales du temps, regardons du côté des contemporains de Satie. Si d'autres, partis de Wagner, de Saint-Saëns, figures de proue de ce qui domine alors dans la culture musicale, en ont compliqué les accords, poussant ce langage à ses limites, Gabriel Fauré s'en tient, lui, à un langage musical classique, dans une harmonie très développée aussi, mais qui accueille également des éléments de vocabulaire modal, venus d'une musique bien plus ancienne.

Son *Nocturne* no. 11 Op. 104, pièce funèbre de 1913 en hommage à Noémie Lalo, femme du critique Pierre Lalo, relève d'une introspection poussée qui explore le silence, la nuit, la profonde solitude, dans l'atmosphère psychologique typique des dernières pièces de Fauré. Le langage musical a beau se rapprocher de celui de Wagner, l'approche de la musique, très différente, rompt radicalement avec la conception que s'en fait Wagner.

C'est que Fauré s'inscrit dans la veine anti-wagnérienne, anti-allemande même, de la musique française, sensible à maintes reprises au XIXe siècle, mais que 1870 a radicalisée du côté d'un *Ars Gallica* conçu

---
[1] Vincent Lajoinie, *Erik Satie*, Paris, L'Âge d'homme, 1985, p. 85.

comme une arme de résistance pour contrer l'invasion, artistique y compris.

Face à ce militantisme cocardier, un Debussy confie ses idées à une musique absolument autre, impressionniste, bien en phase avec l'évolution de la peinture contemporaine, de la poésie aussi, rencontre dont rend bien compte l'atmosphère hédoniste du *Prélude à l'après-midi d'un faune* (1892-94).

N'était que, pour cette musique très sensuelle, le piano est triste. Il y a là un hiatus entre les potentialités musicales offertes et le langage qu'il souhaite développer qui pousse Debussy, donnant cours au sentiment résolument anti-système qui l'habite, à, pour la première fois, s'émanciper du langage traditionnel et renoncer de façon toute mallarméenne aux *notes de la tribu*. C'était pour Debussy sauter un pas considérable que de se libérer de l'idée d'enchaînement, de la tyrannie de la logique qui gouverne le langage musical qui seul pouvait le mettre à même d'exprimer le rêve, l'évasion dans la nature, les effets de l'eau, les nuages, qui seul pouvait faire de lui un vrai musicien.

Ce pourquoi, sans doute, son maître Antoine Marmontel pouvait dire de lui, non sans humour ni justesse : « le problème, avec Debussy, c'est qu'il aime la musique plus que le piano »[1] ! Au-delà du paradoxe, et dût-elle périmer les vaines virtuosités comme autant de gesticulations fourvoyées, c'est bien une conception de l'Art[2] qui se joue. De l'Art comme expression totale, comme langage capable de tout embrasser, de tout subsumer, dans une organicité où la musique se voit reconnaître une place de choix, qu'elle n'a conquise qu'au terme d'une longue maturation. Cette revalorisation du statut du langage musical doit beaucoup aux spéculations esthétiques de Schelling, nonobstant ses limites personnelles, qui a établi la musique art premier, porteur tout ensemble du plus haut degré de matérialité et de la spiritualité maximale. C'était ouvrir à la musique les voies de l'idéalisme transcendantal qui est la marque de l'école de Iéna, en faire un vecteur propre à enfermer les plus hautes spéculations, rendues accessibles par le véhicule de la sensation. Baudelaire comme Wagner

---

[1] André Boucourechliev, *Debussy*, Paris, Hachette, 1972, p. 29.
[2] Avec la capitale, presque toujours de mise depuis le XIXe siècle, et qui signe la promotion de ce qui touche au champ artistique.

sauront voir de quelles implications cette philosophie était porteuse, de même que Mallarmé, qui écrivait à Valéry : « le poème parfait dont on rêve peut être suggéré par la musique elle-même, qu'il nous appartient de reconquérir et de paraphraser si notre propre musique, frappée de mutisme, se révèle insuffisante ». Verlaine ne dit pas autre chose, qui déclare chercher « de la musique avant toute chose »[1].

If music be the food of love... Avec *L'Isle joyeuse* (1904), Debussy assure le triomphe de l'amour. Inspiré peut-être du voyage à Cythère, figure de Jersey où il a vécu une aventure amoureuse avec celle qui sera sa seconde femme, Debussy peint un tableau, écrit un poème, crée « une vision fastueuse, un vent de joie d'une prodigieuse exubérance, une fête du rythme » où la musique s'impose vraiment « avant toute chose »[2].

Pour se faire une idée juste de ce que tente Debussy, il faut comparer, par exemple, avec les *Jeux d'eau* (1901) de Maurice Ravel, élève de Fauré et alors jeune compositeur, qui fraie une voie qui l'amènera à être traité de « cacophoniste » dans les années 1920. Mais c'est très tôt qu'il trouve un langage dont il fait un véritable idiolecte, avec ses tonalités flottantes – et Debussy, on l'a vu, allait déjà au-delà du langage musical reçu –, son recours aux gammes pentatoniques, sans toutefois se libérer complètement de la ligne mélodique, des modulations.

Les *Jeux d'eau*, avec leur impressionnisme latent[3], relèvent d'une merveilleuse écriture pianistique et l'épigraphe qui surmonte la partition, empruntée à Henri de Régnier – « Dieu fluvial riant de l'eau qui le chatouille » – rejaillit sur tout le mouvement au point qu'Alfred Cortot parlera à son propos de « poésie liquide »[4]. Une source à laquelle Ravel devait revenir avec *Ondine*, première pièce de *Gaspard de la nuit* (1908).

La fluidité, pour autant, ne saurait masquer combien cette musique va à contre-courant, des règles, de la tradition et de ses figures imposées, ni qu'elle entend bien suivre son propre cours plutôt que de se couler dans le

---

[1] C'est sur cette revendication que s'ouvre son « Art poétique », que contient le recueil *Jadis et naguère* (1884).
[2] Marguerite Long, *Au piano avec Claude Debussy*, Paris, Julliard, 1960, p. 61.
[3] La source d'inspiration y est pour beaucoup, qui, déjà, avait fasciné les peintres impressionnistes de la génération précédente.
[4] Alfred Cortot, *La Musique française de piano*, Paris, PUF, 1981, p. 266.

lit de la musique classique. L'irrévérence se cultive désormais ouvertement et l'on sait si Debussy s'amusait à moquer les exercices de Clementi, de Czerny et consorts. Ainsi, comme, déjà, le titre l'affiche immédiatement avec ses évocations cuistres, dans son *Doctor Gradus ad Parnassum*, qui dépasse pourtant de beaucoup ces intentions parodiques pour déboucher sur une œuvre à part entière, personnelle sous les références, à Bach notamment. Révolte et scandale informent d'ailleurs toutes les sphères de la création, à l'époque où Freud explore l'inconscient, que « découvrent » avec lui bien des artistes comme une source inépuisable.

C'est le cas de Debussy qui provoque un immense scandale, en 1902, avec son *Pelléas et Mélisande*. Un opéra long où tout est suggéré, dit à moitié, vaporeux, dans la continuité du drame wagnérien : peu de mélodies, un récitatif continu, des *leitmotive* aussi, des thèmes qui reviennent, associés à des émotions. Mais cette œuvre, toute en émotion, n'a pas plu au public. Le fameux « Je ne suis pas heureuse »[1] que pousse Mélisande s'attire la réponse, cinglante, et non moins fameuse, de la salle, où un spectateur, primaire mais sincère, lui répond : « Nous non plus » !

Alors les compositeurs innovent, changent d'horizons et s'en vont puiser des idées ailleurs, dans un exotisme triomphant, mais aussi dans un style nouveau que popularisent les music-halls, que la nouvelle industrie des loisirs lancent dans une concurrence féroce et condamnent à toujours fournir du nouveau. Le jazz, on le sait, débarquera en Europe par ce biais, dans les années 1910-20, qui connaît un succès immédiat et fait l'objet de maintes imitations.

Debussy s'inscrit dans le mouvement en composant des pièces qui regardent délibérément vers ces traditions venues d'ailleurs, tel son *Gollywogg's cakewalk* dans *Chidren's Corner*, dédié à sa fille, délicieux petit ragtime, bien connu, avec sa poupée nègre, qui constitue, en 1906-1908, la première référence au ragtime et au jazz. Les influences, diverses, sont assumées, entre un *Gollywogg's cakewalk* qui affiche la couleur non sans que l'on note, au cœur du morceau, des parodies de Wagner quand surgit tout à coup un thème célèbre de *Tristan* que Debussy traite à sa façon en même temps que, derrière ces citations, toute occasion est saisie de se gausser de la musique allemande, pourtant très populaire en France où Beethoven et

---

[1] Acte II, scène 2.

Dada ou fada ? Évolutions et révolutions de la musique française, 1914-1940

Wagner étaient, avant que ce soit considéré comme une trahison, très écoutés dans les concerts publics, comme ils le seront à nouveau très vite après la guerre.

Cet intérêt, manifeste dès le titre, pour l'enfant, sorti de son rôle de potiche, est encore un indice de la profonde influence des travaux des psychologues, de Piaget et de la pédagogie Montessori, dont les premières écoles s'ouvrent en 1903, par exemple.

Et c'est encore sur un thème d'enfance et d'orientalisme que Ravel brode, en 1910, *Ma Mère L'Oye*. L'orientalisme est particulièrement présent dans *Laideronnette, Impératrice des Pagodes*, où s'impose la gamme pentatonique.

Mais réagir contre la tradition peut aussi prendre des formes inattendues, voire paradoxales en apparence, lorsque d'aucuns s'emploient à couler des idées nouvelles dans des formes anciennes, délaissées ou oubliées. Un retour vers le passé qui a eu pour résultat heureux la redécouverte d'œuvres du patrimoine musical français, qui débouche sur des rééditions, notamment de Rameau et de Couperin.

D'autant que ce retour aux sources profite de motifs pas toujours avouables, quand les compositeurs ne sont pas rares qui adhèrent au mouvement néoclassique qui porte ces rééditions pour contrer les influences étrangères, allemandes surtout, mais italiennes aussi. Si cette inspiration concerne les formes musicales, dans les modes où prévaut la recherche de clarté et de simplicité, certaines réinterprétations ne sont pas sans parfois s'apparenter à une Joconde à moustache, quand quelques fausses notes suffisent à faire l'affaire. C'est le cas de *Pulcinella* (1919) où Stravinsky reprend du Pergolèse en l'agrémentant de fausses notes bien distribuées (mais bien choisies aussi. Pour nos oreilles du XXIe siècle, l'effet est saisissant).

Dans un tout autre contexte que commande et qui commande le patriotisme, Ravel illustre bien ce retour en arrière vers une veine nationale avec son *Tombeau de Couperin*, commencé en 1914 et achevé seulement en 1917, donné d'abord au piano-forte, puis avec orchestre pour honorer la mémoire de ses amis tombés pour la patrie autant que celle de Couperin. Et c'est dès 1904-05 que Debussy, quant à lui, rendait *Hommage à Rameau*, en se retrempant, après un siècle de silence, au génie des grands ancêtres que sont Bach et ses contemporains.

Poulenc participe également de ce mouvement en donnant une version de la *Pavane* de Gervaise, pavane du XVIe siècle reprise dans une *Suite française* en 1935. Ici encore, quelques fausses notes sont ajoutées ça et là pour donner du caractère et authentifier qu'il s'agit bien de Poulenc[1].

Mais, si Jules Verne avait, avec sa prescience étonnante mais accoutumée, su découvrir des signes avant-coureurs de fumisterie dès 1863, dans sa peinture de *Paris au XXe siècle*, longtemps restée inédite[2], en ce début de XXe siècle, le Paris réel n'a rien à envier à celui de la fiction tel que le brocarde l'anticipation vernienne :

– Enfin, s'écria Michel, nous allons donc faire un peu de musique.
– Surtout, pas de musique moderne, dit Jacques, c'est trop difficile...
– À comprendre, oui, répondait Quinsonnas ; à faire, non.
– Comment cela ? demanda Michel.
– Je m'explique, dit Quinsonnas, et je vais appuyer mes paroles d'un exemple frappant. Michel, prends la peine d'ouvrir ce piano.

Le jeune homme obéit.

– Bon. Maintenant, assois-toi sur le clavier.
– Comment ? Tu veux...
– Assois-toi, te dis-je.

Michel se laissa choir sur les touches de l'instrument, et produisit une harmonie déchirante.

– Sais-tu ce que tu fais là lui demanda le pianiste ?
– Je ne m'en doute guère !
– Innocent, tu fais de l'harmonie moderne.
– Vrai ! dit Jacques.
– Voilà tout bonnement un accord de nos jours ! et, chose épouvantable, les savants actuels se chargent de l'expliquer scientifiquement ! Autrefois, certaines notes seulement pouvaient s'allier entre elles ; mais on les a réconciliées depuis, et elles ne jurent plus ! elles sont trop bien élevées pour cela !
– Mais ce n'en est pas moins désagréable, répondit Jacques.
– Que veux-tu, mon ami, nous en sommes arrivés là par la force des choses ; au siècle dernier, un certain Richard Wagner, une sorte

---

[1] Le morceau a été écrit comme musique de scène de la *Reine Margot* d'Édouard Bourdet, pour cuivres, bois et clavecin.
[2] Refusé par Hetzel en 1863, le manuscrit, mythique, demeure renfermé dans les papiers de Jules Verne où son fils Michel Verne le découvre, en 1905, à la mort de son père, et en assure la publication.

Dada ou fada ? Évolutions et révolutions de la musique française, 1914-1940

de messie qu'on n'a pas assez crucifié, fonda la musique de l'avenir, et nous la subissons ; de son temps, on supprimait déjà la mélodie, il jugea convenable de mettre aussi l'harmonie à la porte, et la maison est restée vide » [1].

Paris qui est alors le centre d'une révolution, révolution russe avant la lettre qu'exportent les fameux Ballets qui y font sensation dès 1909, avant de voyager partout en Europe et aux Amériques. Toujours capitale des arts, Paris est le théâtre d'une collaboration décisive des arts nouveaux et d'artistes qui, conduits par Diaghilev, cherchent à tout prix du neuf – le chorégraphe Fokine, les danseurs légendaires que sont Nijinsky, Pavlova, Massine, Balanchine ou Serge Lifar... –, servis par des musiques de Prokofiev, Debussy, Ravel, Satie, Milhaud, Poulenc ou Auric, sur des livrets de Colette ou de Cocteau et dans des décors de Picasso, Braque, Derain, Matisse, Gris et Miró. L'ouverture est maximale dans ces années qui posent en principe le décloisonnement entre les arts, renouvelant en profondeur un champ esthétique où interviennent aussi les expérimentations photographiques et cinématographiques.

Si Stravinsky connaît un succès phénoménal en 1910 avec *L'Oiseau de feu*, puis avec *Pétrouchka* (1911), le scandale arrive en 1913 avec *Le Sacre du Printemps*, reçu comme une « œuvre barbare » qui agresse les oreilles et les yeux et qui est perçue comme une terrible réaction contre la musique classique.

ci-contre Nijinsky en Pétrouchka.

---

[1] Jules Verne, *Paris au XXᵉ siècle*, Paris, Hachette/Le Cherche Midi, 1994, pp. 83-84, mais tout le chapitre « Où il est traité de la musique ancienne et moderne et de l'utilisation pratique de quelques instruments » vaut d'être consulté, pp. 83-90.

De fait, c'est la première fois que les spectateurs sont confrontés à la polytonalité, la première fois qu'ils entendent ces accords où le compositeur rajoute des notes jusqu'à les faire sonner différemment, jusqu'à trouver des thèmes et des tonalités autres. Sans compter que ce sont aussi les rythmes qui sont bousculés dans cette musique où s'affirme une polyrythmie sentie comme choquante.

C'est le cas dans *L'Adoration de la Terre*, premier tableau du *Sacre du printemps*, et dans *La Danse des adolescentes* qui a terriblement offusqué le public par la nature de la danse. Un public qui a du mal à renoncer aux tutus, aux jolies femmes, totalement rhabillées par la modernité, à son confort de réception que viennent déranger des danses qui tournent en même temps selon des rythmes différents, des rythmes irréguliers, des pulsations surprenantes, sur une polytonalité dérangeante quand l'accord de mi majeur est plaqué avec l'accord de mi bémol majeur. L'effet de son ainsi créé, le bruit produit par cet accord phare du *Sacre du Printemps* n'a rien d'harmonique mais évoque le primitivisme et consonne avec le thème païen et prosaïque du folklore russe qui s'affiche en totale opposition avec les ballets léchés et polis de Tchaïkovski.

En 1938, Stravinsky donne une *Symphonie en ut majeur*, titre clin d'œil pour une œuvre qui a valeur de manifeste pour l'art nouveau et triomphe partout, imposant une pluralité de points de vue sur un même objet. Un déconstructivisme qu'explorent Max Jacob ou Apollinaire en littérature, Gris, Braque ou Modigliani pour les arts plastiques, qui éclatent ou dilatent l'œuvre à des dimensions inusitées. C'est le cas en architecture, avec Gaudi, comme en peinture où le cubisme, avec *Les Demoiselles d'Avignon* (1907), a déconstruit les certitudes les plus assurées depuis la Renaissance. Partout le choc est là, dans le renversement des codes esthétiques : que sont la perspective, le clair-obscur, le vraisemblable, quand il s'agit de tenter de saisir l'action en train de se faire, comme le propose Marcel Duchamp, dès 1912, avec son *Nu descendant un escalier* ?

Dada ou fada ? Évolutions et révolutions de la musique française, 1914-1940

« Cette version définitive du *Nu descendant un escalier*, peinte en janvier 1912, fut la convergence dans mon esprit de divers intérêts, dont le cinéma, encore en enfance, et la séparation des positions statiques dans les chronophotographies de Marey en France, d'Eakins et Muybridge en Amérique (...).
Peint, comme il l'est, en sévères couleurs bois, le nu anatomique n'existe pas, ou du moins, ne peut pas être vu, car je renonçai complètement à l'apparence naturaliste d'un nu, ne conservant que ces quelque vingt différentes positions statiques dans l'acte successif de la descente ».

Marcel Duchamp

En musique, les Ballets russes et les Ballets suédois, arrivés presque en même temps à Paris, collaborent avec le « groupe des Six », qui rassemble Louis Durey, Georges Auric, Arthur Honegger, Darius Milhaud, Francis Poulenc et Germaine Tailleferre, unis par l'amitié comme par une commune volonté de réagir tout ensemble contre l'impressionnisme, l'expressionnisme, la petite bourgeoisie endimanchée et triomphante surtout. De ce front du refus sort une petite œuvre de scène, opéra avec ballet, que les Ballets suédois ont dansée et dont Cocteau a fourni l'histoire et le texte un brin provocateur, *Les Mariés de la Tour Eiffel* (1920-1923).

L'œuvre est rythmée, diatonique, « populaire », et les dialogues particulièrement drolatiques :

Les Mariés de la Tour Eiffel

« Vous êtes sur la première plate-forme
« Tiens une autruche »
Elle traverse la scène. Elle sort.
Voici le chasseur. Il cherche l'autruche.
Il lève la tête. Il voit quelque chose. Il épaule. Il tire.
Une grande dépêche bleue tombe du ciel. « Ciel ! Une dépêche ».
La détonation réveille le Directeur de la Tour Eiffel. Il apparaît.
« Or ça, Monsieur. Vous vous croyez donc à la chasse ? »
« Je poursuivais une autruche. J'ai cru l'avoir prise dans les mailles de la Tour Eiffel ».

« Et vous me tuez une dépêche ? »
« Je ne l'ai pas fait exprès ».
Fin du dialogue
Voici le photographe de la Tour Eiffel. Il parle.
« Vous n'auriez pas vu passer une autruche ? »
« Si, si. Je la cherche ».
« Figurez-vous que mon appareil de photographie est détraqué. D'habitude, quand je dis : "Ne bougeons plus ! Un petit oiseau va sortir", c'est un petit oiseau qui sort. Ce matin, j'ai dit à une dame : " un petit oiseau va sortir"... il sort une autruche. Je cherche l'autruche pour la faire rentrer dans l'appareil ».
Mesdames et Messieurs ! La scène se corse car le Directeur de la Tour Eiffel s'aperçoit tout de même que la dépêche portait son adresse. Il l'ouvre.
« Directeur Tour Eiffel, viendrons noce déjeuner. Prière retenir table ».

L'affaire est lancée, le banquet a lieu, la musique, absolument banale, est typique du « groupe des Six », de leur prise de position contre tout ce qui est prétentieux dans la musique, l'objectif poursuivi étant de produire une musique simple, diatonique, qui se rapproche de la musique populaire. D'où la présence dans *Les Mariés* de fanfares, de morceaux de music-hall, de quelques fausses notes aussi.

Le rideau de fond, décor d'Irène Lagut, jette des lignes verticales bien incertaines, conquêtes de la modernité qui semblent en équilibre précaire.

L'œuvre se veut résolument moderniste au moment où le progrès gagne tous les domaines de la vie quotidienne – téléphone, radio, voiture, métro, avion même –, où l'espérance de vie augmente[1], où le monde s'élargit jusqu'aux pôles, quand Blériot traverse la Manche et que de gigantesques paquebots, tel le Titanic, domptent les océans...

Un machinisme triomphant dont Poulenc tente d'exprimer les avancées jusqu'à le transposer, dès 1918, dans *Les Mouvements perpétuels* où l'on entend la musique des machines. Miroir tendu au monde moderne qu'il s'agit alors de réfléchir, mais aussi de faire réfléchir quand, comme le veut Rimbaud : « il faut changer la vie »[2] pour changer le monde.

Cette rage qui habitait Rimbaud face aux trahisons de la modernité n'est pas éteinte. Elle reparaît en 1924 dans le *Manifeste* qui proclame la révolte des surréalistes contre l'ordre conventionnel, social et moral, contre la logique « raisonnable » qu'attaquent aussi l'Aragon du *Libertinage* (1918-23) et, en 1925, la première exposition des peintres surréalistes, parmi lesquels Paul Klee, Giorgio De Chirico, Max Ernst, Man Ray, Picasso ou Miró, dont le catalogue est préfacé par Breton et Desnos.

Par tous les moyens, on cherche à se déprendre d'apparences peut-être séduisantes mais fallacieuses pour accéder au « fonctionnement réel de la pensée »[3], en sondant le psychisme, en portant attention à tout ce qui échappe, aux rêves, au désir, en cultivant l'écriture automatique, sous influence, en laissant libre cours à la poésie, à l'humour, pour ainsi atteindre les profondeurs de la psyché, le tréfonds de l'âme humaine.

Symbole du monde moderne, c'est encore à la tour Eiffel qu'Apollinaire confie la capacité de se hisser au-dessus de civilisations qui ont fait leur temps :

> « À la fin tu es las de ce monde ancien
> Bergère ô tour Eiffel le troupeau des ponts bêle ce matin
> Tu en as assez de vivre dans l'Antiquité grecque et romaine
> Ici même les automobiles ont l'air d'être anciennes
> La Religion seule est restée toute neuve, la Religion
> Est restée simple comme les hangars de port Aviation

---

[1] 50 ans en Scandinavie !
[2] Ainsi s'interroge la « Vierge folle » d'*Une Saison en enfer*, dans la section « Délires ».
[3] André Breton, *Manifestes du surréalisme*, Paris, Gallimard, 1970, p. 37.

>   (...)
>   C'est le Christ qui monte au ciel
>   Mieux que les aviateurs »[1].

Si, au-delà de la provocation, mêlant modernisme et spiritualité, poésie et humour viennent, en décapant les ridicules de l'ancien monde, servir la recherche de neuf, il faut peut-être relativiser le messianisme moderniste de ce recueil de 1913 à la lumière des nouvelles impostures que devait révéler la Grande Guerre. Reste l'humour, cette arme des surréalistes que Jarry avait grandement contribué à forger, inventant, autour d'*Ubu* (1896), toute une geste satirique. Cet humour au parfum d'absurde que Karl Valentin faisait triompher dans l'Allemagne de Weimar dans des sketches qui enflammaient les boîtes de nuit.

Baudelaire l'avait déjà dit, s'appuyant sur Poe pour réfléchir la modernité : « *Anywhere out of this world* », petit poème en prose[2] qui s'achevait sur ce cri : « Enfin, mon âme fait explosion, et sagement elle me crie : "N'importe où ! n'importe où ! pourvu que ce soit hors de ce monde !" »[3]. Un demi-siècle plus tard, c'est toujours la même évasion de la réalité qui est poursuivie, la même recherche de la *région où vivre*[4] que l'on pense trouver ailleurs, dans l'exotisme par exemple. Tel Darius Milhaud qui a passé beaucoup de temps dans un Brésil qui a clairement affecté sa musique dès *Le Bœuf sur le toit* (1919) et, plus explicitement, *Saudades do Brazil* (*Sorocaba*, 1920-1921), cette même année 1921 où il crée, avec Claudel et les Ballets suédois, *L'Homme et son Désir*, qui déclenche un véritable scandale. Et de redupliquer la provocation deux ans plus tard, dans une ambiance brésilienne sensible où se retrouvent jazz et polytonalité, quand *La Création du Monde* (1923) associe Blaise Cendrars et Fernand Léger, qui a créé les décors et les costumes.

---

[1] Il s'agit du poème qui ouvre le recueil *Alcools*, « Zone ».
[2] Aussi appelés *Spleen de Paris*, les *Petits poèmes en prose* enferment, avant Apollinaire, une poétique de la grande ville moderne, loin d'être uniment positive.
[3] Charles Baudelaire, *Le Spleen de Paris*, XLVIII.
[4] Stéphane Mallarmé, « Le vierge, le vivace et le bel aujourd'hui », in *Poésies* (1887).

Dada ou fada ? Évolutions et révolutions de la musique française, 1914-1940

Donnée en 1923 au Théâtre des Champs-Élysées par les Ballets Suédois de Rolf de Maré dans des décors de Fernand Léger, *La Création du monde* de Darius Milhaud est connue comme le premier ballet nègre quand bien même il s'agit très largement d'une recréation mythique orchestrée par Blaise Cendrars.

À ce moment, la révolte est à son comble, qui abolit le centre de tonalité, le rapport harmonique. Si l'atonalité est lancée en 1908, le dodécaphonisme, qui émerge à partir de 1910, est érigé en système en 1925 à l'École de Vienne, par Arnold Schönberg qui propose « l'émancipation de la dissonance »[1] et la réalise en 1928 dans ses *Variations pour Orchestre*. Avec ses disciples, Weber et Webern, ils refusent le système des accords conventionnels et prônent un système nouveau dans un monde nouveau où, pour le Schönberg de 1910 : « L'art est le cri de désespoir de ceux qui vivent en eux-mêmes l'expérience du destin de l'humanité entière ». Écho vibrant au *Cri* de Munch (1893)[2], violente expression de l'angoisse existentielle qui étreint l'homme devant sa responsabilité.

---

[1] Caractéristique de la période 1909-1922. Arnold Schönberg, lettre à René Leibowitz, 15 mars 1948, in A. Schönberg, *Correspondance, 1910-1951*, Paris, J.-C. Lattès, 1983.
[2] Munch a peint quatre versions de la toile entre 1893 et 1917.

Des positions qui se retrouveront chez nombre de compositeurs du XXe siècle, pour qui ces œuvres ont été fondatrices, Boulez et Stockausen en tête.

La musique religieuse n'échappe pas à ces remises en cause et Messiaen, avec ses nouvelles gammes, octatoniques, propose une approche totalement nouvelle de la musique. Son *Banquet Céleste*, donné en 1928, exalte, avec la lenteur de la transe et sur des rythmes complexes, un mysticisme catholique qu'il défend, dès 1930, dans *La Jeune France*, avec Jolivet notamment.

Dans ces mêmes années, la musique populaire se renouvelle, notamment en liaison avec ce champ en plein essor que constitue la musique de films, née avec le cinéma muet, toujours accompagné de musique qui jouait comme véritable guide de lecture et aide à l'interprétation, dès les premiers films de Méliès. Georges Auric (1899-1983), qui a été membre du « groupe des Six », est pleinement représentatif de cette ouverture, lui qui a produit tant de musique de qualité pour de nombreux films – *Le Sang d'un poète* (1930), *La Belle et la bête* (1946), *Orphée* (1950)… – et dont plusieurs thèmes, celui du *Moulin Rouge* de John Huston (1952), celui de *La grande vadrouille* de Gérard Oury (1966) sont devenus d'insurpassables hits. Une orientation que traduit encore la dédicace de Francis Poulenc, offrant, en 1959, l'une de ses improvisations pour piano en *Hommage à Edith Piaf*.

La période qui s'ouvre avec la boucherie de la Grande guerre et s'achève sur le traumatisme de la seconde guerre mondiale a vu une remise en cause radicale des principes de l'harmonie et de la forme, reçus comme les bases mêmes d'une esthétique civilisée. Mais la musique « barbare » n'a pas abouti, sa révolution accomplie, à la table rase dont certains avaient rêvé. Les révoltes des créateurs et des artistes contre tous les ordres établis ont accompagné, on l'a vu, tous les soubresauts du premier XXe siècle dans un monde que la Révolution russe, dans les années 20, avait promis plus juste, plus égalitaire, un monde que l'arrivée au pouvoir de la gauche dans de nombreux pays, en Europe et ailleurs, que la création de la SDN[1] et les

---

[1] En 1919, dans le sillage du traité de Versailles.

Dada ou fada ? Évolutions et révolutions de la musique française, 1914-1940

diverses Conférences internationales[1], de l'Europe au Japon – jusqu'à celle de Paris où soixante-cinq pays signent un pacte de renonciation à la guerre – avaient rassuré, confirmant que tout allait pour le mieux dans le meilleur des mondes possibles. Ce monde où, en 1933, le roi Babar et la reine Céleste viennent, confiants, de s'épouser :

> « La nuit est venue. Les étoiles se sont levées. Le roi Babar et la reine Céleste, heureux, rêvent à leur bonheur. Maintenant, tout dort. Les invités sont rentrés chez eux, très contents mais fatigués d'avoir trop dansé. Longtemps ils se rappelleront ce grand bal »[2].

Le moment n'était plus très loin, pourtant, où Olivier Messiaen composerait, dans un camp de prisonniers de guerre, à Görlitz, en Silésie, son *Quatuor pour la fin du Temps*[3].

---

[1] Dont la plus célèbre est probablement celle qui s'est tenue à Locarno en 1925, où ont été scellés les fameux accords Briand-Stresemann.
[2] Jean de Brunhoff, *Le Roi Babar*, Paris, Hachette, 1933.
[3] La pièce, qui joue du double registre téléologique et poétique, la *fin du temps* renvoyant et à l'Apocalypse, avec et sans majuscule, et à la rythmique, a été jouée pour la première fois le 15 janvier 1941 au stalag VIII-A de Görlitz, où Messiaen était prisonnier avant d'être reprise le 26 juin, une fois Messiaen libéré, au théâtre des Mathurins.

Christopher Hainsworth

Entre Babar et barbares, la musique peine un temps à choisir son camp...

Postérité du continent noir :
cosmopolitisme de l'Art Nègre

Si parler ensemble du chant, de la musique et de la littérature peut paraître s'inscrire dans une évocation des modalités du raffinement, de l'éclectisme recherché, si caractéristique de certains courants actuels, c'est oublier que cette conjoncture peut renvoyer à des réalités plus humbles, moins rhétoriques, dépouillées de toute fioriture. On est alors renvoyé aux balbutiements de l'humain, à son émergence, à son rejaillissement latent sous le couvert de haillons, réels ou métaphoriques, de crocs ou de peau d'âne. Ceux-là mêmes qui surgissent de la palette de Roelandt Savery, au XVIIe siècle, dans son *Orphée charmant les animaux sauvages* (1626) ou, plus proches de nous, ceux-là encore que représente cette scène surréaliste du *Pianiste* (2002) où Adrien Brody, dans la peau de Wladyslaw Szpilman, amaigri et plus proche, dans ses loques, de la bête que de l'homme, touche aux tréfonds de la déshumanisation imposée par la loi de l'holocauste, dévoilant le génie intact du prochain banni pour seule cause de judéité.

En 1972, dans *La Mulâtresse Solitude*, André Schwarz-Bart, l'auteur des *Justes* (prix Goncourt 1958), retrace à travers l'aventure de deux personnages féminins la généalogie d'un autre génocide, celui des esclaves africains déversés par milliers dans le Nouveau Monde pour la culture de la canne à sucre. C'est dans la cale, espace archétypal du transbordement, que s'élève le chant d'un des esclaves, sursaut qui dit la douleur et la peine, mais qui vaut aussi mode de reconnaissance pour les enfants du même clan, de la même ethnie. C'est ainsi que s'inscrit la solidarité du sang et du chant pour surpasser les épreuves et surmonter l'arrachement à la terre mère :

> « Soudain elle crut entendre la voix émouvante du Diola Komobo. Elle en fut légèrement surprise, car c'était la voix de Komobo et c'était une voix autre, qui n'avait jamais retenti dans ses oreilles. Autrefois, dans les temps et les temps, elle avait cru percevoir le timbre de Komobo au travers des murs, des profondeurs de sa cellule de Gorée. Mais la voix d'aujourd'hui n'avait rien d'enfantin, elle résonnait sur un ton grave, proche de la raucité, et c'était comme si Komobo chantait avec son ventre plutôt qu'avec sa gorge, chantait des paroles tout à fait inconnues à Bayangumay et qui se confondaient avec les rumeurs de son sang, les battements désordonnés de sa poitrine...
>
> Lorsque se tut la voix de Komobo, son morceau fut suivi d'un petit silence appréciateur ; et puis une autre voix se mit à chanter, à descendre les pentes de la servitude et de la mort, tandis que le fracas des chaînes marquait la chute de l'homme d'une certaine solennité »[1].

Et pour répondre à ce sursaut de l'humain, le personnage empruntera à l'oralité africaine encore intacte sa poésie et son esthétique :

> « Finalement ayant façonné dans sa tête une parole poétique, Bayangumay l'ajusta au rythme et à la mélodie du chant funèbre des absents, *o aké ombo aldhyuât* : *ô il y a quelqu'un dont le sourire efface l'obscurité* ; et, profitant d'un instant de silence, elle exprima de sa voix la plus pure, la plus mélodieuse, la plus ressemblante à une voix de femme :
>
>> *Ô donnez-moi un message à porter aux ancêtres*
>> *Car mon nom est Bayangumay*
>> *Et je sortirai demain*
>> *Oui demain je sortirai du rang des bêtes* »[2].

Dans *Écrire en pays dominé*, Patrick Chamoiseau retrace la généalogie de l'émergence du rythme et de la voix dans les plantations caribéennes, laquelle décalque à maints égards ce qu'il appelle les *tracées*, *tracées de mélancolie* de ces esclaves dont le vécu est marqué au coin de l'assujettissement ordonné par le maître. Les chants et les rythmes, les paroles et les sons, jettent les fondements du re-surgissement de l'humain, revenu des profondeurs abyssales de la réification. Une ascension orphique

---

[1] André Schwarz-Bart, *La Mulâtresse Solitude*, Paris, Seuil, 1972, p. 44.
[2] *Ibid*, p. 45.

qui réalise dans ces manifestations la reconstruction de « l'être émietté » et l'avènement de l'élaboration du sens dans ce chaos imposé. Alors si, dans un premier temps, les « maîtres békés interdirent les premiers tambours [qui] étaient fabriqués à la mode africaine dans des troncs d'arbres fouillés »[1], il n'y faut certes pas voir un hasard. C'était, au contraire, frapper juste que de décréter une mesure dont l'effet premier, loin de la musique, portait très au-delà en s'attachant à déposséder l'esclave des liens symboliques qui le rattachaient à la terre natale, au continent-mère et à ses pouvoirs de résurrection dans l'imaginaire insulaire à inventer. Pourtant, son remplacement par le « tambour-barrique » de salaison, plus « fonctionnel », n'empêcha pas « la mémoire de ces corps [de] remonte[r] par bribes ». C'est que, comme le dit Patrick Chamoiseau, cette mémoire « n'est pas continue. Elle est brisée aussi. Séquentielle. Hétérogène. Polyrythmique. Pour l'exprimer, la retrouver, et s'y livrer, il faut dénouer le corps en improvisations. L'improvisation hèle la mémoire et la prolonge. Elle fait imagination et elle fait prophétie. Elle sera présente dans la danse, dans les chants, dans les rythmes, dans les instruments, elle mettra les émiettements en cohérence avec l'alentour neuf »[2].

De là un revirement de la politique des planteurs à l'égard du chant et de la musique nègres – *negro*, qui n'a rien de péjoratif, contrairement à son doublon *nigger*, comme le savent les amateurs du cinéma de Spike Lee[3] –, revirement qui n'est paradoxal qu'en apparence et qui inaugure, après les velléités d'interdiction, une tentative moins brutale et plus subtile d'encadrement des manifestations qui suppose qu'ait bien été saisi le caractère existentiel de ces expressions que traduit directement l'acception de *negro spiritual*, sacralisée en genre, et ce dès l'origine de la traite négrière, au XVIIe siècle.

---

[1] Patrick Chamoiseau, *Écrire en pays dominé*, Paris, Gallimard 2007, p. 171.
[2] *Ibid.*, pp. 171-172.
[3] Et encore, tant il est patent que Spike Lee joue des codes qui ont fait le succès de la *Blaxploitation* des années 1970 pour ramener le *Black Power* qui en faisait l'essence ou, à tout le moins, une *Black Pride*, ce dont participe aussi sa tentative de remotiver positivement le terme dépréciatif en anglais de « nigger », sur le modèle, précisément, du mot-valise *Blaxploitation*, agrégat de « black » et de « exploitation », et qui est parvenu à retourner laudativement ces deux marqueurs d'une longue histoire de domination.

De fait, à force d'observation, le maître avait bien compris combien le rythme était inhérent à la vie de l'esclave, tout silence nocturne devenant dès lors pour lui lourd de menaces et l'on se met alors à encourager les veillées, où chants et contes se mêlent.

L'art populaire, comme ici cette peinture anonyme de la fin du XVIIIe s., enregistre la puissance du rythme sur les corps, qui ondulent sur des cadences puisées aux sources originelles qui œuvrent à la solidarité du groupe.

Mais si le chant est résistance à la bestialisation, ce n'est pas sans connivence avec la parole qui l'accompagne :

> « Les maîtres n'aimaient pas les rassemblements de nègres silencieux. Cela leur semblait menaçant. Ils incitaient aux chants, aux cadences, aux paroles débridées. De même qu'ils avaient toléré le tambouyer et le danseur, ils vont autoriser le Conteur à parler. Et ce dernier, chevauchant la joie soûle des esclaves, va les rassurer (...) ».

Écoutons Patrick Chamoiseau lui donner voix :

> « Moi, Conteur, je donne parole aux voix égarées. Mon corps se charge des gestes, des chants, des danses. J'appelle tambour, lui parle et lui réponds et tambour prend l'envol avec mes traînes de mots. Ma voix sait perdre de sa clarté pour des hypnoses incantatoires »[1].

Ainsi, dans la nuit obscure des plantations de cannes à sucre caribéennes ou des champs de coton américains, le chant, la musique et la danse nocturnes émergent-ils comme la seule voix – la seule voie aussi – dont puisse se saisir l'être assujetti, piétiné et réifié, dénié. Le chant s'inscrit dès lors comme un espace de l'épreuve, de la mémoire. *Negro spirituals* et

---

[1] Patrick Chamoiseau, *Écrire en pays dominé, op. cit.*, p. 185.

Postérité du continent noir : cosmopolitisme de l'Art Nègre

gospels sont les dépositaires à part entière d'une histoire confisquée qui vaut parole d'évangile – telle est, du moins, l'étymologie du *gospel*, altération de *God spell*, la parole de Dieu – et peut-être portent-ils, plus que toute autre création artistique, autobiographies et témoignages d'anciens esclaves exceptés, la marque de la montée en humanité de milliers d'êtres délibérément réduits à l'état d'« outils-animés », héritiers de ces hommes-machines dans lesquels La Mettrie voyait déjà l'avenir du rationalisme, de producteurs de richesses dont se voient exclus ceux qui, au sein des grandes exploitations, œuvrent d'abord à la leur propre. D'autant que ces chants d'esclaves américains coïncident absolument avec de nombreuses variantes dans le monde esclavagiste : bélé martiniquais, gwo ka guadeloupéen, maloya réunionnais, méringue et calinda d'Haïti.

Est-ce, alors, le seul caractère sacré de ces chants profondément marqués de religiosité et par lesquels ceux qui les entonnent déclarent placer leur espoir dans le Seigneur dans une référence des plus ambiguës à l'évangile puisqu'on peut indifféremment y voir l'acceptation de la condition servile comme un partage envoyé par un Dieu vengeur – sans aucune contradiction avec les *Évangiles*, qui ont vu le jour dans une société esclavagiste – ou, dans une lecture plus récente de la parole christique, une revendication de l'égalité de tous devant Dieu qui explique que dans *Pluie et vents sur Télumée Miracle*, Simone Schwarz-Bart évoque le potentiel rédempteur du chant dans les tranchées de la servilité ?

> « quelquefois au milieu de cet ordre, de cette sérénité exsangue, une tristesse soudaine m'envahissait et j'avais soif d'un éclat de rire, et le petit fanal de Reine Sans Nom me hélait, me manquait. Et ces jours-là je me mettais à chanter, tout en faisant mon travail, et mon cœur se desserrait car derrière une peine, il y a une autre peine, c'étaient là les paroles de grand-mère. (...) et je faisais mon ouvrage en chantant, et lorsque je chantais je coupais ma peine, je hachais ma peine, et ma peine tombait dans la chanson, et je conduisais mon cheval »[1].

Manifestement, le chant est consubstantiel à la conscience et, dans le contexte évangéliste américain où prime l'examen, à la révolte. Telle est bien, d'ailleurs, la thèse d'Arlette Frund, qui prête aux chants d'esclaves américains un rôle majeur dans la lutte contre la traite et ses ravages :

---

[1] Simone Schwarz-Bart, *Pluie et vents sur Télumée Miracle*, Paris, Seuil, 1972, p. 95.

> « L'art verbal des esclaves répond au désir de faire face à une situation absurde et déshumanisante en convoquant de nouvelles façons de penser l'esclavage et la liberté. Les chansons participent à la création d'une identification communautaire et remplissent de nombreuses fonctions : moyen de communication, satires, expression de sentiments, incitation au travail et, tout simplement, plaisir »[1].

Souvent, c'est à travers le détour métaphorique des événements bibliques que s'articule dans ces chants la lutte des esclaves, leurs espoirs et leurs marronnages, au sens propre comme au figuré. Traditionnellement confortatrice, la lecture de la Bible vaut pour ces opprimés d'aujourd'hui que sont les esclaves. *Didn't my Lord deliver Daniel ?* s'interroge-t-on ouvertement, à l'abri du référent biblique, avant de répondre : *And why not every man. Est-ce que le Seigneur n'a pas délivré Daniel ? Et pourquoi pas tout un chacun ?* En 1872, il est vrai, ces paroles sont rendues dicibles, sinon audibles, par la victoire, sept ans plus tôt, des troupes de l'Union qui, en mettant fin à la Guerre de Sécession (1861-1865), a vu sanctionner constitutionnellement les principes anti-esclavagistes du Nord, même si, on le sait, la situation de fait faite aux Noirs dans les États du Sud ignore bien souvent le droit, quand il faudra attendre 1963, le mouvement pour les droits civiques et la politique courageuse de Bobby Kennedy pour que les Afro-Américains jouissent enfin d'avancées significatives. La musique n'y aura pas tout perdu puisqu'elle aura puisé à cette source des ferments de résistance que d'aucuns reprocheront plus tard à la *soul* d'avoir trahis, ne visant plus qu'une musique facile en produisant à la chaîne des tubes fort peu revendicatifs que l'industrie *mainstream* n'a guère de peine à exploiter.

Mais c'est dès 1861 que les musicologues commencent à s'intéresser à l'inscription de cette identité dans un mode d'expression dont la richesse est enfin reconnue et transparaît dans la transcription entamée de *negro spirituals* qui atteignent désormais à la dignité de corpus, auquel une audience nationale est offerte quand, en 1871, le *New York Times* publie l'un des *negro* les plus symptomatiques : *Let my people go*. Pour être prêtées à Moïse prêchant Pharaon, les paroles ne souffrent pas d'ambiguïté : l'heure de la liberté a sonné. 1871, c'est aussi l'année où est montée une chorale d'étudiants noirs de Fisk University à Nashville, les

---

[1] *Le Point,* hors-série, avril-mai 2009, p. 28.

Postérité du continent noir : cosmopolitisme de l'Art Nègre

Fisk Jubilee Singers, qui populariseront ce riche répertoire jusqu'en Europe, après avoir symboliquement chanté à la Maison Blanche devant le président Grant.

La complexité de ces pièces est enfin prise en compte, dont les racines plongent dans le rapport tout ensemble indigné et honteux, mais toujours douloureux, à sa propre histoire. De là des productions qui articulent simultanément des stratégies de résistance et d'esquive face à la prédation esclavagiste. Publié pour la première fois en 1872, *Get on board, little children, Montez à bord, les enfants*, est pleinement représentatif de cette musique dissidente et révoltée contre l'esclavage et ses mécanismes, où la double entente joue à plein. En voici quelques extraits :

> « Montez à bord, les enfants
> Le train de l'Évangile arrive
> Je l'entends qui approche
> J'entends les wagons rouler
> Et gronder à travers le pays
>
> J'entends la cloche et le sifflet
> Ils arrivent dans le virage (…)
> Ô pécheur, tu es perdu pour toujours
> Si tu restes en arrière (…)
>
> Il approche maintenant de la gare
> Ô pécheur, ne sois pas vaniteux
> Mais viens et prends ton billet
> Et tiens-toi prêt pour le train
>
> Ça ne coûte pas cher, tous peuvent partir
> Les riches et les pauvres sont là
> Pas de deuxième classe à bord du train
> Pas de différence de traitement ».

Double entente parce que, dans l'appropriation de la religion des maîtres qui a marqué le mouvement esclavagiste, le train de l'Évangile peut évoquer la mort salvatrice, qui délivre l'esclave des souffrances endurées ici-bas quand, concomitamment, l'allusion est claire à l'*underground railway*, réseau clandestin qui œuvrait à faire passer les esclaves vers le Nord abolitionniste et vers le Canada. Son pic d'activité correspond aux années

1850-60, où l'on estime qu'il a aidé à l'évasion de quelque 100.000 esclaves des Confédérés. Une partie importante de la création de ces années-là se rattache à ce train de l'espoir, dont le fameux *Let my people go*, qui met en scène un exode qui n'est pas celui des seuls Hébreux. L'histoire, on le sait, se répète et, à la même époque, outre-Atlantique, les Milanais aspirant à secouer le joug autrichien entonnaient avec la même ferveur le chœur des esclaves du *Nabucco* de Verdi, créé en 1842.

La fin de l'esclavage, marquée par des affranchissements massifs au cours du XIXe siècle, voit la situation progressivement évoluer. Évoluer mais non pas cesser, les lieux de l'épreuve se déplaçant avec les esclaves affranchis qui quittent les terres pour les abords des villes. Les chants, alors, se transforment, mais continuent de renfermer le dire d'un être écorché. Ils se reconvertissent dans des formes qui mettent en avant les traits saillants des cultures d'outre-Atlantique, blues et jazz en tête aux États-Unis, *bélé* à la Martinique, autant de productions qui rendent compte du changement de statut du travailleur noir comme des errances qu'il a induites.

Si la violence change de forme, elle ne disparaît en rien dans ce nouveau dépaysement où Patrick Chamoiseau rapporte que le conteur martiniquais « fut immobilisé » en termes on ne peut plus évocateurs : « Et la résistance des danseurs tambouyés quimboiseurs mentô s'allongea en dérive sur le trottoir des villes »[1].

Entre cette dérive et le *drive* anglais, il y a place pour bien des dérives qui ne sont pas que lexicales et le créole ouvre en grand les portes de la « Drive », d'abord flânerie ou balade[2], puis errance sans fin[3] ni but mais toujours – depuis que le terme s'est appliqué à la fuite des Nègres marrons – fortement liée à une quête d'identité, indissociable d'épreuves. Dans ce contexte très marqué, le Driveur s'est vite affirmé comme un affranchi et en est progressivement venu à glisser vers la marginalité, à contre-courant des valeurs dominantes, investissant les espaces de la contre-culture, urbaine notamment si, comme le dit Chamoiseau, la

---

[1] Patrick Chamoiseau, *Écrire en pays dominé, op. cit.*, p. 189.
[2] Le verbe admet différentes formes : *drivayé* en créole guadeloupéen, *drivé* en créole martiniquais.
[3] Patrick Chamoiseau lui assigne la définition suivante : « une situation peu reluisante dans laquelle on erre sans fin », *Écrire en pays dominé, op. cit.*, p. 185.

Postérité du continent noir : cosmopolitisme de l'Art Nègre

« Drive est cette errance dans l'En-ville ». C'est ainsi qu'aux États-Unis, la misère de la plantation l'a cédé à celle des ghettos où viennent se déverser les nouveaux exclus que l'espoir de plus d'opulence mène vers les agglomérations. Après tout, chacun ne peut-il aspirer aux promesses du *rêve américain* dans cette *terre des opportunités* que l'Amérique se fait fort d'être pour peu qu'il sache se faire sa place au soleil par son travail, sa volonté et sa persévérance ?

Or, justement, c'est bien de rapport au travail et de la place que chacun se voit reconnaître dans la société qu'il est question dans ces nouvelles jungles urbaines – celles du Nord-Est industriel, notamment – qu'ont gagnées nombre de Noirs que la mécanisation de l'agriculture a chassés des plantations, quand ce n'était pas la politique du Ku Klux Klan, qui multiplie les lynchages à compter des années 1890, dans la nouvelle musique à la mode, ce jazz qui fait fureur, héritier, comme les *negro spirituals* et le *gospel*, des anciens *work songs*, de ces chants de travail qui rythmaient le dur labeur des esclaves. Ce jazz qui naît logiquement dans le Sud, à la Nouvelle-Orléans, d'un mélange d'influences qui intègre le métissage avec la musique du Sud profond, du delta du Mississippi, le Blues, la voix de ceux qui ont les idées noires. Et pas que les idées.

Au début du XXe siècle, quand perce le jazz, voilà 40 ans que l'esclavage est aboli, sans que, pour autant, la « question noire » soit réglée, comme le montre l'œuvre de Richard Wright (1908-1960), natif du Mississippi et petit-fils d'esclaves, dont les textes, *Native son* (*Un Enfant du pays*, 1940)[1] et *Black Boy* (1945), à forte dominante autobiographique, connaissent un succès retentissant qui dit l'urgence d'apporter des réponses satisfaisantes à une situation où tant l'idéologie que la pratique ségrégationnistes perdurent dans les États du Sud.

Pourtant, si la promotion sociale se fait attendre pour les Afro-Américains, la recomposition sociale est bien là, dont témoigne un nouveau mode d'expression, le jazz, dont s'est saisi le Nègre américain nouvelle

---

[1] La violence du héros y est montrée comme la résultante de la violence à la fois sociale et raciale faite aux Noirs. Le tableau a beau être excessivement noir, l'ouvrage est immédiatement épuisé. Il connaîtra un succès sans précédent qui propulse Richard Wright dans la sélection du *Grand livre du mois*, une première pour un Afro-Américain que l'on compare à Steinbeck.

manière pour porter sa conscience de race et sa revendication de classe, toutes classes confondues, d'ailleurs, quand le prolétaire côtoie dans les clubs les « évolués » de la classe moyenne. Langston Hughes, le chantre de la Renaissance de Harlem, ce mouvement de renouveau artistique qui a marqué les années 1920 en faisant de Harlem « la capitale mondiale de la culture noire », devait se souvenir longtemps avec émotion de ces lieux où l'on dansait frénétiquement le Black Bottom, dont le rythme syncopé reprend celui du Charleston :

« Presque tous les samedis soirs quand je me trouvais à Harlem j'allais à une *rent party*. J'ai écrit beaucoup de poèmes à propos de ces *rent parties*, j'y ai mangé plus d'un poisson frit ou d'un pied de cochon copieusement arrosé. J'y ai rencontré des femmes de chambres et des chauffeurs de camion, des cireurs, des couturières et des porteurs. Leur rire résonne encore dans mes oreilles, J'entends encore la musique douce et lente et je sens le plancher trembler sous les pieds des danseurs »[1].

Commentant ses poèmes, Langston Hughes leur assigne un comparant inattendu, qui consent cet aveu : « dans la plupart d'entre eux j'essaie de saisir et de conserver la signification et le rythme du jazz »[2]. Parler de *signification* dit bien que le jazz n'est pas qu'un style musical mais

---

[1] Langston Hughes, « Quand le Nègre était à la mode », in Isabelle Richet (dir.), *Harlem 1900-1935, De la métropole noire au ghetto, de la Renaissance culturelle à l'exclusion*, Paris, Éditions Autrement, 1993, p. 117.
[2] *Ibid.*, p. 129.

Postérité du continent noir : cosmopolitisme de l'Art Nègre

bien une forme-sens, « l'une des expressions inhérentes à la vie des nègres en Amérique : l'éternel tam-tam qui résonne dans l'âme noire – le tam-tam de la révolte contre la lassitude de vivre dans un monde blanc, un monde de métro et de travail, de travail, de travail ; le tam-tam de la joie et du rire, et de la peine qu'on avale derrière un sourire »[1].

À cette période, dans les années 1920-30, le mouvement n'a rien de confidentiel et diffuse bien au-delà des élites noires montantes, qui peuvent s'appuyer sur une bourgeoisie de couleur établie à Sugar Hill, formée dans les prestigieuses université de la côte Est, Columbia et Harvard en tête. Dans tous les domaines, la culture se démocratise et Harlem fait figure de tête de pont pour toutes sortes d'expériences artistiques qui en font un pôle d'attractivité exceptionnel. C'est particulièrement patent dans le domaine de la musique, quand Harlem siphonne progressivement tous les grands noms du jazz, arrachés à Washington et, surtout, à Chicago. Duke Ellington est le premier à venir y tenter sa chance en 1923, suivi par Louis Armstrong et une impressionnante cohorte : Count Basie, Paul Robeson, Billie Holiday...

---

[1] *Ibid.*, p. 130.

Le courant s'internationalise et nombreux sont ceux des membres de la Renaissance de Harlem qui ont participé à sa reconnaissance sur le Vieux Continent, notamment à Paris où une Revue Nègre est créée en 1925 au Théâtre des Champs-Élysées[1] autour de Joséphine Baker dont l'entregent fait beaucoup pour populariser la culture noire et les standards du jazz. 28 artistes noirs – dont Sidney Bechet – s'y produisent et donnent pour la première fois à voir une interprétation de la culture noire peut-être un peu leste (les fameuses danses seins nus), mais dégagée de tout relent colonialiste et fondamentalement moderniste, que viennent applaudir Robert Desnos, Cendrars ou Picabia.

Si le Paris de l'entre-deux-guerres se prend d'engouement pour le jazz, c'est dès avant la fin de la Grande Guerre que les *jazz bands* débarquent en France, dans les bagages des soldats américains, important pour longtemps une culture négro qui fera encore les beaux jours d'un Saint-Germain-des-Prés que hantent, en 1949, Juliette Gréco et Miles Davis ou Boris Vian. Autant de figures parisiennes qui prennent la suite de Gertrude Stein dont l'œuvre, d'écrivain mais surtout de mécène, est bien connue en faveur de l'art moderne, du cubisme notamment – férue de Matisse, elle rappelle que c'est lui qui introduisit Picasso à l'Art Nègre. Néanmoins, si elle protège littérateurs et plasticiens, sa connaissance du continent d'origine et de ses cultures endogènes demeure moins évidente. Les manifestes fleurissent. Cocteau donne un poème « Le Nègre » (1923), mis en musique par Honegger, et Blaise Cendras publie *L'Anthologie Nègre* en pleine vague de « négrophilie » de 1921, que le Théâtre des Champs-Élysées – toujours lui – demandera à Darius Milhaud d'adapter (ce sera *La Création du monde*, en 1923) dans les décors d'un Fernand Léger dès longtemps acquis aux lignes de l'Art Nègre.

Béziers n'est pas en reste pour ce qui est de la fièvre du jazz où une formation se produit dès 1927, Béziers qui, dans l'entre-deux-guerres, attire les plus grands – ainsi de Joséphine Baker et ses Jazz-Boys –, avant de connaître, après la Libération, un véritable engouement qui fait les beaux jours du Hot Club.

---

[1] Qui cherche à renouveler un coup médiatique aussi fumant que celui des Ballets Russes (1913-1917), qui lui permette de renouer avec le succès, même de scandale.

Postérité du continent noir : cosmopolitisme de l'Art Nègre

À gauche, de passage en 1949 pour un concert, le saxophoniste Don Byas et Bill Coleman, ce « Gentleman de la trompette » qui fut de la grande époque du Savoy de Harlem et qui devait porter la vogue du swing, goûtent les joies des Allées Paul Riquet.

À droite, le cornettiste Rex Stewart, figure éminente de l'orchestre de Duke Ellington, débarque à Béziers accompagné de ses musiciens, en 1947. Très impliqué dans l'aventure « Jazz At The Phiharmonic », il tourne à travers l'Europe dans les années 1947-1951. Il donne notamment une série de conférences au Conservatoire de Paris et met à profit ces contacts pour enregistrer avec des musiciens français, parmi lesquels Django Reinhardt[1].

Entre Afrique, Europe et États-Unis, les influences circulent en tous sens. L'un des membres de la Renaissance de Harlem à avoir profondément marqué les auteurs africains est Claude McKay (1889-1948). Né à la Jamaïque, il se montre des plus actifs à New York où il donne, en 1928, *Home to Harlem* (*Ghetto noir*), qui devait impressionner les intellectuels noirs de la zone caraïbe et de l'Afrique de l'Ouest.

---

[1] Pour plus de détails, voir Alex Bèges, Jacqueline Pech, *Un siècle de spectacles, de divertissements & de plaisirs à Béziers, 1860-1960,* Béziers, Société Archéologique, Scientifique & Littéraire, 2012, p. 112.

Non sans créer la polémique, puisqu'un autre maître de la Renaissance, William E. B. Du Bois (1868-1963), l'auteur des *Âmes du peuple noir*[1] (1903), lui reproche sa complaisance à décrire la vie sexuelle du ghetto sans rien épargner de son caractère sordide et violent, au risque de flatter « les exigences de lascivité des éditeurs et des lecteurs blancs à la recherche de descriptions de la licence noire ».

Banjo, l'année suivante[2], avec son hymne à la diversité et au partage, œuvrera à la réconciliation par cet opus où l'entreprise fictionnelle repose sur un pont jeté entre les trois continents qui comptent dans la diaspora africaine et sa diversité culturelle.

C'est également dans ce livre, où le titre renvoie à la mise en fiction de la musique, que McKay évoque, dans le Marseille des années 1920, une entrée fracassante sur la scène créative littéraire.

Enté sur les difficultés de ces minorités noires aux statuts divers – musiciens, navigateurs, tirailleurs démobilisés, ou dockers – et aux origines multiples – Antillais, Africains, Maghrébins… –, le roman, renvoie, dès le titre, à la réhabilitation du nègre par les arts et à l'avènement du jazz, emblème de ce processus, dans la société française. Sensible à l'idée de diaspora, McKay pose un regard truculent sur ces personnages qui incarnent et l'Ailleurs et l'Autre dans un espace romanesque qui s'affiche lieu de mémoire en retrouvant la richesse des cultures dominées que réactivent les potentialités créatives des personnages. Pionnier de la

---

[1] *The Souls of Black Folk*, où il donne libre cours à sa formation de sociologue.
[2] Réédité en 2009 par les Éditions André Dimanche. Traduction de Louis Guilloux.

Postérité du continent noir : cosmopolitisme de l'Art Nègre

Négritude, McKay a ouvert la voie aux habitués du quartier latin qui se pressent, comme Boris Vian, dans les caves de la rue de Rennes où revivent les cultures piétinées ou ignorées. Certaines d'entre elles du moins, puisque l'Afrique originelle, comme du reste l'Afrique coloniale, ne connaît pas un tel engouement, qui devra attendre que paraissent des figures comme Senghor (1906-2001), Damas (1912-1978) ou Césaire (1913-2008), eux-mêmes nourris par le vent nouveau qui vient d'outre-Atlantique, pour que le Noir, l'Afrique et son héritage soient enfin réhabilités.

L'ère des indépendances, aussi, était passée par là, pour rendre possible que se tienne, en 1966, à Dakar, le premier Festival mondial des Arts Nègres qu'organisent conjointement, sous l'égide du prestigieux Léopold Sédar Senghor, la jeune revue *Présence Africaine* et La Société Africaine de Culture, événement fondateur pour l'identité culturelle et artistique du continent africain qui y gagne une visibilité et une légitimité.

Malraux, Césaire, Langston Hughes en sont pour la littérature, Duke Ellington et Joséphine Baker pour la musique, mais la représentation de cette Renaissance africaine est celle de tous les arts – danse, cinéma, arts plastiques… –, dans une communion festive qui mobilise tant l'émotion que la pensée.

Avec *Banjo*, McKay chante le cosmopolitisme dans ses balbutiements. Par son refrain « Shake that thing » (secouez-moi ça), il invite ses lecteurs à secouer, non seulement les corps dans une danse endiablée, mais encore les idées reçues, à décloisonner les mondes dans une lecture plurielle et interculturelle dont rend bien compte La Fosse, ce quartier portuaire, populaire et cosmopolite, où il implante son action et dont il fait l'espace même de la rencontre avec l'Autre, qu'il soit ethnique ou social, Étranger ou Prolétaire, voire les deux.

La centralité de cette jonction entre littérature et musique, qu'avait affirmée la Renaissance de Harlem, la réhabilitation du regard jeté sur soi ainsi que l'importance de l'héritage endogène vont se vérifier chez maints auteurs francophones. Ainsi, parlant des *Élégies Majeures* de Senghor (1979) et de ses chants, Aimé Césaire leur assignera-t-il l'art oral pour source fondamentale, celui des griots, originant de fait l'écriture du grand Senghor dans son terroir souche. Et de même pour Ousmane Sembène (1923-2007), lui aussi hôte, en son temps, de Marseille où il a travaillé comme docker[1] avant que cet autodidacte ne se tourne vers la littérature puis vers le cinéma[2], lui pour qui chant et musique seront intimement tissus à ses œuvres, tant littéraires que cinématographiques. C'est que l'un comme l'autre modes participent, par leur dynamique, de la re-sémiotisation des créations africaines. Ils s'affichent comme une écriture de soi qui signifie immédiatement, intimement, face à un processus d'assimilation sans fin. Dans son long métrage *Emitaï* (1971) comme dans son roman *Les Bouts de bois de Dieu* (1960), le chant joue comme pivot de la résistance, comme écho des volontés :

> « Très vite, il apparut cependant que la reconstitution d'un sujet doté d'un visage d'une voix et d'un nom propres n'était pas simplement une tâche pratico-politique. Elle supposait un énorme travail épistémologique, voire esthétique. L'on pensait que pour se libérer une fois pour toutes de l'aliénation coloniale et pour se guérir des blessures infligées par la loi de la race, il fallait se connaître soi-

---

[1] Celui qui a débarqué comme clandestin à Marseille publiera d'ailleurs *Le Docker noir* en 1956, son premier roman.
[2] Significativement, c'est en 1960, l'année de l'indépendance du Sénégal, que ce natif de Casamance commence à songer au pouvoir de l'image pour toucher, par le cinéma, ceux qui ne sont pas concernés par l'écrit, et promouvoir une image décolonisée de l'Afrique, fière de ses racines. En 1966, son premier film, *La Noire de...*, qui sera aussi la première production « négro-africaine » du continent, sera unanimement salué par la critique (il obtient le Prix Jean Vigo).

> même (...) il fallait, pensait-on, réhabiliter les formes endogènes du langage et de la connaissance »[1].

En Afrique, aujourd'hui encore, chant et musique rythment le quotidien dans ses moindres tâches. Au-delà de leur valeur individuelle, ils prennent souvent sens comme productions collectives, en relation étroite avec les œuvres de la littérature orale, « qu'il s'agisse de l'intervention de la voix, de l'accompagnement instrumental ou d'une combinatoire des deux »[2]. Ils font l'objet, dans de nombreuses ethnies, d'une sacralisation et d'une ritualisation qui demeurent vivaces quand la musique, autant que la littérature, révèle l'imaginaire d'un peuple, ses croyances, sa représentation de l'univers. Loin de la rationalité occidentale, le musicien et son instrument peuvent se voir investis d'un rôle majeur où ils prennent en charge ancêtres ou divinités. Ainsi dans les chants de certaines corporations qui ont maintenu leurs activités spécifiques, dont les productions orales chantées assurent la mémoire et la célébration. Le meilleur exemple en est le mvet, qui désigne tant le récit épique mythologique (le mvet ekang) que chante le barde, lequel ne peut toutefois mériter ce statut qu'à la seule condition de posséder « les charmes du mvet » et d'en passer par une initiation spirituelle et technique aux arcanes de cet art. Nonobstant la modernité galopante et la disparition d'une vision aussi sacralisante de l'art oral, notamment en milieu urbain, la survie de ces répertoires confère au chant son charme – au sens étymologique du terme. Comme le dit le barde des Fang :

> « Chanter le mvet, c'est avant tout faire sonner les voix de nos pères, répéter les paroles du passé et la voix du chanteur est en quelque sorte possédée par ces autres voix. C'est le mvet qui parle et toutes ces choses ne sont pas dans mon cœur »[3].

---

[1] Achille Mbembe, *Sortir de la grande Nuit. Essai sur l'Afrique décolonisée*, Paris, La Découverte, p. 56.
[2] Ursula Baumgardt, « La Performance », in Ursula Baumgardt et Jean Derive (dir.) *Littératures orales africaines, perspectives théoriques et méthodologiques*, Paris, Karthala, 2008, p. 72.
[3] Jean Derive, Christiane Seydoux, « Genres littéraires oraux : quelques illustrations », *ibid.*, p. 221.

Ce recours confère au chant et à la musique leur ressort de vecteurs d'identité, dans une perspective non pas profane et illustrative mais symbolique et sacrée, sans pour autant négliger la virtuosité des productions artistiques modernes, qui résonne dans bien des œuvres de la première génération postcoloniale.

Bien des auteurs des anciennes colonies, tant anglophones que francophones, se sont appuyés, dans leurs luttes contre l'acculturation et la dépersonnalisation, maux hérités de la colonisation, sur un retour aux sources originelles d'une oralité féconde nourrie par les chants et les productions du terroir. Le Kenyan Ngugi wa Thiong'o décrit dans *Décoloniser l'esprit* sa propre expérience avec les villageois de Kamiriithu, son village natal, où il a créé un théâtre populaire. Dans cette expérience expressément tournée vers les racines du terroir, la place accordée au chant et à l'interprétation de l'héritage oral démontre de quel poids ils pèsent dans l'appropriation d'une identité longtemps oblitérée, au point que Ngugi wa Thiong'o lui-même a découvert cette puissance du refoulé en renonçant à l'anglais du colonisateur pour ne plus écrire que le seul kukuyu et revenir aux sources de l'indigénat. Le succès rencontré auprès des gens du cru, acteurs de leur propre histoire dans les modes d'expression mêmes de leurs traditions, n'a d'égale que l'opposition gouvernementale, qui dévoile les embarras identitaires des classes dirigeantes, prises dans des stratégies contradictoires :

> « Il y a d'abord les chansons et les danses, essentielles dans les rites qui célèbrent la pluie, la naissance, la deuxième naissance, la circoncision, le mariage, les funérailles, et dans toute cérémonie. Même les discussions ordinaires entre paysans sont souvent entrecoupées de chansons, parfois une phrase ou deux, parfois un couplet, une chanson entière. Le chant et la danse ne sont jamais de simples ornements, mais représentent un élément à part entière de la conversation, du toast, du rite ou de la cérémonie en cours. De même, dans *Ngaahika Ndeenda,* nous fîmes notre possible pour les intégrer vraiment à la structure de la pièce. Les chansons naissent des

répliques qui les précèdent et conduisent d'elles-mêmes à la suite de l'intrigue ; elles prolongent l'action, la continuent sans la rompre »[1].

Du côté de l'Afrique francophone, l'Ivoirien Ahmadou Kourouma (1927-2003) compte parmi ceux qui ont donné une nouvelle vie à l'héritage oral en en intégrant les productions dans la trame des fictions écrites, dans un métissage hardi qui cumule les légitimités, l'occidentale et l'autochtone[2]. *En attendant le vote des bêtes sauvages* (1998) s'impose comme un roman-dansomana, une œuvre inspirée des chants de chasseurs du Mandé pour dire l'indicible des dictatures postcoloniales sous couvert de récit cynégétique truffé d'allusions à des dictateurs à totems, exposant ainsi la prédation contemporaine et les modalités qu'elle emprunte. Si, dans les œuvres orales, la musique convoque le mythe, le sacré, et le pérennise, son inscription dans le roman renvoie souvent à une quête : celle d'un sens de l'existence moderne qui use, comme fil d'Ariane, du substrat endogène que les auteurs s'emploient à subvertir à loisir, mettant à nu par ce recours les dérives postcoloniales à partir d'un imaginaire en partage.

En France comme dans de nombreuses capitales occidentales, « aujourd'hui, *la plantation* et *la colonie* se sont déplacées et ont planté leurs tentes ici même, hors les murs de la Cité (en banlieue) »[3]. Une nouvelle *Drive* qui concerne de nombreuses cultures minoritaires qui croisent leurs créations et tentent d'établir un dialogue avec l'altérité originelle d'un territoire approché et qui, pourtant, résiste et demeure largement inaccessible. Si la génération de ces travailleurs qui, dans les années 1950-60, analphabètes et désorientés, sont venus peupler les foyers de travailleurs immigrés, a confié son héritage à des cassettes destinées aux oreilles des leurs, leurs descendants s'emploient à leur manière à sortir des ornières de l'invisibilité.

---

[1] Ngugi Wa Thiong'o, *Decolonising the Mind*, East African Editional Publishers, 1986. Traduction française de Sylvain Prudhomme, *Décoloniser l'esprit*, Paris, La Fabrique, 2011, p. 83.
[2] Voir Lobna Mestaoui, *Tradition orale et esthétique romanesque : aux sources de l'imaginaire de Kourouma*, Paris, L'Harmattan, 2012.
[3] Achille Mbembe, *Sortir de la grande Nuit. Essai sur l'Afrique décolonisée, op. cit.*, p. 94.

José-Louis Bocquet et Philippe Pierre-Adolphe retracent la généalogie de ce mythe urbain :

> « Au commencement de tout, il y a des lignes horizontales et verticales sans horizon. Ce sont ces cités de béton réduites à leur plus austère expression. Cités sans futur régies par le mutisme et l'abnégation.
>
> Mais les règles implicites de ce monde n'ont tenu qu'une génération. La suivante a su échapper à l'étouffement et au bâillonnement. Elle s'est emparée de la parole et s'est approprié ce dont personne ne voulait : le métro, le bitume et la rue »[1].

Des auteurs comme Sami Tchak, Fatou Diome, Bessora, Patrice Nganang, Alain Mabanckou, des musiciens comme Youssoupha, Corneille ou encore Souleymane Diamanka, Capitaine Alexandre et Abd al Malik, issus de l'Afrique, renvoient aux descendants des anciennes colonies, à cette présence au monde occidental, aux soubresauts et aux difficultés de l'intégration et de la rencontre :

> « Chaque visage que l'on touche,
> Chaque Étranger sur la route,
> Tous ces espoirs imitant le doute
> C'est un peu de tout ça qui écrit l'histoire
> C'est un peu de tout ça,
> On est fait d'un peu de tout ça
> Tu sais
> Toute vérité a bonne mémoire
>   (...)
> Je raconte les épreuves accomplies
> Les rêveurs incompris
> Les misères, les hivers, les petits frères en sont pris
> les décès, les écoles, les excès, les alcools
> les machines, les racines de Martin et Malcom... ».

S'inscrire dans une création engagée qui garde à l'esprit les problèmes des minorités issues des anciennes colonies et envisager la culture hip-hop (danse, graffiti, rap, slam...) comme « une nouvelle scène

---

[1] José-Louis Bocquet, Philippe Pierre-Adolphe, *Rap ta France*, Paris, Flammarion, 1997, p. 9.

de la pensée noire »[1] à l'instar des initiateurs américains, Cornel West en tête aux États-Unis (professeur à Princeton et rappeur), marque la démocratisation d'une prise de parole qui n'est plus réservée aux intellectuels et à leurs cercles fermés, mais s'étend jusqu'aux bastions du 93 et du 95. Aux États-Unis, le rap s'est illustré dans l'évocation des inégalités sociales, des « désillusions des jeunes noirs après les grands combats pour les droits civiques », renvoyant souvent à des figures fondatrices comme Malcom X et Martin Luther King[2]. Les jeunes chanteurs issus de l'immigration se sont ainsi inspirés, comme leurs prédécesseurs, intellectuels compris, des apports venus d'outre-Atlantique : la dénonciation des ghettos des banlieues, l'évocation du délit de faciès et la célébration de la culture d'origine comme ancrage dans un univers vacillant s'inscrivent comme une dominante, une référence pour échapper à une acculturation insidieuse et jugée dangereuse. La spécificité du hip-hop français réside quant à elle dans cette attache à un processus de créolisation tissu de la diversité des origines où se côtoient le Maghreb, les Antilles, l'Afrique et d'autres Ailleurs. Un phénomène de concomitance caractéristique autant que corrélatif de l'héritage impérialiste occidental.

Dans « Moment d'humanité », extrait de son album *L'Hiver peul* (2007), Souleymane Diamanka, bien que né à Bordeaux dans les années 1970, se sent dépositaire de la culture héritée de ses ancêtres peul au point d'importer dans la culture urbaine du *slam* dont il est l'un des représentants le performateur traditionnel – qu'assume, en l'occurrence, le griot du terroir, si « le griot et ses textes c'est l'architecte et ses maçons et quand se dressent les murs de l'imagination, même la misère a ses moissons » – pour retrouver, à travers son chant, la présence d' « Une poésie mystérieuse [qui] occupe le subconscient » jusqu'à fusionner les influences, quand « c'est l'art griotique venant du Sud qu'on sent ». Bien que totalement intégré aux circuits modernes de l'industrie occidentale du disque, avec *L'Hiver peul*, Souleymane Diamanka, à l'instar des artistes traditionnels, retrace la généalogie de son peuple et investit la parole des pleins pouvoirs et, en cela,

---

[1] Voir l'article consacré à ce mouvement : « La culture hip-hop, nouvelle scène de la pensée noire » de Valérie Marin La Meslée avec Victoria Gairin in *Le Point*, n° 22, avril-mai 2009.
[2] *Id. ibid.*

il compte bien parmi ces *Enfants d'Hampâté Bâ*, pour reprendre le titre du film documentaire qu'Emmanuelle Villard lui a en partie consacré (2011). En atteste une chanson manifeste, « L'hiver peul », en hommage à la grandeur de son origine, à la nomadité comme errance perpétuelle, à l'exil choisi comme une absence :

> « Mon père était berger avant d'être ouvrier
> il était prince avant d'être pauvre
> avant ce bâtiment quelconque dans la clairière des ouvriers,
> il habitait dans une case immense, à Sahame Kanta Kasamance
> il a quasiment bravé la mort en dansant autour du feu comme la fumée d'un bâton dansant.
> Entrevoir un avenir meilleur pour sa femme et ses enfants ».

Abd Al Malik et Capitaine Alexandre[1] comptent parmi ces jeunes artistes qui s'inspirent des œuvres francophones pour mettre l'accent sur les nouvelles modalités de l'exclusion et de la déshumanisation. Forts d'une écriture à cheval entre plusieurs cultures, où cohabitent rythmes et imaginaires, dénonçant au passage la dérive des ghettos, ils mettent leurs espoirs en une mixité fructueuse, qui commence avec la création artistique. Si les débats sur ces formes nouvelles d'expression sont passionnés, comme en témoignent les polémiques lancées en septembre 2008 par Jacques Denis dans un article du *Monde diplomatique* intitulé « Rap domestiqué, rap révolté »[2], reste qu'en saluant Juliette Gréco, figure mythique du petit monde germanopratin, *L'Envers et l'Endroit* d'Albert Camus (1937) ou encore *Ces gens-là* de Brel, qu'il réécrit et chante en se le réappropriant, Abd Al Malik impose l'avènement d'un hip-hop savant qui refuse de s'encanailler et s'affirme comme élitiste, ce par où il désigne une autre modalité pour échapper à l'invisibilité. Non sans ambiguïté, d'aucuns lui reprochant une « conscience tiède », sourde aux problèmes des quartiers délaissés mais non à la voix de la médiatisation, moyen terme pour un droit de représentation feutré.

Il n'empêche que ce foisonnement de voix et ce florilège d'œuvres annoncent l'avènement d'un discours sur soi dont l'audience dépasse les

---

[1] À travers son recueil *ADN*.
[2] www.monde-diplomatique.fr/2008/09/DENIS/16290

cercles étroits d'où ils procèdent, engageant différents acteurs aux divers parcours et postures, des radicaux censurés aux complaisants bien en cour.

Du *Fleuve*[1] ou du *Minerai noir* (1956) et ses descendants – comme se plaît à l'écrire René Depestre –, dont les œuvres se déclinent en bélé, gospels et jazz, du *Mât de Cocagne*[2] à *Solibo Magnifique*[3] – pour s'en tenir à ces deux emblèmes –, on ne compte plus les œuvres qui renvoient à des pans du vécu caraïbien, aux nations africaines, devenues indépendantes, aux banlieues occidentales où ont été repoussées les frontières de l'épreuve parmi lesquelles il faut compter les productions postcoloniales et hexagonales en héritage : le bien nommé recueil du Capitaine Alexandre, A.D.N. – pour Afriques, Diaspora, Négritude –, la réactualisation des chants de chasseurs que donne Kourouma avec son troisième roman, *En attendant le vote des bêtes sauvages*, le *slam*, entre pays peul et Bordelais, de Souleymane Diamanka…, autant d'œuvres qui, dans leurs diversités, conjuguent chant et littérature et assurent la postérité du continent noir, entre émergence et lutte contre « les capacités originaires de brutalité, de discrimination et d'exclusion »[4]. Pour ces artistes et intellectuels qui sont comme autant de passeurs entre musique et littérature, s'imposer sur l'échiquier mondial, renouant avec les premiers courants transcontinentaux qui ont vu le passage des rythmes africains vers l'Amérique des plantations puis vers l'Europe des revues, revient à prolonger cet élan de « frémissements d'expressions plurielles » qui donne la parole aux « sans-bouches » et « sans-visages » modernes. De la lutte pour les libertés fondamentales à la conquête de la visibilité, il en va d'un élan d'existence et d'affirmation de cette existence.

Ces différentes expériences esthétiques et artistiques s'imposent, dès lors, comme participant d'une entreprise de dévoilement de ce vécu des dominés, de la marginalisation et de l'émergence de voix jusque-là inaudibles pour lever, selon l'expression de William Du Bois, « le voile sombre de la couleur ». Musique et littérature ont concouru à porter à la

---

[1] René Depestre, *Ainsi parle le fleuve noir*, Grigny, Paroles d'Aube, 1998.
[2] René Depestre, *Le Mât de Cocagne*, Paris, Gallimard, 1979.
[3] Patrick Chamoiseau, *Solibo Magnifique*, Paris, Gallimard, 1988.
[4] Achille Mbembe, *Sortir de la grande nuit. Essai sur l'Afrique décolonisée, op. cit.*

figuration et à la représentation un processus de créolisation et de métissage qui, après une longue acclimatation nourrie des formes nouvelles de la circulation triangulaire Afrique-Amérique-Europe, désormais durablement implanté, dévoile la nouvelle donne qui régit le monde, mettant l'accent sur la dispersion des diasporas africaines, l'enlisement et l'aliénation caractéristiques de certaines situations, tout en insistant sur la prédominance de cet élan jubilatoire qu'invoque la création, prodromique d'un avenir meilleur dont le paroxysme serait, dans une ironie décapante, l'émergence des *États-Unis d'Afrique*[1], selon la vision à rebours d'Abdourahman Wabéri.

---

[1] *Aux États-Unis d'Afrique* est un roman écrit par Abdourahman A. Waberi où l'Afrique est représentée comme l'Eldorado convoité par des Occidentaux affamés, dont les pays sont en proie à des guerres fratricides. Une œuvre qui, renversant les réalités actuelles, relativise notre rapport à l'Autre en inversant les contextes vécus, quand l'Occidental pauvre et exilé vient frapper à la porte de l'Afrique, cherchant pitance et refuge.

Les Auteurs

Claude ALBERGE a durant toute sa vie professionnelle, comme enseignant d'histoire-géographie puis comme proviseur de lycée, été animé par la passion de la recherche. L'histoire du Languedoc et Molière (il est né et vit à Pézenas) ont été les principaux objets de ses travaux, dont certains ont été publiés. Dans son *Voyage de Molière en Languedoc (1647-1657)*, paru aux Presses du Languedoc, à Montpellier, en 1988, il fait la part entre la fiction et la réalité dans une période mal connue de la vie du plus illustre des comédiens en la situant dans le temps et l'espace. Plus récemment, en 2009, sortant du cadre régional, il a publié, aux éditions Domens, un *Et Molière devint dieu* où il montre comment s'est progressivement construite, notamment sous l'influence des « moliéristes », l'image changeante d'un Molière dont nous avons hérité.

Béatrice DIDIER est Professeur émérite à l'École Normale Supérieure de la rue d'Ulm. Elle a constamment mené, de concert avec ses recherches sur la littérature française des XVIIIe et XIXe siècles (Senancour, Chateaubriand, Stendhal, George Sand...), des travaux de musicologie. Animatrice d'un séminaire sur « Littérature et Musique » (ENS-Ulm), elle est l'auteur de *La Musique des Lumières, Diderot, l'Encyclopédie, Rousseau* (PUF, 1985) et vient d'achever un essai sur le *Le Livret d'opéra en France au XVIIIe siècle* (Voltaire Foundation, 2013). Elle collabore régulièrement à la chronique musicale de la revue *Europe*.

Gérard GOBRY est Agrégé de Lettres Classiques et Docteur de IIIe cycle en Littérature contemporaine. Enseignant et chercheur au Centre universitaire catholique de Bourgogne (CUCDB), il dirige l'Institut de formation à l'étude et l'enseignement des religions (IFER). Il est par ailleurs musicien amateur, chanteur et chef de chœur.

Christopher HAINSWORTH a été pendant 15 ans Professeur à l'Université de Waikato, en Nouvelle-Zélande, d'abord comme Maître de Conférences en Lettres françaises et Musique, puis comme Directeur du Département de

Musique. Menant en parallèle une carrière de concertiste, il a été nommé par la suite Directeur du Conservatoire de Béziers et titulaire des orgues de la cathédrale de cette même ville. Il s'est toujours particulièrement intéressé à la musique française et à ses liens avec le contexte historique et artistique.

Laure LÉVÊQUE est Professeur de Littérature à l'Université de Toulon. Elle s'intéresse à l'Histoire en tant qu'objet en construction au cours du long XIXe siècle, à la pluralité des champs qui y ressortissent comme à la part des élaborations imaginaires et idéologiques dans la transmission et la construction des référents culturels. Après *Le Roman de l'histoire* (L'Harmattan, 2001), elle a consacré à ces questions son *Penser la nation. Mémoire et imaginaire en révolutions* (L'Harmattan, 2011).

Mathieu LOURS est agrégé et docteur en histoire. Il enseigne actuellement l'histoire des arts en classes préparatoires aux grandes écoles au lycée Léon Blum de Créteil et est chargé d'enseignement en histoire moderne et en histoire de l'architecture à l'université de Cergy-Pontoise. Son travail de thèse, publié aux éditions Picard sous le titre *L'autre temps des cathédrales* porte sur les aménagements des chœurs de cathédrales en France après le concile de Trente. Son intérêt pour les cathédrales l'a conduit à réaliser de nombreuses publications sur ce thème, notamment *Cathédrales d'Europe*, coécrit avec Alain Erlande-Brandenburg, aux éditions Citadelles-Mazenod ou encore *Dictionnaire des cathédrales*, aux éditions Gisserot. Il dirige actuellement une collection aux éditions Picard consacrée aux églises de Paris pour laquelle il achève une monographie de l'église de Saint-Sulpice. Ses travaux universitaires portent désormais sur les architectures sacrées néoclassiques en France à la fin du XVIIIe siècle.

Catherine MARIETTE-CLOT est Maître de conférences HDR en Littérature française à l'Université Stendhal-Grenoble 3, membre du « Centre d'études stendhaliennes et romantiques » de l'équipe E.A. 3748 - Traverses 19-21. Elle a fait paraître une édition critique, *Napoléon de Stendhal* (Stock, 1998) et publié de nombreux articles sur cet auteur. Ses travaux portent actuellement sur la notion de « romanesque » au XIXe siècle (notamment à travers les œuvres de Stendhal et de George Sand). Elle a édité *Simon* pour les *Œuvres complètes* de George Sand (Champion, 2010) et participe à l'édition en cours des *Journaux et papiers* de Stendhal. Récemment, elle a dirigé deux ouvrages collectifs *La Tradition des romans de femmes XVIIIe-*

XIXe siècles, paru chez Champion, en 2012 et *L'Expérience romanesque au XIXe siècle* (revue *Romanesques* n°5, Garnier, 2013).

Lobna MESTAOUI est spécialiste de Littérature francophone. Auteur d'une thèse sur Kourouma (*Tradition orale et esthétique romanesque : aux sources de l'imaginaire de Kourouma*, L'Harmattan, 2012), ses recherches portent prioritairement sur les rencontres de cultures et les identités culturelles. Elle interroge tout spécifiquement les passages – de l'oral à l'écrit, d'une culture à une autre – en tant qu'ils sont indices d'adaptation et d'acculturation.

Jean PEYRAS est Professeur honoraire des Universités. Historien et archéologue, spécialiste de l'Afrique du Nord antique et de l'organisation de l'espace du monde romain, il a publié plusieurs études relatives aux questions culturelles, parmi lesquelles, en relation avec le présent travail, « Le chevalier Septimianus et le quatuor de Spolète » (2002), « La seconde inauguration de Sainte-Sophie de Constantinople » (2005 et 2006) et, dans le livre collectif *Les Monuments et la Mémoire* qu'il a dirigé (L'Harmattan, 1993), « Aspects de la mémoire dans l'Antiquité : monument, écriture, oralité ».

Gérard ZUCHETTO est auteur et compositeur, spécialiste des troubadours des XIIe et XIIIe siècles auxquels il a consacré enregistrements (*La Tròba, anthologie chantée des troubadours* : chansons de trobar en 22 CD-22 livrets, textes et traductions, éd. Troba Vox/Abeille Musique 2006-2012) et ouvrages de référence (*Le Livre d'or des troubadours*, Éditions de Paris/Harmonia Mundi ; *Camins de trobar - Performing trobar* éd. Troba Vox-Stanford University 2011, notamment dans le domaine de l'interprétation pour lequel il dirige les Master Classes *Performing Trobar* depuis 2010 avec l'université de Stanford. Il a créé des spectacles musicaux – « Milgrana clausa », « Terras londanas », « Na Loba », « Troubadours Caravane », « Poètes du Sud » – qui s'appuient à la fois sur les manuscrits médiévaux du Trobar occitan et sur les auteurs du Génie d'Oc (Nelli, Bousquet, Rouquette, Reverdy, Cros…). Ce Trob'Art concept, partagé, avec ses amis musiciens au sein de Troubadours Art Ensemble, qu'il dirige, place le chant occitan d'hier et d'aujourd'hui dans un univers artistique où se mêlent langues de la Méditerranée, danse contemporaine, sons d'instruments anciens et actuels.

Les Interprètes

Jean-Michel BALESTER est né en 1974 à Sète, où il débute le chant, l'art dramatique et le violoncelle. Après l'obtention de son diplôme, il se perfectionne auprès du phoniatre Benoît Amy de la Bretèque, puis part pour l'Italie. Il donne son premier concert à l'âge de 16 ans, accompagné par les solistes du Masters de Moscou, ce qui le conduira en Grèce, en Italie, en Espagne, en Turquie, à l'Île Maurice… Intéressé par la direction de chœur et d'orchestre, il entame une formation qui l'amène à travailler avec le Maestro Antonello Allemandi. Actuellement, il remplit les fonctions de Médiateur animateur pédagogique et conférencier à l'Opéra National de Montpellier et dirige les chœurs Allegre'Thau et Montacanto. Ce jeune chef est reconnu pour son interprétation de la musique sacrée.

Ulrike van COTTHEM, née en Allemagne, est soprano lyrique. D'abord formée à l'École Supérieure de Musique de Freiburg im Breisgau en Allemagne, elle reçoit un enseignement en chant, piano, danse, théâtre, direction de chœur et d'orchestre en même temps qu'une formation pédagogique. Ulrike van Cotthem, titulaire d'un Diplôme d'État de professeur de musique, poursuit sa formation lyrique en France au CNR de Strasbourg avec Henrik Siffert où elle obtient les diplômes de chant soliste et de perfectionnement. Interprète d'oratorio très demandée, elle se produit avec orchestre et orchestre de chambre, en France et à l'étranger, notamment dans des festivals, « Cantière Internationale d'ARTE » à Montepulciano (*Il Tabarro* de Puccini sous la direction de Jan-Latham Knig), « Printemps des Alizés » à Essaouira, au Maroc, ou encore à Strasbourg. Passionnée par la scène, elle aborde vite des rôles comme Pamina dans *La Flûte Enchantée* ou Violetta, dans *La Traviata*. En 2009, elle a triomphé comme soliste pour une création de Wladimir Cosma à Béziers.

Christopher HAINSWORTH est organiste, pianiste et claveciniste. Élève d'Ernest Jamieson, Maxwell Fernie, Paule van den Driessche et Jean Ferrard, il se produit régulièrement en France et à l'étranger depuis 30 ans comme soliste, chambriste ou musicien d'orchestre. Il a, notamment, été pianiste du Trio d'Autan et organiste/claveciniste de l'Orchestre de Chambre National de Toulouse pendant de longues années, travaillant régulièrement avec Gérard Caussé, Jean-Claude Malgloire ou Alain Moglia.

Nicolas PLANCHON, membre de l'Orchestre des Gardiens de la Paix de Paris et professeur à l'École de Musique de Lunel, a fait des études de musicologie à l'Université de Montpellier et de trompette aux Conservatoires de Bordeaux et d'Aulnay sous Bois (classe de Jean François Dion et de Pascal Clarhaut) puis au Conservatoire National Supérieur de Musique de Paris dans la classe de Clément Garrec. Il a remporté le Premier Prix aux concours de trompette de Moulins, de Lempdes et le Prix Selmer à Paris. Il joue avec les plus prestigieux orchestres français – Orchestre Philharmonique de Radio France, Orchestre National de l'Opéra de Paris, Orchestre National de Montpellier, Orchestre National du Capitole de Toulouse...– et joue de la trompette naturelle dans divers orchestres baroques.

Agnès ROUBERT, chanteuse polyvalente au parcours atypique, commence la musique dans son village où elle apprend le piano, composant à l'âge de 14 ans. Elle aborde le chant bien plus tard, touchant à tous les répertoires, country, jazz, rythm'n blues, rock, rap... Inscrite au Conservatoire de Béziers (classe de Pasqualino Frigau), elle se sensibilise au répertoire lyrique auquel elle se consacre exclusivement. Sa vivacité, sa musicalité, la belle couleur et l'étendue de sa voix lui procurent de plus en plus d'engagements dans la région et au-delà, notamment comme soliste dans *Marie au Calvaire* de Calmel, au Festival des Voix de Montpellier ou encore, toujours en 2006, lors de la clôture des « concerts des solistes » des élèves de Loren Nubar et Dalton Baldwin, où elle interprète la Reine de la Nuit. Son premier CD, de mélodies françaises, est sorti à Noël 2006.

Conrad WILKINSON, pianiste et claveciniste, a fait sa formation de pianiste concertiste et compositeur au London Collège of Music et au conservatoire de Moscou, où il a reçu l'enseignement d'Alexi Nasedkin. À Londres, sous la direction de John Mc Cabe et Andrew Wilkinson, il a remporté deux concours : le « Holmes Prize » en récital et le « John Ireland Prize » en musique de chambre. Se produisant dans divers récitals, il a effectué des tournées de concerts avec orchestre, jouant notamment Beethoven et Rachmaninov au Saint John's Smith Square de Londres, à Edimbourg, York, Cheltenham, Derby..., au National Concert Hall de Dublin, à Cork...

Conrad Wilkinson maîtrise un large répertoire, du baroque au contemporain. Il a donné les premiers récitals publics de création d'œuvres contemporaines à Londres (Société pour la Promotion de la Musique Contemporaine). Résidant dans l'Hérault depuis 2004, il a enseigné le piano et la musique de chambre au Conservatoire de Béziers.

TABLE DES MATIÈRES

Avant-propos par **Michel Bozzarelli**	5
Préface par **Monique Clavel-Lévêque**	7
Jean Peyras : Tragédie grecque et musique : réalités et interprétations	13
Gérard Zuchetto : *Retrobar lo trobar*, retrouver le Trobar	77
Mathieu Lours : Les cathédrales du Languedoc. Ruptures et continuités. Moyen-Âge – Temps Modernes	129
Claude Alberge : La folle liberté des baroques languedociens, 1593-1661	145
Gérard Gobry : Rousseau et la révolution de l'*Essai sur l'origine des langues*	173
Christopher Hainsworth : La Révolution en musique : *La Marseillaise*, thème et variations	201
Béatrice Didier : Le premier romantisme musical, 1800-1830	213
Catherine Mariette-Clot : George Sand : la musique et la vie	231
Laure Lévêque : Entre scène et rue, l'Artiste en Protée, de la Monarchie de Juillet à la Commune	247
Laure Lévêque : La Belle Époque ou les subversions de la liberté, 1870-1914	281
Béatrice Didier : Splendeurs lyriques à Béziers autour de 1900	307
Christopher Hainsworth : Dada ou fada ? Évolutions et révolutions de la musique française, 1914-1940	323
Lobna Mestaoui : Postérité du continent noir : cosmopolitisme de l'Art Nègre	339
Les auteurs	363
Les interprètes	367

Musique aux éditions L'Harmattan

Dernières parutions

CHANSON ET PERFORMANCE
Mise en scène du corps dans la chanson française et francophone
Lebrun Barbara - Barbara Lebrun (éd.) ; Préface de Ginette Vincendeau
La moustache de Brassens, la robe noire d'Edith Piaf, les paillettes de Claude François, les cheveux de Dalida... Les chanteurs ont un corps indissociable de leurs chansons. Ce livre s'intéresse à la présence physique de la musique populaire, à sa performance sur scène et sur le disque. Voici observées les tensions sociales, sexuelles et identitaires qui sous-tendent la performance musicale.
(Coll. Logiques sociales, série Etudes culturelles, 23.00 euros, 222 p.)
ISBN : 978-2-296-99740-0, ISBN EBOOK : 978-2-296-51427-0

ÉCRIRE À VOIX HAUTE – Rencontre entre un poète et un linguiste
Barret Julien, Diamanka Souleymane
Parmi les slameurs d'aujourd'hui, Souleymane Diamanka se distingue par la vibration de son timbre, la richesse de ses rimes et la force de ses images. Entre la lyrique des griots d'Afrique de l'Ouest et une esthétique poétique française, son *spoken word* marque l'auditeur. Julien Barret, spécialiste du rap et du slam, propose un éclairage poétique sur le travail de Souleymane Diamanka. Il dévoile les ressorts d'une esthétique qui voisine avec celle des troubadours, des poètes romantiques ou de l'OuLiPo.
(14.00 euros, 128 p.) ISBN : 978-2-296-99750-9, ISBN EBOOK : 978-2-296-51278-8

JAZZ (LE) : UN MODÈLE POUR APPRENDRE
De la musique à une construction de soi
Calamel Charles - Postface d'Alain Vulbau
Voici un ouvrage sur les savoirs du jazz transférables dans les champs de l'éducation, de la formation et des enseignements artistiques. Fruit d'une recherche en sciences de l'éducation, il étudie les interactions musicales et sociales des jazzmen et les contingences d'une «sensible» construction de soi. Il s'agit d'envisager le jazz comme un modèle d'apprenance spécifique et différent, à placer au coeur des théories contemporaines de l'apprentissage et de l'action.
(Coll. Terrains sensibles, 20.00 euros, 204 p.)
ISBN : 978-2-336-00354-2, ISBN EBOOK : 978-2-296-51217-7

ART (L') DU CANTABILE – Méthodologie de la résonance vocale libre
Landuyt Louis
Ce livre illustre tous les attributs de l'Art du Chant dans leur irréductible complexité. Il explique la structuration dynamique de «la nature chantante de l'Homme» qui permet de comprendre aisément toute la puissance expressive, innée et consciente d'un exceptionnel cantabile. Virtuosité vocale et résonance libre se retrouvent dans une osmose nouvelle.
(37.50 euros, 374 p.) ISBN : 978-2-336-29081-2, ISBN EBOOK : 978-2-296-51433-1

MUSIQUE CLASSIQUE À L'ÉCRAN ET PERCEPTION CULTURELLE
Vincent Delphine
Cinéma, télévision, Internet : face à ces nouveaux moyens de diffusion de la musique classique, quelle attitude adopter ? Traditionnellement, ces pratiques sont entourées de méfiance, voire de mépris. L'étude de l'histoire et des techniques de captation filmique des concerts et opéras permet de déterminer les modifications que le filmage induit sur la perception de la musique. Les phénomènes récents et en cours d'explosion, comme le vidéoclip classique, sont pris en considération.
(35.00 euros, 342 p.) ISBN : 978-2-336-00536-2, ISBN EBOOK : 978-2-296-51466-9

THE FUNNY FACE OF BROADWAY
Batteault Rémy
Comment s'y prendre pour faire une comédie musicale ? Pour le savoir, une seule solution : s'envoler pour New York, la capitale du «musical» ! Ce documentaire, construit comme une comédie musicale via ses voix off intégralement chantées, nous permet de rencontrer les personnes qui «font» Broadway au jour le jour. Sans oublier Liliane Montevecchi, une truculente artiste française peu connue dans son pays mais vedette à Broadway, la bonne fée de ce film !
(20.00 euros)   *ISBN : 978-2-336-00775-5*

ÉTUDE SUR L'IMPROVISATION MUSICALE – Le témoin de l'instant
Rousselot Mathias
Technique musicale fascinante, jeu d'adresse captivant, l'improvisation ne cesse de percuter nos sens et d'éveiller notre curiosité. Ce livre prétend montrer le rôle essentiel de l'improvisation dans la constitution de l'art et de la civilisation. Il se focalise sur sa description, ses caractéristiques, sa pratique et son importance dans la création.
(Coll. Sémiotique et philosophie de la musique, 18.00 euros, 170 p.)
ISBN : 978-2-336-00176-0, ISBN EBOOK : 978-2-296-51050-0

DIRE LA MUSIQUE – A la limite
Sous la direction de Roth Stéphane, Soraru Isabelle
Une certaine hésitation, semble-t-il, précède tout discours voué à la musique. Que nous nous employions à la nommer, à la décrire, à la transcrire, nous nous trouvons constamment confrontés à une tâche qui nous pousse à considérer que jamais nous ne dirons la musique telle qu'elle se présente à nous, mais toujours de manière différée.
(Coll. Esthétiques, 26.50 euros, 254 p.)
ISBN : 978-2-336-00309-2, ISBN EBOOK : 978-2-296-51057-9

PHILOJAZZ
Petites ritournelles entre souffle et pensée
Parent Jean-Marie
Peut-on transmettre dans le silence et la solitude de l'écriture les turbulences propres à une musique dont la source plonge au cœur des passions humaines ? Jazz et philosophie savent croiser des forces complices dans leur démarche commune d'appréhension du monde. L'un donne à entendre la richesse singulière d'un univers sonore d'une incroyable diversité, l'autre nous propose de prendre part aux petites ritournelles de la pensée.
(23.00 euros, 230 p.)   *ISBN : 978-2-336-00635-2, ISBN EBOOK : 978-2-296-51175-0*

INDUSTRIE (L') MUSICALE À L'AUBE DU XXIe SIÈCLE
Perticoz Lucien, Matthews Jacob Thomas
La filière phonographique, bouleversée par le *peer-to-peer* et la numérisation des contenus, a servi de cheval de Troie, dans le secteur des industries culturelles, aux acteurs du logiciel, du Web ou de la fabrication de matériel. Alors que la musique n'a jamais été autant écoutée et consommée, ces firmes l'utilisent principalement pour vendre d'autres produits et services ou pour asseoir leur stratégie de marque. Ces contributions analysent aussi l'évolution des pratiques des auditeurs.
(Coll. Questions contemporaines, 22.00 euros, 210 p.)
ISBN : 978-2-336-00402-0, ISBN EBOOK : 978-2-296-51056-2

FRANCIS POULENC ET LA MUSIQUE POPULAIRE
Arbey Dominique
Francis Poulenc (1899-1963) a été particulièrement influencé par la musique populaire de son époque. Pour étudier cet aspect de son œuvre, l'auteur s'est appuyé sur la production musicale du compositeur, sur ses nombreux témoignages (correspondances, émissions radiophoniques et divers écrits) et sur tous les documents liés à la création et à la réception de ses œuvres.
(Coll. Univers musical, 27.00 euros, 260 p.)
ISBN : 978-2-336-00507-2, ISBN EBOOK : 978-2-296-51068-5

FRANÇOISE HARDY : POUR UN PUBLIC MAJEUR
Aroumi Michel
Ce livre est une tentative pour abolir le fossé qui sépare la culture populaire et celle qui est l'objet des études universitaires. Michel Arouimi a longtemps exploré les œuvres des grands poètes ; il sonde ici les abysses insoupçonnés du texte des chansons de Françoise Hardy : un exemple majeur de «pop littérature». L'écriture de ses chansons se révèle être le moyen, surprenant par son intensité poétique, d'une détection des tensions de notre monde sur le fil du sentiment amoureux.
(Editions Orizons, 20.00 euros, 224 p.)
ISBN : 978-2-296-08835-1, ISBN EBOOK : 978-2-296-51154-5

THÉÂTRE DES PASSIONS – Concert, spectacle, musique - Château d'Assas
De Figueiredo Nicolau, Chaptal Jocelyne
Le 10 septembre 2006, au salon de musique du Château d'Assas, a eu lieu un concert-spectacle, *Le Théâtre des Passions*, destiné à montrer les liens indissociables qui unissent la musique baroque à la déclamation : même *tactus* (le rythme cardiaque), même discours, mêmes affects. La captation de ce concert, réalisée avec quatre caméras, comprend trois parties.
(20.00 euros)
ISBN : 978-2-336-00761-8

TORU TAKEMITSU – Situation, héritage, culture
Miyakawa Wataru
Cet ouvrage étudie le langage musical du compositeur japonais Toru Takemitsu (1930-1996). Si le corpus de son oeuvre reflète un certain éclectisme (influence de compositeurs occidentaux comme Debussy, Messiaen ou Cage) et l'intérêt aussi bien pour sa propre culture que pour des domaines artistiques variés, on voit la même préoccupation du compositeur derrière cet apparent éclectisme : la quête d'un langage universel.
(Coll. Univers musical, 37.50 euros, 370 p.)
ISBN : 978-2-336-00617-8, ISBN EBOOK : 978-2-296-50787-6

HUGUES DUFOURT – Un univers bruissant
Humbertclaude Eric
Durant la décennie 1975/1985, Gérard Grisey, Tristan Murail et Hugues Dufourt ont participé à la création d'un son musical novateur. L'auteur explore quelques spécificités de l'univers bruissant de Dufourt, un univers riche en masses amples et dynamiques.
(Coll. Univers musical, 10.50 euros, 74 p.)
ISBN : 978-2-336-00448-8, ISBN EBOOK : 978-2-296-50915-3

UN «CABARET» EN LANGUEDOC – *Le Pet au Diable* de jean-Pierre Lesigne
Palliès Jacques
Dans les années soixante, soudain, une auberge improbable ouvre ses portes dans un vieux village de la garrigue héraultaise, au nord de Montpellier. *Le Pet au diable* est né qui, sous l'impulsion de son créateur, le poète et musicien Jean-Pierre Lesigne va, pendant quinze ans, devenir le lieu incontournable des gens de culture de la région, amoureux de la chanson et du jazz.
(Coll. Cabaret, 21.00 euros, 212 p.)
ISBN : 978-2-296-99730-1, ISBN EBOOK : 978-2-296-50984-9

VARIATIONS SUR LE *JAMES BOND THEME*
Chenille Vincent
On reconnaît James Bond 007 à son thème musical aussi bien qu'à sa voiture Aston Martin DB5. Cet effet de reconnaissance est-il dû à la répétition de ce thème au gré des vingt-deux films officiels de ce personnage ? A travers l'étude historique du *James Bond Theme*, l'auteur essaie de déterminer s'il existe un son propre à James Bond.
(19.00 euros, 188 p.) *ISBN : 978-2-336-00370-2, ISBN EBOOK : 978-2-296-50992-4*

MINIATURES DE MIDI
Desvignes Arnaud
Douze miniatures. Douze moments entre midi et deux. Pour rompre l'élan du jour. Une idée force motivant chaque miniature. Variation et identités des journées laborieuses. Douze

façons d'exercer son oeil à la lumière, son oreille au son victorieux sur le vide. Douze manières d'exister un peu différemment chaque jour. De trouver le temps de la réflexion dans le flux.
(Coll. Partitions du XXIème siècle, série OEuvres, 18.00 euros, 24 p.)
ISBN : 978-2-336-00434-1, ISBN EBOOK : 978-2-296-50813-2

CENT OPUS ET LEURS ÉCHOS
Mâche François-Bernard
Un compositeur se penche sur son passé, jalonné de cent oeuvres. Il confronte les textes de présentation qu'il a rédigés lors de leur création avec les nouveaux commentaires qu'il est tenté d'apporter aujourd'hui. En outre, les nombreuses critiques de presse ici rassemblées retracent non seulement l'accueil favorable ou hostile accordé à chaque titre, mais aussi l'évolution significative des goûts et des critères de jugement.
(Coll. Perspectives musicologiques contemporaines, 33.00 euros, 322 p.)
ISBN : 978-2-336-00089-3, ISBN EBOOK : 978-2-296-50774-6

NIBELUNGEN (LES) DE FRITZ LANG, MUSIQUE DE GOTTFRIED HUPPERTZ
Sous la direction de Violaine Anger et Antoine Roullé, Préface de Jean-Loup Bourget
Le film *Les Nibelungen* de Fritz Lang apparaît, à sa sortie en 1924, comme une oeuvre atypique : d'une ampleur exceptionnelle, surtout pour un film muet, il a aussi bénéficié d'une écriture musicale pour grand orchestre ainsi que de moyens impressionnants pour le tournage. Gottfried Huppertz, le compositeur, connaîtra une longue descendance. Cet ouvrage collectif croise des approches cinématographiques, théâtrales, historiques et musicales d'une oeuvre monumentale à plus d'un titre.
(Coll. L'univers esthétique, 28.00 euros, 258 p.)
ISBN : 978-2-296-99632-8, ISBN EBOOK : 978-2-296-50675-6

SOLEIL (LE) NOIR DU ROCK FRANÇAIS
Olivier Caudron, de Lili Drop à Olive
Jacq Jean-François
«Olivier Caudron, dit *Olive de Lili Drop*, est le soldat inconnu du rock français. Pure découverte de Philippe Constantin, il est le gamin adorable, l'enfant électrique, il est également la conscience rock de Téléphone, l'indispensable copain des débuts qui raccorde à la rue. Reconnu artiste, Olive explose en 1979 avec le 45 tours *Sur ma mob*, fantastique rock song, produit par Louis Bertignac, chantant les avatars d'un coursier lancé dans Paris comme une boule de flipper». (Philippe Manoeuvre.)
(Coll. L'écarlate, 20.00 euros, 204 p.)
ISBN : 978-2-336-00085-5, ISBN EBOOK : 978-2-296-50589-6

ÉTUDES SUR LA PERCEPTION AUDITIVE
Pelé Gérard
L'ouvrage expose des connaissances sur l'audition de différentes époques en confrontant des théories, des approches empiriques et des pratiques. Il s'agit, avec de nombreux exemples de pratiques sonores, notamment musicales, de comprendre comment et selon quels enjeux s'est constitué le corpus des connaissances actuelles sur l'audition et le phénomène sonore.
(Coll. Arts et Sciences de l'art, 20.00 euros, 198 p.)
ISBN : 978-2-296-99292-4, ISBN EBOOK : 978-2-296-50617-6

AMY WINEHOUSE
Une idole brisée
Leroy Alexander Maria
Cette étude s'attache à comprendre la vie et la mort d'Amy Winehouse, en analysant le processus de création et de destruction des stars : la fabrique du dieu moderne. Le public et ses emballements mimétiques contradictoires sont donc observés, mais le comportement des artistes n'est pas négligé pour autant car, en définitive, il y a interaction de deux entités, paradoxalement unies et antagoniques.
(22.00 euros, 224 p.)   *ISBN : 978-2-296-99104-0, ISBN EBOOK : 978-2-296-50208-6*

L'Harmattan, Italia
Via Degli Artisti 15; 10124 Torino

L'Harmattan Hongrie
Könyvesbolt ; Kossuth L. u. 14-16
1053 Budapest

Espace L'Harmattan Kinshasa
Faculté des Sciences sociales,
politiques et administratives
BP243, KIN XI
Université de Kinshasa

L'Harmattan Congo
67, av. E. P. Lumumba
Bât. – Congo Pharmacie (Bib. Nat.)
BP2874 Brazzaville
harmattan.congo@yahoo.fr

L'Harmattan Guinée
Almamya Rue KA 028, en face du restaurant Le Cèdre
OKB agency BP 3470 Conakry
(00224) 60 20 85 08
harmattanguinee@yahoo.fr

L'Harmattan Cameroun
BP 11486
Face à la SNI, immeuble Don Bosco
Yaoundé
(00237) 99 76 61 66
harmattancam@yahoo.fr

L'Harmattan Côte d'Ivoire
Résidence Karl / cité des arts
Abidjan-Cocody 03 BP 1588 Abidjan 03
(00225) 05 77 87 31
etien_nda@yahoo.fr

L'Harmattan Mauritanie
Espace El Kettab du livre francophone
N° 472 avenue du Palais des Congrès
BP 316 Nouakchott
(00222) 63 25 980

L'Harmattan Sénégal
« Villa Rose », rue de Diourbel X G, Point E
BP 45034 Dakar FANN
(00221) 33 825 98 58 / 77 242 25 08
senharmattan@gmail.com

L'Harmattan Togo
1771, Bd du 13 janvier
BP 414 Lomé
Tél : 00 228 2201792
gerry@taama.net

538731 - Août 2013
Achevé d'imprimer par